CONGRÈS

DE

BIARRITZ=BAYONNE

UNION DES SOCIÉTÉS
HISTORIQUES ET ARCHÉOLOGIQUES DU SUD-OUEST

CONGRÈS
DE BIARRITZ=BAYONNE

IVe CONGRÈS

de l'Union Historique et Archéologique du Sud=Ouest

TENU A BIARRITZ

DU DIMANCHE 30 JUILLET AU JEUDI 3 AOUT 1911

SOUS LES AUSPICES DE

BIARRITZ-ASSOCIATION

ET DE LA

SOCIÉTÉ DES SCIENCES, LETTRES ET ARTS DE BAYONNE

BIARRITZ

IMPRIMERIE TYPOGRAPHIQUE ET LITHOGRAPHIQUE E. SOULÉ

1912

Origine et Organisation du Congrès

Le 30 Mai 1909, M. Habasque, délégué central de l'*Union Historique et Archéologique du Sud-Ouest*, adressait aux Présidents des Sociétés unies la lettre circulaire ainsi conçue :

« Aux termes des règlements de l'Union H. et A. du Sud-Ouest, le premier Congrès statutaire devant se tenir en 1910, j'ai l'honneur de vous prier de vouloir bien me faire savoir, avant la fin de Juin prochain, s'il conviendrait à votre Société de le recevoir.

« Au cas où plusieurs compagnies manifesteraient simultanément ce désir, il serait procédé conformément à l'article 12 des Statuts. »

Biarritz-Association répondit : qu'il serait désirable et avantageux pour cette Société et pour Biarritz de recevoir les Congressistes en 1910.

La Section centrale remercia en termes très flatteurs, mais en faisant remarquer que le dernier Congrès venait d'avoir lieu dans les Basses-Pyrénées, et que, coup sur coup, il était difficile d'en réunir un de nouveau dans le même département, et priait *Biarritz-Association* de vouloir bien consentir à l'ajournement, mais que le désir de tous tendrait à le faire le plus rapproché possible.

Biarritz-Association, devant un motif aussi juste, renonça, pour cette fois, à s'effacer.

Le 4 Juin 1910, M. le Secrétaire général de *Biarritz-Association* reçut alors de M. le Délégué central les lignes suivantes :

« Vous avez bien voulu me faire connaître, en date du 18 Mai dernier, la demande formulée par la Commission administrative de *Biarritz-Association*, de voir votre Société chargée par l'*Union du S.-O.* de la réception de son prochain Congrès ; vous me chargiez en même temps de présenter et de soutenir cette demande. J'ai rempli ce mandat, et j'ai le plaisir de vous annoncer, qu'après examen de la question, le Conseil a désigné Biarritz pour la tenue du prochain Congrès, qui aura lieu en 1911 ».

Ainsi fut décidée, pour 1911, la tenue du IVe Congrès à Biarritz.

Cette décision prise, les deux sociétés sœurs de Biarritz et de Bayonne s'unirent pour collaborer à la préparation du Congrès, et le Conseil d'administration de *Biarritz-Association*, d'accord avec celui de Bayonne, désigna plusieurs membres de ces sociétés pour travailler en commun à la formation de cette réunion.

Alors fut agitée la question de la Présidence du Congrès. M. Julien Vinson, inspecteur des Eaux et Forêts, professeur à l'Ecole Nationale des Langues Orientales Vivantes, par son autorité dans les questions basques, fut aussitôt désigné et pressenti à ce sujet. Il répondit, le 3 Décembre 1910 : « J'accepte avec grand plaisir et avec reconnaissance l'honneur que vous m'offrez de présider le Congrès. »

Puis, pour la séance publique et solennelle, fut choisi M. Julio de Urquijo, ancien Député aux Cortès espagnoles, directeur-fondateur de la *Revue Internationale des Etudes Basques*, qui voulut bien accepter de faire la conférence à cette importante réunion.

Après échange de correspondances et entente avec le Comité central, fut lancée la circulaire annonçant définitivement la date du Congrès, son règlement et son programme.

Congrès d'Histoire et d'Archéologie

A BIARRITZ

du Dimanche 30 Juillet au Jeudi 3 Août 1911

Biarritz, le 12 Mai 1911.

Monsieur,

Par une première circulaire adressée aux membres de la Section cen-trale de Bordeaux et à tous les délégués des Sociétés adhérentes à l'Union, la Société de « Biarritz-Association » et la « Société des Sciences, Lettres et Arts » de Bayonne, sous les auspices desquelles doit se tenir le IVe Congrès, ont fait connaître que la date fixée par le Comité d'organisation serait celle des premiers jours du mois d'Août 1911.

Aujourd'hui, nous avons l'honneur de vous prévenir que la date d'ou-verture du Congrès est définitivement fixée au **Dimanche soir 30 Juillet,** *et nous vous adressons, ci-contre, le* Règlement *et le* Programme *du Congrès, ainsi que le* Bulletin d'adhésion *que vous voudrez bien remplir et retourner, sans retard, à M. le docteur* BERNE, *trésorier du Congrès,* villa Marguerite-Marie, avenue Victoria, à Biarritz (Basses-Pyrénees).

Veuillez agréer, Monsieur, l'expression de nos confraternels sentiments.

LES MEMBRES DU COMITÉ D'ORGANISATION :

Le Président du Comité :

FEUILLADE

Président de " Biarritz - Association "
3. Avenue de Londres, Biarritz.

Le Secrétaire Général du Comité :

L. FONTENEAU

Vice-Président de "Biarritz-Association"
Villa Faust, 23, Avenue des Pyrénées
Biarritz.

Le Trésorier :

Docteur BERNE

Villa Marguerite-Marie, Avenue Victoria
Biarritz.

Les Vice-Présidents :

P. YTURBIDE

Président de la " Société des Sciences,
Lettres et Arts " de Bayonne
8, Rue Lormand, Bayonne.

CAZAC

Proviseur du Lycée, Vice-Président de la
" Société des Sciences, Lettres et
Arts " de Bayonne.

ARCHIER

Vice-Président de " Biarritz-Association"
à Guéthary.

PÉRIA

Secrétaire-adjoint, Rue de l'Industrie
Biarritz.

SAINT-VANNE

Secrétaire, Architecte à Bayonne.

RÈGLEMENT DU CONGRÈS

1º **Le Congrès de l'Union Historique et Archéologique du Sud-Ouest** se tiendra à Biarritz, du 30 Juillet au 3 Août 1911 ;

2º Toute personne désirant prendre part au Congrès devra envoyer son adhésion, ainsi que la demande du billet de chemin de fer à demi-tarif, à M. le docteur BERNE, trésorier du Congrès, villa Marguerite-Marie, avenue Victoria, *avec un bon de poste de 5 francs*, destinés aux frais d'organisation. Les membres de la famille des Congressistes pourront adhérer au Congrès dans les mêmes conditions ;

3º Les membres de la Société de *Biarritz-Association*, et de la *Société des Sciences, Lettres et Arts* de Bayonne, qui voudront prendre part au Congrès, devront également acquitter le droit de 5 francs, ainsi que leur famille ;

4º Toute adhésion non accompagnée de cette somme sera considérée comme non avenue.

5º En échange de ce versement, chaque adhérent recevra une carte de membre du Congrès qui sera rigoureusement exigée à l'entrée des séances ;

6º Les adhésions devront être formulées avant le 30 Juin 1911 ;

7º Le prix du banquet et celui des excursions seront représentés par des cartes spéciales, qui devront être retirées, le jour de l'ouverture, dans la salle des séances ;

8º Les Congressistes qui désirent faire des lectures ou des communications sont priés d'en envoyer le titre exact et d'en faire connaitre la durée probable, à M. FONTENEAU, Secrétaire général du Comité d'organisation, 23, avenue des Pyrénées, villa Faust, à Biarritz, avant le 30 Juin ;

9º Aucune lecture faite en séance ne devra dépasser quinze minutes ;

10º Les Sociétés de Biarritz et de Bayonne, se proposant d'imprimer, en un bulletin, le compte rendu analytique du Congrès, les auteurs sont priés de rédiger, à l'avance, un résumé de leurs communications, qui devra être remis au Secrétaire général du Congrès. Celui-ci, sans prendre néanmoins aucune responsabilité, s'efforcera d'utiliser aussi complètement que possible les résumés ainsi reçus.

Chaque Congressiste pourra se procurer un tirage à part de sa communication, au prix de revient.

PROGRAMME DU CONGRÈS

DIMANCHE 30 JUILLET. — Arrivée des Congressistes à Biarritz. Réception par la Municipalité avec vin d'honneur, *à 8 h. 1/2 du soir*, dans la Salle des Fêtes du Grand Hôtel, Biarritz.

LUNDI 31 JUILLET. — *A 8 heures du matin :* Séance d'ouverture du Congrès au Grand-Hôtel, présidée par M. Julien VINSON, inspecteur des Eaux et Forêts, professeur à l'Ecole nationale des Langues Orientales Vivantes. Séance d'Histoire et d'Archéologie jusqu'à midi.

A 2 heures de l'après-midi : Départ pour Bayonne (réunion à la gare du B.-A.-B.). Visite de la ville (ville romaine, cathédrale, cloîtres et Château-Vieux). A l'issue de la visite de la ville, réception par la Municipalité, à l'Hôtel de Ville.

A 9 heures du soir : SÉANCE PUBLIQUE ET SOLENNELLE DU CONGRÈS, dans la Salle des Fêtes du Grand Hôtel, Biarritz, présidée par M. Julien VINSON. Conférence de M. Julio DE URQUIJO, directeur-fondateur de la « Revue Internationale des Etudes Basques » : *Les Etudes basques : leur passé, leur état présent, leur avenir* (suivie de projections lumineuses).

MARDI 1er AOUT. — *De 8 h. 1/2 du matin à midi :* Séance d'Histoire et d'Archéologie.

A 2 heures de l'après-midi : Visite de la ville de Biarritz, et inauguration de l'Exposition des Vues anciennes de Biarritz-Bayonne, dans la Salle de la Société de *Biarritz-Association.*

De 5 heures à 7 heures : BANQUET par souscription des Congressistes (10 francs), au Grand Hôtel.

MERCREDI 2 AOUT. — *De 8 h. 1/2 du matin à midi :* Séance d'Histoire et d'Archéologie ;

A 2 heures de l'après-midi : Départ pour Bayonne (réunion au B.-A-B.). Visite de la Bibliothèque et du Musée Bonnat.

De 5 heures à 7 heures du soir : Séance de clôture des travaux du Congrès, à l'Hôtel de Ville de Bayonne.

JEUDI 3 AOUT. — Excursion à Roncevaux, par automobile.

Départ de Biarritz à *5 h 1/2 du matin.* Visite de Cambo (Pas de Roland), St-Jean-Pied-de-Port (visite de la ville. Déjeuner). Départ pour Roncevaux (visite de l'Abbaye). Burguete (curieux village espagnol, à l'entrée de la vallée de Roncevaux). Retour à Biarritz, dans la soirée. — Coût de l'excursion : 25 francs par personne, déjeuner compris.

Les Congressistes qui ne voudraient pas faire l'excursion de Roncevaux auront la faculté de faire celle de St-Jean-de-Luz-Fontarabie, même date.

Départ de Biarritz pour St-Jean-de-Luz à *8 heures du matin* (visite de St-Jean-de-Luz) ;

Départ de St-Jean-de-Luz pour Hendaye, vers *11 heures* (déjeuner au buffet d'Hendaye).

Passage de la Bidassoa, en barque, pour Fontarabie (visite de Fontarabie).

Retour à Biarritz dans la soirée, par la même voie. — Coût de l'excursion : 8 francs environ.

LISTE DES MEMBRES DU CONGRÈS

MM. Annat (abbé J.), curé de Gan, Directeur de la *Revue Historique* et *Archéologique du Béarn* et du *Pays-Basque*.

Abadie, François, Président de la *Société de Borda*, 9, rue Large, Dax.

Amtmann, Th., Trésorier de la *Section Centrale*, 68, cours de la Martinique, Bordeaux.

Archier, Maire de Guéthary, Vice-Président de *Biarritz-Association*

Archier (Mme), Guéthary.

Arthagnan, Conseiller Municipal, Biarritz.

Arthagnan (Mme), place de la Mairie, Biarritz.

Bauby, L., Orthez.

Burdett-Mason, Larrondouette, Bayonne.

Bardié, Armand, 49, cours Tourny, Bordeaux.

Barthéty, Hilarion, Vice-Président de la *Société des Sciences, Lettres et Arts* de Pau, 17, rue Samonzet, Pau

Branet, A., Secrétaire général de la *Société Archéologique* du Gers, place du Bartas, Auch.

Baroja (Marquis de), 9, avenue Carnot, Biarritz.

Barrière-Flavy, 14, boulevard d'Arcole, Toulouse.

Besson, J.-G , 3, cours Tourny, Bordeaux.

Batcave, L., 27, rue Molitor, Paris.

Bardon, professeur au Lycée, villa Darbouet, Lachepaillet, Bayonne.

Bertin-Roulleau, Pierre, 3, cours Saint-Jean, Bordeaux.

Benneben, Georges, boulevard de Soubeyran, Mende.

Bergez, J.-B., instituteur à Lurbe, Basses-Pyrénées.

Blaise, notaire, Biarritz

Blaise (Mme), Biarritz.

Béguerie, 1, rue des Chantiers, Biarritz.

Bost, Léon, pasteur, avenue des Pyrénées, Salies-de-Béarn.

Bardiés (Baron de), Président de la *Société des Etudes du Cousérans* et de l'*Ecolo deras Pirénéos*, Saint-Girons.

Bernard (Docteur), villa Lola, Biarritz.

Berne (Docteur), villa Marguerite-Marie, Biarritz.

Beck, ingénieur, 9, avenue des Pyrénées, Biarritz.

Beauxis, maison Monhau, Biarritz.

Bertaud, E., Architecte, villa Sein, rue du Centre, Biarritz.

Claisse (Docteur A.), Secrétaire général de *Biarritz-Association*, villa Claisse, rue Pellot, Biarritz.

Croizier (Marquis de), à Jouandin, côte St-Etienne, Bayonne.

Colas, Louis, professeur au Lycée, 32, boulevard Alsace-Lorraine, Bayonne.

Colas (Mme), 32, boulevard Alsace-Lorraine, Bayonne.

MM. Chaux, C., à Xaintrailles, par Lavardac, Lot-et-Garonne.

Cazac, proviseur du Lycée, Bayonne.

Cardaillac (de), avocat, 2, r. Faget de Baure, v. Vosconia, Pau.

Colas, Jules, à Corbeny, Aisne.

Coste (A. de), 14, rue Etchegaray, St-Jean-de-Luz.

Courteault, Secrétaire général de la *Section Centrale de l'Union*, 23, rue de Strasbourg, Bordeaux.

Casaucau, Paul, Biarritz.

Champtassin (de), 34, rue de France, Biarritz.

Campagne, P., Hôtel d'Angleterre, Biarritz.

Cathala, ancien Receveur des Finances, 74, cours du Jardin Public, Bordeaux.

Chimits, villa Saint-Pé, Saint-Jean, Bayonne.

Cazenave, Hôtel de l'Europe, Biarritz.

Couzain, Hôtel des Princes, Biarritz.

Choribit, avocat, Bayonne.

Cartiés, Fernando, villa Stella-Maris, Biarritz.

Camy, Hôtel Régina, Biarritz.

Descandes, Armand, 9, rue de Frias, Biarritz.

Dujarric-Descombe, Vice-Président de la *Société Historique* et *Archéologique du Périgord*, 9, avenue de Paris, Périgueux.

Dubarat (chanoine), archiprêtre de Saint-Martin, Pau.

Dubois (abbé Jean), curé de Roquefort, par Agen.

Darbouet (Docteur), Le Boucau, Bayonne.

Daranatz (chanoine), secrétaire de l'Evêché, Bayonne.

David-Delvaille (de), Pau.

Dartiguelongue (abbé), 16, rue Thiers, Bayonne.

Duverdier, Jules, propriété La Bordasse, Bayonne.

Daugé (abbé Césaire), à Beylongue, par Rion, Landes.

Dastugue, Casino Municipal, Biarritz.

Dop, Directeur de la Société Générale, Biarritz.

Dop (Mme), Biarritz.

Dumont, Biarritz.

Delvaille, Crédit Lyonnais, Bayonne.

Delvaille, Robert, changeur, Biarritz.

Darricau, A., villa Pika-Sarria, Bayonne.

Delmas, A., 21, rue Maubec, Bayonne.

David de Vignerte, rue Lamartine, Biarritz.

Darricades, Pavillon Alphonse XIII, Biarritz.

David, percepteur, Biarritz.

Dagnial, Biarritz.

Espagnat (abbé Emile), curé de Cazères-sur-Garonne, H^{te}-Garonne

Etchepare, pharmacien, Biarritz.

Fontaine, ancien préfet à Habas, Landes.

Feuillade, Pierre, Président de *Biarritz-Association*, rue des Chalets, villa St-Jean, Biarritz.

Feuillade (Mme), Biarritz.

MM. FEUILLADE (Mlle), Biarritz.

FAYOLLE (Marquis de), Président de la *Société Historique* et *Archéologique du Périgord*, 5, rue Victor-Hugo, Périgueux.

FOURNEAU, Hôtel Victoria, Biarritz.

FONTENEAU, Léon, Vice-Président de *Biarritz-Association*, villa Faust, 23, avenue des Pyrénées, Biarritz.

FONTENEAU (Mme), villa Faust, Biarritz.

FOLIN (Marquis Henri de), ingénieur des Ponts et Chaussées, 3, place du Réduit, Bayonne.

FAURE, André, avocat, 118, rue Malbec, Bordeaux.

GAILLARD (abbé), curé-doyen de Bélin, Gironde.

GANDARA (Marquise de BAROJA de la), Biarritz.

GRAZIANI, Paul, archiviste-bibliothécaire de la Ville de Bayonne.

GÉLOS, chalet Amédée, Biarritz.

GORSKI (Mlle Lydie), 19, rue d'Espagne, Biarritz.

GOALARD, pilote-major, Anglet.

GALLARD (Docteur), rue d'Osuna, Biarritz.

GENETIER (Mme veuve), Hôtel Cosmopolitain, Biarritz.

GOMÈS, architecte diplômé, Biarritz.

HABASQUE, Francisque, Président du *Comité Central de l'Union Historique* et *Archéologique du Sud-Ouest*, 5, rue du Jardin Public, Bordeaux.

HABASQUE, Robert, à Courbois, Anglet.

HABASQUE, Richard, à Courbois, Anglet.

HARAMBOURE, sous-directeur du Crédit Lyonnais, Bayonne.

HÉZARD, Ch., villa Cérès, Biarritz.

JAURGAIN (Jean de), à Ciboure, Saint-Jean-de-Luz.

JARDILLER, villa Violette, rue Harispe, Biarritz.

JAIME BOURGUIGNON, photographe, Biarritz.

JOURNEAU, Hôtel Régina, Biarritz.

KASSEL (Mme), villa St-Paul, avenue des Pyrénées, Biarritz.

LABORDÈRE, ingénieur, 30, rue Bonaparte, Paris.

LAUZUN, Philippe, Secrétaire général de la *Société des Sciences, Lettres et Arts* d'Agen, à Valence-sur-Baïse, Gers.

LAUZUN (Mme), à Valence-sur-Baïse, Gers.

LABADIE, Ernest, 32, rue Vital-Carles, Bordeaux.

LYNCH, E.-M., villa Antigua, Bayonne.

LYNCH, villa Antigua, Bayonne.

LE BEUF, 4, place de la Liberté, Bayonne.

LE BEUF (Mme), 4, place de la Liberté, Bayonne.

LACOMBE, Georges, 137, boulevard Saint-Michel, Paris.

LOUIS, Pierre, 5, rue Peyroloubilh, Biarritz.

LÉON, Albert, professeur au Lycée, Bayonne.

LÉON, Anselme, villa Riquette, Marracq, Bayonne.

LÉON (Mme), villa Riquette, Marracq, Bayonne.

LÉVY, Maxime, à Guéthary.

LÉVY (Mme), à Guéthary.

MM. Lantin (Mme), villa Crux-Alta, Pau.

Limonaire (Mlle Magd.), Biarritz.

Lobit (Docteur), ancien Président de *Biarritz-Association*, Pau.

Labat, Jules, château Grammont, Biarritz.

Labat, Emmanuel, villa des Lauriers, Biarritz.

Labat (Colonel), Biarritz.

Larue, à Biarritz.

Legrand (Docteur), à Biarritz.

Linguin, ingénieur de la Ville, Biarritz.

Laborde (Docteur), rue Gambetta, Biarritz.

Laborde (Mme), rue Gambetta, Biarritz.

Laborde, Pierre, rue Gambetta, Biarritz.

Laparra (Docteur), à Biarritz.

Larribière, négociant, Conseiller Municipal, 23, rue Bourg-Neuf, Bayonne.

Lataillade (Mme de), chalet René, av. de la Ville d'Hiver, Biarritz.

Lesca, Charles, à Guéthary.

Lacapelle, Hôtel de Bayonne, Biarritz.

Lebas, A., ingénieur-mécanicien, Bayonne.

Livéri de Valdausa (de), Ciboure, près St-Jean-de-Luz.

Moncocq, lieut.-colonel, à St-Pierre-d'Irube, près Bayonne.

Marboutin (abbé), curé, St-Pierre-de-Gaubert. Agen.

Momber, F. R. E., à l'Hermitage, Biarritz.

Montiton, instituteur, à Bergouey, Basses-Pyrénées.

Moureu, Félix, ancien Maire de Biarritz, Biarritz.

Marsan (abbé François), curé de Guchen, par Ancizan, Hautes-Pyrénées.

Moussempès (Mlle Marie), 4, rue des Chantiers, Biarritz.

Mirepoix, avenue de la Liberté, Biarritz.

Mora (Docteur), villa Edouard, rue Cambarre, Biarritz.

Orossen, rue Mazagran, Biarritz.

Planté, Adrien, Président de la *Société des Sciences, Lettres et Arts* de Pau, Orthez.

Pierredon (Mlle de), Secrétaire général de la *Société Historique* et *Archéologique* de St-Emilion, château de Puy-Seguin, Gironde.

Pagel, rue Gambetta, Auch.

Pontac (Comte Armand de), Aux Jaubertes, par Langon, Gironde

Pontnau, Raymond, St-Sulpice-la-Pointe.

Pommiès, Vincent, La Négresse, Biarritz.

Patou, Hôtel de Paris, Biarritz.

Péria père, imprimeur, Biarritz.

Plasteig-Cassou, commissaire-priseur, Biarritz.

Pouyane, Charles, ingénieur des Ponts et Chaussées, Libourne.

Peyta, Hôtel Continental, Biarritz.

Réveil (Docteur Edouard), Le Béarn, Rillieux-La-Pape, Ain.

Roquette-Buisson (Comte de), Président de la *Société Académique des Hautes-Pyrénées*, 9, rue du 4-Septembre, Tarbes.

MM. Ricaud, Théodore, 65, cours Alsace-Lorraine, Bordeaux.

Ricaud, J., pharmacien, Lectoure.

Réveil, Jean (Etudiant), Le Béarn, Rillieux-La-Pape, Ain.

Roche, directeur de la Compagnie du Gaz, Biarritz.

Raulet, adjoint au Maire, Biarritz.

Rodrigues, A., villa Sacha, Biarritz.

Russel (Comte Maurice), villa Christine, Biarritz.

Saint-Sand (Comte de), La Roche-Chalais, Dordogne.

Stuart-Menteath, Aita Beita, Ciboure, près St-Jean-de-Luz.

Saint-Vanne, A., architecte du Gouvernement, 4, rue Gambetta, Bayonne.

Saint-Vanne (Mme), 4, rue Gambetta, Bayonne.

Sardac (Docteur de), Lectoure.

Sardac (Mme de), Lectoure.

Saint-Macary, Alfred, Auterive, Basses-Pyrénées.

Sarrieu, B., professeur de Philosophie au Lycée, Secrétaire général de l'*Escolo deras Pireneos*, 8, place de Bartas, Auch.

Soulé, E., imprimeur, rue du Château, Biarritz.

Soulé (Mme E.), rue du Château, Biarritz.

Sébie, Léonce, Biarritz.

Sloutzky, Albert, 74, rue Gambetta, Biarritz.

Sartuque, Grand-Hôtel, Biarritz.

Sansot, Bagnères-de-Bigorre, Hautes-Pyrénées.

Sam-Maxwell, Président de la *Société des Archives Historiques de la Gironde*, 44, rue Vital-Carles, Bordeaux.

Sassissou, Biarritz.

Stiegelman, Ad., Nice.

Thomas, Fernand, Trésorier de la *Société Archéologique* de Bordeaux, 63, rue Minvielle, Bordeaux.

Thomas (Mme), 63, rue Minvielle, Bordeaux.

Tessier (Docteur), villa Ketty, Biarritz.

Urquijo (Julio de), Urkixo Baita, St-Jean-de Luz.

Vinson, Julien, inspecteur des Eaux et Forêts, professeur à l'Ecole Nationale des Langues Orientales Vivantes, rue de l'Université, 58, Paris.

Vinson (Mme), rue de l'Université, 58, Paris.

Vinson, Paul, rue de l'Université, 58, Paris.

Wargue (Mlle), Hôtel du Palais, Biarritz.

Vispaly, Maison Carrée, Biarritz.

Vispaly (Mme), Maison Carrée, Biarritz.

Yturbide (Avocat), Président de la *Société des Sciences, Lettres et Arts* de Bayonne, rue Lormand, Bayonne.

CONGRÈS de BIARRITZ=BAYONNE

COMPTE RENDU

Ainsi que l'annonçait le programme du Congrès, la réception des Congressistes eut lieu, le dimanche 30 juillet, à 8 h. 1/2 du soir dans la Salle des Fêtes du Grand-Hôtel, à Biarritz, mise gracieusement à la disposition du Comité.

La Municipalité eut la délicate attention de leur offrir un vin d'honneur.

M. Forsans, Sénateur, Maire de Biarritz, tint à venir lui-même souhaiter la bienvenue aux Congressistes, il le fit dans les termes suivants :

MESDAMES, MESSIEURS,

Au nom de la Ville de Biarritz, je vous salue !

Témoin de l'empressement avec lequel vous êtes accourus, dès qu'il s'est agi des intérêts et des souvenirs historiques de notre région, il m'est agréable de penser que la séduction exercée par le charme de notre pays ne fut pas étrangère à votre détermination. Et c'est pour cela que j'ai le devoir de vous remercier, au nom de mes concitoyens, de la prédilection que vous avez marquée en choisissant Biarritz pour le siège de vos travaux.

Je salue en particulier, l'homme éminent qui est appelé à diriger vos discussions, qui s'est fait une place spéciale parmi les savants de notre pays et dont le nom est si justement et si universellement estimé.

Je remercie nos concitoyens et nos amis de *Biarritz-Association* si dignement représentés ici par leur dévoué et sympathique président, M. Feuillade, et par les distingués membres du Bureau. C'est à eux surtout que nous devons de vous compter aujourd'hui parmi les hôtes de Biarritz, et c'est une joie dont nous leur sommes reconnaissants.

Puisse, Mesdames et Messieurs, Biarritz vous laisser un souvenir agréable de cordiale sympathie ! Puisse la beauté de nos sites rester associée, dans vos souvenirs, à la beauté de l'œuvre intellectuelle à laquelle vous participez.

Je lève mon verre en l'honneur de M. Vinson, Président du Congrès d'Histoire et d'Archéologie du Sud-Ouest, de M. Feuillade, Président de *Biarritz-Association*, de vous tous, Mesdames et Messieurs, qui êtes aujourd'hui les hôtes de Biarritz.

M. Julien Vinson, Président du Congrès, remercie la Municipalité par l'allocution ci-après :

MONSIEUR LE MAIRE,

- Je vous remercie, au nom des membres du Congrès, de votre bienveillant accueil et des paroles aimables que vous avez bien voulu m'adresser ; je suis heureux de vous exprimer, à mon tour, nos vœux pour Vous, pour la Municipalité et pour la cité de Biarritz.

Il était naturel que notre quatrième Congrès se tînt à Bayonne et à Biarritz, puisque nous devons nous occuper des choses basques, et que nous sommes ici à la limite du Pays Basque. Je sais bien que Biarritz n'est pas basque et que de mémoire d'homme on n'y a pas parlé basque, mais le nom même appartient très probablement à cet idiome, et correspond à un ancien lieu, dit antérieur à la fondation du premier village. On a proposé diverses étymologies plus ou moins fantaisistes ; je crois en avoir trouvé une plus plausible en rapprochant le nom de Biarritz de ceux de Bidart, d'Urthubie, de Béhobie et de Fontarabie. Je verrais volontiers dans ces noms, autant d'étapes d'une voie romaine longeant la côte : Fontarabie serait « la voie sablonneuse », Béhobie « la voie de la jument » c'est-à-dire « le gué » ; Urthubie « la voie humide » par allusion aux marais de Saint-Jean-de-Luz ; Bidart « le village traversé par la route » ; et Biarritz indiquerait la rencontre de la route, des rochers et de la mer. En linguiste consciencieux, je ne propose d'ailleurs cette explication que sous toutes réserves et pour ainsi dire sous bénéfice d'inventaire.

Cette question est un des problèmes qui étaient l'objet de mes méditations, lorsque je venais naguère, ici-même, contempler l'Océan dans sa pacifique majesté ou dans ses colères effrayantes.

Ce ne sont pas, au surplus, les seules tempêtes auxquelles j'ai assisté dans ce pays pendant les douze années que j'y ai passées, il y a longtemps déjà. J'ai pris ma part des luttes, des mouvements politiques qui l'ont agité. Je vois avec un grand plaisir à côté de vous, le fils d'un de ceux avec qui j'ai combattu le bon combat. Excusez-moi d'évoquer ces souvenirs lointains, pleins d'une joie qui n'était pas sans quelque amertume ; mais, depuis, je suis souvent revenu dans ce pays, et j'ai pu constater de mes yeux, la prospérité croissante de Biarritz qui avait à peine quatre mille habitants, et qui en compte aujourd'hui près de cinq fois ce nombre. Une grande part de cette prospérité revient à votre administration, monsieur le Maire ; aussi est-ce avec confiance que nous envisageons l'avenir et que nous souhaitons à Biarritz, la continuation de ses progrès, le développement de son commerce et de sa fortune sous une administration comme la vôtre, pour le plus grand bien du Pays, de la Patrie, de la République et de la Science.

M. Feuillade, Président de *Biarritz-Association*, prend à son tour la parole, il s'exprime ainsi :

Mesdames, Messieurs

Après les deux allocutions si éloquentes que vous venez d'entendre et de notre sénateur-maire, M. Forsans et de M. le Président du Congrès, M. Julien Vinson, je ne pourrais que les affaiblir si j'avais la témérité d'en ajouter une troisième. Je veux seulement, comme Président de *Biarritz-Association*, ajouter les souhaits de bienvenue de notre Société à ceux si cordiaux et si vibrants exprimés au nom de la cité par son premier magistrat.

Tout vibre dans ce petit coin de l'*Univers*... J'ai dit l'*Univers*, parceque Biarritz est la station où les deux mondes se donnent rendez-vous.

Vous allez donc être mêlés à la vie cosmopolitaine, mais ce qui vous charmera particulièrement, ce seront les richesses historiques et archéologiques qui vont surgir pour ainsi dire sous vos pas, dans nos visites et nos excursions.

Encore une fois, Mesdames et Messieurs, soyez les bienvenus au milieu de la famille de *Biarritz-Association*, que passionne tout ce qui peut apporter une étincelle de vérité à l'HISTOIRE DU PASSÉ.

Après ces discours, les groupes se formèrent et la plus franche cordialité s'établit entre les Congressistes.

Dans l'après-midi du dimanche, le Conseil d'administration de l'*Union Historique* et *Archéologique* du Sud-Ouest tint une séance présidée par M. Francisque Habasque, délégué central de l'Union ; M Courteault, secrétaire général ; M. Amtmann, trésorier. Dans cette réunion, on s'entretint des diverses situations de la Société, et on discuta les vœux qui seront présentés par le Comité central, après la séance de clôture des travaux, qui seront relatés à la fin du compte rendu.

Lundi 31 Juillet, 8 heures du matin

(SALLE DES FÊTES DU GRAND-HÔTEL)

La séance d'ouverture des travaux du Congrès est présidée par M. Julien Vinson. Après quelques paroles de bienvenue et de félicitations adressées aux Membres présents, M. le Président constate avec satisfaction le nombre de deux cents adhérents, ainsi que le nombre et l'importance des communications annoncées. « Nous avons malheureusement, ajoute-t-il, à déplorer la mort toute récente de M. Arnaud Détroyat, un érudit bayonnais. que nous devions précisément entendre ce matin (1). C'était un des membres les plus anciens de la *Société des Sciences, Lettres et Arts* de Bayonne, dont les rangs s'éclaircissent de plus en plus chaque jour. Nous ne restons plus guère que deux, M. P. Yturbide, mon assesseur d'aujourd'hui, et moi, pour transmettre aux nouveaux membres les bonnes traditions de la Société, comme ces torches lumineuses que se passaient de main en main les coureurs antiques.

M. le Président annonce que les travaux du Congrès vont commencer.

Un nombre assez considérable de congressistes assistent à cette première séance.

Le Bureau est ainsi constitué :

Président : M Julien VINSON, Président du Congrès ;
Assesseurs : MM. FEUILLADE, Président du Comité d'organisation, Président de *Biarritz-Association ;*
ARCHIER, Vice-Président du Comité d'organisation, Vice-Président de *Biarritz-Association ;*
YTURBIDE, Vice-Président du Comité d'organisation, Président de la *Société des Sciences, Lettres et Arts* de Bayonne ;
FONTENEAU, Secrétaire général du Comité, Vice-Président de *Biarritz-Association ;*
COURTEAULT, Secrétaire général de l'*Union Historique* et *Archéologique.*

---

(1) M. Détroyat devait présenter une communication sur les *Silex taillés trouvés à Chabiague et Saint-Pierre-d'Irube.*

1ʳᵉ Communication. — M. STUART-MENTEATH, membre de
Biarritz-Association.

SUR L'ORIGINE BASQUE DE LA CONSTITUTION ANGLAISE

Le titre paradoxal de cette note m'est imposé par l'existence de
l'épreuve imprimée d'un article apprécié par feu Wentworth Webster
dans *The Antiquary* de 1883, par feu Antoine d'Abbadie dans des
revues espagnoles, et par la traduction de mes autres articles sur les
Basques, dans la *Epoca* de Madrid et dans d'autres publications qui
ont contribué à l'heureuse conservation des *fueros*, après leur discussion plénière dans les deux Chambres des Cortès. Mais l'article cité,
demandé et accepté par une revue anglaise, a été supprimé sur la
demande de l'historien qui représentait spécialement en Angleterre
l'érudition patriotique des Allemands. A la date en question, il n'était
pas permis de douter que la marque de fabrique allemande est la
garantie de toutes les vertus ; et l'idée que la Constitution anglaise
pouvait devoir ses mérites au pays de Loyola et à la race de Saint
Ignace était insupportable. Aujourd'hui, la Constitution anglaise est
une vieillerie en voie d'abolition, l'industrie allemande n'est plus appréciée, et il n'y a rien d'analogue entre les institutions basques et les té-
nébreuses intrigues du *Home Rule*. Mais l'Association Britannique avait
déjà supprimé mes preuves que les Basques ne sont pas l'élément
brun de la population de l'Angleterre, bien que j'eusse présenté une
note de feu Webster à l'appui de ma thèse. D'après les dernières
recherches, on a même supposé que les ancêtres des Basques avaient
des cheveux blonds et des yeux bleus comme une partie des Berbères.
En somme, je puis espérer que la théorie de l'Evolution a déjà modi-
fié la rigueur de ses premières exigences.

Comme l'Angleterre, le Pays Basque ne possède aucune constitution
écrite ; et il est possible de maintenir qu'il ne possède rien que les
conseils de commune et de province qui existent dans toute l'Espagne,
comme dans toute la France. Ce sont les menaces de modification qui
ont suscité la guerre carliste, et qui préparent, pour la deuxième fois,
une guerre analogue en Irlande. Moins d'un million de Basques sont
gouvernés par quatre parlements entièrement indépendants entre eux.
L'invention d'un parlement basque unique serait la destruction du
système basque, sinon de l'existence de l'Espagne. On peut même
soutenir que les Basques français sont restés aussi florissants que
leurs frères d'Espagne, bien que la Révolution française les ait réglementés comme la Champagne. Mais la plus remarquable analogie
entre l'Angleterre et le Pays Basque, c'est que, dans la première, toutes
les formes d'un despotisme du Moyen Age se sont adaptées à la
liberté la plus raisonnable ; pendant que, dans le second, les Conseils
locaux, qui sont ailleurs de simples agences du pouvoir central, restent les meilleurs soutiens d'une indépendance séculaire.

Les quatre parlements basques s'occupent spécialement de la répartition équitable des impôts entre les communes, et les détails de cette répartition sont l'œuvre des Conseils communaux, avec l'intervention des plus imposés. Les revisions constantes de ces répartitions ont abouti à une incidence tellement équitable que les réclamations ont presque cessé de se produire. C'est un système d'impôts apparemment archaïque, touffu et peu pratique, mais qui, comme l'ancien système anglais, s'est adapté au progrès, tout en développant un respect presque superstitieux du fisc. Les nouveautés, en Espagne comme en Angleterre, ont développé un esprit différent et coûteux, ainsi que des réclamations sans limite. Les Basques s'occupent encore de l'ajustement pratique dans le détail plutôt que de la perfection théorique de l'ensemble. Les fonctions publiques sont un sacrifice patriotique et nullement une profession lucrative. Tous les votants sont intéressés dans le choix de leur représentant, et paient la note qui résulte d'un mauvais choix. Le fisc n'est pas un ennemi à combattre et dont le dépouillement est méritoire. En dehors de quelques agglomérations d'ouvriers étrangers, les Basques préfèrent le travail assidu aux plus ingénieux projets de chantage. En dirigeant des centaines d'ouvriers basques de diverses régions, je les ai trouvés aussi intelligents et raisonnables que travailleurs ; et les Conseils de commune avec lesquels j'ai dû constamment traiter, comprenaient parfaitement les intérêts de l'industrie autant que de leurs commettants. En somme, j'ai appris que les Basques sont capables d'ajuster une forme quelconque de gouvernement à leurs intérêts pratiques, et que c'est ainsi qu'ils ont pu perfectionner l'application d'un régime local qui date depuis les Romains, qui a existé dans toutes les vallées des Pyrénées, et dont la République d'Andorre et les Parlements basques sont des survivances.

A la date des articles déjà cités, les historiens tant anglais qu'allemands reconnaissent dans Simon de Montfort « le père de la Constitution anglaise ». Comme lieutenant des souverains anglo-normands, il avait acquis toute son éducation politique en traitant avec les institutions locales de la Gascogne, et, comme un étranger en Angleterre, il s'est appuyé sur les leçons de son expérience. Un manuscrit authentique, à la Bibliothèque nationale de Paris, conserve ses réponses aux accusations de concussion, et prouve qu'il appréciait et respectait les institutions basques. Je trouvais dans ce récit la preuve qu'il avait simplement introduit en Angleterre les idées et usages qui avaient le mieux servi son ambition ailleurs. Cette opération lui ayant valu le titre déjà cité, je pouvais raisonnablement attribuer aux précédents basques l'essentiel de la Constitution anglaise. Et nulle part je ne trouvais une analogie plus complète dans la pratique. Le caractère basque a toujours été apprécié par les Anglais qui ont appris à connaître cette race, et il est curieux que le Traité provisoire qui a précédé celui d'Utrecht ait cédé le Guipuzcoa à l'Angleterre. Ses institutions auraient parfaitement survécu, comme celle des isles de Man et de la Manche. Cela n'aurait rien d'analogue aux projets de ressuscitation des Parlements de l'Ecosse et de l'Irlande. Pour imiter le système basque, il faudrait créer une douzaine de parlements indépendants pour les Irlandais. Il faudrait encore que chacun de ces parlements puisse prélever un surplus d'impôts pour solder les services du gouvernement central. C'est tout le contraire qu'on demande. Ce n'est donc nullement pour les idées courantes en Angleterre que je réclame une origine basque, mais pour des idées et des institutions du passé qui ne sont plus à la mode. Leur origine allemande n'est plus imposée, leur origine basque n'a plus rien de rebutant, et la recherche des origines a perdu son importance avec le progrès du goût de l'expérimentation.

Il est pourtant intéressant de rechercher comment une population éminemment Catholique a pu développer et maintenir les institutions les plus usuellement associées avec le Protestantisme. En Suisse et dans le Canada, on voit que la forme de religion n'y fait rien. Les caractères du pays et de la race paraissent plus décisifs. La ténacité du caractère basque a profité des vallées isolées pour maintenir l'initiative et l'indépendance des moindres groupes. C'est au prix d'une existence laborieuse et de privations constantes que les Basques maintiennent leurs libertés. Les progrès de la civilisation menacent de tout niveler. L'émigration et le commerce extérieur ont jusqu'à présent satisfait l'esprit d'initiative. Mais il y a déjà tendance à tout sacrifier aux intérêts de l'industrie, et à laisser dégénérer, comme en Angleterre, le patriotisme en métier et la politique en pillage. S'il est probable que les institutions basques et anglaises ont la même origine, il est également probable qu'elles disparaîtront par les mêmes moyens. En ce cas, le dicton de la sagesse antique : *quos deus vult perdere prius dementat*, restera pour le spectateur l'expression la plus adéquate. On ne peut blâmer l'acharnement des Basques à conserver des institutions dont on fabrique ailleurs des simulacres. Mais il importe de faire nettement constater que les Parlements basques ne sont aucunement une menace pour l'intégrité de l'Espagne, mais sont des institutions réellement locales, favorables à la tranquillité, et dévouées aux intérêts économiques. Entre les Cortès de Madrid et les corps locaux en question, il n'y a aucune rivalité.

Les provinces basques envoient des députés aux Cortès de Madrid comme toutes les autres provinces, et ne réclament nullement une autonomie unique et nationale. Ce que Simon de Montfort a introduit en Angleterre a contribué à l'unification et nullement à la dissolution des empires successifs auxquels le système basque a survécu.

Juillet 1911.

2ᵐᵉ *communication*. — M. Yturbide, Président de la « Société des
Sciences, Lettres et Arts » de Bayonne

ANCIENNE ORGANISATION DU PAYS ET BAILLIAGE
DE LABOURD

Les trois provinces qui composent le Pays basque français présentent cette parcularité historique, que toujours dans le passé elles ont
été séparées l'une de l'autre. Le Labourd et la Soule ont été soumis
longtemps à la domination anglaise. Mais aucun lien ne pouvait exister entre ces deux pays, puisque la Basse-Navarre, qui était alors terre
espagnole, s'étendait entre les deux. Après la conquête française, le
Labourd dépendit du gouvernement de Guyenne, tandis que la Soule
était réunie à la vicomté de Béarn. Plus tard, la Basse-Navarre fut
aussi rattachée au Béarn, quand elle cessa de faire partie du territoire espagnol, mais le Labourd resta uni à la Sénéchaussée des
Lannes jusqu'en 1790.

C'est peut-être à cause de cette séparation prolongée que notre
pays labourdin possédait des institutions locales qui n'existaient pas
toutes dans les autres provinces basco-françaises. On trouve à cet
égard de précieux renseignements dans les registres d'Ustaritz conservés aux Archives départementales des Basses-Pyrénées, dans les
registres paroissiaux que nos mairies de campagne possèdent encore,
et dans les Cahiers de Doléances présentés par les Basques Français
aux Etats-Généraux de 1789. Je vais essayer de donner ici une idée
de ce régime particulier.

Le trait saillant de l'ancienne organisation du Labourd était l'absence de tout droit féodal et la franchise complète des hommes et des
terres. C'était un pays de *franc alleu*. Par exception toutefois, la
paroisse d'Espelette formait une petite baronnie, où le régime féodal
a fonctionné régulièrement jusqu'en 1695. De même les paroisses
d'Urt, Guiche et Bardos appartenaient aux ducs de Gramont, seigneurs
de Bidache, mais ces paroisses étaient séparées du Labourd jusqu'en
1763.

Les Nobles labourdins étaient très peu nombreux. Ils n'avaient
aucune prérogative, aucune part au gouvernement du pays. A peine
jouissaient-ils de quelques droits honorifiques : la première place à
l'église, le droit de présenter le curé. Leur situation était celle de
propriétaires un peu plus riches que les autres, mais comme leurs
domaines avaient peu d'étendue, la plus grande partie des terres,
environ les sept huitièmes, étaient aux mains des cultivateurs.

Les petits propriétaires étaient donc les plus nombreux en Labourd
et les propriétés étaient très divisées. Tous ces petits héritages étaient
protégés et maintenus par la Coutume locale qui consacrait en matière
de succession un droit d'aînesse tout spécial. A la mort du père de
famille, le premier né des enfants, *fils ou fille*, héritait seul de la maison et des terres formant les biens *avitins*. Cet enfant aîné, du vivant

même de son père, portait le titre d'*héritier* ou *héritière*, et il était considéré comme copropriétaire de l'immeuble familial. Les actes notariés l'appellent souvent : le *maître jeune* ; en basque : *yaunastia*.

Cette Coutume avait naturellement amené la prédominance des propriétaires-cultivateurs sur les propriétaires-nobles. Toute l'administration locale était entre les mains des villageois et les gentilshommes en étaient exclus. C'était, en quelque sorte, le privilège à rebours

La base de cette administration était la *paroisse*, dont les habitants formaient tous ensemble au point de vue civil une *communauté*. Le pays comptait, en 1789, trente-cinq communautés. C'est à elles qu'appartenaient les terres vagues, les bois, les landes, les eaux courantes, les chemins publics Les habitants avaient la jouissance gratuite des bois et des pâturages. Ils avaient tous le droit de chasse et de port d'armes, le droit de pêche et le libre parcours pour leurs bestiaux. Ils étaient exempts de la *taille* et de la *corvée*. Ils ne payaient ni la *gabelle* ni le *parchemin timbré*, ni le *contrôle*. En revanche, ils devaient entretenir les routes qui traversaient le territoire, et fournir un régiment de mille hommes de pied pour défendre la frontière.

Chaque communauté possédait une Assemblée appelée en basque *capitala* et en français l'*assemblée capitulaire*. Elle était composée, non pas de tous les habitants de la paroisse, mais seulement de ceux qui étaient *etcheco-yaunac*, c'est-à-dire propriétaires d'une maison et de leurs héritiers.

Les femmes propriétaires étaient exclues de ces réunions, mais elles y étaient représentées par leurs maris, leurs fils aînés, ou les maris de leurs filles aînées. Les nobles et les membres du clergé pouvaient y assister, mais ils ne pouvaient exercer aucune fonction dans la communauté.

La tenue des assemblées capitulaires avait un caractère primitif et champêtre, qui ramène le souvenir aux époques lointaines des *maals* germaniques et des *champs de mai* mérovingiens. Elles délibéraient en plein air, le dimanche, à l'issue de la messe. Elles se réunissaient parfois sous le porche de l'église, souvent comme à Biarritz, dans le cimetière qui entourait l'église, ou bien sur une place ou dans un carrefour qui, dans nos villages, s'appelle encore *chapitalia* ou *capitalécou*.

Chaque année, à l'époque de Noël, l'assemblée capitulaire nommait un certain nombre de *jurats*, trois, cinq ou sept, suivant la population de la paroisse. Ces jurats devaient, l'année suivante, gérer les affaires de la communauté. Cette fonction était obligatoire, elle ne pouvait pas être refusée.

L'un des jurats était chargé d'exercer la police, de présider les assemblées, de correspondre avec les autorités. On l'appelait en basque *hauz apeza*, titre qu'on traduisait ainsi, *le sieur abé*. Ses attributions étaient celles de nos *maires* actuels et de l'*alcalde* des villages espagnols. Au XVIIIe siècle, ils prirent le nom de maires-abbés.

Pour traiter les affaires qui intéressaient l'ensemble du pays de

Labourd, les maires-abbés de toutes les paroisses se réunissaient à Ustaritz et formaient une assemblée qui s'appelait le *Bilçar d'Ustaritz*.

Le Bilçar discutait sous la présidence du bailli de Labourd ou de son lieutenant. Ce *bailli* était un officier nommé par le roi et représentait dans le pays le pouvoir souverain. En principe, il cumulait toutes les attributions, militaires, administratives et judiciaires. Mais dans la pratique il ne s'occupait que des affaires militaires. Il chargeait son *lieutenant* des affaires judiciaires et laissait à un *sindic général* les affaires administratives et financières. Le siège et la cour du bailliage étaient fixés à Ustaritz, au château de la Motte, où se trouve la mairie actuelle.

Ces baillis avaient été créés par les rois d'Angleterre et remontaient à une époque reculée. Un texte du Livre d'Or établit que le bailli de Labourd existait déjà en 1247. Quant à l'origine du Bilçar on a pu dire en toute vérité qu'elle se perd dans la nuit des temps. Il n'existe aucun document qui permette de la retrouver.

A la différence du bailli et de son lieutenant, le *Sindic général* du pays de Labourd n'était pas un officier royal. Il était élu par le Bilçar, le représentait dans l'intervalle des réunions, et restait en fonctions d'une façon permanente. Il devait surtout maintenir l'autonomie de la province et la défendre contre les prétentions et les entreprises, quelquefois exagérées, des fonctionnaires royaux.

Il semble que cette institution n'a pris naissance qu'à une époque moderne, quand l'extension des procureurs du roi et la création des intendants donnèrent à la puissance monarchique une rigueur de fait qu'elle n'avait pas eue jusque-là.

Le Sindic de Labourd est mentionné pour la première fois en 1513, à propos de la réformation de la Coutume du pays et l'on peut croire que sa mission fut d'abord temporaire et limitée à certains actes déterminés. A partir de 1603, les sindics se succèdent régulièrement. Leurs attributions se précisent et s'augmentent de telle sorte que l'administration civile passe presque toute entre leurs mains.

Ils correspondaient d'un côté avec les maires-abbés de toutes les paroisses; de l'autre avec tous les fonctionnaires royaux. Ils étaient *trésoriers* du pays, c'est-à-dire qu'ils percevaient les contributions imposées au Labourd et les versaient entre les mains des receveurs généraux des finances. Ils avaient enfin le droit de convoquer le Bilçar d'Ustaritz, chaque fois qu'ils le jugeaient nécessaire.

Les impositions générales perçues au profit du trésor royal, étaient représentées par un *abonnement* annuel, c'est-à-dire par une somme invariable fixée par le Conseil du roi. Cette somme était répartie par le sindic entre toutes les paroisses au prorata de leur population. Les nobles du pays en supportaient le huitième. En 1789, l'ensemble des impositions supportées par le Labourd s'élevaient à soixante mille livres en chiffres ronds.

Chaque paroisse était libre d'assurer comme elle l'entendait la part des impôts mise à sa charge. Les unes y affectaient le revenu des biens communaux : bois, moulins, pâturages. Les autres créaient des taxes locales, le plus souvent un droit sur les débitants de boissons, qu'on appelait la *mayade*, parce qu'il était payable au mois de mai (en basque *mayatza*).

Outre les contributions générales, le Bilzar imposait encore au pays des dépenses locales, telles que l'entretien des ponts et des routes, poursuite des malfaiteurs et des bohémiens, nourriture des prisonniers, enfants trouvés, envoi à Sarragosse des aliénés indigents, procès à faire et à soutenir, fontaine de Cambo, députations au roi, passage de troupes, réception des grands personnages, etc. A toutes ces charges, il ajoutait les frais d'administration du sindic et le montant des avances qu'il avait faites.

Il arrivait, en effet, d'une façon invariable, que les communautés étaient toujours en retard pour remettre au sindic leur part des impositions. Aussi pour empêcher les agents du fisc d'exercer des poursuites contre les habitants, les sindics faisaient de leurs deniers les avances de l'arriéré. Ils portaient ensuite ces avances dans le compte qu'ils présentaient au Bilçar, en général tous les deux ans.

Le reliquat de ce compte était toujours en faveur du sindic. Il restait toujours créancier de sommes importantes, vingt, trente, quarante mille livres. Quelquefois même ces chiffres ont été dépassés. En 1724, le pays devait au sindic soixante-neuf mille quatre-vingt-dix-neuf livres ; en 1781, quatre-vingt mille vingt-deux livres.

Comme les sindics étaient toujours des notaires de campagne ou de petits propriétaires, on a peine à comprendre comment ils pouvaient avancer des sommes si élevées. Il est probable qu'ils les empruntaient à des banquiers et qu'en devenant créanciers du pays, ils s'endettaient eux-mêmes personnellement. Voilà sans doute pourquoi, quand ils demandaient au Bilçar d'être remplacés, ils invoquaient toujours le mauvais état de leurs affaires privées qu'ils avaient négligées, disaient-ils, pour celles du pays.

Après avoir arrêté les comptes du sindic, le Bilçar imposait aux communes le montant de ses avances et les intérêts de ces avances. Jamais il ne leur allouait ni honoraires, ni indemnité de gestion. La charge a toujours été gratuite.

Cette gratuité rend encore plus méritoire le dévouement avec lequel les sindics supportaient non seulement toutes les brèches de leur fortune privée, mais encore tous les ennuis que la perception des impôts faisaient retomber sur leur tête.

Constamment harcelés par les receveurs généraux, par les intendants, par les agents du Trésor, qui les rendaient responsables du retard des paiements, sans cesse menacés de poursuites personnelles et de la contrainte par corps, les sindics souffrent tout, pour ne pas laisser entamer la *constitution* et les franchises du pays.

En 1728, le sindic Hiriart se laisse incarcérer et demeure en prison jusqu'à ce que les communautés en retard aient acquitté ce qu'elles devaient à l'Etat. En 1735, à raison des impôts arriérés de l'année précédente, le sindic de Ségure est mis en demeure par l'intendant de lui faire connaître les communautés en retard. L'intendant veut poursuivre directement les abbés et jurats qui sont à leur tête. Le sindic refuse de les nommer! c'eût été compromettre les *privilèges* du Labourd. On lui envoie comme garnissaires deux cavaliers de la maréchaussée qu'il est obligé de loger et d'entretenir. Le sindic ne cède pas, on l'emprisonne et enfin le Bilçar ordonne aux communes de solder ce qu'elles restent devoir.

Quelque temps après le déficit recommence. Le 9 mars 1764, le sindic Délissalde représente au Bilçar qu'il a chez lui, depuis sept mois, deux garnissaires, qui lui coûtent dix livres par jour, et la seule faveur qu'il demande, c'est que le pays prenne à sa charge cet entretien dispendieux. Le Bilçar lui accorda cette satisfaction.

Cet esprit d'indépendance, cette énergie constante à défendre les libertés locales ne pouvaient que déplaire aux officiers royaux de cette époque. Ceux-ci représentaient un pouvoir absolu, et en cherchant à le défendre, ils tendaient toujours à augmenter leurs prérogatives. Aussi des conflits sérieux se sont-ils produits quelquefois entre les sindics de Labourd et les fonctionnaires de l'Etat.

En 1656, sous le règne de Louis XIV, le sindic en exercice était Martin de Chourio, notaire à Ascain. Il y avait plus de deux ans qu'il était en fonctions et ne se pressait nullement de rendre ses comptes, M. d'Arcangues, procureur du roi au bailliage de Labourd, convoqua le Bilçar et fit nommer pour sindic général Pierre Durruty, avocat, à Ustaritz.

Chourio protesta avec la plus grande énergie, il soutint que les officiers royaux n'avaient pas le droit de convoquer le Bilçar, que seul le sindic jouissait de cette faculté. A son tour, il convoque un nouveau Bilçar qui, dans une réunion agitée et tumultueuse, cassa l'élection de Durruty.

A l'issue de cette réunion, M. d'Arcangues en fit arrêter les membres les plus exaltés et les fit conduire à la prison d'Ustaritz. Chourio soudoya des affidés qui furent piller la maison de M. d'Arcangues et la mirent à sac. Après cela ils dérobèrent, au fort du Socoa, deux pièces d'artillerie, les traînèrent à Ustaritz et enfoncèrent les portes de la prison royale. Les prisonniers furent délivrés.

Le procureur du Roi dénonça ces excès au Parlement de Bordeaux. Celui-ci rendit contre Chourio un décret de prise de corps et commit Lambert, huissier à cheval, pour le mettre à exécution.

Lambert se rendit à Ascain avec trente hommes d'armes de la garnison de Bayonne, qu'il avait jugé prudent de prendre pour escorte; mais ils trouvèrent dans la rue d'Ascain toutes les fenêtres et le clocher de l'église occupés par les complices de Chourio, qui les reçurent à coups de fusil et les obligèrent à battre en retraite.

Afin de réprimer ces graves désordres, le bailli de Labourd, M. d'Urtubie, mit sur pied les mille hommes de troupe qui composaient la milice du pays. Alors Chourio s'insurge; il arme des partisans qui coururent la campagne, rançonnèrent les habitants, s'emparèrent des bestiaux et commirent toutes sortes de déprédations. Pendant près de deux ans, une véritable guerre civile désola le Labourd. Les adversaires, pour se reconnaître, avaient adopté des ceintures de couleurs différentes, *blanche* pour les d'Urtubie, *rouge* pour les autres. De là les noms qui leur furent donnés, les *Sabelchourris* et les *Sabelgorris*.

Chourio pendant ce temps appelait à son aide toutes les ressources de la procédure. Il se pourvut devant le Conseil du roi, contre l'arrêt rendu par le Parlement de Bordeaux. Il invoquait le grand nombre de parents que possédait le bailli de Labourd parmi les parlementaires de cette Cour. Le Conseil accueille le pourvoi et renvoie l'affaire au Parlement de Pau. Nouveau pourvoi de Chourio. Cette fois c'est M. d'Arcangues, le procureur du Roi, qui compte une foule de parents et d'alliés dans la cour béarnaise. Nouvel arrêt du Conseil, renvoyant les parties au Parlement de Toulouse. Troisième pourvoi de Chourio, toujours pour cause de suspicion légitime. Cette fois le Conseil juge prudent de choisir une Cour très éloignée et renvoie la cause au Parlement de Rouen.

Les choses en étaient là quand Chourio mourut de mort naturelle dans sa maison d'Ascain. Cet événement inattendu déconcerta ses partisans qui se débandèrent. Le calme fut enfin rétabli. Un procès fut fait aux principaux mutins. Le Bilçar se réunit encore, paisiblement cette fois, et confirma l'élection du sindic Durruty.

Ces troubles prolongés avaient fâcheusement impressionné Louis XIV. Quand bientôt après il vint à Saint-Jean-de-Luz pour son mariage, il voulait, dit-on, supprimer le Bilçar et toutes les institutions du pays de Labourd. On lui représenta que ce projet était dangereux, que les Basques, avec leur esprit indépendant, émigreraient en masse, soit du côté de l'Espagne, soit du côté de Terre-Neuve, que le pays allait rester désert et réduit à la misère. Le roi comprit ces raisons et se contenta de réglementer les réunions du Bilçar.

Par une ordonnance du 3 juin 1660, rendue à Saint-Jean-de-Luz, *le roi y étant*, il prescrivit que les Bilçars seraient convoqués « à la diligence du sindic, mais par l'ordre et en présence du bailli et des officiers de Sa Majesté. Que les propositions du sindic seraient données à entendre par le lieutenant. Que ledit sindic, les abbés et députés ne pourraient y porter aucune arme, et qu'ils ne pourraient s'assembler qu'au parquet de la justice royale du bailliage ». Cette ordonnance a été jusqu'à la Révolution la loi fondamentale du Bilçar.

Après une existence plusieurs fois séculaire, l'Assemblée d'Ustaritz s'est réunie pour la dernière fois le mercredi 18 novembre 1789. Dans une réunion précédente, un désaveu formel avait été infligé aux deux députés du bailliage qui, dans la nuit du 10 août, avaient renoncé, sans en avoir le droit, *aux franchises et privilèges* du pays de Labourd.

Dans sa dernière réunion le Bilçar donna pleins pouvoirs au sindic de solliciter de l'Assemblée Nationale le maintien pour le pays de sa constitution particulière et, s'il ne pouvait l'obtenir, de demander qu'il fût réuni aux provinces de Basse-Navarre et de la Soule seulement.

Ce vœu formulé par le Bilçar, avant de mourir et de disparaître, ne fut réalisé qu'en partie. La constitution particulière du Labourd ne fut pas maintenue. Mais la loi du 4 mars 1790 qui partageait la France en départements et en districts, décida que les trois parties du Pays basque et le Béarn formeraient ensemble le département des Basses-Pyrénées. Le bailliage de Labourd fut alors remplacé par le *Directoire du district d'Ustaritz.*

<h3 align="center">APPENDICE</h3>

Il est facile de relever les différences qui existaient entre le Bilçar et d'autres Assemblées analogues telles que les Etats de Bigorre et de Béarn, ceux de Navarre, la cour de Licharre, dans la Soule.

1. — Toutes ces Assemblées comprenaient trois ordres de députés : clergé, noblesse et communes ; le Bilçar était uniquement composé des abbés des paroisses, c'est-à-dire d'hommes du peuple et de paysans. C'était exclusivement une Assemblée populaire qui réflétait parfaitement l'esprit d'indépendance et la fierté ordinaires aux Basques.

2. — Le Bilçar ne délibérait pas par lui-même ; ses membres n'avaient pas à voter. Chacun d'eux se bornait à rapporter la réponse de sa paroisse aux propositions du sindic, de sorte que, grandes ou petites, toutes les paroisses avaient un droit de vote exactement pareil.

3. — Le Bilçar n'avait rien de régulier dans ses réunions. Il était convoqué quand le syndic le jugeait convenable. Il y a eu des années où il ne s'est pas réuni du tout.

4. — Chaque réunion était partagée en deux séances séparées par huit jours d'intervalle. Dans la première, les abbés écoutaient les propositions du sindic ; dans la deuxième, ils rapportaient les réponses de leurs communautés. Dans chaque paroisse cette réponse était votée par l'Assemblée capitulaire.

<h3 align="center">PAROISSES COMPOSANT L'ANCIEN PAYS DE LABOURD</h3>

Anglet, Arbonne, Arcangues, Ahetze, Ascain, Ainhoa.
Biarritz, Bidart, Briscous, Bassussarry.
Cambo, Ciboure
Espelette (qui comprenait Sourraïde).
Guéthary.
Hasparren (qui comprenait Bonloc), Halsou, Hendaye.
Louhossoa, Larressorre (qui comprenait Jatxou).
Macaye, Mendionde, Mouguerre (qui s'appelait Saint-Jean-le-Vieux en Labourd).
Sare, Saint-Jean-de-Luz, St-Pée-sur-Nivelle, Saint-Pierre-d'Irube.
Urcuit (qui comprenait Lahonce).
Urrugne (qui comprenait Biriatou et Béhobie).
Ustaritz et Villefranque.

En 1763, les paroisses d'Urt, Guiche et Bardos furent réunies au Labourd pour les affaires administratives. Pour les affaires judiciaires elles restèrent attachées à la seigneurie de Bidache.

3me communication. — M. L. COLAS, professeur au Lycée de Bayonne, membre de « Biarritz-Association », membre de la « Société des Sciences, Lettres et Arts » de Bayonne.

EMPLACEMENT DE LA CROIX DITE DE CHARLEMAGNE QUI FORMAIT, AU SUD DU PAYS DE CIZE, LA LIMITE EXTRÊME DU DIOCÈSE DE BAYONNE

Entre toutes les difficultés qui attendent l'historien, il en est une qui, pour se présenter moins fréquemment que les autres, ne laisse pas d'être parfois assez gênante. Je veux parler de la quasi-impossibilité où l'on se trouve de déterminer avec précision l'emplacement d'un monument souvent cité dans les textes et paraissant avoir joué un rôle important.

De ce nombre est la « Croix de Charles » ou « Croix de Charlemagne », ainsi nommée parce que, selon la légende, elle fut édifiée par Charlemagne lui-même, au sommet de la montagne dominant le port de Cize. Voici ce que rapporte, à ce sujet, le Codex de Compostelle (1).

« Au pays des Basques, sur la route de Saint-Jacques, se trouve un mont très élevé, qu'on appelle le port de Cize ; la montée en est de huit milles et la descente d'autant. Il est si haut qu'on croit, quand on est au sommet, qu'on va pouvoir toucher le ciel. De là on peut voir trois royaumes : la Castille, l'Aragon, la France. Tout en haut est un endroit qu'on nomme la Croix de Charles, parce que Charles se rendant en Espagne avec son armée, pratiqua, à l'aide de haches, de pics, de pioches et d'autres instruments, un chemin sur ce mont et y éleva une croix... Là, les pèlerins s'agenouillent, font une prière, et plantent chacun une croix en terre ; aussi peut-on y voir des milliers de croix. »

Telle serait donc l'origine de ce monument ; Charles (qui n'était pas encore Charlemagne), se rendit en Espagne appelé, comme on le sait, par les musulmans de Sarragosse (2) ; il suivit la voie romaine marquée sur l'Itinéraire d'Antonin et conduisant d'Imus Pyrenæus (Saint-Jean-le-Vieux) à Summus Portus (Ibañeta, non loin de Roncevaux). Il est certain que cette voie avait dû être bien négligée depuis les invasions et pendant la période mérovingienne, ainsi que toutes les autres voies sillonnant la Gaule romaine. Charles la restaura. Il édifia sur le haut du mont le plus élevé une croix qui dominait le passage. Quelque temps après, non loin de l'endroit choisi par lui pour y élever cette

---

(1) Codex de Compostelle. Liv. IV. Edition du P. Fita et de Julien Vinson.

(2) Cette voie romaine, qui vit pendant le Moyen Age — et jusqu'à nos jours — tant d'invasions, a été abandonnée depuis que l'on a ouvert la belle route qui, par Arnéguy et Valcarlos, conduit à Ibañeta. C'est par cette voie romaine que passèrent les Arabes au viiie siècle, Charles et ses Francs au ixe, les innombrables pèlerins du Moyen Age... Plus près de nous, en 1793-94, de nombreux engagements eurent lieu entre Français et Espagnols au cours des guerres de la Révolution : — c'est enfin par là que passa Soult, en 1813, lorsqu'il essaya de débloquer Pampelune.

croix, et comme ses troupes revenaient d'Espagne, l'arrière-garde fut
assaillie par les Vascons, cachés dans les forêts qui couvraient les
pentes de l'Astobiscar. C'est dans cet engagement que périt Roland,
préfet de la marche de Bretagne, le 15 août 778 (1).

La Croix de Charles devait, dans la suite, devenir célèbre parmi les
innombrables pèlerins qui, se dirigeant sur Saint-Jacques-de-Compostelle, franchissaient les Pyrénées au port de Cize. La route actuelle,
passant par Arnéguy et Valcarlos, n'existait pas alors. On suivait le
chemin de crête qui, partant de Saint-Jean-Pied-de-Port (Route d'Artillerie) s'élève par Erreculus, Orissun, Château-Pignon (Summus
Pyrenæus de l'itinéraire d'Antonin) franchit la crête du Leiçar
Athéca, puis la frontière à Bentarte, serpente le long des flancs de
l'Astobiscar et, après avoir franchi le col de Lépédéré, redescend sur
Roncevaux. On sait que Roncevaux, hôpital général de la chrétienté
(2) hébergeait chaque année des milliers de pèlerins. Ces derniers,
harassés par la fatigue d'un voyage accompli dans des conditions
d'insécurité sur lesquelles je n'ai pas à m'appesantir, trouvaient à
Roncevaux le meilleur accueil. Mais, en dépit de leur lassitude, presque
tous faisaient, soit à l'aller, soit au retour, l'ascension de la haute
montagne sur laquelle Charles avait érigé la croix qui depuis a porté
son nom.

A un tout autre point de vue la Croix de Charles était très importante. Elle fut appelée à jouer le rôle de borne-frontière. Située sur
une hauteur, la plus élevée de toutes celles qui bordaient la voie
romaine traversant le pays de Cize, elle devait être aperçue de très
loin et fort connue dans la région. Aussi la trouvons-nous mentionnée un peu partout comme point de repère. La plus ancienne charte
qui en fasse mention est celle que l'on a jadis attribuée à l'évêque
Arsius. Je n'ignore pas les savantes discussions auxquelles cette
charte a donné lieu (3). Très probablement l'œuvre d'un faussaire,
elle donne néanmoins de précieux détails dont le géographe et le linguiste peuvent tirer parti. Or cette charte, énumérant les pays et les
vallées qui font partie de l'évêché de Bayonne mentionne « la vallée
de Cize jusqu'à la Croix de Charles » *Vallis quæ dicitur Cirsia, usque
ad Karoli crucem.* La charte d'Arsius doit probablement avoir été écrite
dans le courant du xie siècle. — La bulle de Pascal ii répète la charte
d'Arsius et, se servant des mêmes termes, mentionne également la
vallée de Cize jusqu'à la Croix de Charles (5 avril 1106). — La bulle
de Célestin iii confirmant sur la demande de Bernard de Lacarre,

---

(1) Voir, sur ce point, le remarquable travail de M. Xavier de Cardaillac, sur la bataille de
Roncevaux (Revue des Pyrénées, 1910).

(2) Dès 1006, une bulle de Jean xviii fait allusion au rôle hospitalier joué par Roncevaux
— et de nombreux textes : chartes, bulles, actes de donation, mentionnent l'importance de
Roncevaux, station principale sur la route de Saint-Jacques-de-Compostelle.

(3) Voir les travaux de l'abbé Dubarat sur cette question (La charte d'Arsius, bulletin de la
Société de Pau et introduction au Missel de Bayonne) le beau travail des abbés Dubarat et
Daranatz sur la cathédrale de Bayonne (chap. vii — le mémoire de M. Bladé sur l'évêché de
Bayonne (1896) — la « Vasconie », ouvrage capital de J. de Jaurgain (tome i, page 410 et suiv.)

évêque de Bayonne, les possessions de son église cathédrale (5 novembre 1194) mentionne la vallée de Cize, sans parler toutefois de la Croix de Charles. — Mais, en revanche, le chroniqueur anonyme appelé « le moine de Vézelay », constatait au XIIIe siècle, que les Etats d'Eléonore, duchesse d'Aquitaine et de Gascogne, s'étendaient jusqu'aux monts Pyrénées et jusqu'à la Croix de Charles « *usque ad montes Pyrenæos et usque ad crucem Karoli* ».

On voit donc quel est l'intérêt historique qui s'attache à la détermination du point précis où s'élevait cette croix. Avant d'exposer ici le résultat de mes recherches ainsi que les conclusions très nettes auxquelles je suis arrivé, qu'il me soit permis de passer en revue les différentes opinions émises à ce sujet.

Gaston Pàris, dans sa belle étude sur Roncevaux (1) désigne le Château-Pignon, qu'il appelle à tort le point culminant du port de Cize, comme ayant jadis porté la Croix de Charles. Sans doute, Château Pignon est bien le Summus Pyrenæus de l'Itinéraire. Je me rallie entièrement à la thèse de Wesseling et de Walkenaer sur ce sujet. Mais bien que le panorama contemplé du haut de Château-Pignon soit l'un des plus beaux de tout le parcours, on n'aperçoit nullement la Navarre espagnole et moins encore l'Aragon. Le Leïçar Athéca, l'Astobiscar et, plus au loin, le massif de l'Orzanzurieta, masquent en partie l'horizon de leurs épaulements formidables. Enfin, la voie romaine, au Château Pignon, n'est pas encore au point culminant du parcours. Elle doit encore s'élever d'une centaine de mètres au moins, avant d'arriver à la brèche du Leïçar Athéca.

Bladé, reproduisant l'opinion d'Oihénart, s'exprime ainsi : « Il est prouvé que cette croix s'élevait sur le point de la ligne médiane des Pyrénées où fut bâtie depuis la Chapelle de Saint-Sauveur ». (2) Qu'on me permette de dire que rien n'est moins prouvé. La chapelle de St-Sauveur ou d'Ibañeta, dont les ruines sont encore connues sous le nom de « Capilla de Carlo Magno », est bien en effet érigée au sommet du col d'Ibañeta. Mais il s'en faut de beaucoup que l'on ait, au sommet de ce col, la vue magnifique dont parle le pèlerin du Codex de Compostelle. Le col est en effet dominé par deux hauteurs, le Lindux et l'Astobiscar, qui le dessinent nettement en l'encadrant : enfin le pèlerin qui parvenait au col d'Ibañeta ne se trouvait nullement au point culminant du passage : il lui restait à accomplir, dans la traversée du port de Cize, des escalades bien autrement fatigantes.

Je passerai rapidement sur l'hypothèse, d'ailleurs abandonnée, plaçant la Croix de Charles à l'endroit appelé *Curutchegorry*, marqué sur la carte de Cassini, un peu en avant de Valcarlos (3). On peut sans doute identifier cette petite chapelle avec le « Capeyron roge » marqué sur l'Itinéraire dû à Nompar, seigneur de Caumont. Mais le

---

(1) Revue de Paris (15 sept. 1901. p. 246).

(2) Mémoire sur l'évêché de Bayonne.

(3) Jean de Jaurgain. la Vasconie, t. I (page 107 et suiv.)

Curutchegorry ne répond nullement à la description qui est faite de la Croix de Charles dans le Codex de Compostelle.

Enfin je citerai pour mémoire la croix dite de Charlemagne et représentée à la page 33 de l'ouvrage de M. Julien Vinson sur les Basques. Cette croix se trouve sur la route de Roncevaux à Burguete et est connue dans le pays sous le nom de « Croix des Pèlerins ».

Je rapporterai pour terminer cette énumération, l'opinion de l'historien espagnol Moret (1), citée par M. de Jaurgain. Selon Moret, la croix de Charles s'élevait sur l'Astobiscar. C'est la plus vraisemblable des opinions émises jusqu'ici ; en effet, le massif de l'Astobiscar surplombe la voie romaine qui serpente le long de ses flancs. Mais aucun débris, aucun vestige de monument n'existe au sommet de l'Astobiscar. Je n'en ai jamais fait, il est vrai, l'ascension totale. Je n'ai parcouru qu'une partie de cette montagne et cela pour la raison bien simple qu'il ne s'y trouve rien. En revanche, M. le chanoine Ignacio Ibarbia, trésorier de la Collégiale de Roncevaux m'avait signalé les débris d'une croix qui, d'après les bergers de la région, subsistaient encore au sommet de l'Orzanzurieta, montagne encore plus haute que l'Astobiscar et qui fait, avec ce dernier sommet, partie de tout le massif appelé *Garayvizcay* au travers duquel circule la voie romaine. Il y avait là, m'écrivit M. Ibarbia, les débris d'une croix qui, selon la tradition, remonte à une très haute antiquité. Je résolus de faire l'ascension de l'Orzanzurieta en septembre 1910, lors d'un voyage que je fis à Roncevaux par la voie romaine ; j'avais alors pour compagnon de voyage, mon collègue, M. Gavel ; notre guide était un basque de St-Michel qui, berger dans sa jeunesse, avait précisément fait paître ses troupeaux sur l'Astobiscar et l'Orzanzurieta. Il me confirma d'ailleurs les renseignements que j'avais reçus au sujet de ces deux montagnes. Malheureusement, au cours de notre ascension, nous nous trouvâmes complètement plongés dans les nuages en atteignant le sommet de l'Orzanzurieta. Nous ne pûmes longtemps y stationner et il nous fallut redescendre presque immédiatement après avoir atteint le tas de pierres disjointes qui marque aujourd'hui l'emplacement de la Croix de Charles.

Mais dans une seconde ascension, accomplie en compagnie de M. Yturbide, président de la Société des Sciences, Lettres et Arts de Bayonne (2) je fus plus heureux. Favorisés par un temps splendide, nous pûmes, le 15 juillet 1911, faire l'ascension de l'Orzanzurieta en suivant le long du flanc sud de l'Astobiscar, cette route en corniche à jamais célèbre par la défaite des Francs et la mort de Roland... Arrivés au col de Lépédéré, il nous fallut quitter la voie romaine et, obliquant vers l'est, gagner le sommet de l'Orzanzurieta après avoir franchi la croupe peu élevée du Mendimotche. Tout à fait au sommet

---

(1) Moret, hist. de la Navarre.

(2) Depuis que ces lignes ont été écrites, je suis retourné au sommet de l'Orzanzurieta (septembre 1911) en compagnie de M. l'abbé Daranatz et de don Pedro Echarri, archiviste de la Collégiale. J'ai été heureux de voir mes compagnons de voyage approuver mes conclusions.

de la montagne se rencontre un amas de pierres d'un jaune rougeâtre, au milieu desquelles se reconnaît aisément un degré circulaire. Les moellons qui le composent sont encore à demi-scellés. Cet amas de pierres peut avoir entre seize et dix-sept mètres de circonférence et un mètre soixante-quinze de hauteur. Il est probable que le piédestal de la croix se composait de deux ou trois gradins; sur le degré supérieur, d'après un témoignage que je pus recueillir, se dressait un fût tronconique surmonté d'une poutre de bois, seul reste d'une croix jadis érigée. Mais depuis (ces détails remontent à quarante ans) la dégradation de ces débris s'est singulièrement accusée. N'oublions pas qu'en langue basque *Orzanzuriela* signifie « lieu du tonnerre blanc » — endroit frappé par la foudre.

Ces débris sont-ils bien ceux de la croix jadis élevée par Charlemagne? On ne peut assurément l'affirmer de façon formelle, en l'absence de tout document écrit : des fouilles apprendraient peut être quelque chose. Il ne s'agit après tout que de déplacer quelques mètres cubes de moellons. Les chanoines de la Collégiale, auxquels j'ai exprimé mon opinion au sujet de l'origine probable de ce monument, m'ont assuré qu'ils avaient l'espoir de le réédifier un jour. Ce jour-là une découverte sera probablement faite.

En somme, l'on peut énoncer, ainsi qu'il suit, les arguments en faveur de l'origine carolingienne de cette croix, sans pouvoir affirmer, évidemment, que celle dont les débris existaient il y a un demi-siècle, et subsistent encore, remonte bien à Charlemagne :

1° L'Orzanzurieta est la plus haute des montagnes dominant la voie romaine (1,579 mètres).

2° Son ascension, sans être très pénible, devait cependant paraître telle à la plupart des pèlerins qui l'accomplissaient après avoir franchi près de vingt-cinq kilomètres en pleine montagne (je parle de ceux qui, venant de France, se rendaient en Espagne).

3° L'Astobiscar (ou Altobiscar) pourrait disputer à l'Orzanzurieta l'honneur d'avoir été choisi par le roi Charles. Il domine immédiatement la voie romaine. Quoique moins élevé, il est, lui aussi, d'une belle altitude. Cependant, aucune tradition ne fait mention d'une croix, personne n'a signalé de ruines au sommet de l'Astobiscar ; au contraire, il y eut depuis les temps les plus anciens une croix au sommet de l'Orzanzurieta et ses ruines existent encore.

4° La situation de cette dernière montagne est telle qu'on la voit de très loin et la croix qui la surmontait devait aussi être très visible et jouer, par beau temps, le rôle de ces « amers » chers au marin. Le pèlerin, le voyageur qui s'engageait dans ces défilés interminables l'apercevait dès Château-Pignon. On s'explique aisément qu'elle ait pu servir de signal géographique et jalonner une frontière. D'ailleurs, si l'on se reporte à la carte, on s'aperçoit que l'Orzanzurieta est placé, en quelque sorte, dans l'axe du pays de Cize, tandis que l'Astobiscar domine plutôt le Val Carlos.

Pour toutes ces raisons, je crois pouvoir affirmer que la Croix de Charles, élevée en l'année 778, vénérée pendant de longs siècles par les pèlerins Saintjaquès ou roumieux qui traversaient le pays de Cize, et mentionnée dans certains textes du M. A. comme formant la frontière du Val de Cize, s'élevait bien sur l'Orzanzurieta.

4me *Communication.* — M. Albert Léon, professeur de Philosophie,
au Lycée de Bayonne

QUELQUES RÉFLEXIONS SUR LE VERBE SIMPLE
DANS LA CONJUGAISON BASQUE

De toutes les parties de la grammaire basque, celle qui a le plus sollicité et retenu l'attention des linguistes est à coup sûr la conjugaison. Cela n'est pas étonnant ; tout d'abord la conjugaison est, avec les pronoms, les particules et les flexions grammaticales, l'élément le plus propre à caractériser une langue et à déterminer la famille à laquelle elle appartient. En effet, dans le vocabulaire proprement dit, les emprunts sont plus fréquents, et quant à la morphologie, la syntaxe et jusqu'à un certain point, la phonétique, elles varient extrêmement au cours du temps dans une même famille linguistique et marquent plutôt l'état de développement de la langue qu'elles ne servent à en fixer la généalogie ; en second lieu — et cette raison est la plus importante — c'est surtout dans sa conjugaison que le basque s'écarte des procédés grammaticaux des idiomes les mieux étudiés par la science jusqu'à ce jour et particulièrement les langues indo-européennes à l'époque historique.

La complaisance des basquisants à s'attarder sur le verbe nous a valu des travaux de première importance en tête desquels se place l'inappréciable mine de renseignements de toutes sortes qu'est le « Verbe Basque » du prince L.-L. Bonaparte. Mais, si le terrain a été plus que déblayé, si même il a été fouillé dans toute sa profondeur, il n'a pu encore être exploré dans toute son étendue.

Jusqu'à il y a environ une trentaine d'années, les grammairiens se sont surtout attachés aux deux verbes auxiliaires « être » et « avoir » et à ceux qui leur servent de substituts au subjonctif, au potentiel et à l'impératif. Autrement dit, c'est la conjugaison périphrastique, au moyen d'un nom verbal inconjugable et de l'auxiliaire qui avait jusque-là attiré la majeure et la meilleure partie de l'attention des philologues, parce que cette conjugaison est aujourd'hui la plus générale. Pour cette raison, les grammairiens croyaient que la conjugaison simple n'était qu'une contraction de l'autre : après les travaux de MM. Julien Vinson, Campion (Arturo), Van Eys, Schuchardt et Uhlenbeck, cette opinion n'est plus soutenable, et il n'est plus besoin de revenir sur les motifs qui l'ont fait définitivement rejeter. Mais, précisément à cause de leur emploi beaucoup plus étendu, les auxiliaires ont dû, ainsi que dans toutes les langues, fatalement subir, comme une sorte d'usure, des altérations plus nombreuses et plus graves que les autres verbes conjugables, leur maniement constant les a pour ainsi dire réduits à un état relativement fruste. En second lieu, les verbes simples, plus nombreux que les auxiliaires, quoique aujourd'hui d'un emploi plus restreint, et plus riches en formes que les simples noms verbaux invariables ou quasi-invariables qui sont de véritables substantifs, fournissent à l'étude de la conjugaison un plus vaste champ de comparaison et d'observation. Si donc on peut espérer surprendre complètement le secret de la conjugaison basque, c'est avant tout aux verbes simples qu'il faut le demander. Sur ce point, il n'est personne qui puisse refuser de souscrire à l'opinion de notre éminent Président (1), ce rénovateur des études basques : ce titre lui convient et la vérité a obligé sa modestie elle-même à le reconnaître (2).

Je ne prétends pas apporter ici une théorie définitive du verbe simple; un tel objet dépasserait mes forces non moins que les limites de cette communication; je demande simplement la permission de proposer à la discussion des savants compétents quelques conjectures suggérées par l'examen de la conjugaison simple : ces conjectures ou plus exactement ces questions concernent trois points : 1° la signification de la particule verbale *ki*; 2° le sens du préfixe (voyelle, semi-voyelle ou diphtongue) qui précède les noms verbaux conjugables; 3° la confirmation qu'apporte à la théorie passive la considération des verbes simples.

I. — Dans la conjugaison périphrastique, c'est principalement à l'impératif, au subjonctif et au potentiel, qu'apparait la particule *ki*, et cela dans les flexions à régime indirect :

Impératif *bekio* « qu'il soit à lui ».

Subjonctif présent *nakizun* « que je sois à vous » *Eman zezakidan* « qu'il me donnât » etc.

Influencé par cette présence constante de la particule *ki* sous sa forme pleine dans les temps dont je viens de parler, un grammairien hongrois, M. Ribary, dans son « Essai sur la langue basque »; traduit par M. Vinson (p. 74), concluait un peu hâtivement que cette particule était une caractéristique modale du subjonctif et des temps qui en dérivent, pour les flexions à régime indirect. M. Vinson, dans sa note complémentaire à l'*Essai* (p. 114), n'eut pas de peine à réfuter cette hypothèse. Sans chercher des exemples dans les verbes auxiliaires, pour nous demander si la particule *ki* ne se retrouve pas sous une forme modifiée, et quelquefois telle quelle, à l'indicatif, il nous sera facile de la constater dans de nombreuses formes à régime indirect de l'indicatif des verbes simples :

Verbe *Egon* « rester » : souletin *diagokidal* « il reste *à moi* »;

---

(1) M. Julien Vinson (Revue de linguistique. tome 27. 1894). Les « Théories nouvelles sur le Verbe basque » (p. 108).

(2) Revue internationale des études basques (janvier-mars 1911). Julien Vinson. la III° Célestine et le chant de Lelo (p. 98.)

niagokizü « je reste *à vous* » ; guipuzcoan *dagokit* « il reste *à moi*», «il m'appartient » ; *zegokidan* « il restait *à moi* », «il m'appartenait».

Verbe *Ekarri* « apporter » : G. — *dakarkio* « il apporte *à lui* ».

Verbe *Ibilli* « marcher » : G. — *dabilkio* « il marche *à lui* », *dabilkizu* « il marche *à vous* », *dabilkit* « il marche *à moi* » ; G. — *Jarraitu* « suivre » *Zenerraikidan* « vous suiviez *à moi*».

Verbe *Etorri* « venir » : G. — *atorkio* « tu viens *à lui* », etc. Parfois, devant *o*, *a*, *u*, la particule *ki* se réduit à *k* ce qui est conforme à la phonétique générale et en particulier à celle du basque.

Soul. *Nagoko* « je reste *à lui* » *dagoko* « il reste *à lui* » ; bisc. *dakarkot* « j'apporte *à lui*; *dakarkoet* « j'apporte *à eux* » ; *nekarkon* « j'apportais *à lui* » ; *ekarkoen* « il apportait *à eux* » ; *nagoka* « je reste *à lui*» *zagokaz* « vous restez *à lui* », etc., etc. Ancien labourdin *narraican* « je suivais *à lui* (1) » Comparer bisc. *natchako* « je suis *à lui* » ; *jako* « il est *à lui* » ; *jakon* « il était *à lui*». Anc. lab. *çaica* « il est *à lui* » ; *ceican* « il était *à lui* » (Axular). Bas.-Nav. oriental *zako* « il est *à lui*» ; *dakot* « j'ai *à lui*». Dans certains cas, il est difficile de décider si *ku* «à nous» représente une contraction de *kiu* venue de *kigu*, c'est-à-dire de *ki* + l'affixe pronominal *gu*, ou si nous avons affaire à une forme de cet affixe pur et simple sans trace de la particule *ki*. La première hypothèse paraît certaine, pour des formes comme le biscay. *dabilku* « il marche *à nous* »; *dabilkuz* «ils marchent *à nous*» ; *zabilkuzan* « vous marchez *à nous*», car il n'y a aucune raison tirée de la phonétique basque ou particulièrement biscayenne pour que *gu* passât dans ces conditions à *ku*, et l'analogie des autres flexions à régime indirect est en faveur de l'origine *kigu* (cf *dabilkit*, etc.). Au contraire, dans des formes comme *zaiku* (lab.) « il est *à nous*», *dauku* (lab., « il a *à nous* » ; soul. *zeikü* « il est *à nous*», etc., la diphtongue précédente a fort bien pu déterminer le durcissement du *g*. (comp. au contraire G. *zaigu*, *digu*).

Toujours est-il que les flexions en *kiu* et *kigu* ne sont pas, comme on l'a cru parfois, des pléonasmes où la caractéristique pronominale de régime indirect serait représentée deux fois, mais elles sont constituées avec la particule *ki* suivie de l'affixe pronominal, en parfaite analogie avec les flexions de régime indirect des autres personnes *kit*, *kidat* «à moi», *kik* « à toi», *kizu* « à vous », etc. Voici quelques exemples de ces formes à régime indirect de première personne du pluriel avec la particule *ki*.

Soul. *doakigü* « il va *à nous* » B.-N. or. *zaukiu* « il est *à nous*» *zaukiun* « il était *à nous* » ; G. *dagokigu* « il reste *à nous* » ; Aezcoan *yakigu* « tu es *à nous* » ; Salazarais, Roncalais *yaikugu* «tu es à nous », *zaizkuguzu* « vous êtes à nous ».

Les flexions de régime indirect de 3ᵉᵐᵉ pers. du sing. et du plur. se présentent parfois, même dans les verbes simples, sous l'aspect yo-

---

(1) Axular : « Ni narraican pontuari ». « Au point que je suivais ».

« à lui », *-yote*, *-ye*- « à eux », par transformation normale de la gutturale palatale en *l* consonne :

G. *daukayot* « je le tiens *à lui* » *daukayotegu* « nous le tenons *à eux* », *neukayon* « je le tenais *à lui* », *neugayoten* « je le tenais *à eux* » ; bisc. *daragoye* « il le répète » (un acte), « il insiste *à eux* », *Ezlemayo* « il ne le donnerait pas *à lui* » (Refranes de 1596, Ed. Van Eys (Genève et Bâle, 1896, nº 284). Cf. les formes des auxiliaires (s., l. moderne) *nitzayo* « je suis *à lui* », *zayo* « il est *à lui* » ; S. *zeyon* « il était à lui », *zaye* « ils sont *à lui* » ; G, et L. moderne ; *zayote* « il est à eux ; à côté de formes pleines comme *Salazarais yakio* « tu es à lui ».

En face de ces exemples que l'on pourrait multiplier, on ne peut voir dans la particule *ki* une caractéristique de mode ; faut-il y reconnaitre, avec des linguistes autorisés (1) un signe de datif ?

L'hypothèse est à coup sûr plus vraisemblable que la précédente, je me permets néanmoins d'indiquer les difficultés qu'elle me semble soulever. La particule *ki* est loin de se présenter, elle ou un de ses dérivés, dans toutes les flexions de régime indirect. Dans nombre de cas, même au subjonctif et aux modes qui en dérivent, le complément indirect du verbe transitif est uniquement caractérisé par l'affixe pronominal. Nombreux sont les exemples dans la conjugaison simple :

Verbe *Egin* : Impératif *egidak* « fais-le *à moi* », *egidazu* « faites-le à moi », *begit* « qu'il le fasse à moi », *begizu* « qu'il le fasse à vous » ; semblablement *badeguioc* « si tu fais *à lui* » (Refr. 1596, nº 13).

Verbe *Eman* (subj. présent) *demodan* « que je donne *à lui* ».

Verbe *Erran* (subj. prés.) *derroten* « qu'ils disent *à lui* » Liçarrague.

G. Verbe *Erabilli darrabildat* « il l'amène *à moi* ».

Verbe *Ekarri Zenekardan* « vous apportez *à moi* ». V. *Ikusi dakuso* « il le voit *à lui* ».

Bisc. Verbe *Ekarri, dakart* « il l'apporte *à moi* » ; verbe *Yarraitu derrait* « il suit *à moi* » ; verbe *Egon zagotaz* « vous restez *à moi* », à côté de G. *zagozkit*. Le Verbe *ibilli* en bisc. ne comporte la particule *ki* dans aucune flexion de régime indirect (cf. encore Roncal. *zau* pour *‘zao* « il est *à moi* » *dau* de *‘duo* « il a *à moi* ».

En face de ces faits il ne reste qu'une hypothèse possible : puisque la particule *ki* n'indique ni un temps, ni un mode, ni une personne, ni une relation à un complément direct ou indirect, elle ne peut que marquer ou avoir autrefois marqué une nuance de l'action ou de l'état exprimé par le verbe, et être ou avoir été comme la catactéristique d'une conjugaison spéciale. Cette thèse me parait confirmée par le fait suivant : Il se trouve précisément que nombre de formes à régime indirect de l'auxiliaire transitif contiennent la particule *(e) ra* et sont, étymologiquement, de véritables formes factitives ou causatives, comme M. Vinson l'a signalé ; les textes du xviie siècle présentent encore fréquemment ces flexions ; je note, p. ex., dans Axular : *Eman*.

---

(1) J. Vinson. — « Revue de linguistique » (art. cité).

cerauzcaion « (il) lui donna » (avec un complément direct au pluriel);
Erran cerauen « il *leur* dit », *erranen deracute* « ils *nous* diront » etc.
(cf. S. *dereit* « il l'a à moi », *deriat* « je l'ai à toi », etc. Les formes
actuelles ne semblent pas toutes dérivées des précédentes, mais avoir
existé concurremment, on les trouve d'ailleurs côte à côte dans les
mêmes écrits. Il a donc existé, et il existe d'ailleurs encore une conjugaison factitive en basque. Dans ces conditions, il est légitime de
considérer la particule *ki*, comme ayant joué primitivement un rôle
non pas semblable, mais de même nature que la particule (e) *ra*.
D'ailleurs, on ne peut guère expliquer autrement la présence de *ki*
dans une foule de noms verbaux : *eduki*, *iduki*, *euki* « tenir » ; *irakin*
« bouillir », *ideki* « ouvrir », *ébaki* « couper », *egoki* « appartenir » (mot
à mot rester à). H. N. *yarreiki* : S. *jarraiki* à côté de G. *jarraitu* et B.
jarraitu « suivre ». Si *ki* n'est pas organique et ne fait pas vraiment
partie du radical dans les verbes où il apparaît, une question assez
embrouillée dans toute autre hypothèse s'éclaircit sans difficulté,
celle du radical du verbe avoir et de l'auxiliaire transitif de l'indicatif.
Ce radical est *eu* ou plus exactement *u* (car *e* n'est qu'une prothèse
non organique); ainsi s'explique sans peine par la supposition d'une
conjugaison secondaire en *ki*, l'existence de formes où cette particule
n'est pas représentée : *dut* « j'ai », *duzu* « vous avez », etc. : B. *daut*,
dauzu, etc. Ces formes représentent simplement la conjugaison primaire du verbe avoir, tandis que les formes avec *ki* ou *k* sont les restes
d'une forme secondaire conservée dans *eduki*, *euki*. Plusieurs raisons
conduisent à penser que la particule *ki* est d'une origine identique à
la particule *tsi* ou *si* (réduite dans certaines formes à *ts*, *s*., également
présente dans beaucoup de noms verbaux : *egosi* « jeter », *ikusi* « voir »,
B. et G. *iñotsi* « couler », G. *erausi* « parler avec véhémence », etc.
L'équivalence de gutturale + *I* et de palatale + *I* est fréquente en
effet dans plusieurs familles linguistiques, p. ex. dans le domaine
roman où la gutturale sourde latine (*c*) devant *I* est passée d'abord,
pour y rester en italien, à un sol palatal devenu ensuite sifflant dans
la plupart des autres idiomes de la famille. Il y a plus : la phonétique
basque connaît le passage de *ki* à *tsi*, à moins qu'il ne faille voir là
un développement en deux sens opposés d'un *k* palatal primitif. Cf.
ebaki « couper », « enlever » et *ebatsi* « dérober » ; G. *euki* « tenir ». B.
eutsi « saisir » ; et enfin les formes biscayennes à régime indirect de
l'auxiliaire transitif : *deust* « il a à *moi* », *deutsa* « il a à *lui* », *deusku*
« il a à *nous* », *deutsu* « il a à *vous* », etc. Ces dernières formes présentent un *ts*, réduit parfois à *s* quand l'euphonie l'exige, et qui semble
le pendant du *k* ou du *ki* des autres dialectes. C'est sans doute le reste
d'une conjugaison secondaire en *ts* ou *tsi*, nommément des formes de
eutsi, comme les formes sans *ts* représentent un radical (e) *u* de (e) *du*
primaire. Au reste, le groupe *ts* se rencontre en Bisc. dans plusieurs
flexions de verbes simples : *euki* « tenir », *daukatsot* « je le tiens à *lui* »,
daukatsoet « je le tiens à *eux* ». Cf. les formes communes de *diot*, *dio*,
etc. (je dis, il dit). *Diotsa* ou *diotsa* « il dit à lui » ; *diotsu* « il dit à

vous », de même *dioscun* « que nous disons » au relatif, (Axular). *gaiz diostana* « le mal que tu me diras » (Oihénart prov. 233 ; Nouvelle éd. Bordeaux, 1894).

Je ne saurais préciser si la particule *ki* dont il est ici question est plus ou moins parente de *ki* (*n*) signifiant « avec » *ki* partitif et *ki* adverbial, mais il me parait certain qu'elle est de même nature que la particule adjectivale que l'on rencontre p. ex. dans le B. *balzki* « noirci » « rendu noir ». « Obeda aurpegui gorri ».

« Ce ez bioza *balzqui*. — Mejor es cara colorada que no coraçon denegrido » (Refranes 1596, nº 322).

Maintenant, quelle nuance précise indiquait cette conjugaison secondaire dont les formes avec *ki* sont à mon avis un débris? Apparemment elle donnait au verbe une signification plus ou moins inchoative. Il existe en effet un verbe *ek*(*h*)*in* (1) qui a précisément une signification de ce genre (être occupé à, se mettre à, être en train de (2).

Il est donc très vraisemblable ou que les formes verbales contenant *ki* ont incorporé ce verbe, ou que *ek*(*h*)*in* lui-même est l'inchoatif d'un primitif quelconque *egin* ou **edin*, et que la particule *ki* était immédiatement inchoactive. La dernière de ces trois suppositions me parait avoir le plus de vraisemblance si l'on considère que l'auxiliaire intransitif est, au subjonctif et aux modes qui en sont tributaires, **edin* (*nadin* « que je sois », etc.) pour les formes directes et *ekin* (*nakion* « que je lui sois », etc.) pour les formes à régime indirect. Dans ces conditions, il est probable que *ekin* est le factitif de *edin* d'autant qu'aucune raison phonétique ne s'oppose à cette dérivation. Si c'est à *egin* qu'il faut faire remonter notre *ki*, *egin* se trouve le pendant exact de *ezan* ancien auxiliaire transitif incorporé dans la conjugaison sous la forme *ra*, *era*. Ici, plus encore que pour *ekin* et la particule *ki*, la phonétique et le sens concordent pour imposer la parenté du verbe et de la particule, car nous avons dans la conjugaison du verbe « être » un témoignage évident que le basque a connu l'équivalence de la sifflante sourde et de *r* doux (cf. les singuliers *niz* (S., B. N , H., N. Ronc.), *naiz* (L. G.) *naz* (B.), « je suis » *hiz* (S., H., N., B. N., Ronc.), *haiz* (L.), *aiz* (G.) *az* (B.), « tu es » avec leurs pluriels respectifs *gira*, *gare*, *gara* ; *zira*, *zare*, *zara* et de même au conditionnel *lizate* « il serait » avec *lirate*, lirake « ils seraient ».

Etant donné d'autre part que ces raisons phonétiques concordent avec les motifs d'ordre sémantique, il est légitime de voir dans la particule causative *ra* l'auxiliaire *ezan* incorporé au verbe.

Si les raisonnements précédents ont quelque valeur, il en résulte une simplification notable de la théorie du pluriel dans les verbes. En Lab., en Guip. et en B. N., le *z* qui dans d'autres dialectes ou dans d'autres formes caractérise le pluriel du sujet à l'intransitif, et du

---

(1) Voir Azkue dictionnaire art. ek(h)in.

(2) Voir une opinion voisine de celle-ci dans Arturo Campion. *Gramatica de los cuatro dialectos literarios de la lengua euskara*, p. 636 et suivantes.

complément direct au transitif, est souvent suivi de la particule *ki*, ce qui a conduit certains auteurs à supposer que dans ces flexions la caractéristique du pluriel est *-zki*. Mais, dans l'hypothèse où *ki* est une particule inchoative, les caractéristiques du pluriel des sujets intransitifs et des compléments directs au transitif se réduisent alors à deux types : *-tz* et *-te* ou *-de*, les autres formes se ramenant à des modifications ou à des combinaisons de ces caractéristiques, et le suffixe *-zki* n'est plus morphologiquement qu'un inchoatif joint à un pluriel; ainsi s'expliquent clairement les flexions comme celles-ci :

G. *dakarzki* à côté de B. *dakaz* « il *les* apporte » ; G. *dagoz kigu* « *ils* restent à nous » à côté de B. *dagokuz*. L. *zatzaizkit* « *vous* êtes à moi », etc.

Des observations qui précèdent, je propose de dégager les conclusions que voici :

1º La conjugaison basque primitive devait comprendre au moins trois formes ou trois degrés dont le premier indiquait l'action ou l'état sans autres nuances que celles des temps, modes et personnes et dont les deux autres avaient l'un un sens causatif caractérisé par la particule *-ra* et l'autre un sens plus ou moins inchoatif caractérisé par la particule *-ki*, les formes à régime indirect présentent de nombreuses traces de ces deux derniers degrés. Il est à remarquer que la particule *ra* ne trouve place que dans la conjugaison transitive ou censée telle.

2º Les caractéristiques du régime indirect sont uniquement les affixes pronominaux suivants : Singulier : 1ʳᵉ pers. dentale suivie ou non d'une voyelle (*t, ta, da*): 2ᵐᵉ pers. pour le masculin *k* (quelquefois élidé ou remplacé par *I* consonne devant une voyelle) pour le féminin *N*; 3ᵐᵉ pers. *o* ou *a*; pluriel : 1ʳᵉ pers. *gu, ku*, 2ᵐᵉ pers. *zu*, 3ᵐᵉ pers. *ote, oe, e, ee*, c-à-d. *o + te* pluralisateur, et les substituts phonétiques de *ote*.

3º Enfin les caractéristiques actuelles du régime indirect représentent selon les cas les caractéristiques simples ou les caractéristiques inchoatives, c'est-à-dire que les unes suivent immédiatement le radical, tandis que d'autres sont précédées de la particule *-ki-*.

II. J'aborde maintenant le second point de ce travail. A l'état de nom verbal ou de participe, tous les verbes conjugables sont précédés d'une voyelle ou semi-voyelle, ou du préfixe *ya* (*ja*). En face d'une règle aussi générale, le dialectal *fan*, employé pour *yoan* « aller » dans les vallées d'Aezcoa et de Salazar, dans une grande partie de celle du Roncal et dans certaines localités biscayennes, n'est évidemment pas primitif, comme l'établissent d'ailleurs les formes personnelles de ce verbe, même dans les contrées précitées.

La généralité du fait que je rappelle ici conduit déjà à croire que la lettre ou la syllabe par laquelle commencent tous les noms verbaux conjugables, n'appartient pas au radical de chacun, mais qu'elle a une valeur indépendante, qu'elle est un élément grammatical ayant un sens général. Cette impression est corroborée par la considération des formes de l'indicatif présent, dans lequel le plus souvent, quel que soit le son initial du nom verbal, les syllabes qui servent à caractériser les sujets à l'intransitif et les compléments directs au transitif sont pour les deux premières personnes du singulier *na-* et (*h*) *a-* ; pour celles du pluriel *ga-* et *za-* et *da-* pour les troisièmes personnes, ces caractéristiques remplaçant par *a* le son initial du nom verbal. Exemples : verbe *egon* « rester », « présent de l'ind. *hago* (*bago*, *dago*, *gaude* (B. *gagoz*), *zaude* (B. *zagoz*), *daude* (B. *dagoz*) *daude* et *zaude* viennent de *zagode*, *dagode*).

Eduki « tenir », *naduka* « il me tient », (h)*aduka* « il te tient » ; G. *gaguzka* « il nous tient », *zaduzka* « il vous tient » ; *daduzka* « il les tient » (B. *gadukaz*, *zadukaz*, *dadukaz*). Dans ces exemples, l'élément verbal est évidemment -*go* -*duk*, sans voyelle prothétique et la lettre *a* de la première syllabe n'est pas une transformation du préfixe du nom verbal, mais fait intégralement partie de la caractéristique personnelle qui est *na*, (*h*)*a*, *da*, *ga*, *za* et non *n*, *h*, *d*, *g*, *z*, car on ne peut expliquer les variantes *niz*, *naiz*, *naz* « je suis », *du*, *dau* « il a », qu'en les ramenant aux types primitifs *naiz* (*na*+*iz*) et *dau* (*da*+*u*).

La prothèse vocalique ou semi-vocalique du nom verbal se manifeste encore plus clairement comme un élément grammatical étranger au radical lorsqu'elle est suivie d'une voyelle organique, car alors la distinction se fait d'elle-même entre ces deux sortes d'éléments ; tel est le cas par exemple dans *yoan* « aller », nous voyons évidemment qu'ici *i* consonne n'est pas organique puisqu'il disparait au présent tandis que le *o* subsiste et dénonce ainsi son caractère de véritable voyelle initiale du radical; nous avons ainsi au présent, non pas **nayoa*, etc. mais *noa* (*h*/*oa*, *doa*, *goaz* ; (S. *goatza*), *zoaz* (S. *zoaza*), *doaz* (S. *doatza*).

La même conclusion est imposée par la considération du factitif biscay. *eroan* « faire aller » et non pas **erayoan*.

Un exemple instructif est encore celui des suffixes d'agent -*gin* et -*gile* au lieu de *egin* et *egile* : ils semblent démontrer que, dans le nom verbal *egin*, la voyelle *e* n'est pas organique Cf. les mots behar*gile* « ouvrier », lan*gin* « officier » (personne chargée d'un office, bertz*gin* « chaudronnier » et d'autres.

Comme je viens de le remarquer, il peut arriver que le radical même d'un verbe conjugable commence par une voyelle organique; cela explique certaines anomalies apparentes de quelques présents de l'indicatif, tandis qu'à considérer le son initial de tous les noms verbaux comme organique, on ne pourrait en revanche rendre compte de la majorité des indicatifs présents. Lorsque le radical verbal commence par une voyelle organique, il peut arriver qu'elle absorbe la prothèse grammaticale et le son résultant unique peut être maintenu au présent de l'indicatif et aux temps qui en dérivent et y absorber la voyelle des préfixes personnels, ou au contraire être absorbé par elle. Ainsi s'expliquent des cas comme les suivants : Verbe *erran* « dire » — « *ecin* bailerraquegu » « nous ne pouvons dire » (Axular. Gvero,

cap. iv vers le début); *derrancan* « quand il dit » (Oih, prov. 191);
ebaki « couper », *debaka* « il coupe » (*ibid.*, prov. 179) *irakin* « bouillir »
diraki « il bout », etc., etc. *irudi* « paraître, ressembler » *dirudi* « il
paraît, il ressemble », mais au contraire *narudi* « il *me* paraît », « il me
ressemble ». Cf. de même dans le verbe *izan* : (S., B. N., H.-N., Ronc.),
n*iz* « je suis », B. n*az* et même la forme pleine *naiz* (G. et L.).

Le préfixe des noms verbaux conjugables est, selon les verbes, *E*,
I voyelle, *I* consonne ou *ya* (*ja*) comme le montrent les quelques
exemples suivants : *egon* « rester », *ekarri* « porter », *erabil* (S.), *erabilli*
(G. et B.) « amener » et tous les autres factitifs commençant par *era*;
irakin « bouillir », *izeki* « brûler » *ikusi* « voir », etc.; *yoan* (*joan*)
« aller » ; *yakin* (*jakin*) « savoir », *yarraitu* (G.) *jarraitu* « suivre ». Ces
divers préfixes sont des formes d'un son primitif unique puisqu'il
leur arrive de se remplacer d'un dialecte à l'autre et parfois dans un
seul dialecte pour un même verbe. Cf. par exemple : S. e*düki*, G. *iduki*
et e*uki*, B. e*utsi*; B. e*rion* et *yarion* « couler ». L'alternance de ces sons
est particulièrement caractéristique lorsque l'un d'eux est remplacé
par l'autre en passant du nom verbal à l'imparfait (nous verrons en
effet que la prothèse non organique des verbes conjugables apparaît
généralement dans certaines formes des temps passés). Voici quelques
exemples de cette alternance : tandis que dans certains verbes comme
egon, *ekarri*, le *e* de l'imparfait reproduit celui du nom verbal, ailleurs
nous remarquons des permutations comme celles-ci : G. J*ario* « couler » imparfait n*erion* « je coulais », « je répandais », mais *zirion* « il
coulait, il répandait », *ikusi* : imparfait : G. z*ekusen* « il voyait »,
ge*nekusen*, nous voyions. B. e*kusan* « il voyait », etc., B. *yarraitu* :
imparfait, e*rrayon* « il suivait » ge*rrauntsun* « nous vous suivions ».
Cf. dans la conjugaison de l'auxiliaire transitif à côté des formes
actuelles *dezayo* « il peut avoir à moi » ; *itzotzu* « ayez-les », des témoignages de di*azayo*, ya*tzotzu* (Axular); erran, ahal, di*açayo* « il peut
le lui dire » ; hari, esquerrac ; errenda, ia*tçotçu* « rendez-lui grâces ».

Le même auteur nous offre un autre témoignage intéressant dans la
forme etc*ia*quitenentçat « pour ceux qui ne savaient pas », où apparaît
à l'imparfait le préfixe *ia* du nom verbal *ya*kin, tandis que les formes
labourdines et guipuzcoanes, actuellement les plus répandues, offrent
e à l'imparfait et aux temps qui en dérivent : n*e*kien « je savais »
z*e*kien « il savait », etc. De même e*gaz* manequi (pour *banequi*) « Si
volar supiesse » (Refranes N° 230).

Les lois générales de la phonétique basque et de son développement
m'inclinent à croire que la plus ancienne des formes actuellement
existantes du préfixe verbal dont il s'agit ici est *ya*-. A ces raisons phonétiques s'ajoute un argument subsidiaire : Si, comme je le suppose,
pour les motifs que je vais bientôt résumer, le préfixe que nous envisageons est un élément pronominal représentant le sujet passif et le
complément direct de troisième pers., la forme *ya* est la plus appropriée à ce rôle, étant donnée sa parfaite analogie avec les préfixes
pronominaux *na* (h)*a*, *da*, *ga*, *za* tous analogues entre eux.

La supposition que l'affixe non organique de certaines formes verbales est un élément pronominal, s'appuie sur l'analyse des temps passés de plusieurs verbes transitifs simples; jusqu'à plus ample informé elle en explique seule les particularités sans être un obstacle à l'analyse des formes où elle ne saurait être invoquée. Rien de plus clair que la constitution des formes de l'imparfait (et des temps qui en dérivent) à régime direct de premières et de secondes personnes; les préfixes *na* (h)*a*, *ga*, *za* du présent y sont remplacés par les analogues *nen*, (h)*en*, *gen*, *zen* : *nenkarren* « il m'apportait » (il apportait *moi*), (h) *enkarren* « il t'apportait » (il apportait toi), *zenkarren* « il vous apportait, (il apportait vous)» sont les analogues de *nakar* « il apporte moi », (h) *akar* « il apporte toi», *zakar* « il apporte vous ». Pour les flexions de ce genre, aucune différence, quant au point qui nous occupe, entre les verbes ni entre les dialectes. Mais l'accord cesse entre le présent et le passé, ou du moins il n'est plus ni si clair ni si simple si nous considérons les flexions à régime direct de troisièmes personnes (avec ou sans complément indirect). Prenons par ex. la conjugaison labourdine de *eduki* et de *ekarri* : au présent *dadukat*, *dadukak*, *daduka*, *dadukagu*, *dadukazu*, *dadukate* « je le tiens, tu le tiens, etc. » s'oppose le passé *neukan*, *eukan*, *zeukan*, *geneukan*, *zeneukan*, *zeukaten*, au présent *dakar*, *dakark*, *dakar*, etc., le passé *nekarren*, *hekarren*, *zekarren*, etc. Il faut donc supposer, ou que l'imparfait, à la différence du présent, n'incorpore pas le complément direct de troisième personne, ou que c'est l'affixe *e-* du nom verbal (ou un équivalent) qui désigne cet élément grammatical. Contre la première hypothèse, aux présomptions tirées par analogie du présent et des formes du passé à régime direct de premières et de deuxièmes personnes, s'ajoute un argument qui me paraît presque décisif: lorsque l'action porte sur un objet au pluriel, l'imparfait (ainsi que les temps qui en dérivent) prend la caractéristique du pluriel de régime direct, celle que, dans les cas semblables, revêt le présent. Cette désignation du pluriel du complément direct semble prouver que l'imparfait ne peut manquer de noter comme le présent, l'existence même du régime direct; cf. présent *daharzki* « il *les* apporte», passé *zekarskien* « il *les* apportait » (B. présent *dakaz*, passé *ekazen*. L'hypothèse d'un élément pronominal au passé rend très claires des formes comme *zenekarren* « vous (l)'apportiez », *genekarren* « nous (l') apportions », elles se laissent analyser ainsi : sujet *zen-gen —*; compl. direct, *e*, élément verbal *karren* (1). Ces formes ainsi déterminées donnent aisément la clef des autres flexions sans régime direct de première ou de seconde personne : *nekarren* et *ekarren* «je (l)'apportais, tu (l)'apportais », devront alors s'analyser : *n —* (probablement pour *'nen-* ou *'en)-* sujet, *e* complément direct, *-karren* élément

---

(1) Il faut noter que j'entends ici les mots sujet et complément dans leur sens fonctionnel ou logique afin de laisser entière la question de savoir si les éléments pronominaux considérés méritent cette appellation au point de vue de l'origine et de la morphologie.

verbal : (h) *e* sujet, fondu avec *e* complément direct, *karren*, élément
verbal. Les formes de l'impératif s'accordent avec cette interprétation : les caractéristiques pronominales de régime direct *na*, (h)*a*, *ga*,
za sont remplacées pour la troisième personne, par le préfixe non
organique du nom verbal ; *nagizu* « faites-*moi* » (moi complément
direct), *nakarzu* « apportez-moi » (latin, me ferte) *benakus* « qu'il me
voie », mais *egizu* « faites-*le* » *ekarzu* « apportez-*le* », *bekus* « qu'il *le*
voie », etc. Quant aux formes telles que le G. *zenkusen* « vous (le)
voyiez », *genkusen* « nous le voyions ». sans *e* entre la caractéristique
pronominale de sujet et l'élément verbal, elles peuvent s'accommoder
de l'hypothèse que je propose : ces sortes de flexions, fréquentes surtout en biscayen, ne révèlent pas clairement par elles-mêmes l'élément pronominal de 3me pers., mais il est facile de l'y découvrir
lorsque par ailleurs, on a des raisons de l'admettre dans d'autres
formes. Prenons p. ex. le B. *zeunkan* « vous (le) teniez » ; *geunkan*
« nous (le) tenions » : *zekarren* « vous (l')apportiez », elles semblent
dues à une fusion amenée entre le *e* du sujet et celui de l'élément
régime direct, par le déplacement (*zeunkan* pour **zeeunkan*) pour
**zeneunkan*), ou la disparition (ou absence) de la nasale (*zekarren* de
**zeekarren* pour **zenekarren*), les formes dénasalisées sont effective-
ment fréquentes dans les passés biscayens.

Au reste, même dans les parlers de Bisc. et dans les verbes que je
viens de citer et ceux qui se comportent comme eux à l'imparfait,
l'affixe pronominal du régime direct de 3me personne se manifeste
d'une façon plus apparente lorsque le sujet est aussi de 3e pers. :
ekarren « il (l')apportait », *ekusan* « il *le* voyait » etc. (cp. *eban* « il
l'avait »). On a cru reconnaître dans ces formes l'absence complète de
tout affixe pronominal, tant de sujet que de complément direct. Si
(j'en ai esquissé à grands traits les raisons), le préfixe des noms verbaux conjugables ne fait pas partie intégrante du radical, et si l'analyse que j'ai donnée des autres personnes du passé est exacte, il est
impossible de voir dans les troisièmes personnes de l'imparfait biscayen telles qu'elles se présentent le plus souvent, une forme sans
indication de régime direct. Ce n'est pas la caractéristique du régime
direct qui fait défaut à ces personnes, c'est, comme en sémitique et
comme aux mêmes personnes du présent, la caractéristique du sujet.

Quant aux autres idiomes du domaine basque, ils présentent,
comme on sait, aux 3es pers. de l'imparfait, non plus l'affixe du nom
verbal, mais cet affixe précédé de la sifflante, ou peut-être simplement
un affixe constitué par la sifflante toute seule suivie d'une voyelle.
Faut-il voir dans cette sifflante une caractéristique du sujet, ou bien
est-elle une désignation temporelle jouant un rôle analogue à celui du
b à l'impératif et de l'*l* au conditionnel qui semblent bien être des
caractéristiques modales ? ou bien enfin, les Basques, ayant perdu le
sentiment de la valeur pronominale du préfixe du nom verbal et le
prenant pour un élément du radical, ont-ils, par analogie avec la première et la seconde personne, introduit à la troisième, pour jouer le

rôle de caractéristique de régime direct, cette sifflante dont nous constatons la présence et la signification pronominale dans les relatifs et interrogatifs *zer* ? « quoi? quel ? » *zoin* ? « qui, quel (interrogatif ou relatif), *zelango* (tous les sens du relatif latin *qualis*) et leurs dérivés ? Je ne saurais choisir avec assurance entre ces trois hypothèses. Néanmoins, il me parait en tout état de cause, vraisemblable que le basque primitif a pu connaitre deux formes de troisième personne des temps passés auxquels il aurait attribué un sens légèrement différent, et que plus tard, l'une aurait prévalu en B , et l'autre dans le reste du domaine; d'ailleurs, le B. lui-même n'ignore pas les 3mes pers. de l'imparfait commençant par la sifflante, même dans la conjugaison transitive simple (cf. p. ex. *zirudion* « il semblait », *ziarduan* 3e pers. du singulier de l'imparfait de *yardun*, *iñardun* « être occupé à quelque chose, être en train de faire quelque chose »).

Quant à expliquer, comme on l'a tenté quelquefois, la sifflante de la 3e pers. des temps passés, par l'analogie du verbe être *zen, zan*, « il était », c'est invoquer une cause disproportionnée à l'effet. Tant qu'on n'a en vue que les auxiliaires « être » et « avoir », on peut admettre que l'un d'eux ait influé sur l'autre, mais il n'est pas vraisemblable que l'auxiliaire intransitif ait pu sur ce point servir de modèle à tous les autres verbes.

L'étude des verbes simples intransitifs aux temps passés confirme l'hypothèse que suggère celle des passés transitifs de même que les caractéristiques pronominales des sujets intransitifs de premières et de deuxièmes personnes sont semblables comme au présent, aux caractéristiques de régime direct de la conjugaison transitive, de même en est-il pour les 3es pers.

Comparer : *nenkarren* « il *m'*apportait », (il apportait *moi*) ; « *nentorren* « *je* venais », *(h)enkarren* « il *t'*apportait, il apportait *toi* », (h)*entorren* « *tu* venais » ; *genkarzkien* « il *nous* apportait » ; *gentozkien* « *nous* venions » ; *zenkarren* « il *vous* apportait » ; *zentorren* « *vous* veniez » ; semblablement : *zekarren* « il (*l'*)apportait » ; *zetorren* « *il* venait », *zekarzkien* « il *les* apportait », *zetozkien* « *ils* venaient » (formes plutôt guipuzcoanes). De même au B. *ekarren, ekazen* « il (*l'*)apportait », « il *les* apportait », *ekusan, ekusazan*, « il *le* voyait, il *les* voyait », correspondent les intransitifs tels que *egoan, egoazan* « *il* restait, *ils* restaient », *etorren etozen* « *il* arrivait, *ils* arrivaient ».

Je résumerai par les propositions suivantes cette seconde série d'observations :

1° Tous les verbes simples basques à l'état de noms verbaux ou de participes, sont précédés d'un affixe à sens pronominal dont la forme primitive ou relativement primitive a dû être *ya*.

2° Cet affixe dont le sens pronominal s'est effacé dans la langue actuelle, jouait avec une nuance intemporelle ou aoristique dans le nom verbal et à l'impératif, peut-être avec une couleur de passé au prétérit, un rôle analogue à celui de la particule *da* au présent (et aux temps qu'il forme), à savoir : dans les verbes dits transitifs, ils désignaient l'être qui subit l'action, dans les verbes intransitifs, la chose ou la personne dont émane l'action ou qui est sujet de l'état.

Par conséquent, d'un bout à l'autre de cette conjugaison, l'imparfait actuel transitif incorpore, comme le présent, une caractéristique de régime direct, et les raisons précédemment exposées m'empêchent de souscrire à une ingénieuse hypothèse de M. Vinson dans les numéros de nov.-déc. de la *Revue intern. des Études basques* (1908), et *ibid.*, 1909, « Le présent et le passé dans la conjugaison basque », d'après laquelle les formes actuelles de l'imparfait transitif sans régime direct de première ou de seconde personne représenteraient une conjugaison « indéterminée », c'est-à-dire sans caractéristique de complément direct. Telle est, on s'en souvient, l'explication tentée par le savant bascologue pour comprendre comment, à l'imparfait transitif, les éléments grammaticaux qui se suivent dans le même ordre qu'au présent transitif, lorsque le complément direct est une première ou une seconde personne, adoptent l'ordre du présent intransitif dans les autres formes. Qu'on me permette de hasarder sous toutes réserves une autre sorte de réponse à cette question, réponse que m'inspire la considération de certaines formes simples. Dans tous les dialectes, la grande majorité des verbes transitifs (y compris l'auxiliaire transitif) mettent aux temps passés (du moins aux deux premières personnes, la caractéristique du sujet en tête des formes verbales sans complément direct de 1re ou de 2e personne (labourdin) *nuen*, « j'avais », *huen* « tu avais », *ginuen* « nous avions », *zinuen* « vous aviez ». Mais on peut, en dehors des pléonasmes dont je parlerai bientôt, citer, encore aujourd'hui, trois exceptions à cette règle. Le Guip. *izeki* « brûler », qui suit la conjugaison transitive, fait à la 1re personne du pluriel du passé *zizekagun* avec la caractéristique du sujet après l'élément verbal comme au présent *datzakagu*, bien que les autres personnes de la même catégorie soient construites régulièrement avec l'affixe du sujet en tête : *nizekan* « je brûlais », *zeñizekan* « vous brûliez ». Il y a plus : on peut citer en Bisc. deux verbes transitifs où la 1re catégorie (c'est-à-dire les catégories sans régime direct de 1re ou de seconde personne et sans régime indirect) se conjugue tout entière au passé avec les affixes du sujet, placés comme au présent et comme aux autres catégories à régime direct du passé : ce sont les verbes *iñotsi* « couler », *iretsegi* « brûler », « s'enflammer » ; ils donnent à la première catégorie du passé *datsakadan*, *datsakaan*, *datsakan*, *datsakagun*, *datsakazun*, *datsakeen* (cf. le présent *datsakat*, etc.); *biñotsadan*, *biñotsaan*, etc., formes exactement analogues du présent *biñotsat* (pour **badiñotsat*), *binotsak*, etc. Comparez à ces formes exceptionnelles le passé régulier G. *niñotsan*, *iñotsan*, *ziñotsan*, *giñotsan*, etc. Les exceptions que je viens de rappeler ne seraient-elles pas la trace d'un ancien imparfait dérivé du présent et qui, dans la grande majorité des verbes, n'auraient survécu que dans les catégories à régime direct de premières et de deuxièmes personnes ? il y aurait eu ainsi en basque primitif, comme dans beaucoup d'autres langues, comme par exemple en grec et en latin, un imparfait dérivé du présent et un prétérit basé sur un autre principe. Les troisièmes personnes de l'imparfait commençant par *z* se rattacheraient peut-être à l'imparfait primitif dérivé du présent. Si cette hypothèse d'un imparfait et d'un prétérit primitivement distincts est exacte, elle pourrait servir à expliquer l'existence des pléonasmes auxquels je faisais tout à l'heure allusion. Je veux parler de ces formes, assez répandues même à l'auxiliaire transitif, où la caractéristique du sujet est répétée deux fois, avant et après l'élément verbal. Le labourdin offre un assez grand nombre de ces pléonasmes. Je citerai *hautakan* « tu avais à moi »; *zenautazun* « vous aviez à moi »; *zenaukuzun* « vous aviez à nous » en opposition, avec le S. *heitan, zeneitan, zeneikün*, sans pléonasme. Les verbes simples connaissent aussi ces répétitions de l'affixe pronominal sujet; les exemples actuels sont tous biscayens : *Erago* « insister, répéter une action », 1re personne du plur. de l'imparfait avec régime indirect de 2me personne du pluriel grammatical « nous... à vous »: *geragoitzugun*; *entzun* « entendre »; *zentzudazun* « *vous* l'entendiez à moi »; *zentzuzuguzan* « vous l'entendiez à nous ». *irauntsi* « ennuyer [quelqu'un] de son bavardage » : imparfait, 2me personne du pluriel grammatical avec régime indirect de 1re personne du singulier « vous... à moi », *ziraunstazun*; même personne avec régime indirect de première personne du pluriel « vous... à nous » : *zeraunskuzun*; 1re personne du singulier avec régime indirect de 3me personne du singulier « je... à lui » : *neraunstzadan*; même personne avec régime indirect de 3e personne du pluriel « je... à eux » : *neraunstzedan*. Iraakin « briller » *ziraakizun* « vous brilliez »; *Erechi* « paraître », « s'appeler »; 2e personne du pluriel grammatical de l'imparfait : *zerichazun*; 1re personne du pluriel *gerichagun*. Ces pléonasmes sont-ils dus ou *tous* dus au mélange de deux anciennes conjugaisons, celle d'un ancien imparfait et celle d'un ancien prétérit? Je n'oserais encore me prononcer catégoriquement, mais cette explication ne semble pas pouvoir être invoquée pour les pléonasmes, au présent et à l'imparfait, de caractéristiques pronominales qui ne sont pas celles du sujet, par exemple *gantzugu* « il *nous* entend »; *gantzuguk* « tu *nous* entends »; *gantzuguzu* « vous *nous* entendez». Verbe *erago* : imparfait avec régime indirect de 1re personne du singulier « vous... *à moi* », « il. . *à moi* », « ils. . à moi » : *neragoidazun, neragoidan, neragoiden*; même temps avec régime indirect de 1re personne du pluriel « vous... à *nous* », «il... à *nous*, etc. » : *geragoitzugun, geragoigun*, etc.; pour cette dernière série de pléonasmes, je ne vois d'autre explication qu'un flottement entre l'interprétation à donner au régime, qui se trouverait représenté une première fois comme direct, et une seconde fois comme indirect à peu près comme dans les phrases espagnoles du genre de celle-ci : *me* llama *à mí*, mot à mot « il *m'*appelle à *moi* ». Au reste, que le basque, comme le castillan, ait une tendance à confondre les deux régimes et à les employer l'un pour l'autre, c'est ce que prouvent un certain nombre de faits au premier rang desquels il faut placer ce qu'on est convenu de nommer « le solécisme de la côte ». Ai-je besoin, en effet, de rappeler que sur tout le littoral de Labourd et de Guipuzcoa les flexions verbales à régime indirect ont été complètement remplacées, dans la conjugaison transitive, par les formes à régime direct ? emaiten *nau*, par exemple tout comme le français « il me donne », signifie aussi bien « il donne à moi » que « il donne moi ». Inversement, dans certaines variétés de la Navarre espagnole, les catégories à régime indirect ont supplanté celles à régime direct. En dehors de ces particularités dialectales, l'hésitation entre les deux régimes se marque encore dans certains cas isolés. Comparer par exemple dirud*io* « il *lui* parait, il lui ressemble » avec régime indirect, et *na*rudi, *ga*rudiz « il *me* parait, il *me* ressemble, il *nous* parait, il *nous* ressemble » avec régime direct.

III. Pour terminer ces observations, je n'ai plus que quelques mots à ajouter concernant la théorie passive ; je ne veux pas exposer longuement cette théorie justement célèbre. Je me bornerai à en rappeler les grands traits. Indiquée pour la première fois par M. Fr. Müller (Grundriss der Sprachwissenschaft t. III, II, 18), précisée et habilement soutenue par le regretté M. Stempf dans sa brochure intitulée : « La langue basque possède-t-elle, oui ou non, un verbe transitif ? » (Brochure publiée en français et en allemand, 15 p. in-8 Bordeaux, 1890), adoptée un peu auparavant (1) par un linguiste ausssi érudit que M. Schuchardt (2), cette théorie a rencontré un adversaire sérieux dans M. Vinson qui en a donné un exposé détaillé et une critique serrée dans la *Revue de Linguistique* (3). Comme on sait, la théorie passive peut se résumer en ces termes : dans les phrases dites transitives, le sujet logique, l'auteur de l'action (der Urheber, selon l'expression de M. Schuchardt), le sujet fonctionnel comme l'appelle M. Vinson, n'est pas le sujet grammatical, mais un complément indirect de verbe passif, et le complément direct logique est le véritable sujet grammatical. Dans cette interprétation, le nominatif actif devient étymologiquement un instrumental. Grammaticalement, des formes comme *nakarzu* « vous m'apportez (vous apportez moi)», *dakart* « je l'apporte » doivent se traduire : « je suis apporté par vous, il est apporté par moi» et il faudra les analyser ainsi : *na* « je», *kar* « apporté», *zu* « par vous » ; *da* « il », -*kar*- « apporté », -*t* « par moi ».

Les arguments invoqués à l'appui de cette thèse sont les suivants : 1º Le nominatif actif est plus aisé à expliquer, d'après la linguistique générale, comme instrumental que comme nominatif; 2º il y a parallélisme, identité formelle entre les caractéristiques de sujet à l'intransitif et celles de complément direct (ou censées telles) au transitif : comparer *na*kar « il m'apporte », « il apporte *moi* » et *na*tor «*je* viens»;

---

(1) En 1888.

(2) Voir surtout les Baskische Studien 1. Ueber die Entstehung der Bezugsformen des baskischen zeitworts (livre de 82 pages in-4, paru en 1893, dans les Mémoires de l'Académie impériale des Sciences de Vienne, classe philosophique-historique, vol. 13, 3ᵉ livraison).

(3) 1894, t. 27, p. 95 et suivantes « Les théories nouvelles sur le verbe basque ».

(*h*)akar « il *l'*apporte, il apporte *toi* » et (*h*)ator « *tu* arrives » *da*kar
« il *l'*apporte » et *da*tor « *il* arrive », etc.

3° Il y a concordance entre les caractéristiques plurielles des sujets
intransitifs et celles des prétendus compléments directs, qui diffèrent
les unes et les autres des affixes pluralisateurs des prétendus sujets
actifs (cf. par ex. G. gaitzai*zkio* « nous lui sommes », dio*zk*it « je *les*
leur ai » à côté de dio*te* « *ils* le lui ont ». B. *gatchacoz* « *nous* lui som -
mes », deus*taz* « il me *les* a » à côté de deus*te* « *ils* me l'ont » ; 4° Dans
des constructions comme gizon*ak* eman etchea « la maison donnée
par l'homme » le complément indirect du participe passif se rend
précisément par le prétendu nominatif actif et il n'y a pas d'autre
façon correcte de le rendre ; 5° les formes relatives de la conjugaison
dite transitive sont susceptibles d'une traduction passive ou d'une
traduction active selon le contexte : *duen* p. ex. peut aussi bien signi-
fier « qui a et qu'a (quem habet) ». (Cp. den « qui est »). Gizonak ekarri
duen zaldia « le cheval *que* l'homme a apporté » gizona ekarri *duen*
zaldiak « le cheval *qui* a apporté l'homme ».

J'ajoute que les récents travaux sur l'indo-européen primitif, tels
que ceux de M. Herman Moller (1) poursuivis indépendamment de
toute préoccupation relative au basque, apportent un sérieux appui à
la théorie passive. Si, en effet, la conjugaison primitive de l'indo-
européen est tout entière passive, si le nominatif actuel de ces langues,
par opposition à l'accusatif dérive en partie d'un ancien instrumental, la théorie passive du verbe basque, étayée de plusieurs autres
raisons, n'a plus contre elle de supposer un phénomène isolé et plus
ou moins déconcertant, et la construction passive prouverait simplement le caractère archaïque de la conjugaison basque. Au reste,
M. Vinson a signalé l'existence d'une construction passive de ce genre
dans l'hindoustani moderne (*Rev. de Ling.*, « Les théories nouvelles
sur le verbe basque », art. cité), il n'en maintient pas moins ses
objections contre la théorie passive du verbe basque. Je ne puis leur
consacrer l'examen approfondi qu'elles mériteraient et je me bornerai
à quelques mots sur celles qui intéressent de plus près mon sujet.

Tout d'abord le savant linguiste reproche à la théorie de ne pouvoir
s'accommoder du verbe simple. Malgré la compétence de l'auteur de
cette critique, je me demande si la conjugaison passive n'apparait
pas plus clairement dans les verbes simples que dans les auxiliaires
dont les éléments se laissent beaucoup moins facilement analyser.
Le parallélisme p ex. entre *da*kar et *da*tor *zen*karren et *zen*torren, B.
*e*karren et *e*torren me parait plus rigoureux et plus clair qu'entre B.
*nen*duban, L. *nind*uen « il m'avait » et nin*tz*an « j'étais».

Si en effet la thèse que j'ai proposée sur l'affixe pronominal du
passé est exacte (et ceci répond à une seconde objection) l'imparfait
se laisse aussi bien ramener que le présent à une interprétation pas-

---

(1) Die Gemein indogermanisch. semitischen Worttypen, etc. (Sonderabdruck aus der
Zeitschrift fur vergleichende Sprachsforschung neue Folge, vereinigt mit den « Beitræge zur
Kunde der indogermanischen Sprachen 92ᵗ band »).

sive. On analyserait alors ainsi des formes comme *zenekarren*, *nekarren*, etc., *n* par moi (au passé), *e* il (au passé), *karren* « apporté » ; *zen* « par vous » (au passé) *e* « il » (au passé) *karren* « apporte ». Le passé différerait essentiellement du présent dans ces formes par l'interversion des éléments grammaticaux, ce qui ne saurait porter atteinte à la théorie passive. En troisième lieu, on demande, non sans quelque apparence de fondement, comment la théorie passive peut s'accommoder de la différence de l'auxiliaire selon que le verbe traduit une idée passive ou active ; pourquoi *ikusi naiz* « je suis vu », et *ikusi nau* « il m'a vu » c'est-à-dire dans l'interprétation passive « je suis eu vu ». Quelle nécessité d'introduire ici l'auxiliaire avoir ? — Pour lever cette objection, il faut observer « qu'être » et « avoir » sont des auxiliaires relativement tardifs de l'indicatif, et de l'indicatif seulement, et que leur emploi général dans ce sens date d'une époque où s'était obscurci le sentiment du caractère primitivement passif de la conjugaison dite transitive. L'examen des textes anciens, particulièrement des Proverbes d'Oihénart, montre que les véritables auxiliaires étaient *ezan* au prétendu transitif et **edin* à l'intransitif proprement dit. Tout d'abord « être » et « avoir » (que cela soit ou non dès l'origine) ont commencé par indiquer seulement une nuance d'actualité à peu près comme en espagnol et en anglais les périphrases « estoy durmiendo » « I am sleeping ».

Cela explique que le nom verbal, employé au radical avec les auxiliaires primitifs qui servent encore en dehors de l'indicatif, régissent à ce dernier mode le nom verbal sous une forme substantive et affectée d'une flexion casuelle. Ainsi *ikusten dut* ne veut pas dire littéralement « il est vu par moi » mais « il est eu (ou tenu) par moi dans l'acte de voir ». Les exemples suivants montrent sans aucun doute que **ezan* et **edin*, furent les auxiliaires primitifs ou anciens, non pas seulement au passé de l'indicatif (ce qui est établi depuis longtemps) mais au présent :

« Bentura *dadinac*, celui qui s'aventure » (Oih. prov. 88).

« Eiheran *dadinac* egon-egui, celui qui a trop tardé au moulin » (*ibid.*, pr. 129).

« Igan *dadina*... Celui qui monte » (*ibid.*, prov. 202).

« Hozac, maiaza hil *sesan* ela ni asse *nensan*. — Le froid fit mourir le mois de May et à moy, il me rassasia » (pr. 253, *ibid.*) « Idia gueinha *desanac*, celui qui nourrit le bœuf » (272). « ...Ian ago *desanac*. — « ...Qui mange plus » (prov. 537).

Le B. remplaçait ordinairement *ezan* par *egin*, comme il fait encore aujourd'hui dans les temps que les autres dialectes conjuguent avec le premier. Avec les auxiliaires *ezan*, *egin*, **edin*, l'interprétation passive perd de son invraisemblance ; *ezan* peut se traduire par « rendre », *edin* par « devenir », *egin* signifie « faire ».

On traduirait alors littéralement : bentura dadinac « celui qui devient aventuré » ; hozac hil sesan « par le froid fut rendu mort ».

Je ne puis mieux clore cette série d'observations qu'en citant un texte qui me paraît propre à lever toutes les préventions contre la théorie passive : « beste gauza *lecusque*, — ... otra cosa *se veria*.

Devant un tel texte qu'on ne peut traduire sans attribuer aux temps personnels de *ikusi* « voir » un sens originairement passif, je crois, étant données par ailleurs, les raisons précédemment exposées, pouvoir conclure que la conjugaison simple confirme la théorie passive ; les verbes de cette conjugaison ont dû primitivement avoir un sens passif (ou intransitif) et leur apparence transitive vient de ce que l'auteur de l'action peut être indiqué par un affixe pronominal et, dans le substantif qui désigne cet auteur, par une flexion casuelle considérée aujourd'hui comme nominatif actif.

Il n'entre pas dans le programme de cette esquisse d'insister davantage et je m'estimerai heureux si ces quelques notes méritent assez la critique des personnes compétentes pour hâter tant soit peu la réponse aux questions que je n'ai pu qu'effleurer (1).

Albert LÉON.

Cette communication, qui offre un véritable intérêt pour l'étude de la langue basque, vaut à l'auteur de chaleureuses félicitations de la part de M. le Président du Congrès à même d'apprécier, mieux que tout autre, les réflexions savantes présentées dans ce travail.

5ᵐᵉ *Communication*. — M. Francisque HABASQUE, délégué central de l'« Union Historique et Archéologique du Sud-Ouest », membre de la « Société des Archives historiques de la Gironde ».

ÉPISODES D'UN PROCÈS DE SORCELLERIE DANS LE LABOURD AU XVIIᵐᵉ SIÈCLE (1605-1607)

L'Exode dit : « Tu ne souffriras pas qu'un sorcier vive ».

La croyance aux sorciers existait de toute antiquité et leur condamnation ainsi prononcée par un verset des livres saints a servi de base aux lois qui furent portées contre eux, durant l'ère chrétienne, chez la plupart des nations européennes.

Le sorcier est le mortel qui, pour obtenir un pouvoir surnaturel et accomplir des maléfices, fait appel à l'Esprit des ténèbres. Avec un tel allié, sa puissance est effrayante ; contre le mystérieux danger, pas de défense : aussi la terreur qu'il répand est-elle sans bornes. Sa mort seule peut garantir des dangers qu'il fait courir. Mais il est habile, inspiré et défendu par son maître infernal. De là la difficulté intense des procès en sorcellerie.

Ces procès ne sont pas particuliers à une époque, à une race, à un pays, à une forme religieuse. Ils furent universels. Chose étrange,

---

(1) On trouvera un des exposés les plus complets de la conjugaison simple dans la grammaire de M. Campion *(op. cit.)*, aux chap. XIV, XVII, XIX, XXI.

alors que vivaient les plus grands génies scientifiques et littéraires, à des moments où l'esprit humain, dans des élans inattendus, semblait ne reculer devant aucune audace, une seule croyance paraissait intangible : c'était celle à l'existence et au pouvoir du sorcier.

Cette croyance n'a vraiment décru qu'au XVIIIe siècle, en même temps qu'allaient s'effaçant les lois de répression contre le crime de sorcellerie. Mais encore ne faut-il pas croire que, même à l'heure actuelle et dans certains milieux, bien que ne s'affichant pas, elle ait complètement disparu. Seulement, au lieu de finir tragiquement au grand criminel, les sorciers qui, eux, ne sont plus leurs propres dupes, vont simplement échouer au correctionnel sous la prévention d'escroquerie.

Nous ne pourrions dans l'étude des affaires de sorcellerie remonter à ces temps reculés du Moyen-Age où leur transformation moderne eût paru aussi impossible qu'absurde. De ces époques lointaines nous savons les poursuites, nous savons les exécutions, mais nous ignorons le détail des faits incriminés. Les dossiers sont perdus : les parchemins judiciaires ont été lavés, rongés, brûlés ou dispersés, et l'imprimerie n'était pas encore là pour conserver, quand même, la physionomie des procès.

Il n'en est plus ainsi depuis que fut vulgarisée l'imprimerie. Alors, aux XVIe et XVIIe siècles, les juges clercs ou laïques, les commissaires royaux chargés des poursuites, tous hommes profondément convaincus, marchant dans l'inéluctable sillon de leur temps, juristes éprouvés, souvent très intelligents, presque toujours fins lettrés, ont voulu conserver la mémoire de missions dont ils s'honoraient et ont écrit des livres relatant leurs luttes héroïques contre le Malin.

Certaines de leurs œuvres sont devenues célèbres, classiques en la matière. Mais ce qu'ils exposent de préférence, ce sont leurs habiletés de procédure, les détails érotiques ou sanglants constitutifs du crime, l'ampleur et la portée de la répression. Ils demeurent officiels ; mais un point leur échappe ou plutôt ne les touche pas, c'est le trouble jeté par leurs instructions dans la vie sociale. Ils ne nous révèlent ni les coulisses du procès, ni l'étendue de sa répercussion matérielle, psychique ou morale. Pour en retrouver la trace un grand élément d'information nous manque : le journal.

L'intérêt historique pourtant ici est grand. Pour y satisfaire, il nous faut patiemment profiter des moindres indications et, sans prétendre arriver à écrire sur ce sujet ce qu'on pourrait appeler des articles de fond, il faut savoir se contenter de coordonner le moins mal possible de simples notations.

C'est ainsi que, pour cette lecture, nous avons essayé de tirer parti de quelques actes judiciaires, comptes, mémoires ou requêtes, isolément recueillis dans les diverses séries des riches archives de Saint-Jean-de-Luz.

Nous sommes dans le Labourd, tout à fait au début du XVIIe siècle, en 1605. En Europe la crise de la sorcellerie bat son plein, et la région

occidentale des Pyrénées est une des plus profondément agitées.
Depuis une trentaine d'années déjà il n'est juridiction ordinaire ou
extraordinaire qui n'ait eu à s'occuper des crimes démoniaques dont
la fréquence terrorise les habitants et dont l'épouvante accompagne
les marins jusqu'au milieu des périls de la mer.

Dans toutes les classes, même les plus considérées, il y a des suspects. La peur, les scrupules de conscience tiennent les dénonciateurs
aux aguets. Mais dans ce milieu ardent, surexcité par des passions
violentes, en proie à des rivalités acharnées de clocher, de famille ou
d'influence, ne peut-on craindre que la jalousie, l'intérêt, la haine ne
jouent trop souvent leur rôle sous l'ombre insidieuse du devoir à
accomplir ? Pourtant, en dépit même des apparences, faut-il se garder
d'incriminer à distance les intentions, tellement l'esprit humain est
divers selon les temps, fragile et prompt à se leurrer lui-même.

Quoi qu'il en soit, vers le milieu de 1605, nous voyons les officiers
municipaux de Saint-Jean-de-Luz : Guiraud de Sansou le jeune,
d'Oriotz et autres jurats, et de Lasson syndic de la communauté,
débordés sans doute par la marée montante de la sorcellerie, demander et obtenir du Parlement de Bordeaux l'envoi d'une Commission
pour poursuivre à Bayonne l'instruction d'un procès criminel déjà
entamé à Saint-Jean-de-Luz contre les sorciers.

La Commission se composa des Conseillers de Cruzeau, Joseph de
Tarneau et du Procureur général Desaignes.

Les magistrats quittèrent Bordeaux séparément. Nous avons les
comptes de la dépense que fit à l'aller le conseiller de Cruzeau. Parti
le premier, le 13 septembre 1605, il coucha le premier jour à Lipous-
tey, le deuxième à Lespéron, le troisième à Ondres, ayant fait un peu
plus d'une dizaine de lieues par jour. A Ondres, il s'arrêta jusqu'au
surlendemain pour attendre son collègue Tarneau.

Ayant relayé une quinzaine de fois, il avait, pour deux chevaux,
payé une moyenne de vingt-cinq sous par poste de deux lieues. Le
dîner du milieu du jour, pour lui et pour son clerc coûtait de quatre
à cinq livres ; le souper et le coucher allaient dans les neuf à dix
livres et le pourboire aux valets et chambrières était de quatre à cinq
sols par repas.

Etant donnée la différence de valeur de la monnaie du temps avec
celle d'aujourd'hui, ces prix des auberges pourraient bien avoir été
majorés sur le mémoire du clerc ; car celui-ci se faisant rembourser,
quelques mois plus tard, ses avances par la communauté « instigante
du procès » consentait sur les frais du voyage une notable réduction.

Les magistrats bordelais entrèrent à Bayonne le 17 septembre 1605.
Ils s'y mirent à l'œuvre ; mais ils n'y séjournèrent pas longtemps. En
effet, le Conseiller de Cruzeau, sans rien préciser, nous fait savoir
dans ses Mémoires qu'il se passa là « plusieurs particularités sans
honneur et sans profit, le tout par l'indiscrétion, Dieu sait de qui »,
lesquelles particularités déterminèrent le prompt départ des Commissaires. Le Conseiller de Tarneau et le Procureur général Desaignes

partirent les premiers. Resté malade à Bayonne, le Conseiller de Cruzeau y demeura quelques jours après ses collègues, y fit exécuter un
arrêt de constat de lieux et, variant sa route, rentra par la Chalosse,
la Gascogne et l'Albret à Bordeaux où il arriva le 4 novembre 1605.

Les parlementaires cependant, eussent pu, semble-t-il, s'occuper
longtemps à Bayonne. Car, avant même leur arrivée, un certain nombre d'inculpées de sorcellerie (il ne s'agissait à ce moment que de
femmes) avaient été transférées dans les « prisons royaulx » de cette
ville ; et pendant leur séjour, avec la grosse du dossier, la communauté de Saint-Jean-de-Luz leur avait expédié encore d'autres prisonnières. Parmi celles-ci il faut citer une certaine Marie, dont le nom,
orthographié dans les pièces de diverses manières, paraît bien avoir
été Degoyetche. Cette Marie Degoyetche tenait à des familles importantes de Saint-Jean-de-Luz, familles, comme nous le verrons tout à
l'heure, des plus hostiles à la municipalité en fonctions.

Quand les magistrats de Bordeaux regagnèrent leur siége, ils laissaient derrière eux dans la geôle de Bayonne dix-sept détenues. Elles
y demeurèrent un an. Une telle détention n'implique ni un oubli, ni
même une négligence dans la procédure. Si l'on considère, en effet,
les procédés alors systématiquement usités en matière analogue de
l'autre côté des Pyrénées, on peut penser qu'il ne s'agissait là que
d'une modalité d'instruction. Au demeurant des renseignements nouveaux avaient dû être recueillis sur les accusées ; car, en octobre 1606,
un changement se produisit dans leur situation.

Cinq d'entre elles, parmi lesquelles Marie Degoyetche, obtinrent
d'être mises en liberté sous caution.

Les douze autres, dont certaines avaient été arrêtées plus de seize
mois auparavant, furent transférées à Bordeaux et remises aux mains,
six du concierge de la Cour, quatre du portier de la Maison commune
et deux du geôlier de Guyenne.

Leur transfert s'était opéré par les soins et sous la conduite du
geôlier-fermier des prisons royaulx de Bayonne. Mais, en arrivant à
destination, le premier soin de celui-ci fut de présenter requête au Parlement pour faire condamner les officiers municipaux de Saint-Jean-
de-Luz, responsables des arrestations, à lui payer à raison de cinq sous
par jour et par tête, les droits de geôle et de gîte afférents à chacune de
ses dix-sept prisonnières. Chargé de femme et de six petits enfants, à
découvert d'une lourde somme, le pauvre geôlier exposait piteuse-
ment sa détresse.

Nous ignorons s'il fut fait droit à sa demande, mais nous savons
que l'information reprit de suite à Bordeaux ; car nous avons trouvé
trace des paiements qui furent faits, dès janvier 1607, aux interprètes
de langue basque nécessaires pour les interrogatoires des prisonnières.

En faisant amener celles-ci à Bordeaux, le Parlement avait-il voulu
que leur long procès se continuât dans une atmosphère moins violem-
ment agitée que celle de leur pays et que la justice demeurât à l'abri

de trop ardentes démarches ? C'est possible, car le Labourd était parvenu à un incroyable état d'effervescence.

En effet, poursuivant toujours leur chasse aux sorciers, le syndic
de Lasson et le Corps de ville en étaient arrivés à englober dans leurs
accusations des personnages de marque appartenant à des familles
naguère parvenues ou aspirant à revenir aux magistratures locales.
Ces familles n'entendaient pas succomber sous le déshonneur de
condamnations pour sorcellerie. Elles avaient nettement pris parti
pour ceux des leurs qu'on accusait et n'hésitaient pas à combattre
par tous les moyens, fût-ce à main armée, les officiers municipaux en
charge. Il y avait, au fond, dans cette petite république basque en
état d'anarchie, comme un renouveau des compétitions furieuses
qu'excitait dans les villes italiennes du Moyen-Age la maîtrise de
l'Hôtel de Ville.

Le principal personnage visé par la municipalité en fonctions était
un ancien jurat de 1603, Jean ou Joannès Degoyetche, parent sans
doute de cette Marie Degoyetche que nous avons déjà rencontrée.

Jean Degoyetche était gendre d'Adam de Chibau, riche négociant
(on disait alors marchand) lequel avait épousé Françoise Delatsague,
damoiselle, proche parente de Tristan d'Urtubie, écuyer, sieur dudit
lieu, dont le château fort, théâtre de divers événements historiques,
barre la route de Saint-Jean-de-Luz à Hendaye. Goyetche était aussi
soutenu par son beau-frère, Martin de Harcibillague. Chacun des
précédents entraînait avec lui ses amis et ses gens, et, ainsi, se grou-
pait autour d'Adam de Chibau un petit clan combatif et résolu, non
seulement à résister aux magistrats « instigans », mais encore à en
tirer vengeance ainsi que des témoins à charge.

Deux de ceux-ci, deux femmes, Marguerite Dehareder et Catherine
de la Masse, parente d'un ancien bayle, avaient déposé contre Jean
de Goyetche et ses prétendus complices. Elles furent surprises dans
le bois de Jaldaï par Martin de Harcibillague et les siens ; sommées
de rétracter leurs accusations, elles s'y refusèrent et furent grandement « battues et maltraitées ».

Les partisans de la jurade songèrent aussitôt à tirer parti de cette
agression et, par un jeu aussi vieux que la politique, à émouvoir en
leur propre faveur cette force inconsciente et puissante qu'on appelle
l'opinion publique. Toute émue, au sortir de la scène du bois de
Jaldaï, Catherine de le Masse fut par eux conduite en l'église de
Saint-Jean où le peuple était rassemblé et, là, elle dénonça l'attentat
dont elle venait d'être victime, en présence même de ses auteurs perdus dans la foule. Les coups encore, pour des gens d'habitudes bru-
tales, n'auraient rien été : mais elle révéla, chose horrible, qu'on lui
avait fait prendre de force « un certain breuvage », breuvage mystérieux, un philtre sans doute, preuve évidente des accointances des
amis de Goyetche avec les sorciers.

Malgré ce coup direct, Adam de Chibau et sa faction ne se laissaient
point intimider. Eux aussi cherchaient à soulever le peuple et ten-

taient de provoquer des séditions pour empêcher les poursuites. Vite ils en arrivèrent à l'action directe, et les faits allaient se multipliant qui prenaient des allures de guerre civile.

Le jour de la fête du Sacre de 1607, un des leurs, Martin Debarandeguy dit Asserea, dont la femme et les filles étaient accusées de sorcellerie, se porta, au moment de la procession solennelle, la hallebarde au poing, à l'entrée du cimetière pour « offenser les bayle et jurats et autres qui avaient tenu la main au dit crime de sorcellerie ». On réussit à le désarmer. Mais, tandis que suivait son cours la cérémonie, il revint sur les lieux, armé d'une javeline et d'un poignard, pour tenter encore « d'exécuter son pernicieux dessein ».

Toutefois un plus puissant que lui était déjà entré en scène. Quelque temps auparavant, sous prétexte de querelles particulières entre la dame de Chibau, sa parente, et un nommé Bardin, le sieur d'Urtubie accompagné de son oncle, le sieur Degarre, et de dix à douze hommes armés d'épées, de dagues et de pistolets, avait fait irruption dans Saint-Jean-de-Luz, s'efforçant de mettre à mal ledit Bardin. Les bayle et jurats étaient accourus « pour le dû de leurs charges ; et, par honnêtes remontrances, avaient prié le sieur d'Urtubie de n'user de force, violence et voies de fait, lui représentant que si Bardin avait méfait ils prêteraient main forte à ce qu'il fût remis entre les mains de la justice pour être puni ». On pense bien que de si bonnes paroles n'avaient fait qu'exciter davantage le sieur d'Urtubie qui, de plus en plus, s'était échauffé, s'efforçant d'exercer ses violences non seulement à l'encontre de Bardin, mais encore de ceux qui malencontreusement venaient s'interposer.

Il ne devait plus d'ailleurs reculer devant aucune occasion de leur manifester son hostilité.

A l'occasion de la fête de Saint-Jean-Baptiste qui se célébrait le 24 juin à Saint-Jean-de-Luz en grande solennité, d'accord avec Adam de Chibau, Urtubie avait espéré trouver une excellente occasion de soulever un tumulte populaire. Tous deux avaient réuni huit hommes à cheval masqués, bien montés et bien armés ; et cette « mascarade », lâchée dans les rues pleines de monde « y faisait mille algarades », proférant des menaces devant la maison du bayle, des jurats et de tous ceux auxquels ils en voulaient.

Le lendemain les désordres recommencèrent : le nommé Darroguy, « serviteur domestique » du sieur d'Urtubie, courait par le bourg, brandissant une longue arquebuse de chasse, chien abattu, fomentant les colères, cherchant des querelles, allant jusqu'à s'attaquer à des gens qui dansaient sur la rue. Pour éviter un malheur on lui arracha son arme et on la fit partir en l'air. Darroguy, furieux, courut chercher le sieur d'Urtubie. Celui-ci, enfermé avec de nombreux partisans dans la maison de Chibau, se précipita au dehors avec ses amis, lui, ayant au poing son arquebuse de chasse prête à faire feu ; eux, armés d'épées, de lances et de pistolets. Cette fois il y eut émeute et bataille ; plusieurs de leurs adversaires furent blessés, dont un maître char-

pentier qui demeura « mutilé de son corps ». On eut sans doute même
compté des morts parmi les habitants sans un incident inattendu qui
montre bien de quelle façon, à cette époque singulière, s'amalga-
maient dans les mœurs la violence incessante et la courtoisie raffinée.

Alors donc que la sédition battait son plein, on signala le cortége
d'une grande dame. C'était la dame de Barrault, femme de l'ambassadeur du Roi en Espagne, qui, revenant en France, entrait à Saint-Jean-
de-Luz. Aussitôt, d'un accord tacite, les épées rentrèrent au fourreau,
« et le désir qu'on eut de la recueillir honorablement, apaisa le
tumulte ».

Les officiers municipaux s'en étaient encore une fois tirés indemnes.
Mais Urtubie, Chibau et les leurs n'avaient pas dit leur dernier mot.
Furieux de la non-réussite de leur échauffourée de la Saint-Jean, ils
crurent être plus heureux pour la Saint-Jacques et avoir trouvé le
moyen de se débarrasser d'un seul coup du bayle, des jurats et de
leurs autres ennemis.

Plusieurs de la jurade étaient proches parents de M⁰ Pierre de
Harostéguy, prieur d'Hendaye, et ils avaient arrêté de se rendre en
cette ville pour solenniser la fête en sa maison. Bien entendu, ils
devaient marcher en armes, en troupe et accompagnés de leurs partisans. Mais la route inéluctable les obligeait à passer sous les murailles
du sieur d'Urtubie. Or ils furent informés que ce dernier avait arrêté
et assemblé « un grand nombre de bohèmes et de soldats de la Basse-
Navarre et du Béarn, qu'il tenait cachés en sa dite maison, pour faire
tuer le dit bayle et autres habitants du dit lieu de Saint-Jean-de-Luz
comme ils passeraient pour aller au dit lieu de Hendaye ».

Avec une si forte embuscade, attaqués en rase campagne, l'issue
de la lutte n'eût pas été douteuse et les membres du Corps de ville,
sagement, décidèrent « de ne bouger point du dit lieu de Saint-Jean-
de-Luz ».

Mais l'existence pour eux devenait par trop mouvementée ; et, au
lieu d'exercer une telle magistrature civile, mieux eût valu tenir les
champs en capitaines d'aventures, aussi résolurent-ils de faire appel
à la justice tutélaire du Parlement et d'incriminer devant lui leurs
adversaires, ces soutiens de Joannès de Goyetche et autres sorciers.

Dans un mémoire de leur syndic, d'août 1607, peut-être un peu
poussé au noir et où nous avons puisé les détails qui précèdent, ils
concluent ainsi :

« Ce considéré, et que tels excès qui tous tendent à sédition populaire, ne doivent demeurer impunis, il vous plaira, de vos grâces,
permettre aux suppliants d'informer de tous les dits excès pardevant
le premier huissier ou sergent sur ce requis, appelé un notaire de
cour laïc, ensemble procéder par fulmination et censure ecclésiastique de vingt-quatre en vingt-quatre heures, sans nul nommer ni
excepter, et enjoindre au juge d'église icelles lui expédier, pour ladite
information faite et devers la cour rapportée, y être pourvu de tel
décret que vos discrétions aviseront. Si ferez bien ».

Le 26 août 1607, le premier président de Pontac appointa la requête :
« Soit faite l'information et fulmination sans nul nommer ni excepter ».

Qu'en advint-il et quelle satisfaction en obtinrent les officiers municipaux plaignants ? Nous n'avons point trouvé de pièces qui nous l'apprennent. Mais si notre récit doit maintenant demeurer incomplet, nous espérons cependant, ce qui était notre but, qu'il aura pu donner quelque idée de l'ambiance tourmentée et de la perturbation sociale où se mouvaient les procès en sorcellerie.

Nous terminerons en disant qu'il ne paraît pas néanmoins que l'information et fulmination autorisées contre le sieur d'Urtubie « et autres ses complices » ait produit bien grand effet et l'ait réduit à néant ; car dix-huit mois plus tard, nous le voyons, de la défensive armée passer à son tour à l'offensive judiciaire.

En effet, en janvier 1609, avec le sieur d'Amou, il s'adresse au roi Henri IV, pour le supplier de leur donner des Commissaires pour « nettoyer » le Labourd des sorciers.

La supplique fut exaucée. Le Commissaire le plus en vue fut de Lancre ; et on sait si le nettoyage fut consciencieux !

6me *Communication*. — M. Montiton, instituteur à Bergouey (B.-P.)

MONOGRAPHIE DE LA BASTIDE-CLAIRENCE

Préambule

Interrogeant le passé, ce grand et noble vieillard dont les souvenirs sont gravés sur les parchemins ou papiers qui dorment dans les archives de la commune ; recherchant les légendes, les récits, les anecdotes conservés par tradition, il nous a été permis de confectionner la monographie de La Bastide-Clairence depuis sa fondation.

Pendant une période de plus de six cents ans (1288-1900) nous allons suivre les progrès qui se sont accomplis dans le bien-être, dans les idées de liberté, de justice, de solidarité et de patriotisme. En citant chronologiquement tous les faits relatifs à la commune, notre but est de permettre l'enregistrement, avec ordre, des faits nouveaux à la suite de ceux qui les ont précédés ; de là naîtront l'amour et la vénération des traditions de nos ancêtres et l'idée plus exacte de notre histoire nationale.

Préliminaires

L'origine du mot « Bastide » vient du celte « bast », qui signifie fort, château. En Provence, une bastide est une petite maison de campagne.

On remarque en effet sur la place de La Bastide-Clairence, une maison du nom de Gascon, dite Bastide, ancienne demeure « de Bayle » (1).

Aux XIIIe et XIVe siècles on appela « bastides » les villes alors construites d'un seul jet, parce qu'un certain nombre, dans l'inten-

---

(1) En Navarre : porteurs de contrainte et huissiers ambulants, — officier de justice seigneuriale.

tion primordiale de leurs fondateurs, devaient être des postes avancés établis sur les limites des seigneuries et gardés par leurs propres habitants. On disait : Bastida seu muniteon, avant de dire : bastida seu populatio (d'après Paul Guérin).

Autre citation trouvée dans les archives de Pau : Autreyam aus poblants e besiis de la noste navere bastide de Lestelle (1335), c'est-à-dire : nous octroyons aux habitants et voisins de notre nouvelle « bastide » de Lestelle.

M. Scimbres dit : « Le caractère essentiel des bastides, ce qui marque ce mouvement d'un cachet net, bien distinct, au point d'en faire un groupe systématique et *sui generis*, c'est qu'à la différence des bourgs, des villes d'origine ou grandies insensiblement sous la tutelle d'un monastère ou d'un château fort, les bastides furent toutes fondées à novo, d'un seul jet, à date fixe, sur un plan préconçu, généralement uniformes, et cela dans la période d'une centaine d'années (1250-1350). »

Construction des bastides — On choisissait de préférence pour l'assiette des bastides, des terrains improductifs ou boisés ; pour ces derniers la construction même de la bastide entrainait déjà un premier travail de défrichement, puisqu'il fallait abattre les chênes pour élever les maisons sur le lieu choisi et entourer autant d'espace à cultiver qu'il était nécessaire pour l'entretien des futurs habitants. Le seigneur qui poursuivait la fondation allait s'entendre avec le roi, le sénéchal ou son lieutenant pour la rédaction des coutumes et le paréage : on plantait un pal sur l'emplacement choisi et l'on faisait annoncer à son de cor ou de trompe dans les localités voisines, les avantages aux immigrants.

Le plan général de La Bastide était tracé autant que possible au cordeau, avec des rues se coupant perpendiculairement et dont les quatre principales se rencontraient aux angles d'une place rectangulaire bordée de portiques appelés couverts ou auvents, et au centre de laquelle s'élevaient les halles surmontées de l'Hôtel de ville.

L'église était habituellement voisine d'une des extrémités, afin de se relier aux remparts et de compléter le système de défense.

Un emplacement de cinq à six mètres de façade, avec une profondeur au moins égale et plus souvent deux ou trois fois supérieure était accordée à chaque immigrant pour édifier sa maison, ce qu'il s'obligeait de faire dans un délai déterminé, sous peine d'amende.

Le seigneur se réservait habituellement un ou plusieurs emplacements pour s'y bâtir un hôtel. A la concession de chaque emplacement était attachée celle d'un jardin potager de six à sept ares et d'une terre labourable de un hectare. Ce n'était guère suffisant pour une famille moyenne ; mais les fondateurs calculaient sans doute que les familles livrées à l'agriculture s'accroîtraient des familles adonnées au commerce et à l'industrie.

Habituellement, les premières demeures et les portiques étaient de bois (1), plus tard tout citoyen qui parvenait à l'aisance ou à la richesse reconstruisait sa maison en pierre (2). Il existe encore des maisons du XIVme et du XIIIme siècles, lesquelles prouvent, par les beaux matériaux dont elles sont composées, que l'on parvenait vite à la prospérité dans les bastides.

Coutumes. — Les concessions accordées aux bastides étaient fort larges pour l'époque. Quiconque réussissait à s'y faire recevoir, était libre de toute servitude personnelle, moyennant un cens annuel dont la moitié était perçue au nom du roi ; il agissait à son gré dans la limite des lois établies et participait au gouvernement de la commune.

A la tête de celle-ci étaient des consuls au nombre de quatre ou six. Ces magistrats annuels étaient élus par le peuple avec ou sans l'intermédiaire d'un conseil électif, ou bien par les citoyens.

La justice était rendue par un officier royal, assisté, dans certains cas, par les consuls.

Les chartes étaient, le plus souvent, copiées les unes sur les autres, il arrivait même que les futurs citoyens de « la bastide » réclamaient simplement les coutumes de telle ou telle ville.

Plusieurs localités, plus favorablement situées, recevaient des libertés spéciales relatives au commerce ou à l'industrie qu'on favorisait, en outre, par l'octroi des marchés et des foires.

Grâce à tous ces avantages, l'institution des « bastides » réussit pleinement ; la plupart se sont maintenues jusqu'à nos jours.

Aperçu Historique de la Navarre

La Bastide-Clairence a appartenu pendant plus de cinq cents ans à la Basse-Navarre (Navarre Française), dont le chef-lieu était Saint-Jean-Pied-de-Port.

Ce pays était situé entre le Béarn au Nord ; la Soule à l'Est ; les Pyrénées au Sud ; le Labourd à l'Ouest, couvrant une étendue d'environ 1,500 kilomètres carrés.

Elle comprenait les pays de Mixe, de Cize, de Baïgorry, de l'Arbéroue et d'Ostabaret.

Cette partie de l'ancienne France eut, de bonne heure, des rois particuliers. Elle fut érigée en royaume dès l'expulsion des Arabes, par Inigo Arista, dont les descendants régnèrent jusqu'au VIIIe siècle.

Le comte Aznar qui, en 806, en avait reçu l'administration de Louis le Débonnaire, alors roi d'Aquitaine, se rendit indépendant en 831. Son neveu, Garcia Ximénès, fonda une dynastie qui régna en branche directe jusqu'en 1076. Sanche IV fut détrôné par son cousin Sanche Raminez, roi d'Aragon.

Un mariage fit passer cette province au comte de Champagne, Thibaut IV, lequel avait épousé Blanche, sœur de Sanche VII et seule héritière (1234). Les comtes de Champagne régnèrent jusqu'en 1274.

---

(1) Maisons : petit Bérot. Bastide. Marouche, Chanchette. Garbaillou.
(2) Maisons : Delmas (rue Saint-Jean). Colombots.

A cette époque, Philippe IV le Bel fut fiancé à l'unique héritière de la Navarre (Jeanne de Navarre), fille de Henri Ier, et reçut en dot cette province qui devint ainsi française.

Par le mariage de Jeanne de France avec Philippe d'Evreux, la Navarre revint à la maison d'Evreux (1328-1461) ; Blanche d'Evreux apporte en dot la Navarre à Jean II d'Aragon, à la mort duquel Ferdinand le Catholique réunit la couronne de Navarre, la partie Basse-Navarre qui demeura en possession de Jean d'Albret, comte de Foix, beau-frère d'Eléonore de Navarre.

Cette partie de la Navarre passa ensuite à la maison de Bourbon par le mariage de Jeanne d'Albret avec Antoine de Bourbon. Henri IV, fils de ce prince, la réunit à la France en 1607.

Depuis lors les Bourbons prirent le titre de « rois de France et de Navarre ».

TOPOGRAPHIE

Situation. — Le territoire de La Bastide-Clairence est situé dans la partie occidentale des Pyrénées, à sept lieues de la mer, à cinq lieues de Bayonne et à l'extrémité vers le Nord-Ouest de la Navarre, entre les confins du Labourd.

La Bastide est bâtie sur le penchant d'une colline, du moins pour le bourg, quant aux autres quartiers, les maisons sont très éparses.

Les voies de communication la mettent en relations avec la ligne de Bayonne à Toulouse, par Urt ; les villes de Hasparren, Bidache, Saint-Palais, Peyrehorade, etc.

Superficie. — Le territoire de La Bastide a une étendue de 2,255 hectares, 1 are, 25 centiares, occupée par 320 maisons y compris quelques moulins qui tendent à disparaître.

Quartiers. — Il y a huit quartiers :

1° La « Ville », avec ses maisons longues et étroites, est entourée par la Joyeuse à l'Ouest, au Nord et au Sud par le quartier Vidon. Trois rues parcourent ce versant du Pont-du-Port à l'église ;

a) La rue Passemillon, la rue Saint-Jean, d'où se détachent vers l'E. les venelles Lataillade, Menine ;

b) La grand'rue d'où se détachent perpendiculairement les rues du Foulon, des Jardins, le chemin du Moulin, la route de Hasparren ; à son extrémité Sud, la rue du Cimetière ;

c) Le chemin de derrière la Ville avec plusieurs petits sentiers et chemins conduisant à la Joyeuse, à l'ancien Foulon et au Moulin.

Ces trois rues se réunissent derrière l'église pour se joindre au chemin de la Ville à Pessarrou.

2° Le quartier « Vidon », limité par les territoires des communes de Hasparren et de Bardos ; à l'E. par la chapelle et l'Escapat ; au S. par le chemin de la Ville à Pessarrou ; à l'O par la Rouillasse.

3° Le quartier « Lassarrade » est enclavé dans celui de Vidon, entre les chemins de La Bastide à Hasparren, le chemin de Larriou à Arritchon et la route de la Ville à Pessarrou.

4º Le quartier « Agnescous » limité au N par le chemin de Hasparren à la côte d'Urt ; le chemin de La Bastide à Urt ; à l'E. le chemin de Hasparren à La Bastide, le séparant du quartier d'Arestéguy ; le territoire d'Ayherre et la Joyeuse.

5. Le quartier de « La Chapelle » et l'Escapat, ayant au N. le ruisseau de Lavignasse, qui le sépare de Bardos ; le ruisseau de Joandepès, qui le sépare d'Orègue ; à l'E. le chemin de Bidaubigue, le chemin d'Arbéroue ; au Sud, le chemin de la Ville à Pessarrou ; à l'O. les chemins d'Ayherre et de Bardos.

6. Le quartier de « Pessarrou » a une petite agglomération, sa place et son blaid et ses deux écoles.

Les bornes sont : au N. chemin de la Ville à Pessarrou ; à l'E. le territoire d'Orègue ; au Sud, la commune d'Ayherre ; à l'O. les chemins de Bardos et d'Ayherre.

7º Le quartier d'Arestéguy, limité au N. et à l'E. par le chemin de la Ville à Pessarrou ; au S. Ayherre, à l'O. la Joyeuse, la route d'Hasparren ; au S.-O. le chemin d'Hasparren.

8º Le quartier du « Touron », borné par le ruisseau Joandepès au N.-E. qui le sépare d'Orègue ; au S. le chemin de Bidache à Pessarrou ; à l'O. la rivière d'Arbéroue ; au N.-O. le chemin de Bidaubigue.

Limites. — La Bastide est enclavée dans le pays basque ; au nord, les communes de Bardos et de Hasparren (cette dernière la touche à quelques centaines de mètres des premières maisons de La Bastide-Clairence) ; à l'Est, le territoire d'Orègue ; au Sud, la commune d'Ayherre ; à l'Ouest, celle de Hasparren.

Montagnes. — Plusieurs chainons traversent le territoire de cette commune ; l'un d'eux, les « Landes du Tucq », le coupe en deux versants. De part et d'autre descendent plusieurs petits ruisseaux alimentant la Joyeuse et l'Arbéroue. Dans le versant ouest on remarque : les landes de Montoly, les collines de Capou, des Saümes, entre lesquelles coule le Capou. A l'Est, on voit les hauteurs de Bezy, Labourdette, la borne Biraben et d'Arestéguy. Sur la rive gauche de la Joyeuse se trouvent les collines de Salié, Cansou, Euhors, Moutchil, toutes livrées à l'agriculture. A l'Est sont les collines de Péré que l'on franchit par le chemin de Candidelé ; celles de Nagules, du Turon, et la hauteur Tuco qui suivent parallèlement la ligne de démarcation avec Orègue. Au Sud-Ouest se trouve « la Taschouère » où passe le chemin de Hayet à Isturitz ainsi que les collines de Rousse, Poulisse, Pimpigayme de Sarraillé (lou Paret).

Cours d'eau. — Le principal cours d'eau est l'Aran (plus connu sous le nom de « Joyeuse »). Il descend du mont Ursuya (oursouya) dont l'altitude est de 678 mètres, traverse le territoire du sud au nord, en décrivant une foule de méandres capricieux, pour se jeter dans l'Adour à Urt. Sa longueur totale est de trente kilomètres environ. Il met en mouvement quatre moulins et reçoit les cours d'eau : Laüré, Arestéguy, Chapare, Arrouillasse.

L'Arbéroue traverse les quartiers Pessarrou, la Chapelle, et reçoit :
la Ripaille, Artigaüs, Maupas, Arrecq de Pédal, à droite ; à gauche :
Labarraque, Teoulère, Barrandéguy, Gourette, Duhalde, Couloum-
mouchet, Dieü, Trouilh, etc.

Entre les collines du Tuco et de Montoly coule le ruisseau Las
Saümas.

Cette topographie établit pour cette localité trois bassins.

Voies de communication. — Les voies de locomotion, quoique en
pentes raides, sont praticables dans l'ensemble du territoire.

On a : la route d'Hasparren à la Bastide ;

Le chemin de la Ville à Pessarrou et Saint-Palais ;

Le chemin d'Hasparren à la côte d'Urt ;

Le chemin de la Chapelle par Biscarrot ;

Le chemin d'Ayherre à Bardos, lequel suit les hauteurs du territoire bastidien.

Climat. — Le climat est tempéré, il varie bien un peu dans les vallées, mais il est vivifiant. Les pluies y sont douces et assez fréquentes,
l'humidité disparait vers les hauteurs.

La proximité de la mer atténue les fortes chaleurs de l'été et les
froids de l'hiver. Le printemps est régulièrement pluvieux ; la tempé-
rature moyenne est de treize à quatorze degrés.

Ethnographie. — Les Bastidots, d'origine béarnaise-gasconne, sont
actuellement confondus avec leurs voisins, les basques, dont ils ont
pris la langue, le costume, les mœurs et les coutumes.

Comme eux, ils sont très religieux ; ils aiment à satisfaire leurs
plaisirs chez eux ; le costume est simple : un béret de moyenne grandeur, une blouse, une ceinture bleue ou rouge, en coton ou en soie,
qui leur fait cinq ou six fois le tour du corps.

Leurs jeux favoris sont : les quilles, la balle, les cartes, la danse.

Leur nourriture est simple : de la méture ou du pain fait à la maison
(du moins chez les paysans), de la garbure, une bonne « goudale », de
la « chingarre » (tranche de jambon), du lait, des œufs ; à l'occasion
des réjouissances : du bouillon, du salé, de la boucherie (viande de
bœuf), de la poule, du canard, etc., tel est le menu des Bastidots en
général.

Le logement est restreint, surtout à la campagne ; la plupart des
maisons ont devant leur porte d'entrée une cour pleine de soutrage.
En ville les maisons sont longues, étroites, certaines ont des arceaux
qui entretiennent une certaine humidité.

L'agriculture est la principale ressource des habitants ; ajoutez à cela
les cultures et le commerce du bétail.

Les enfants sont élevés sans préoccupation des règles hygiéni-
ques ; ils ne cherchent qu'à avoir des enfants aptes au travail (il en
est ainsi dans le Béarn et en Bigorre), pour lesquels ils ont un
amour excessif. Ils sont courtois. L'étranger est toujours bien reçu.

Les femmes portent le mouchoir coquettement posé sur la tête pour envelopper les cheveux. A l'occasion des fêtes, c'est le capulet et le capuchon qui viennent coiffer toute la tête du sexe féminin.

Le caractère des Bastidots est de nature indépendante qu'ils ont gardée depuis leur immigration dans cette enclave de Basse-Navarre.

FONDATION DE LA BASTIDE-CLAIRENCE

M. Sajus, conseiller au Parlement de Pau, dit que la population bastidote dérive un peu d'une peuplade transfuge du Souverain de Rabastens-en-Bigorre et en fait le récit suivant :

« En 1314, du règne de Louis X le Hutin, roi de Navarre, à la suite d'une guerre civile qu'il y eut entre Claire et son frère cadet au sujet de la principauté du dit Rabastens, Claire la prétendait comme aînée et, le cadet, par raison que les mâles en excluaient les femelles, il y eut, à cette occasion, une bataille entre les partis respectifs, qui fut d'abord à l'avantage de Claire ; mais le cadet ayant eu un renfort, il y eut une bataille où Claire eut le dessous, au point qu'elle ne trouva de salut qu'en se renfermant avec sa suite dans le château du dit Rabastens, d'où ils s'évadèrent comme ils purent à la faveur d'une nuit et d'un brouillard. Ils allèrent se mettre sous la protection du roi de Navarre, Louis le Hutin, parent de Claire.

» Ce roi les plaça d'abord au midi de la Basse-Navarre et au-dessous de la montagne de Baïgoura, entre les communes d'Irissary et d'Ossès ; mais comme les habitants de ces localités parlaient basque et que les transfuges parlaient gascon, on ne voulut point les souffrir.

» Alors le roi les fit aller dans la forêt de Mixe, dépendant de la même Basse-Navarre, où il leur bâtit bientôt une ville, sous le nom de La Bastide-Clairence. »

Ces transfuges étaient au nombre de 800 d'après les uns, 1500 d'après les autres, de sexes différents et de tout état.

Autre version :

La tradition rapporte que le fils du comte de Bigorre séduisit la fille d'un bourgeois de Rabastens. Le peuple indigné tua le séducteur. Le comte brûla la ville, la rasa et les habitants allèrent chercher asile dans l'intérieur du pays basque.

Légende (traduite du patois local) :

Arthur d'Armagnac avait demandé en mariage Claire de Rabastens, le comte l'ayant outragée fut tué par Henri, frère de Claire, qui ne pouvait supporter un pareil déshonneur dans sa famille.

Le vieux duc d'Armagnac, Fabien, veut venger la mort de son fils. A la tête d'une armée il se rend au château de Rabastens, en mai 1313, où il campe avec quelques nobles béarnais : Coaraze, Philibert de Miossens, Armand de Gerderest ; les seigneurs d'Accous, d'Osse, d'Andoins, tous vassaux du duc de Gramont ; Jean de Miremont, le seigneur de Gabaston, Paul Gontaut de Biron, Maurice de Navailles, etc.

Le combat engagé, Henri de Rabastens lutte avec acharnement, tombe frappé mortellement par le comte d'Armagnac.

Claire se met à la tête des 1500 hommes qui lui restaient pour continuer la lutte et résister aux « béarnais ». Elle abandonne le combat et fuit à la faveur de la nuit par le chemin souterrain du château.

Cette bande, hors d'atteinte, court à travers les campagnes et les bois, sous la conduite de Claire, jusqu'au village d'Ossès où le sort l'a conduite.

Elle y plante sa tente. Un messager va trouver le roi Louis X, cousin de Claire, pour lui demander sa protection et un emplacement pour l'installation des fugitifs en toute sécurité.

Le pays de Mixe leur est donné. Immédiatement les transfuges se mettent à l'œuvre, abattent les arbres, nettoient le sol, construisent des maisons, sous la bonne direction de Claire. L'œuvre à peine achevée, un tremblement de terre la réduisit à néant. Cruelles déceptions, nouveaux déplacements. Claire entraine ses défenseurs à l'endroit même où se trouve l'église actuelle « près d'une fontaine », disent quelques documents.

Les matériaux, les ouvriers d'art manquent à Claire pour exécuter ses plans de construction. Louis X lui envoie des pierres, des chapiteaux, des ouvriers, des architectes pour élever l'église et diriger les travaux des bâtisses sur un plan uniforme, semblable aux localités franches.

Les travaux furent suspendus par la mort de Louis X. Claire s'adresse au comte d'Evreux, lequel reste sourd aux prières de Claire.

Le portique et les pilastres datent seuls de cette époque.

Le frontispice, orné de figures, a été respecté par le badigeon. Certaines vieilles personnes que nous avons interrogées ont appris de leurs ancêtres que les armoiries de La Bastide-Clairence ont existé au frontispice précité, à l'époque de la Révolution de 1789. Celle-ci les fit disparaitre, comme d'ailleurs en bon nombre de localités de notre région.

L'écusson que nous avons recueilli dans l'armorial des Landes (1) était losangé d'or et de gueules, à la fasce d'argent et sommé d'une couronne murale.

La colonie, abandonnée du roi, ne se découragea pas et construisit des demeures en bois et torchis, à l'imitation des Basques, leurs voisins.

Il leur fut bien difficile de s'entendre avec ces derniers dont ils ne comprenaient pas le langage. Malgré cette cruelle situation, ils surmontèrent les multiples obstacles qui les environnaient et à l'heure actuelle on pourrait considérer les Bastidots comme basques, desquels ils ont conservé les usages, les coutumes et l'indépendance, sans porter atteinte à leur nature d'origine courtoise, franche et loyale.

De ces versions on peut parfaitement déduire que les Bastidots

---

(1) Tome 2, page 265.

parlaient le vieux patois (actuellement un peu « franchiman »), car on surprend dans les conversations locales et surtout chez les anciens, rebelles à notre langue française, certaines expressions, certaines finesses d'esprit, certains mots qui dénotent un idiome essentiellement local. Les siècles ont passé, ils ont atténué un peu ce langage, mais la langue basque n'a pas pénétré tout à fait au sein de cette ville franche.

Il est donc permis de croire que ce sont réellement des Gascons qui ont fondé La Bastide-Clairence, lesquels se seraient installés dans cette région, alors très boisée et très accidentée, pour la coloniser et en faire leur domaine (1).

Quoi qu'il en soit, le roi à cette époque était le protecteur des uns et des autres, il les concentra dans le pays de Mixe, à l'extrémité Nord-Ouest de la Basse-Navarre et aux confins du Labourd, dont ils étaient séparés par un bois communal.

La Bastide-Clairence (2) appartenait donc à la Basse-Navarre, dont le chef-lieu était Saint-Jean-Pied-de-Port. Cette province comprenait les pays de Mixe (3), de Cize ; Baïgorry, Arbéroue, Ostabaret (3), Irissary, Ossès.

En 1288, Philippe IV le Bel accorde des privilèges aux Bastidots par une charte de même teneur que celle de Bigorre (enquête de Sauz de Morat). Versions et légendes sont de pure fantaisie. Ce qu'il y a de certain, La Bastide-Clairence était une localité assez importante sous Philippe le Bel et existait à cette époque. En juillet 1312, Louis XI affranchit La Bastide-Clairence. En 1320, La Bastide et Arbéroue sont en guerre au sujet de la délimitation du bois de Garreguias. Après une bataille sanglante, une paix relative en résulta.

Cette querelle de droit de pacage dura 532 ans. Ce n'est qu'en 1852 que se termina ce procès, célèbre entre tous par sa durée. Et encore de nos jours il existe quelques altercations entre particuliers à ce même sujet.

Hasparren entre en procès avec La Bastide-Clairence et une sentence arbitrale pour droit de pacage est prononcée en 1357. Le Parlement de Bordeaux prononce le droit de pacage (26 mars 1605) pour les habitants de Hasparren, moyennant redevance aux Bastidots.

En 1347, un grand procès est intenté par La Bastide-Clairence contre l'énergie de Pampelune et la reine de Navarre sur le droit de patronage. Le roi accorde aux Bastidots (1365) des subsides pour éviter la dépopulation.

---

1) On pourrait même supposer que les Gascons fussent conduits par un nommé « Bastide », d'après le nom patronymique d'une vieille maison.

2) La Bastide dépendait du canton d'Arbéroue et fut construite sur le territoire de l'église Saint-Pierre-d'Ayherre. Comme les dîmes de cette dernière appartenaient au Roi, celui-ci tenait à avoir celle de la nouvelle « paropian ». Le curé, de son côté, les réclamait « specialiter ratione novalium ».

3) Les vicomtes de Béarn s'emparèrent, en 1244, des terres de Mixe et d'Ostabaret sur les vicomtes de Dax. La maison de Dax-Tartas les leur reprit avec le concours des Anglais dans le courant de la même année. Raymond Amand en fit hommage à la couronne de Navarre pour s'assurer ses conquêtes.

Du Guesclin fait passer les grandes compagnies par cette ville (1366).

Puis La Bastide-Clairence est rattachée à la souveraineté de Bidache, à laquelle elle doit fournir redevances, hommes, armes, céréales et toutes sortes de produits agricoles. Dès lors son histoire locale est intimement liée à celle de Bidache et de Guiche.

En 1575, les seigneurs de Gramont établirent de nouvelles coutumes pour La Bastide-Clairence, lesquelles durèrent jusqu'en 1789. Ils sont seigneurs et juges suprêmes.

Guerres, procès, révolutions locales, voilà l'existence des Bastidots jusqu'au changement de régime.

La Révolution provoque l'affectation de La Bastide-Clairence à la France : une forme nouvelle de gouvernement la fait devenir réellement française. Pendant de longues années cette ville a été florissante en confection de lainages, en foires d'une durée de douze jours, par l'arrivée des commerçants juifs portugais.

Pendant la Révolution, La Bastide-Clairence a eu ses actes et faits historiques encore conservés par des familles intéressées et existantes : église transformée en Hôtel de ville, granges en églises ou chapelles ; cloches enlevées, autel de la patrie, club des jacobins (nous possédons une partie du registre copie de leurs délibérations), promenades à dos d'âne des réfractaires, fabriques de poudre, envoi d'hommes à la guerre.

Et cependant, malgré ces épreuves, l'instruction primaire est donnée par l'instituteur Haramboure, le même qui fut désigné pour porter le cahier des condoléances à la réunion des États Généraux du 5 mai 1789.

7me *Communication*. — M. Xavier DE CARDAILLAC
Avocat à la Cour d'Appel de Pau — Publiciste.

LA BATAILLE DE RONCEVAUX [1]

Il est surprenant qu'aucun des érudits romanistes et des écrivains militaires qui ont visité Roncevaux ne se soit préoccupé, d'une manière sérieuse, de déterminer le site où s'est déroulée la bataille. Les uns ont pris un plaisir auquel j'ai rendu hommage, en lisant, sur les lieux mêmes, la chanson de Roland, et en cherchant à concilier, malgré tout, de superbes fictions avec des réalités contradictoires. D'autres ont étudié le trésor ou déchiffré les manuscrits du couvent, sans se soucier d'escalader, après, les sentiers de la montagne voisine. Le reste, enfin, peu intéressé par un lointain passé guerrier, n'a uniquement relevé que les marches et contremarches des soldats de Napoléon. Le plus éminent de tous, Gaston Paris, retenu par son âge et par l'état de sa santé sur les chemins faciles de la vallée de Roncevaux, a hasardé timidement, au sujet d'une question intéressante par-

---

[1] Voir la *Bataille de Roncevaux*, brochure in-8° de 78 pages, extraite de la Revue des Pyrénées, t. XXII.

dessus toutes les autres, une hypothèse imprécise et erronée : « C'est donc bien à Roncevaux qu'il nous faut situer, dit-il, le combat du 16 août 778 et la destruction de l'arrière-garde franque. Si nous rapprochons ce résultat des renseignements donnés sur le désastre par les historiens contemporains, nous conjecturerons avec vraisemblance que les ennemis, qui étaient embusqués dans les forêts avoisinantes, occupèrent le col d'Ibañeta, culbutèrent l'arrière-garde, qui gravissait péniblement la pente, dans la vallée ou plaine de Roncevaux, puis l'y entourèrent de toutes parts et l'y massacrèrent (1). »

Une raison topographique justifie d'abord que les Vascons ne pouvaient pas être embusqués au col d'Ibañeta. Le Guide Joanne attribue à ce port l'altitude de 1057 mètres et celle de 981 au monastère de Roncevaux situé au point culminant de la vallée. En négligeant les cotes de la carte de l'Intérieur et celles indiquées par Don Juan Mané dans son *Voyage au pays des Fueros*, je préfère adopter celles relevées en septembre 1908 par un colonel de l'État-Major espagnol : ces mesures, les plus récentes, nous donnent 958 m. 70 c. pour la vallée de Roncevaux, cotes prises devant la chapelle du Saint-Esprit, et 1066 m. 50 c. pour le col d'Ibañeta. Il y a donc une différence de niveau de 108 mètres entre le col et la vallée, distants l'un de l'autre d'un kilomètre et demi environ. La route qui les réunit n'est pas un défilé ; elle suit en pente douce jusqu'au col l'ancienne voie des pèlerins. Du côté de la montagne, à l'ouest, et du côté du bas-fond, les abords, accessibles, devaient être boisés comme aujourd'hui. Ces arbres touffus auraient gêné les mouvements des Vascons qui, grands lanceurs de javelots, avaient besoin d'un champ de tir plus découvert. En outre, sur cette voie peu montante et sur ces pentes humides et peu escarpées, ils n'auraient pu faire rouler les arbres et les pierres : leur artillerie primitive.

En dehors de l'état des lieux d'accès, le récit de l'historien contemporain Einhard proteste contre le choix du col d'Ibañeta, par les Vascons, pour l'emplacement de la surprise : « Charles revint avec « son armée saine et sauve ; cependant, sur la cime même des Pyré- « nées, il lui arriva subitement, et à son retour, de souffrir de la « perfidie vasconne, car, comme l'armée marchait allongée en files « étroites, ainsi que l'exigeait la situation du lieu et des défilés, les « Vascons ayant dressé des embuscades sur la crête du sommet de la « montagne — *in summi montis vertice* — ce lieu, en effet, se prête à « dresser des embuscades à cause de l'opacité des forêts dont il y a, là, « une grande abondance — ils fondent, d'en haut, sur l'extrémité des « bagages et sur le corps isolé qui formait l'arrière-garde, ils les culbu- « tent dans la vallée du bas-fond [*in subjectam vallem dejiciunt*] : puis, « engageant avec eux le combat, ils les massacrent jusqu'au der- « nier ; alors ayant pillé les bagages, et protégés par la nuit qui déjà « s'épai-sissait, ils s'éparpillèrent en divers lieux avec une extrème

---

(1) Légendes du Moyen Age. Roncevaux. par Gaston Paris. p. 51.

« célérité. Les Vascons avaient pour eux, dans cet engagement, la
« légèreté de leurs armes et la situation du lieu où se passait l'action.
« Au contraire, pour les Francs, la pesanteur de leur armement et le
« désavantage de la position les rendaient, en tout, inférieurs aux
« Vascons. Dans ce combat périrent Eggihardus, préposé à la table
« du roi ; Anshelmus, comte du palais, et Hruodlandus, préfet des
« marches de Bretagne, et bon nombre d'autres avec eux.

« De ce fait, on ne pouvait, pour le moment, tirer vengeance, parce
« que l'ennemi, la chose achevée, se dispersa de telle manière qu'il
« fut impossible de savoir où il s'était retiré et en quel lieu on devait
« le poursuivre (1). »

Gaston Paris, en interprétant le latin de l'annaliste, reconnaît déjà
que les Basques avaient disposé une embuscade « sur le sommet de
la montagne (2) » ; mais l'expression latine *in summi vertice montis* se
traduit plus exactement par « la crête du sommet de la montagne » et
convient, comme nous le verrons, aux crêtes dentelées du chaînon de
l'Altabiscar (3). Ces cimes, hautes, d'après le Guide Joanne, de 1,494
mètres, dominent par conséquent de plus de 400 mètres le port d'Ibañeta. En outre, tandis que Gaston Paris traduit que les Vascons
« refoulèrent dans la vallée située au-dessous » l'avant-garde du roi
Charles, le chroniqueur emploie l'expression autrement significative
dijiciunt in vallem subjectam, « ils les culbutent dans la vallée du
bas-fond ». Or, nous le savons, Roncevaux s'étend en pente douce au
pied du col ; dans cette plaine d'un niveau inférieur, on aurait pu,
certes, refouler un ennemi, mais non le précipiter le long d'escarpe-
ments inexistants. La bataille eut lieu, c'est vrai, près de Roncevaux
et près d'Ibañeta, mais sur des hauteurs prédominantes. En outre
d'Einhard et de l'annaliste de Cologne, un troisième chroniqueur
carolingien, l'astronome Limousin, dans sa *Vie de Louis le Débonnaire*, sans nommer les Vascons, fait un récit très court de la défaite
des troupes franques, mais donne une très intéressante description
des lieux de la surprise : « Cette montagne, par sa hauteur, touche au
« ciel ; elle est hérissée par l'aspérité de ses rochers ; elle est assom-
« brie par ses forêts opaques ; l'étroitesse du chemin, ou plutôt du
« sentier, non-seulement ne livre pas passage à une aussi grande
« armée, mais ne lui donne issue que peu à peu, sur des files resser-
« rées... Au retour, par malencontre, l'extrémité de l'armée fut mas-
« sacrée sur cette même montagne (4). » Ce texte est des plus précieux
pour la détermination de l'assiette de l'embuscade et de la déroute. Il
suffit de suivre le chemin longeant les pentes sud-est de l'Altabiscar
pour reconnaître cette « même montagne... dont la hauteur touche le
ciel » et où « l'extrémité de l'armée fut massacrée ». Le versant méri-

(1) Vita Karoli Magni. D. Bouquet. t. v. p. 93.

(2) Roncevaux, p. 52.

(3) Dans son *Itinéraire*, si intéressant, des pèlerins de Saint-Jacques à travers les Pyrénées,
M. Colas dénomme l'Altabiscar, des vieux textes, l'*Astobiscar* : dos d'âne, en se conformant à
la prononciation actuelle des bergers.

(4) L'astronome Limousin Vita Hludovici ; Pertz, Scriptores, II, 608.

dional, à pic et dépouillé, est entaillé par cette voie « qui ne peut donner issue que, peu à peu, sur des files resserrées » ; les crêtes dentelées du sommet « sont hérissées par l'aspérité des rochers » et les pentes du versant opposé, au nord-ouest, sont « assombries par des forêts opaques ».

Tous ceux qui suivront, comme moi, l'ancienne route, jadis carrossable, qui longe les pentes sud-est de l'Altabiscar, reconnaîtront, au-dessous des crêtes de l'embuscade, les défilés montants d'où les débris des soldats francs furent refoulés sur le petit plateau accolé à cette montagne. De plain-pied avec le col d'Ibañeta, débouche à droite, au levant, venant de France, le chemin de crête que suivaient les pèlerins de Saint-Jacques et que suivirent les armées d'invasion, depuis celles d'Annibal, de César et des Arabes jusqu'à celles de Napoléon.

Le vice-prieur Huarte, dans son manuscrit intitulé : *Forêt des Variations* (1), nous raconte qu'en 1512, trois jours après son arrivée à Roncevaux : « le duc d'Albe monta aux ports de Cissereo, dans lesquels est renfermé le mont de Roland, et il arriva jusqu'à la limite de Veyçarrataca, pic naturel où s'achève la juridiction du roi d'Espagne... Après un séjour d'une semaine à Roncevaux, il fut à Saint-Jean (pied de port) et conduisit l'artillerie par le haut de la montagne de Cise (Cisserea) et par la crête qui commence à l'Altabiscar. . ». Quelques pages plus loin, l'érudit licencié rend compte, en détail, d'une délimitation de frontières effectuée en juin 1613 par le général Alonso de Idiaquès et par M. de la Force, gouverneur du Béarn : « Le 10 juin, le « général fut au port de Cissareo ou Cessareo de Garazviscay. Le port « Cissareo commence au dessus de Roncevaux en un port qu'on « nomme Altovizcar. La montée est longue, quoique non très dure ni « âpre. Arrivé au sommet, il reconnut les deux réduits ou atalayas, « que fit don Alonso de Lerma ; ils commandent les chemins. Sur le « trajet on leur montra la fontaine de Iturri, où le vicomte de Echauz « et les Baïgorriens avaient fait auparavant une embuscade, et il « arriva jusqu'au pic de Beyçarrataca, limite d'Espagne. »

Ces deux récits de Huarte démontrent qu'au commencement du seizième siècle le duc d'Albe pouvait faire passer son artillerie par ce chemin de crête que suivait, cent ans plus tard, un autre général espagnol. Sur le parcours une montagne intermédiaire, évidemment l'Altabiscar, était appelée, en 1512, le mont de Roland. En 1613, le général Idiaquez reconnut au sommet de l'Altabiscar deux réduits commandant le passage et il passa près d'une fontaine d'Iturri où les Français avaient précédemment dressé une embuscade. Le chanoine Peña m'a certifié que les bergers appellent encore cette fontaine de l'Altabiscar : la source de Roland.

J'ai relevé dans l'ouvrage militaire récent du colonel J.-B. Dumas, *Neuf mois de campagne à la suite du maréchal Soult*, la note topographique suivante : « En 1813, la grande route d'Arnéguy, qui remonte

---

(1) Silva variationum..., 1re partie, folios 17 et 44, 50 et 51.

« la haute vallée de la Petite-Nive ou d'Arnéguy pour aboutir à Ron-
« cevaux, n'existait pas. On se rendait de Saint-Jean-Pied-de-Port à
« Roncevaux, soit par le chemin de l'artillerie qui passe au col de
« Bentarte et au col d'Ibañeta, soit par le chemin muletier qui suit
« les hauteurs à l'ouest de Valcarlos... ». De son côté, le général espagnol Gomez Arteche, dans un ouvrage militaire a appelé ce « chemin
de l'artillerie » : le *Carril de los Pireneos*, c'est-à dire la route forcée
des Pyrénées.

A côté du port d'Ibañeta, premier jalon de cette voie antique, montant vers le col de Bentartea (port de Cize), s'étend la montagne d'Altabiscar. Ce chaînon dont le nom signifie en langue basque : « épaule
élevée », se déroule, ponctué de pitons rocheux, du sud vers le
nord-est, sur une longueur de trois kilomètres, avant de se souder
à l'Alto de Changoa. La partie nord-ouest de l'Altabiscar justifie bien
son nom basque de haute épaule ; son dos s'arrondit, en effet, et est
couronné, presque en entier, jusqu'au sommet, par des forêts touffues ;
aujourd'hui comme autrefois, sur ces croupes aux courbures retenant
les terres, les arbres trouvent un sol propice à leur venue, et par suite
de nombreux ruisseaux parallèles en descendent vers la Nive d'Arnéguy. Partant du col d'Ibañeta la route ancienne, qui porte toujours,
dans le pays, le nom de *Carretera vieja* et qui est encore accessible aux
mulets, contourne l'extrémité sud de l'Altabiscar et entaille ensuite,
en écharpe, les pentes orientales de la montagne, bordant ainsi le
précipice sur un parcours de plus de 2000 mètres.

Lors de ma première visite des lieux, en juillet 1908, obliquant de
Roncevaux vers le nord-est, j'escaladai péniblement les croupes de
l'Alto du Changoa et, parvenu sur un haut plateau aux pelouses her-
beuses qui s'étend au pied même de ce pic, je descendis de bout à fond
le défilé de l'Altabiscar aux pentes presque inacessibles.

En septembre 1909, je suis monté par le col d'Ibañeta et redescendu
par le même chemin, afin de mieux étudier le défilé. A son point culminant, la carretera, en débouchant sur le haut plateau du pied de
l'Alto de Changoa, passe entre les deux derniers pitons de l'Altabiscar. Ici, l'altitude de 1,494 et de 1,570 mètres des plus hautes crêtes
doit descendre vers 1,400.

Entre ces deux mamelons jumeaux, qui dominent de quelques
mètres seulement le passage, la voie ancienne a été entaillée, dans le
rocher, de main d'homme. C'est là, plus justement que sous la roche
percée des bords de la Nive, ou sur la coupure naturelle du cirque de
Gavarnie, qu'on doit retrouver véritablement « le Pas » et « la Brèche
de Roland ».

J'ai gravi l'un des deux tertres et, sur son sommet aplani, j'ai relevé
la trace d'une levée de terre circulaire qui servit en temps de guerre à
commander le défilé. Ce sont les atalayas décrits par Huarte. De là,
l'œil distingue, au débouché de la vallée profonde, Roncevaux et
Burguete, dans le prolongement l'un de l'autre.

De haut en bas, tout le long de l'étroit passage dominé par les crêtes et plongeant dans le précipice, on retrouve les défilés de l'histoire, ces *angustia* tragiques que dénomma Einhard et que l'astronome Limousin décrivit si exactement après lui. Ce versant oriental de

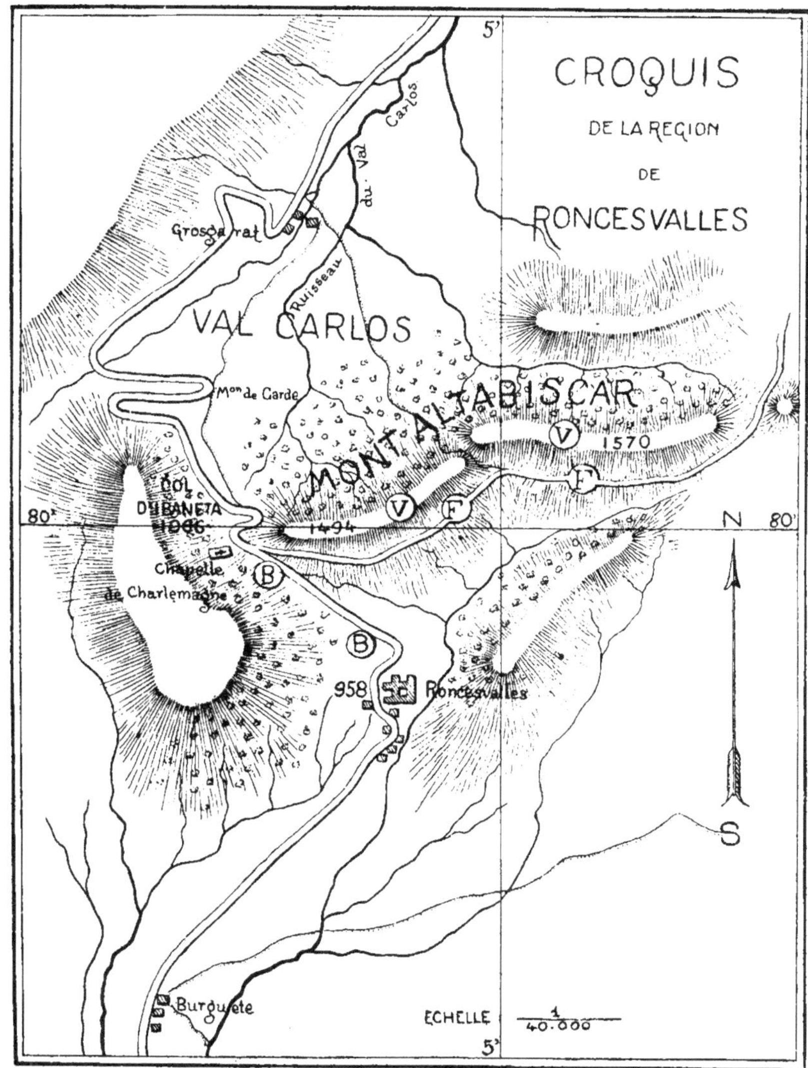

l'Altabiscar, au lieu d'être arrondi comme celui du nord, est concave et raviné; à travers les siècles, les avalanches ont creusé leur lit entre les dents rocheuses qui couronnent la longue crête. Ici la montagne décharnée n'est plus boisée, et elle n'a jamais pu l'être. Les arbres ne commencent qu'à la partie inférieure des pentes. Au-dessous s'étend un vallon sombre, la *vallis subjecta* du chroniqueur de Charlemagne ; les épaisses frondaisons, noircies par la profondeur, lui donnent un aspect mystérieux et funèbre. Je suivais, rêveur, cette voie antique d'où tombèrent, écrasés, les soldats du roi Charles, et que gravirent, débandés, les soldats de Napoléon. Pendant que le long du sentier, parfois éboulé, je côtoyais l'abime, grimpant au dessus de ma tête, jusqu'au pied des crêtes dentelées comme des ruines, trois jeunes Basques, mes guides, ramassaient çà et là des blocs de pierre et s'amusaient à les faire rouler contre les parois escarpées dans le gouffre du bas-fond. Alors ce beau vers d'un sonnet pyrénéen des *Trophées,* de Hérédia, me revenait aux lèvres :

Il a fait sans savoir le geste héréditaire !

De même autrefois, les Vascons de l'an 778, du haut de ces cimes désagrégées où ils avaient pu s'embusquer, dissimulés par les forêts de l'autre versant, faisaient rouler des blocs sur les minces files de cavaliers qui, sur les bords de cet abime, s'allongeaient au-dessous d'eux.

Et quand le gros de l'avant-garde fut projeté, broyé, dans le bas-fond, les Vascons se ruèrent du sommet, leurs javelots à la main, sur les quelques soldats encore debout. Pas un Franc, reconnait Einhard, n'échappa au massacre. C'est qu'en effet la route monte vers la frontière de France ; aussi sur la descente rapide, les débris épars de l'arrière-garde furent refoulés vers l'Espagne, loin de l'armée du roi Charles. Dans cette poursuite inexorable, dans cette chasse aux derniers hommes, ils tombèrent un par un, ainsi que l'énumère superbement le chant d'Altabiscar :

« Ils fuient ! Ils fuient ! Où est-elle donc cette forêt de lances ? Où sont les bannières de toutes couleurs qui apparaissaient au milieu d'eux ? Elles ne reflètent plus de rayons, leurs armes couvertes de sang. Combien sont-ils ? Enfants, compte-les bien : Vingt, dix-neuf, dix-huit, dix-sept, seize, quinze, quatorze, treize, Douze, onze, dix, neuf, huit, sept, six, cinq, quatre, trois, deux, un. »

Sur le terre-plein d'Ibañeta, où la poignée des derniers combattants essaya de se rallier, Charlemagne recueillit les cadavres de ces vaillants, tombés un à un. C'est là aussi qu'il fit transporter les corps informes de ceux, bien plus nombreux, qui avaient roulé, écrasés ou brisés, dans le fond du précipice. Et sur les ossements de ses soldats exterminés, le roi Charles bâtit le monument expiatoire de Saint-Sauveur.

Après l'audition de cette septième communication, M. le Président du Congrès adresse des félicitations aux auteurs de ces travaux, et la séance est levée.

Avant de se séparer, M. Feuillade, Président du Comité, fait connaître le changement qui doit avoir lieu dans l'ordre du programme, concernant la visite de Bayonne, et le jour de réception des Congressistes par la Municipalité de Bayonne.

L'après-midi de ce jour, contrairement à ce que le programme indique, sera non seulement employé à la visite de Bayonne : *ville romaine, Cathédrale, Cloîtres, Château-Vieux*, etc., mais aussi à la visite du Musée Bonnat, de la Bibliothèque et des Archives municipales.

La réception par la Municipalité de Bayonne est remise au mercredi 2 août, à l'issue de la séance de clôture des travaux du Congrès.

A deux heures de l'après-midi, les Congressistes, désireux de connaître les curiosités de Bayonne, se réunissent à la gare du B.-A.-B., pour s'y rendre en groupe. Ils sont guidés pour la visite de la Ville par M. Yturbide, Président de la *Société des Sciences, Lettres et Arts* de Bayonne, le savant bayonnais ; M. Saint-Vanne, architecte du gouvernement et plusieurs autres membres de cette Société.

Les Congressistes visitent d'abord le Château-Vieux, où on leur fait remarquer les deux poternes romaines de l'ancien *Castellum*, qui étaient recouvertes depuis des centaines d'années, par une épaisse couche de remblais ; elles ont été dégagées récemment. M. Yturbide se met aimablement à la disposition des visiteurs pour leur donner des explications, dans la cour du Vieux-Château, sur l'emplacement même de l'ancien donjon de Floripès.

On se dirige ensuite vers la Cathédrale, on examine toutes les curiosités architecturales de ce beau monument, les souvenirs historiques et autres, puis les Cloîtres où sont déposées de très belles boiseries du XVIIIe siècle.

Pendant la visite de la Cathédrale, il est donné lecture de l'intéressante communication de M. l'abbé Dartiguelongue, concernant ce joyau d'architecture ogivale.

LES CLOITRES ET LA CATHÉDRALE DE BAYONNE
Par M. l'Abbé Dartiguelongue, vicaire du Chœur

Mesdames, Messieurs,

Avec plus de raison que le doge de Venise tout étonné de se trouver à Versailles, je ne puis vous cacher ma profonde surprise de présenter à une si docte assemblée un rapport sur la Cathédrale de Bayonne et ses Cloîtres.

Aucun titre ne me désignait pour un tel honneur. Mais il paraît que l'amitié de M. Yturbide suffit à les remplacer tous et j'ai dû m'incliner. Cependant, si je demeure au-dessous de ma tâche, vous saurez à qui vous en prendre.

1° La Cathédrale de Bayonne

Premiers fondements. — Les premiers fondements de la Cathédrale de Bayonne ont été posés vers 1213, au point culminant de l'oppidum romain, sur l'emplacement même de l'ancienne église Sainte-Marie, construite au XIIe siècle sous l'épiscopat d'Arnaud-Loup de Bessabat.

Style, Orientation. — La Cathédrale actuelle est de style gothique et régulièrement orientée de l'est à l'ouest.

Afin de mieux connaître ce joyau d'architecture ogivale, faisons ensemble une rapide visite et pénétrons du côté de l'Evêché,

Porche Ouest — par le vaste porche du XVe siècle, entièrement fermé, mais autrefois complètement à jour et séparé de la rue par une balustrade en pierre sculptée qui se voit encore à l'intérieur.

Toutes les statues de la Renaissance ou de la fin du XVIe siècle qui ornaient la porte et les parois latérales ont disparu sous le pic des révolutionnaires; voyez à la clef de voûte les anciennes armes de la Ville.

Descendons quelques marches, car l'église a été construite sur un terrain irrégulier : nous voici dans la cathédrale.

L'étranger ne peut se défendre d'un saisissement profond à la vue de ces voûtes splendides dont la hauteur l'étonne et la hardiesse l'effraie : celle de la grande nef n'a pas moins de 26 m. 55 d'élévation et celles des collatéraux, 12.

Harmonieux ensemble. — Mais l'harmonie de l'ensemble n'est pas moins surprenante, si l'on considère la parfaite soudure des diverses formes du style ogival et les longues étapes de la construction : trois siècles. L'ogive seule règne en maîtresse et l'on ne voit à l'intérieur ni roman, ni renaissance.

Forme. — La Cathédrale se présente, dès maintenant, comme une croix latine à sept travées, deux bas-côtés contournant l'abside, et une galerie faisant à l'intérieur le tour de l'église.

Dimensions. — Elle mesure 79 m. 96 de long et 33 m. 40 de large.

A droite. — Passons dans le collatéral de droite. Devant nous s'ouvre une chapelle construite au XVIIe siècle, dédiée à la Vierge, et devenue, en 1697, la sacristie des prébendiers; elle sert aujourd'hui de salle de débarras !

Chapelle Saint-Léon. — Après un vestibule conduisant aux Cloîtres, voici la chapelle Saint-Léon, dite aussi petit chœur, où les vénérables chanoines récitent en semaine les Petites Heures de l'Office divin. On y voit dans un coin le tombeau de Mgr Lacroix, évêque de Bayonne (1838-1878), les stalles provenant de l'ancien chœur, la chasse contenant les reliques de saint Léon et un tableau plein de vie : « La Fuite en Égypte », de Brenet.

Au-dessus de la porte de la sacristie se trouve un grand tableau de 1767, « La Cène », d'un ton très rougeâtre et sans nom d'auteur, don probable de M. de Laborde-Mérainville, ancien fermier général.

Chapelles de l'abside. — Laissons la sacristie, où nous entrerons tout à l'heure, et, faisant le tour de l'abside, parcourons rapidement les sept chapelles qui s'y trouvent : elles datent du XIIIe siècle.

Parenté entre Bayonne et Reims. — Leurs fenêtres à lancette avec rosaces à six redents, la galerie qui court à leur naissance, l'anneau qui partage en deux les colonnettes rappellent, à s'y méprendre, la Cathédrale de Reims dont la Cathédrale de Bayonne paraît n'être qu'une réduction.

Peut-être devons-nous à un architecte rémois le plan et l'ordonnance de notre belle Cathédrale. Simple présomption qui pourrait bien faire l'objet d'une étude spéciale.

Chapelles absidiales : 1° Sainte-Anne. — Dans la première chapelle dédiée à sainte Anne, et la seule qui ne soit point décorée, admirons un beau tableau de l'école espagnole, « Sainte Anne faisant lire la sainte Vierge », sans nom d'auteur, donné, paraît-il, par Anne de

Neubourg, reine douairière d'Espagne ; mais cette toile ne pourrait-elle pas être plutôt l'un des six tableaux commandés à Joseph Vernet par Mgr Guillaume d'Arche ?

C'est là que fut trouvé, en 1853, dans le tombeau d'un évêque, apparemment Bernard de Lacarre (1185-1207), compagnon de croisade de Richard Cœur-de-Lion, un morceau de chasuble où l'on pouvait lire en caractères coufiques bleus sur fond d'or : « Il n'y a de Dieu que Dieu et Mohamet est son prophète ! ».

Les cinq chapelles suivantes ont été décorées par **M. Steinheil** père et la dernière, celle de Saint-Martin, par son fils, mort si tragiquement.

2° *Sacré-Cœur*. — La chapelle du Sacré-Cœur, toute moderne, renferme une belle composition, le « Crucifiement de N.-S. » mais, hélas ! dans une trop grande obscurité. Autrefois, elle était ajourée pour permettre au sonneur, qui se tenait derrière la fenêtre, de suivre les cérémonies : cette circonstance explique également la présence du chemin de ronde qui brusquement finit à l'entrée de la chapelle.

3° *Saint-Jacques*. — La chapelle Saint-Jacques fut fondée en 1501 par l'illustre famille basquaise de Lahet (de Sare).

4° *La Vierge*. — Au centre de l'abside, la chapelle de la Vierge, autrefois consacrée à saint Martin et en 1707 à la sainte Vierge. C'est là qu'est la Sainte Réserve. Le buste de saint Léon y demeura dans une niche grillée de 1557 à la Révolution.

5° *Saint-Joseph*. — La chapelle Saint-Joseph est la première peinte par M. Steinheil père et l'une des plus remarquables ; les seigneurs de Luc en furent les bienfaiteurs insignes.

6° *Saint-Pierre*. — La chapelle Saint-Pierre était autrefois celle du Saint-Sacrement ; les peintures sont entièrement dépourvues de cachet artistique.

7° *Saint-Martin*. — La chapelle Saint-Martin a deux épisodes de la vie de ce saint, peints à fresque par M. Steinheil fils.

Transept nord. — Nous voici arrivés dans le bas du transept nord, que décore à l'intérieur une grande toile : « Le portement de la Croix », et dont le porche extérieur du XIVe siècle, entièrement à jour, a eu toutes ces voussures complètement mutilées sous la Révolution.

En 1812, la municipalité, par mesure de prudence, fit abattre des statues colossales qui l'ornaient, parce que le mur contre lequel elles étaient adossées menaçait ruine depuis la chute de la voûte (1800).

Heurtoir. — Examinez à loisir un magnifique heurtoir en bronze, de la fin du XIIIe siècle, finement ciselé, anneau d'asile, pense-t-on, suffisant à mettre en sûreté le criminel poursuivi qui venait à y passer la main.

Revenons à l'intérieur de l'église.

Chapelles latérales du nord. — Les chapelles latérales qui suivent ne faisaient pas partie du plan primitif de la Cathédrale. Elles ont été construites dès la fin du XV siècle par diverses familles.

1° *Saint-Jean-Baptiste.* — La première, dédiée à saint Jean-Baptiste, n'offre rien de particulier, sinon à la clef de voûte un aigle nimbé, attribut de saint Jean l'évangéliste.

2° *Saint-Jérôme.* — La seconde, dite de Saint-Jérôme, fut bâtie et ornée par la famille Ducasse, originaire de Bayonne et retirée à à Nantes au XVII siècle; la clef de voûte porte ses armes sculptées. Un superbe vitrail de 1531, le seul dont la Cathédrale puisse s'enorgueillir à juste titre, porte les armes de François I avec la salamandre; il représente la prière de la Cananéenne demandant à Jésus la délivrance de sa fille possédée du démon, pendant qu'au bas sont agenouillés deux personnages, mari et femme, les donateurs sans doute, avec leur devise en caractères gothiques : « Nunc et semper ».
Le manteau d'hermine rappelle un magistrat et fait songer à Guilhem de Laduch et à sa femme, Laurencine de Lagarde.

3° *Crucifix.* — La troisième chapelle, du Crucifix, a été bâtie par Bernard de Liposse, ancien chanoine de Bayonne, évêque de Dax, dont les armes sont à la voûte. C'est ici, dit Mgr Puyol, que le vénérable abbé Cestac, dont la cause de béatification est introduite à Rome, avait son confessionnal.
La quatrième, la chapelle Saint-Léon, était autrefois chapelle du Purgatoire (1655).

5° *Saint-Michel.* — La cinquième est sous le vocable de saint Michel.

6° *Saints-Anges.* — La sixième, dédiée aux saints anges gardiens, était autrefois consacrée à saint Louis. On l'a récemment pourvue d'une statue de Jeanne d'Arc. A la voûte, un pape assis, tiare en tête et bénissant.
C'est ici, à 1 m. 40 de profondeur, qu'on découvrit le sol primitif de l'église Sainte-Marie et le soubassement d'un mur paraissant de façade avec bourrelets d'époque romane. L'ancienne église était donc moins longue que l'actuelle.

7° *Fonts baptismaux.* — La septième et dernière chapelle, de style flamboyant, est celle des Fonts Baptismaux; elle fut fondée par la famille de Laduch dont les armes sont reproduites seules à la clef de voûte, puis accolées à celles des Castelnau sur les côtés de la fenêtre et au bas du tombeau. Une curieuse fresque, du XVI siècle probablement, le « Crucifiement de N.-S. » mérite d'attirer l'attention du touriste.

Orgues. — Laissant sous nos têtes les belles orgues de la maison Merklin-Schluze (1865) à trente-six jeux, trois claviers à main et un à pédale, traversons la grande nef dans toute sa longueur.

Nef centrale. — Elle est, dans son ensemble, du XIV siècle et de style rayonnant. Douze piliers détachés et quatre engagés supportent les arcades ogivales surmontées d'une galerie à jour et de beaux vitraux de la Renaissance (1575) épargnés par le temps et réparés en 1890.

Armes des voûtes. — Aux clefs de voûte, çà et là, on peut voir les léopards d'Angleterre, signe de la domination anglaise (1152-1451), sous laquelle fut construite la Cathédrale, les armes de France, de Bayonne, du cardinal Gaudin, Godin ou Goudin (Guillaume), de l'ordre de Saint-Dominique, né en 1265, au n° 22 de la rue Bourg-Neuf, et mort en 1336.

Chaire. — La chaire, sauf l'abat-voix, est en acajou des Canaries. Elle date de 1760 et fut donnée par le chanoine Clérisse, surnommé le Canarien, à cause de son séjour dans ces îles.

L'abat-voix, qui fut enlevé en 1793, était soutenu par deux statues : la Religion et la Foi et surmonté d'un saint Michel terrassant le dragon.

Galerie ajourée. — La première travée de la nef a le mur extérieur du triforium ajouré depuis 1900. Primitivement percé pour donner plus de lumière quand il n'y avait qu'une charpente pour toute couverture, ce mur fut bouché quand on fit la voûte supérieure.

Chœur. — Le chœur autrefois entouré de tombeaux, était placé jusqu'au milieu de la nef.

Le chœur actuel a été réparé et exhaussé de plusieurs marches par Mgr Lacroix dont les armes, placées à la voûte du transept nord, remplacent celles du cardinal Gaudin.

Trône. — Le trône épiscopal est en bois de chêne blanc délicieusement orné. Le baldaquin ou ciborium est également en bois doré et sculpté dans le style du XIVe siècle.

Maître-Autel. — Le maître-autel et le dallage sont en marbre blanc d'Italie ; les chandeliers et la croix en bronze doré dans le goût du XVe siècle, faits spécialement pour la Cathédrale sur les dessins de M. Boëswilwald, ont coûté 12,000 francs et les stalles, toutes récentes, la bagatelle de 80,000 francs.

Crypte. — Sous le maître-autel se trouve la crypte, où reposent, avec les restes de Mgr Fleury-Hottet et de deux ou trois évêques dont on ignore le nom, le premier et le dernier évêque donnés à Bayonne par le concordat de 1801, Mgr Loison (1802-1820) et Mgr Jauffret (1890-1902). Cent ans les séparent : 1802, 1902 !

Piliers du sanctuaire. — Les piliers du sanctuaire rappellent la fin du XIIe siècle ; leur rapprochement rend étroit le presbytérium et donne à penser que, dans le plan primitif, la Cathédrale était destinée à réaliser de moindres proportions.

Avant d'entrer dans la sacristie, levez les yeux vers la voûte. A la clef, vous verrez un grand vaisseau bayonnais avec son équipage, protégé par les quatre évangélistes dont les noms et les attributs figurent tout autour.

Porte de la sacristie — Contre la porte de la sacristie se trouvaient autrefois appuyés le crucifix et le banc des confrères du Saint-Sacrement, ce dernier était assez élevé pour permettre de voir les cérémonies par-dessus la tête des fidèles.

Sacristie. — La sacristie actuelle, avec la chapelle Saint-Léon faisait autrefois partie du Cloître, et il est permis de regretter vivement cette mutilation d'un des plus beaux monuments de France.

Portail sculpté. — La porte sculptée, du XIIIᵉ siècle, qui y donnait accès, était heureusement fermée avec des planches depuis 1702, et ce coin servait de salle de débarras aux chantres et aux sacristains. C'est à cette circonstance qu'elle doit d'avoir échappé au marteau de nos vandales modernes.

Le vantail de droite représente le jugement dernier avec quelques scènes de satire anticléricale, notamment une chaudière où un affreux démon fait bouillir avec joie plusieurs personnages dont un mitré.

A gauche, la sainte Vierge, assise sur un trône, tient l'Enfant Jésus sur ses genoux, dessin qui a toujours été gravé sur le sceau du chapitre.

Les anges qui l'entourent jouent de divers instruments de musique et l'un d'eux porte à la bouche le flageolet pendant que sa main gauche tient un tamborillo. On pense involontairement au tambour basque et au chirula.

Au bas, de gauche à droite, les statues de saint Paul, saint Pierre, saint Jacques, saint Mathias, saint Barthélemy et saint André.

Trésor. — Une vierge en bronze doré, achetée par Mgr Lacroix pour l'autel de la sainte Vierge, en vue de rappeler l'Immaculée Conception ; la crosse de saint François de Sales en cuivre doré et émaillé ; une toile un peu maniérée de Caresme : « la Présentation au Temple » ; un portrait de M. Lormand, insigne bienfaiteur de la Cathédrale, sont les seuls objets dignes d'attirer notre attention.

Maîtrise. — Au-dessous du portrait de M. Lormand, s'ouvre une porte donnant accès à l'ancien clocher dont un pan de mur paraît à l'extérieur des Cloîtres et conduisant au logement des sacristains, actuellement affecté à la maîtrise.

Salle capitulaire. — A notre gauche, se présente la belle salle capitulaire, long carré, voûté dans le style du XVᵉ siècle, où l'on peut voir quelques bonnes toiles : une « Adoration des Mages », de Bassano, un « Saint-Jérôme au désert » et un « Saint Jacques ».

Tout à côté, un couloir, autrefois fermé par une grille, conduisait à l'Hôtel de ville. A droite, une plaque de cuivre en caractères gothiques, portait cette inscription : « Hec est victoria qui (sic) vincit mundum ».

2° Les Cloitres

Le Cloître qui se présente devant nous a été bâti sur celui de 1059 indiqué par le Livre d'Or et mentionné en 1257.

Forme, Style. — C'est un quadrilatère irrégulier de la fin du XIIIᵉ siècle et de différentes époques du XIVᵉ siècle. Il est orné de vingt baies géminées, dont onze (les plus rapprochées de la sacristie) sont à lancettes et à rosaces à six redents de la fin du XIIIᵉ siècle, et les neuf autres à trilobe ogival et rosaces à huit redents du XIVᵉ siècle.

Autrefois Cimetière. — Le Cloître servait autrefois de cimetière et de rendez-vous pour les divers corps de métiers dans l'élection de leurs jurats et syndics. Les procès-verbaux commencent invariablement par la même formule : « En séance tenue au cloître de la Cathédrale, sous l'orme... »

Chapelles. — Jusqu'à ces dernières années, le Cloître était partagé en deux chapelles servant, l'une, à l'Œuvre des pauvres de la Miséricorde, l'autre, aux diverses congrégations. Les réparations faites tout récemment (1904) rendent encore plus vif le regret de voir la sacristie en occuper le côté nord.

Etage habité. — A gauche, un escalier de pierre conduit au-dessus des voûtes, à un étage très probablement habité, si l'on en juge par les fenêtres de la rue Montaut, barbacanes et crochets de fer qui subsistent encore.

Caveaux. — Dans le mur, voyez la trace de caveaux découverts dans le crépi, le 15 décembre 1903, avec quelques inscriptions, et au fond, au sud-est, près de la rue de Luc, une pierre tombale relevée, transportée le 4 avril 1876 d'un pilier du chœur de la Cathédrale situé en face de la chapelle actuelle du Sacré-Cœur.

Dominique de Mans. — Elle est du XIVᵉ siècle, mutilée, et représente Dominique de Mans, mort évêque de Bayonne en 1303.

Lahet. — Au-dessus, on devine la figure, taillée dans la pierre, d'un chevalier casqué et cuirassé, avec un écu à côté. Ce sont les armes de la famille de Lahet, originaire de Sare.

Inscription gasconne. — Plus bas, dans l'arc plein-cintre d'un tombeau Renaissance, se trouve une inscription gasconne en caractères gothiques du XVIᵉ siècle, trouvée dans l'un des contreforts du clocher sud, au-dessous des armes précitées des Lahet.

En voici la traduction : « L'an 1515 le présent pilier fut commencé, « noble Auger de Lahet étant manouvrier (c'est-à-dire fabricien) et « trésorier laïque de la présente église, pour soutenir ce clocher com- « mencé par le seigneur son père, aussi trésorier laïque de son vivant. « Deo gratias. »

Porte ogivale. — Une porte ogivale, restaurée en 1904, donne accès à la rue de Luc.

Tombeaux, etc. — On aperçoit encore quelques tombeaux appartenant à différentes époques et placés autrefois dans la Cathédrale ; des débris de sculpture fixés au mur, des pierres tombales des XVIIe et XVIIIe siècles ; la porte de Saubist fermée et portant extérieurement au-dessus la trace d'un Christ traînant la Croix ; des boiseries du XVIIIe siècle, ornements du chœur et des chapelles de l'abside ; des pièces de ferronnerie dont l'une remarquable, et enfin deux tombeaux à l'extrémité nord-ouest, l'un de style flamboyant et représentant un personnage étendu, les pieds appuyés contre un lion ; l'autre, dans le style de la Renaissance, de la princesse Léopoldine de Lorraine, morte à Bayonne, le 8 octobre 1759.

Clochers. — La Cathédrale, au XVe siècle, ne possédait qu'une seule tour recouverte d'un toit disgracieux. Mgr Lacroix, non seulement l'orna d'une belle flèche de style flamboyant (XVe siècle), mais construisit à côté une seconde tour également surmontée d'une flèche de style rayonnant (XIVe siècle). Les deux styles principaux de la Cathédrale se trouvent ainsi magnifiquement représentés. Ces tours s'élèvent à 80 mètres au-dessus du pavé et 96 au-dessus du niveau de la mer.

Fleurs de lis. — Sur les faces latérales des contreforts de la tour sud (en face de l'Evêché actuel) on a sculpté des fleurs de lis, réponse aux nombreux léopards anglais qui décorent les clefs de voûte, et signe de prise de possession de Bayonne par la France. On sait que notre ville fut la dernière à se rendre aux armées de Charles VII, vingt-huit ans après la mort de la bienheureuse Jeanne d'Arc (août 1451).

Cloches. — La Cathédrale possède quatre cloches de cérémonie dans la tour sud :

1° La cloche du Chapitre, de son nom Saint-Léon, fondue à Bordeaux en 1830 par Deyres (62, rue des Ayres), sous Mgr d'Astros, eut pour parrain M. Jean-Pierre Daguerre-Mongabure et pour marraine Magdelaine Dubrocq, née Ouvré ;

2° La cloche du Viatique, la plus petite, mais aussi la plus fine, dédiée au Saint-Sacrement, fut donnée par Mgr Loison et coulée à Bayonne, le 30 mai 1843, par J.-B. Magnes ;

3° La cloche paroissiale, la plus ancienne de toutes, a été fondue en 1683 par Pierre Labeirie. Elle porte gravée cette intéressante inscription : « Sit nomen Domini benedictum — Christus vincit, Christus regnat, Christus imperal, Christus ab omni Malo nos defendat. Amen. » suivie des noms du parrain, de la marraine et du prieur du couvent auquel elle fut tout d'abord destinée ; « Pierre Lavelleau, parrin ; Jeanne-Marie Martin, marrine ; Pierre-Benoit Laforest, docteur en théologie, prieur du couvent » ;

4° Au sommet du clocher, enfin, le gros bourdon, appelé cloche Sainte-Marie, et fondu en 1819 par Jean Delestan. Il eut pour parrain Jean-Alexandre Belbeder, maire de Bayonne, et pour marraine, Gracieuse

Dubrocq, veuve de Joseph de Laborde-Lissalde, ancien lieutenant-général de l'Amirauté de Bayonne.

Quant aux trois cloches de l'horloge, elles ont été fondues à Paris en 1819 par Osmond Dubois.

Voilà très sommairement décrits les Cloîtres et la Cathédrale de Bayonne.

Les caves gothiques de Bayonne sont assez nombreuses, mais les Congressistes n'ont pas le temps de les admirer toutes. Une seule, comme type, leur est montrée : c'est du reste la plus intéressante. Elle est située dans la maison Bordes, à l'angle des rues Montaut et des Prébendés.

De là, les Congressistes, sous la conduite de M. Colas, Professeur au Lycée, membre de *Biarritz-Association*, font le tour de la ville romaine, dont quelques pans de muraille sont encore reconnaissables, grâce à l'appareil particulier qui les compose (*opus quadratum regulare*). Rue des Augustins, ils montent dans une tour d'enceinte encore bien conservée et constatent l'épaisseur des murailles de l'antique *Lapurdum*.

Rue de la Salie, ils se rendent compte de l'emplacement du Vieux Port gallo-romain, où s'abritèrent les *liburnes latines*.

Tous ces souvenirs du passé sont examinés avec grand intérêt.

La course se termine au Musée Bonnat. Les Congressistes y sont reçus par M. Pascau, Conservateur du Musée ; M. Prestat, Conservateur du Musée d'Histoire Naturelle et M. Graziani, Bibliothécaire-Archiviste de la Ville, qui se mettent gracieusement à leur disposition, pour leur faire visiter en détail les diverses salles, avec explications scientifiques. M. Graziani lit une communication très documentée, et il termine en montrant une série de vues très anciennes de Bayonne, des plans, de vieilles gravures et estampes qui intéressent vivement les Congressistes.

Lundi, 9 heures du soir

SÉANCE PUBLIQUE ET SOLENNELLE DU CONGRÈS

Bien avant l'heure indiquée, un nombreux public, parmi lequel beaucoup de dames, prend place dans la salle des fêtes du Grand-Hôtel, pour entendre l'intéressante conférence de M. Julio de Urquijo, ancien député aux Cortès espagnoles, directeur-fondateur de la *Revue Internationale des Études Basques*, sur : « Les Etudes Basques : leur passé, leur état présent, leur avenir ».

La Séance est présidée par M. Julien Vinson, Président du Congrès, entouré du Comité d'organisation. Il prononce le discours suivant :

MESDAMES, MESSIEURS,

L'Inde, qui a été avec le pays basque, l'objet de mes travaux les plus chers, l'Inde, où la splendeur du climat, en rendant la vie facile, laisse à l'homme toute liberté pour les hautes spéculations de l'esprit ; l'Inde a toujours eu le culte de la Science et le respect des savants.

Mais, dans ces régions heureuses, l'étroitesse des habitudes occidentales est inconnue, l'existence se passe en plein air et le travail isolé n'est pas compris ; la méditation solitaire n'est permise qu'aux seuls religieux. Aussi les académies, les associations, les réunions comme celle-ci y sont-elles très nombreuses et très fréquentes. Un vieux poète a comparé, dans une strophe célèbre, les assemblées des savants à ces arbres merveilleux du Paradis qui donnent tout ce qu'on leur

demande; les séances diverses en forment les branches où s'épanouis-
sent les fleurs de la poésie autour desquelles se pressent, bourdon-
nantes et avides, les abeilles qui sont les littérateurs, les érudits, les
sages et leurs disciples.

Ces vers me sont revenus à la mémoire, quand on m'a offert la
présidence de votre quatrième Congrès, et ce n'est pas sans appréhen-
sion que j'ai accepté ce périlleux honneur. Vous êtes en effet, Mesdames et Messieurs, l'élite de la France intellectuelle du Sud-Ouest et
votre compétence s'étend à toutes les variétés des connaissances hu-
maines : littérature, philosophie, histoire, beaux-arts, archéologie,
numismatique, ethnographie, linguistique, rien ne vous est étranger.
Il vous a paru nécessaire de vous occuper plus particulièrement cette
année du peuple basque, cette population si intéressante de l'extrémité des Pyrénées, dont la principale, j'allais dire la seule originalité,
est sa langue remarquable, et vous vous êtes adressés à un linguiste
qui a spécialement étudié cette langue; je vous en remercie et vous
exprime ici ma profonde reconnaissance.

Vous n'ignorez pas quelles hypothèses plus ou moins aventureuses
ont été émises sur les Basques et sur leur langage si différent de ceux
qui nous sont habituels. Pendant longtemps, on a vu en eux les anciens
habitants de l'Espagne, sans préciser davantage. Puis on a dit qu'ils
étaient les descendants des Ibères, sans remarquer que les documents
ibères montrent qu'il y avait au moins trois groupes ethniques différents dans l'Espagne antique.

Un érudit, en voyant le grand nombre de mots néo-latins que le
basque a empruntés, place au contraire la formation de cet idiome au
XIIe siècle de notre ère. D'autres savants ont rattaché les Basques, les
uns aux Américains du Nord, à travers l'hypothétique Atlantide, les
autres aux Africains Septentrionaux, Kabyles, Berbères, Libyens.
D'autres y ont vu les fils de je ne sais quel patriarche hébreu égaré à
l'Ouest de l'Europe; d'autres encore supposent qu'ils représentent ces
populations antiques encore inconnues, Sicanes, Ligures, Pelasges,
etc. Des Mystiques affirment que le Basque est la langue primitive de
l'humanité, miraculeusement échappée de la confusion de Babel. Un
fantaisiste a soutenu qu'au Paradis Dieu parlait basque, l'homme
espagnol, la femme français, et le serpent italien : plût au ciel qu'il en
eût été ainsi, car alors, sans doute, la séduction fatale n'aurait pas eu
lieu.

La science moderne sourit de ces propositions faciles, de ces légendes plus ou moins agréables, mais, fidèle à la méthode rigoureuse de
l'observation et de l'expérience, c'est dans les éléments du problème
lui-même qu'elle en cherche la solution. Le Sphinx a livré son secret.
Les Basques nous apparaissent comme une de ces peuplades autoch-
tones qui étaient sporadiquement répandues sur toute l'Europe aux
temps préhistoriques, à l'époque quaternaire, quand les habitants de
la Suisse construisaient les étranges cités lacustres, quand les sauva-
ges de la haute Dordogne, s'abritant contre le froid dans les profon-

deurs des grottes, peignaient sur les murs de leurs habitations la figure des animaux au milieu desquels ils passaient leur vie. Les hommes de cette époque étaient caractérisés par la forme allongée de leur crâne : ils étaient *dolichocéphales*; et, quoique le type basque actuel soit extrêmement varié et résulte de croisements multiples, on y retrouve souvent la dolichocéphalie primitive.

Puis sont venus, de l'Orient, les celtes *brachycéphales* à tête courte, qui apportaient le culte des morts et l'usage des métaux. Ils ont tout submergé et tout détruit; les Basques seuls ont survécu, pareils à ces rochers inébranlables qui se dressent fièrement au-dessus des flots.

L'arrivée des Celtes a fait entrer les Basques dans l'histoire, mais à ce moment de la vie des races, leurs langues s'arrêtent dans leur développement spontané ; elles cessent de s'accroître, elles entrent en décadence, s'usent, s'altèrent, et n'ont plus la conscience de leurs propres éléments. Dès lors, leur grammaire ne se modifie plus que par la composition et leur vocabulaire ne s'augmente plus guère que par des emprunts.

Aussi, par une analyse patiente et minutieuse, le linguiste peut-il opérer le départ des éléments étrangers et des formations artificielles ; on peut ainsi reconstituer l'idiome au moment où il est entré dans la vie historique et se rendre compte de l'état de civilisation et de la mentalité du peuple qui le parlait. C'est ce que j'ai essayé de faire pour le basque ; voici quelques-uns des résultats auxquels je suis parvenu ; je les présente d'ailleurs sous toutes réserves.

La langue basque à cet état était assez analogue au chinois moderne avec ses mots pleins et ses mots vides. Les relations tant objectives que subjectives, s'indiquaient par les racines subordonnées, mises avant ou après la racine significative. Les formes grammaticales étaient donc innombrables et pour ainsi dire illimitées. On ne distinguait le genre qu'à la seconde personne, objet direct de l'observation.

Les pluriels n'étaient que des collectifs imprécis. Il y avait trois demonstratifs — celui-ci, celui-là, cet autre, qui servaient à la détermination.

Le verbe, qui n'avait pas de mode, n'exprimait que deux temps, un passé et un présent aoristique; il était déterminé ou indéterminé quant à son régime et il dérivait une voix causative. La numération qui devait plus tard devenir vigésimale, comme chez beaucoup de peuples inférieurs, était réduite aux deux ou trois premiers nombres.

Le vocabulaire était excessivement pauvre et manquait notamment d'expressions indiquant des idées générales. Chaque arbre et chaque animal, par exemple, avait son nom, mais il n'y avait pas de mot pour « *arbre* » et pour « *animal* » En revanche, les spécialisations sont nombreuses : on distingue l'eau mouvante, l'eau vive, *ur* de l'eau calme, dormante, *itz* « *lac, marais, mer* ». La sœur d'un homme, *arreba*, s'appelle autrement que la sœur d'une femme, *ahizpa*. Je trouve pour « *enfant* » trois mots, *hume, haur, sen*, s'appliquant sans doute à des âges différents. Un grand chien est *hor,* un petit *zakhur* ou *chakhur.*

On remarquait des distinctions semblables pour les noms des animaux domestiques : je me borne à signaler six mots différents qui désignent les femelles des principaux d'entre eux lorsqu'elles sont dans cet état particulier qui les prédispose à la maternité.

Les Basques étaient sans doute parvenus à cette période de transition qui sépare la vie pastorale de la vie agricole. Leurs forêts ne contenaient aucun hêtre ; il n'y avait dans leurs vergers, ni pêchers, ni cerisiers ; ils ne cultivaient guère que le blé, le maïs et la vigne. Ils ne connaissaient ni religion, ni prêtre, ni lois. Ils formaient peut être plusieurs confédérations avec des chefs suprêmes, *yaungoikoa* « le Seigneur d'en haut » qui a pris le sens de « Dieu » quand les Basques sont devenus chrétiens. Les confédérations comprenaient des tribus commandées par des chefs qu'on nommait *yauna* « le Seigneur » et qui étaient divisées en clans, sous les ordres de « Maîtres, sous seigneurs » *yaub, yabe*. Les clans n'étaient que des groupes de familles ou plutôt d'habitations.

La famille basque en effet ne ressemblait point à ce que nous entendons par ce mot. Elle reposait sur la polyandrie collective, c'est-à-dire que, dans chaque habitation, toutes les femmes étaient communes à tous les hommes. Il n'y avait là ni mari, ni femme, mais seulement des frères et des sœurs. La filiation et l'héritage s'établissaient par la mère et chaque enfant avait une mère, des pères, des tantes, des frères et des sœurs. Quand la famille devenait trop nombreuse, elle se divisait, s'alliait à d'autres et fondait de nouveaux foyers.

Je vois la preuve de ces alliances dans les noms du beau-père et de la belle-mère, où intervient le mot sœur : *ailaginarreba, amaginarreba*.

Les Basques antiques comptaient le temps par les lunaisons, mais les noms de leurs mois rappelaient des phénomènes météorologiques et des habitudes culturales. Mois des semailles, mois noir, mois des feuilles, mois brûlant ; et il était nécessaire pour que ces appellations demeurassent exactes, qu'on ajoutât de temps en temps à l'année un mois supplémentaire, dont je crois avoir retrouvé le nom. Celui du mois de septembre, *buru-il* « mois de tête, mois terminal », montre que l'année commençait à la pleine lune de l'équinoxe d'automne.

Le jour de l'an, qui était probablement l'occasion de réjouissances publiques, s'appelait comme en persan moderne « jour nouveau » *eguberri, eguerri :* si ce mot ne désigne plus en basque moderne que la fête de la Noël, c'est parce que pendant longtemps l'année chrétienne a commencé le 25 décembre.

Quand j'ai donné ces indications pour la première fois, elles ont été mal accueillies ; on m'a appelé l'ennemi des Basques ; on m'a accusé d'en faire des êtres inférieurs et vils, de les ravaler au rang des derniers des hommes.

Mais il m'a toujours semblé bon, même pour un peuple, de connaitre son histoire ; on doit être d'autant plus fier de s'être élevé à un haut degré de civilisation qu'on est parti de plus bas et de plus loin.

Quel homme de génie nierait qu'il a été un enfant ignorant et inexpérimenté ? Un célèbre philosophe de la Chine, parvenu à un âge avancé, couvert d'honneur et de gloire, premier ministre, confident de l'empereur, avait encore son père et sa mère qui habitaient une petite maison aux environs de la capitale.

Il allait les voir tous les jours, mais il n'entrait jamais chez eux sans revêtir des habits faits comme ceux d'un enfant, et, dans leur chambre, il s'accroupissait sur le sol, et, de ses mains qui dirigeaient le char de l'Etat, maniait maladroitement les jouets de son enfance, pour donner aux vieillards l'illusion de leur jeunesse revenue.

Quoi qu'il en soit, vous allez entendre sur le basque le rapport de notre collaborateur et ami, M. Julio de Urquijo, ancien Député aux Cortès espagnoles, l'une des personnalités les plus éminentes de l'aristocratie des Provinces. M. de Urquijo s'occupe de sa langue maternelle depuis 1905 seulement, mais, par son activité, par ses travaux, par la Revue qu'il a fondée, il a fait faire en six ans aux études basques plus de progrès qu'elles n'en ont fait en un siècle tout entier. Qu'il nous permette de lui exprimer à ce propos notre reconnaissance et notre admiration ! Il m'a prié de vous demander toute votre indulgence, car il doit s'exprimer en une langue étrangère et il craint que son accent ne lui fasse tort auprès de vous. Je l'ai assuré de votre bienveillance, s'il en était besoin; mais je ne le crois pas, car il parle et écrit notre langue mieux que beaucoup de Français eux-mêmes.

Vous l'accueillerez avec la plus vive sympathie, non seulement à cause de son talent, mais précisément parce qu'il n'est pas notre compatriote. Je vois dans sa présence ici un signe des temps, un indice avant-coureur de l'union future, de l'action commune des races latines pour rendre plus rapide et plus facile l'évolution progressive de l'humanité.

Vous entendrez parler basque, Mesdames et Messieurs, vous ferez connaissance avec cette belle population si vaillante et si fière; vous admirerez ce pays superbe, si bien encadré par le ciel, les montagnes et la mer.

Plus que personne peut-être, j'ai le droit de m'enthousiasmer pour lui, car je l'ai parcouru pied à pied, de maison en maison, de village en village pendant de longues années. J'ai même eu cette bonne fortune unique de pouvoir le contempler tout entier, d'un seul coup d'œil, le 29 mars 1875, quand, emporté avec Eugène Godard, dans son ballon *Le Saturne*, le long de la vallée de la Nive, nous avons franchi en moins de deux heures la distance qui sépare Bayonne de Pampelune. Je n'oublierai jamais le tableau splendide qui se déroulait à nos yeux : le soleil couchant, l'Océan immense, Biarritz et Bayonne agités et joyeux; le Jaizquibel, les Trois-Couronnes, la Rhune, le Mondarrain et toutes les cimes des Pyrénées à l'infini; sous nos pieds, les champs, les bois, les prés, entrecoupés de routes sinueuses et sillonnées de minces filets d'argent qui étaient autant de cours d'eau. Puis ce fut la nuit, le froid, la neige, la chute précipitée, le traînage vertigineux, et nous nous retrouvâmes sans abri, sans secours, au bord d'une carrière abandonnée à quelques pas de *Zizur-Mayor* d'où l'on ne nous avait pas vus. Ainsi se justifiait le vieux proverbe d'Oihenart: *Dohakaizdunac Zizurren ilhuna* : «le malheureux trouve l'obscurité à *Zizur*».

C'est dans ces moments-là que l'homme a conscience de sa faiblesse et de son impuissance, qu'il comprend l'inutilité de l'action indivi-duelle si elle n'a pas pour résultante l'effort commun, qu'il sent le besoin de la solidarité, de l'union, de l'association, pour le bonheur des générations futures. C'est là votre rôle, Messieurs, c'est la tâche qui incombe à des Sociétés comme les vôtres. Vous donnez l'exemple du labeur patient et continu, de la science indépendante et désinté-ressée :

On attend de vous le signal décisif, l'impulsion définitive qui doit guider la Société dans sa marche vers l'idéal qu'elle atteindra certai-nement un jour par la liberté tolérante, par l'égalité raisonnée, par la Vérité et par la Justice.

Après ce discours, très applaudi, la parole est donnée à M. Julio de Urquijo.

Cette conférence très savante, dont le sujet est magistralement développé, est aussi accueillie par de chaleureux applaudissements qui prouvent au conférencier combien sont appréciées sa parole facile, entraînante et sa grande érudition. Nous sommes heureux de pouvoir la reproduire.

LES ÉTUDES BASQUES

leur passé, leur état présent et leur avenir

Conférence par M. Julio de Urquijo

MESDAMES, MONSIEUR LE PRÉSIDENT, MESSIEURS,

Les organisateurs de ce Congrès m'ont demandé, par l'intermé-diaire de M. Courteault, l'infatigable et sympathique professeur de l'Université de Bordeaux, de vous entretenir quelques instants des *Études basques : de leur passé, de leur état présent et de leur avenir*.

Malgré les doutes et les hésitations de la première heure, j'ai fini par me rendre à leurs aimables sollicitations; mais avant de m'ac-quitter de ma tâche, je dois vous faire des excuses, et sur le fond et sur la forme de ma conférence. Sur le fond, parce que simple ama-teur, j'aurais dû assister à cette réunion en élève plutôt qu'en maître : sur la forme, car originaire de la Biscaye, rarement sans doute put être appliqué, avec plus d'à propos qu'à l'occasion présente, le pro-verbe connu : *Il parle comme un basque espagnol*. Je manquerais aussi à un devoir de gratitude, si je n'adressais pas à M. Julien Vinson, à qui les études basques sont si redevables, l'assurance de mes remer-ciements les plus vifs, pour la façon si aimable dont il a bien voulu me présenter à vous. Je remplis ce devoir avec un plaisir tout spécial, car je ne veux pas oublier que c'est à l'un de ses savants ouvrages que je dois de m'être consacré tout entier à ces attrayantes études.

De tous les problèmes que l'existence du peuple basque soulève, les plus intéressants et aussi les plus obscurs sont, à mon avis, celui de ses origines, et celui de sa langue.

Qu'un peuple tel que le basque, dont la langue, entourée de parlers romans et qui n'a aucune parenté avec les autres idiomes européens, ait pu subsister presque isolé jusqu'à nos jours, entre la France et l'Espagne, dans une région qui pendant des siècles servit de passage aux armées des divers peuples, voilà un mystère dont l'explication devait tenter non seulement les savants, mais aussi les simples curieux.

Que ce peuple ait conservé jusqu'au XXe siècle ses coutumes et ses mœurs d'autrefois, jusqu'à des restes d'un théâtre en plein air, qui se rattache directement aux mystères du moyen âge; qu'il ait su préserver nombre d'autres particularités, depuis longtemps disparues chez presque toutes les nations d'Europe, voilà un second fait, qui ne peut manquer d'intéresser l'étranger, lorsqu'il visite l'Eskualerria pour la première fois.

De ces deux faits et des explications qui en ont été données jusqu'à ce jour, je compte vous entretenir, si vous voulez m'écouter avec bienveillance. Forcé de laisser de côté tous les autres problèmes de la bascologie, je me bornerai à vous parler successivement : des origines du peuple basque, de sa langue et de son Folk-lore.

I

La solution du premier de ces problèmes, celui des origines basques, est, il faut d'abord le reconnaître, extrêmement difficile. Assez difficile pour excuser, au moins dans une certaine mesure, les hypothèses diverses, même tout à fait fantaisistes, qui ont été produites. Tour à tour, on a voulu nous rattacher aux Ibères, aux Celtes, aux Phéniciens, aux Finnois, aux Berbères, aux Japonais et jusqu'aux survivants de la célèbre Atlantide des géographes anciens.

Un écrivain de talent, qui pourrait être considéré, à juste titre, comme le précurseur du nationalisme basque actuel, Augustin Chaho, se laissant emporter par l'exubérance de son imagination, a même forgé de toutes pièces la poétique légende d'Aïtor, le grand ancêtre, le patriarche, le père de la race indo-atlantide, et le premier né des Euskariens.

Ce mot d'Aïtor, fondé sur une mauvaise étymologie de *aitorenseme*, a fait fortune. Vous entendrez souvent dans le pays des expressions telles que : *les enfants d'Aïtor, la langue d'Aïtor.* L'hypothèse d'Augustin Chaho n'en est pas moins dénuée de toute valeur.

Un moment on avait espéré pouvoir résoudre le problème au moyen de l'anthropologie. Cette science n'a pas donné, jusqu'à présent, tout ce qu'on attendait d'elle, et cela malgré les travaux de Retzius, de Broca, de Collignon et d'Aranzadi.

En tout cas, comme il était à prévoir, la race basque n'a pas dû se conserver toute pure. En fait, il est clair, même pour ceux qui ne s'occupent pas de ces études, qu'il existe chez nous au moins deux types. L'un à tête large, dont j'ai connu quelques exemplaires, caractérisé par une ténacité à toute épreuve, témoin ce basque de soixante-quatorze ans qui préféra mourir à l'étranger, à dix kilomètres de la frontière, et ne pas visiter sa sœur agonisante, plutôt que de manquer à ses résolutions de ne pas rentrer dans sa patrie tant que les idées pour lesquelles il avait combattu n'auraient pas triomphé, et l'autre, à tête étroite, celui d'Ignace de Loyola, qui se rencontre assez fréquemment dans les familles les plus aristocratiques du Guipuzcoa.

Quoi qu'il en soit, l'hypothèse combattue et en même temps défendue avec le plus d'acharnement est celle qui attribue aux Basques une origine ibérique.

Elle n'est pas d'aujourd'hui, puisque même sans entrer dans des investigations plus minutieuses, nous la voyons discutée dès le XVIe siècle par Beuther, Marineo Siculo, Mario Arecio, Florian de Ocampo et Ambrosio de Morales.

C'est du reste l'opinion traditionnelle dans le Pays Basque.

L'historien guipuzcoan Esteban de Garibay s'y rattache, il me semble, lorsqu'il proclame de la façon la plus formelle, dans son *Compendio Historial de España*, publié en 1571, que les premiers colonisateurs de la Navarre, et de la Cantabrie furent le patriarche Tubal et son fils, le roi Ibero, et que leur langue n'était autre que le basque, qu'il appelle cantabre.

Il fonde cette opinion sur les dires des anciens et sur la ressemblance des noms de l'Asie avec ceux de l'Espagne.

La même opinion est défendue en 1587 par le biscayen Poça, dans son livre : *De la antigva lengva... de las Españas;* en 1607, par le basque-mexicain Baltasar d'Echave, dans ses *Discursos de la antigvedad de la lengva Cantabra Bascongada* et en 1745 par le célèbre Larramendi. Il va sans dire que les ouvrages de ces auteurs fourmillent d'erreurs étymologiques.

Plus tard, à la fin du XVIIIe siècle, et au commencement du XIXe, un ecclésiastique de Durango, Astarloa, dont le nom jouit encore d'une certaine renommée dans l'Eskualerria et surtout dans la Biscaye, entreprit de défendre la même thèse contre les objections présentées par Traggia dans le *Dictionnaire de l'Académie de l'histoire de Madrid.* Faisant abstraction des témoignages des géographes et des historiens grecs et romains, il appuya son opinion sur une série de syllogismes plus ou moins heureux et sur l'examen des noms de villes, cités, rivières et familles anciennes de la Péninsule ibérique. A la même époque, D. Juan Bautista de Erro voulut arriver au même résultat par l'étude des monnaies ibériennes.

A la fin d'avril 1801, Guillaume de Humboldt, qui avait déjà fait précédemment un voyage en Espagne, visita le Pays Basque. Il connut Astarloa avec lequel il discutait sur le basque au cours de longues promenades; il se fit conduire par Moguel — un autre bascophile de l'époque — chez M. de Mugartegui, où il examina l'original du fameux

chant de Lelo ou des Cantabres, et il recueillit de nombreuses notes
pour ses travaux.

Il est à supposer que Humboldt, après avoir noué connaissance
avec ces écrivains et avec d'autres personnalités du pays, entretint
avec elles une correspondance. Si cette correspondance a jamais
existé, elle est aujourd'hui perdue. La seule lettre dont on ait connaissance est celle qui a été découverte par le grand érudit italien Arturo
Farinelli. Elle a été adressée à M. Ducos, docteur en médecine à
Saint-Jean-de-Luz, et datée de Berlin le 23 octobre 1811. Je ne résiste
pas au plaisir de vous la lire, quoique cela m'écarte un moment de la
question des origines du peuple basque.

« Vous aurez reçu, mon respectable ami, la petite lettre que j'ai pris
la liberté de vous adresser en quittant Bayonne au printemps dernier ; mais je ne puis m'empêcher de vous adresser quelques lignes
par deux de mes compatriotes, qui dans ce moment font le voyage
d'Espagne. C'est M. le baron de Vincke, conseiller au service du roi,
et M. Hecht, qui sont chargés par notre gouvernement de faire l'acquisition d'un certain nombre de béliers d'Espagne dont le roi très catholique a bien voulu nous permettre l'exportation. Je puis vous les
recommander comme deux personnes très éclairées et j'aime à ajouter
qu'ils sont mes amis depuis longtemps. S'ils ont le temps de faire
quelque séjour dans votre ville, veuillez les accueillir avec bonté et
procurez-leur le plaisir d'un tour de promenade au Fort de Sainte-
Barbe.

« Ah ! le fort de Sainte-Barbe ! Je ne saurais dire. Monsieur, quelle
mélancolie répand en moi ce seul nom. Je pourrais verser des larmes
de me trouver aussi éloigné de vos délicieuses contrées, de ne plus
entendre ce bruit sublime des vagues de la mer, de ne pas voir ces
coteaux délicieux qui s'étendent vers le promontoire de Socoa, cette
baie ravissante et ces cimes couvertes de neige des Pyrénées ! Je ne
cesse de m'occuper de vous, de votre nation, de votre langue. J'ai fait
certainement des progrès dans cette dernière depuis que je suis revenu
ici. J'ai rassemblé la bibliothèque que vous m'avez aidé si généreusement à former autour de moi. Je fais tous les jours de nouvelles
recherches, je comprends maintenant assez bien mes livres et je
compte vous envoyer dans moins d'une année d'ici une petite brochure qui vous montrera, j'espère, que vous et vos dignes compatriotes n'avez pas prodigué vos soins à un ingrat. Veuillez saluer de
ma part, Monsieur, M. de Larralde et Mesdemoiselles ses filles, le
digne père Laquero et votre célèbre Garat. Mais surtout rappelez mon
souvenir à la famille de Don Coste. Son aimable nièce sera maintenant votre épouse. Souvenez-vous de temps en temps ensemble dans
vos promenades d'un pauvre habitant du Nord, qui ne voit qu'un ciel
triste et qui brûle d'envie de se retrouver bientôt de nouveau parmi
vous.

« Bihotz erditic çure serbitzari eta adiskide eguiazcoa.

« Humboldt. »

Cette lettre montre le vif intérêt que Humboldt portait aux études basques : elle prouve aussi combien il avait été sensible aux beautés naturelles de ce pays.

Mais revenons à l'origine des basques. Nous avons vu que l'opinion traditionnelle en terre basque était celle de l'ibérisme des euskariens. Il était réservé à Humboldt de la faire connaître au monde savant étranger et aussi de l'exposer suivant une méthode plus scientifique que celle de ses prédécesseurs. Il suffit, pour s'en convaincre, de comparer l'*Apologia de la Lengua Bascongada* d'Astarloa, avec les *Recherches sur les habitants primitifs de l'Espagne*, du philologue prussien. La grande autorité dont jouissait Guillaume de Humboldt, qui a été considéré, à juste titre, comme l'un des précurseurs de la philologie moderne, attira nombre d'écrivains à ses théories, jusqu'au jour où elles furent combattues par MM. Vinson et van Eys. Du reste, des auteurs distingués, tels que Luchaire et de Jaurgain en France et Campion en Espagne, ont continué à se déclarer de temps en temps en faveur de la thèse ibériste.

Un travail relativement récent a contribué, par les polémiques qu'il a soulevées, à remettre à la mode l'examen de l'hypothèse dont nous nous occupons.

Je veux parler de *La déclinaison dans l'onomastique de l'Ibérie*, étude de M. Philipon, publiée dans un recueil de mémoires concernant la littérature et l'histoire celtiques, dédiés à d'Arbois de Jubainville à l'occasion du 78e anniversaire de sa naissance.

M. Philipon déduit de la similitude des suffixes ibères et indo-européens, d'un côté, et de la divergence (qui lui paraît évidente) entre l'agglutination basque et la dérivation ibère, de l'autre, que les Euskariens n'ont absolument rien de commun avec les Ibères.

Les arguments sur lesquels M. Philipon fonde le caractère indo-européen de l'ibère ne paraissent pas décisifs à M. Vinson, à en juger par sa nouvelle étude : *La langue ou les langues ibériennes*. Notre honorable président est, cependant, d'accord avec lui, pour nier de nouveau toute parenté entre l'ibère et le basque quoiqu'il reconnaisse le caractère agglutinant et incorporant de ces deux langues. D'un autre côté, le travail de M. Philipon nous a valu une étude de M. Hugo Schuchardt, le savant philologue autrichien. Sa thèse est diamétralement opposée à celle de M. Vinson : pour l'ancien professeur de l'Université de Graz, certains noms ibères et surtout aquitains portent une forte empreinte basque et beaucoup d'entre eux peuvent être identifiés, d'une façon très probable, avec des mots euskariens, comme l'a soutenu Luchaire.

Le philologue autrichien trouve même des points de contact très nombreux entre la déclinaison basque et la déclinaison ibère, qu'il reconstitue par de subtils raisonnements.

En résumé, pour M. Schuchardt, les quelques inscriptions ibériques que nous connaissons permettent de découvrir la parenté du basque avec l'aquitain et l'ibère et d'affirmer l'origine ibérique des

Euskariens actuels. Pour M. Vinson, la preuve n'est aucunement faite et ne pourra l'être, tant qu'on n'aura pas découvert quelques inscriptions bilingues d'une certaine longueur.

Le temps me manque pour vous parler d'autres travaux parus depuis la publication de *Die Iberische Deklination;* mais je ne saurais passer sous silence un fait curieux qui se produit depuis quelques années. J'ai dit tout à l'heure que l'opinion traditionnelle dans le pays basque était celle de l'ibérisme des Euskariens. Eh bien, depuis une douzaine d'années, les anti-ibéristes trouvent des prosélytes là où certainement ils n'auraient pas eu l'idée d'aller les chercher. Je veux parler des nationalistes basques.

Si les Euskariens ont aimé toujours leurs fueros avec passion, il est rare de trouver chez les écrivains basques antérieurs à 1880 l'apologie de l'indépendance absolue de l'Eskualerria.

Lorsque M. de Arana fonda il y a quelques années le parti nationaliste, il se vit forcé, ne pouvant s'appuyer sur la tradition qui était monarchiste ou au moins seigneuriale, de se baser sur l'idée de race.

Or il est évident, que si l'on admet que les premiers Espagnols étaient des Ibères et que ceux-ci, à leur tour, étaient des Basques, il s'ensuit qu'il n'y a pas une différence essentielle de race entre les Basques et les Espagnols. M. de Arana fut donc forcé, pour fonder son système politique, d'accepter la thèse anti-ibériste.

A côté des hypothèses qui ont donné lieu à des travaux de tout premier ordre, il y en a d'autres, qui ne méritent guère les honneurs d'une discussion sérieuse. Je classe parmi ces dernières celle, par exemple, qui cherche une parenté étroite entre le japonais et le basque.

Il me serait bien difficile de dire qui a été le premier à l'émettre. Elle doit être assez ancienne; elle a eu, en tout cas, un certain regain de faveur il y a quelques années, lors de l'arrivée en France de Mgr Mugabure, évêque de Tokio.

Je suis convaincu, pour ma part, que le missionnaire basque ne l'envisagea jamais très sérieusement : mais le fait est qu'il aimait à en parler. Moi-même je l'entendis dire à un dîner, auquel j'assistais, que les Basques et les Japonais pouvaient presque se comprendre en se servant de leurs langues respectives. Mais lorsque, plus tard, je lui parlai sérieusement de la question, il se contenta de me dire qu'il y avait une certaine ressemblance de sonorité entre les deux langues, ce qui, du reste, est certain. Il suffit pour s'en convaincre de parcourir les listes de mots dressées par feu le chanoine Adéma. Ces mots basques et japonais ont d'ailleurs, pour la plupart, des significations différentes, même opposées.

Cette fantaisiste hypothèse donna lieu à un incident comique.

C'était après la guerre entre la Russie et le Japon. Un bateau de guerre de ce dernier pays visita Saint-Sébastien : quelques Guipuzcoans décidèrent de se rendre compte par eux-mêmes si la langue basque pouvait leur servir de moyen de communication avec les Japonais.

Ils demandèrent la permission de visiter le bateau et ils l'obtinrent : ils parlèrent dans leur langue maternelle, et à leur grand étonnement, non seulement ils furent compris, mais deux matelots du bateau japonais répondirent à leurs questions dans le basque le plus correct.

L'explication de ce fait se trouva, du reste, très simple. Le capitaine avait donné l'ordre à deux matelots basques, enrôlés dans la marine japonaise, qui se trouvaient à bord, de recevoir les Espagnols qui voudraient visiter le bateau.

II

Après nous être occupé sommairement de l'origine des Basques, passons maintenant à la question de leur langue.

Tout en reconnaissant l'importance relative que peuvent avoir pour son étude quelques citations, malheureusement trop courtes, qui nous ont été transmises par des historiens, des voyageurs ou des pèlerins du moyen âge, nous devons constater que les premiers ouvrages écrits en langue basque ne remontent guère au delà du XVIe siècle. De là vient justement l'impossibilité d'écrire une grammaire historique de l'Eskuara, jusqu'au jour, hélas problématique ! où l'on découvrira un ou plusieurs manuscrits, plus vieux de quelques siècles.

En attendant, il faut nous contenter de ce que nous avons, et les ouvrages des Dechepare, des Liçarrague, etc., serviront, comme ils ont servi jusqu'à présent, à nous montrer les changements, assez importants quant à la conjugaison, de notre langue depuis près de quatre siècles.

Il est généralement admis par ceux qui ne s'occupent pas d'une façon spéciale des études euskariennes que le premier grammairien basque fut Larramendi. Cela tient sans doute au titre *(El Imposible Vencido)*, que le fameux jésuite se plut à donner à son livre de 1729 et à ce que d'autres travaux du même genre n'eurent pas l'aubaine d'être imprimés, comme le sien, aux frais du pays. L'opinion admise n'en est pas moins erronée. Sans parler des ouvrages de Poça et d'Echave qui ne sont pas, à proprement parler, des grammaires, il est permis de citer une sorte de manuel de conversation imprimé vers 1620, c'est-à-dire quelque cent dix ans avant la publication de l'*Imposible Vencido*. C'est l'*Interprect de Voltoire* réimprimé plus tard sous le titre de *Trésor des trois langues*.

Parmi les grammaires antérieures à celle de Larramendi, et inédites jusqu'à une date récente, nous en connaissons au moins cinq : la première est celle d'Oihenart, le fameux historien ; la seconde est celle d'un curé de Bidart, Pouvreau, dont on ne conserve qu'un fragment qui a été publié par M. Vinson dans la *Revue de Linguistique* ; la troisième est celle de Nicoleta, prêtre biscayen dont nous savons fort peu de chose. Le ms. original se trouve au Musée Britannique de Londres.

C'est aussi en Angleterre qu'on a découvert il y a quelques années la *Grammaire Cantabrique Basque*, composée par Pierre d'Urte, prêtre catholique de Saint-Jean-de-Luz, qui vécut en Angleterre et embrassa la Réforme. Elle a été imprimée en 1900 par le Rev. W. Webster.

Enfin j'ai eu la chance de découvrir dans le couvent des Franciscains de Zarauz le ms. que le docteur labourdin Etcheberri présenta au commencement du XVIIIᵉ siècle au Bilçar d'Ustaritz et que celui-ci se refusa à imprimer. Il contient les *Éléments du basque* et une grammaire basque-latine.

Il serait trop long d'analyser ces ouvrages. Il suffira de dire, en général, qu'ils sont calqués sur les grammaires latines, françaises et espagnoles de l'époque. On peut affirmer la même chose de la grammaire de Larramendi et de celle de Harriet (1741).

Nous avons déjà cité les travaux d'Astarloa dont les idées ont exercé une influence considérable dans le Pays. Malgré son talent réel, l'écrivain de Durango eut le tort d'adopter pour le basque les théories que Davies avait appliquées au celte. Au lieu de s'arrêter aux racines dans la décomposition des mots, il prétendit que les mots étaient composés de lettres dont chacune avait une signification bien déterminée. On comprend à quelles conséquences extraordinaires peut conduire une telle théorie, l'imagination aidant.

Astarloa prétendit prouver en outre, par des raisonnements *a priori*, que le basque aurait été la première langue de l'humanité. Cette proposition nous fait sourire aujourd'hui. On peut pourtant excuser le bascophile de Durango en rappelant que des auteurs d'autres nations ont prétendu au même honneur pour leurs langues respectives.

Quoique cela paraisse invraisemblable, les *Discursos filosóficos sobre la lengua primitiva* d'Astarloa continuent encore à faire des prosélytes. Récemment a paru à Bilbao un ouvrage dans lequel on nous donne toute sorte de détails sur la langue parlée par Adam et Ève. Il ne s'agit pas, comme on pourrait le croire, d'une boutade. L'auteur est parfaitement convaincu de la thèse qu'il soutient.

Lors de la publication de ce livre l'idée m'était venue de rechercher les noms et les ouvrages de tous les écrivains qui ont soutenu à peu près la même thèse. Je crois qu'avec les renseignements que j'ai recueillis on pourrait écrire un livre qui s'intitulerait *Le Basque au Paradis* et qui serait assez piquant.

Je vous ferai grâce des étymologies qui abondent dans tous ces travaux. Je n'en citerai — parce qu'il est inconnu — qu'un seul, qui peut être considéré comme un modèle du genre.

C'est un ouvrage inédit de plus de 200 pages. Il s'intitule *Lauroguei*, c'est-à-dire « quatre-vingts » : la page du titre contient un dessin qu'on prendrait volontiers pour un tableau cabalistique. Au bas de ce dessin se trouve cette phrase de l'Apocalypse : *Et Ego Joannes vidi sanctam civitatem Jerusalem novam descendentem de celo a Deo, paratam, sicut sponsam ornatam viro suo.*

L'auteur de ce curieux ouvrage n'est autre que D. Julian de Churruca y Elorza, frère du fameux marin D. Cosme, mort au combat naval de Trafalgar. Il naquit à Motrico le 28 février 1758, se maria en 1789 et mourut en 1838.

Don Julian passa la licence en droit, fut maire de sa ville natale et se distingua d'une façon toute spéciale en 1794 lors de l'invasion du Guipuzcoa par les troupes françaises.

Dans ses dernières années il se consacra avec ardeur à l'étude du basque : mais si pendant toute sa vie il fit preuve d'une intelligence peu commune, il faut reconnaître qu'en fait de linguistique il se laissa influencer par des préjugés tout à fait inadmissibles et même naïfs.

Il croyait fermement que le basque, testament éternel légué aux Eskualdunak, était la langue primitive, révélée directement à l'homme par la Divinité. Chaque mot basque était pour lui une parabole de signification mystérieuse qu'il tâchait d'expliquer par des étymologies et des textes de l'Apocalypse. C'est, du reste, par ces mêmes moyens qu'il prétendit prouver dans l'ouvrage cité — dont je conserve le ms. — que le Sauveur du monde viendrait une seconde fois sur la terre en 1823. Comme M. de Churruca vécut jusqu'en 1838, il dut, peut-être, se rendre compte de son erreur.

Des ouvrages tels que celui que nous venons de citer, dont vous avez un bon modèle dans le pays basque français, celui de d'Hiarce de Bidassouet, auraient fini par discréditer les bascophiles. Heureusement les études linguistiques basques sont entrées depuis une cinquantaine d'années dans une voie franchement scientifique. Des hommes tels que Van Eys, Vinson, Bonaparte, Campion, Ithurri, Azkue, Schuchardt, Uhlenbeck et d'autres leur ont fait faire, on peut le dire, des pas de géant.

Deux causes ont pourtant retardé, à mon avis, le progrès de la linguistique basque : d'une part, la difficulté que les linguistes étrangers avaient à se renseigner sur l'Eskuara, difficulté que rendait presque insurmontable l'existence de huit dialectes et de plus de cinquante variétés dialectales ; d'autre part l'insuffisante préparation linguistique, à de très rares exceptions près, des basques qui voulaient s'adonner à ces études.

Le Pays Basque est petit et il n'existe dans son territoire aucune université officielle. D'un autre côté l'Eskuara a malheureusement déserté, depuis plusieurs siècles, presque tous les foyers des familles aisées, les seules qui pourraient envoyer leurs enfants dans leurs universités françaises ou espagnoles. D'ailleurs, il n'a jamais existé dans aucune de ces universités, pas même dans celle de Bordeaux, qui a pourtant compté des basquisants tels que Francisque Michel et Achille Luchaire, une chaire de langue basque.

Et cependant, depuis le jour, déjà lointain, où Guillaume de Humboldt se fit l'écho, comme nous l'avons dit tout à l'heure, des idées traditionnelles du pays, concernant le caractère basque des aborigènes de l'Espagne, la question euskarienne n'a pas cessé d'intéresser un seul moment les étrangers. Il suffirait pour s'en convaincre de parcourir les pages de la magistrale *Bibliographie de la Langue Basque* de notre président M. Julien Vinson.

Mais presque tout ce travail se faisait en dehors de notre pays ; il était indépendant du mouvement parallèle que les études basques suivaient dans l'Eskualerria.

A deux ou trois reprises, il est vrai, des liens assez serrés ont paru se nouer entre les bascologues étrangers et les basquisants du pays, par ex., lors des voyages scientifiques du P. Louis-Lucien Bonaparte. L'auteur du *Verbe Basque en tableaux* se fit aider, en effet, par bon nombre d'amateurs des deux versants des Pyrénées, qu'il réussit à intéresser à ses travaux.

Malheureusement, le Prince faisait tirer ses publications à un si petit nombre d'exemplaires que ses études seraient totalement inconnues chez nous, si M. Campión, le fécond polygraphe navarrais, n'avait eu soin de les analyser consciencieusement dans un de ses principaux ouvrages.

D'autres publications, telles que l'*Euskara* de Berlin, dont nous regrettons la vie éphémère, n'ont pas exercé d'influence appréciable dans notre pays.

Il nous a paru donc qu'il y avait lieu de fonder un organe international qui pourrait relier les efforts de tous les basquisants, fournir aux savants étrangers des éléments de travail de premier ordre et initier les commençants aux mystères de la méthodologie linguistique moderne.

Aidé par les principaux bascologues et d'une façon toute spéciale par M. Georges Lacombe, nous avons pu mettre en œuvre notre projet par la création de la *Revue Internationale des Etudes Basques.*

Un des objets essentiels de cette publication est d'initier les commençants aux mystères de la méthodologie linguistique moderne. La langue basque, en effet, malgré le développement merveilleux de sa conjugaison, n'est, comme l'a dit M. Schuchardt, ni une création divine sans égale, ni une œuvre humaine comme toute autre. Elle ne présente et ne peut présenter rien d'absolument neuf, étant données les ressemblances qu'offrent les phénomènes linguistiques constatés dans toutes les langues du monde. Mais des germes qui se trouvent partout se sont développés en elle dans des circonstances de croissance particulières.

Si donc la langue basque n'est pas tout à fait différente des autres langues il s'ensuit qu'il ne sera pas nécessaire de créer pour son étude une méthode neuve. Il suffira d'adapter à son caractère celle qui a déjà fait ses preuves dans d'autres domaines linguistiques.

Et puisqu'il n'existe pas, malheureusement, un traité spécial de méthodologie linguistique basque, nous avons suivi la seule ligne de conduite qui était possible dans la circonstance ; nous avons tâché d'obtenir la collaboration des bascologues qui ont une autorité reconnue dans d'autres branches de la linguistique.

Parmi ceux-ci je dois faire une mention toute spéciale des professeurs Schuchardt et Uhlenbeck dont les travaux sur le basque, quoique de tout premier ordre, étaient presque inconnus chez nous, en raison des langues dans lesquelles ils sont écrits.

Nous avons donc publié des traductions de plusieurs études de M. Uhlenbeck. La *Revue int. des Etudes Basques* est redevable à son secrétaire général M. Georges Lacombe, de quelques-unes de ces traductions.

Quoique tous ces travaux soient très importants, je me permets de signaler à votre attention celui qui traite du *caractère de la Grammaire basque*. Vous y trouverez l'exposition magistrale des traits caractéristiques de notre vieille langue et des curieuses analogies qu'elle présente avec certains idiomes américains. Il y a là aussi des observations très justes sur l'évolution du verbe basque lequel devient peu à peu périphrastique, c'est-à-dire tend à exprimer aujourd'hui, au moyen de l'auxiliaire, ce qui autrefois s'exprimait par une forme verbale synthétique. A ce sujet M. Uhlenbeck se pose cette intéressante question : « Viendra-t-il un temps où tous les verbes se conjugueront périphrastiquement? Ou bien arrivera-t-il que le basque aura succombé sous le roman qui l'enveloppe, avant que la conjugaison ait atteint son point culminant? L'avenir est mystérieux, ce qui n'empêche pas que ceux qui font attention aux signes des temps ne prévoient avec inquiétude le sort qui peut être réservé à l'Eskuara. »

Les craintes du professeur de Leyde sont malheureusement fondées. De nombreux villages de la Navarre espagnole voient disparaître l'un après l'autre, la langue de nos aïeux. Il est à craindre que les efforts que les Basques font, hélas trop tard ! pour enrayer ce mal ne soient insuffisants, d'autant plus que nous ne sommes pas tous d'accord sur la méthode à suivre.

Beaucoup de Basques, et tout spécialement les nationalistes, voudraient, en effet, exclure tous les mots d'origine latine et former ainsi une sorte de langue artificielle d'après un système *a priori*. Il me semble que le problème de la conservation d'une langue qui se meurt est assez difficile à résoudre, pour qu'il soit inutile de le compliquer par d'autres problèmes encore plus complexes. Il y a pourtant ici un fait curieux à noter, c'est que les félibres, comme, du reste, les nationalistes polonais, prétendent suivre dans des questions analogues les mêmes procédés que les nationalistes basques.

Ce que la *Revue internationale* a fait à l'égard des travaux de M. Uhlenbeck, elle aurait voulu le faire aussi pour ceux de M. Schuchardt. Malheureusement les occupations multiples du bascologue de Graz nous ont obligés à arrêter la publication de la *Déclinaison ibérienne*, et de *Basque et Roman*.

Il conviendrait pourtant, il me semble, de vulgariser les idées contenues dans ces deux travaux et dans un troisième, *Baskische Studien*, qui malgré son importance, n'a pas encore été traduit, ni même analysé en détail.

Aux noms des auteurs étrangers qui s'occupent du basque il faudra désormais en ajouter un autre, celui de M. Faddegon. Ce linguiste distingué avait exposé dans une revue hollandaise une nouvelle théorie psychologique pour expliquer les changements des consonnes dans les langues.

La lecture d'un des travaux de M. Uhlenbeck lui donna l'idée d'appliquer et de contrôler son système par le basque Il a exposé le résultat de ses recherches dans une étude qu'il a eu l'obligeance de nous envoyer et que nous nous proposons de publier prochainement. L'exemple de M. Faddegon tentera — espérons-le — d'autres linguistes, et contribuera sans aucun doute au progrès des études basques.

Car malgré tout ce qui a été fait jusqu'à présent, il reste encore beaucoup de terrain à défricher. Nous ne possédons que quelques observations de M. de Azkue sur l'accent en basque et pourtant la connaissance de l'accent est essentielle pour l'étude de l'étymologie. Il est nécessaire aussi pour contribuer aux progrès de cette dernière science d'entreprendre une étude consciencieuse des noms topographiques, lieux dits. etc , du Pays Basque. M. Vinson a déjà, du reste, signalé ce besoin dans un article fort intéressant. Comme les noms topographiques basques renferment presque toujours des mots se rapportant à la configuration des montagnes, des vallées et des maisons, à la situation qu'elles occupent, aux arbres ou plantes d'un endroit, etc., il s'ensuit que leur étude doit nous fournir une mine presque inépuisable pour enrichir le lexique basque. Si, d'ailleurs, cette étude se faisait aussi sur les documents latins, français et espagnols depuis le X siècle, il est évident, comme le dit M. Vinson, qu'on en retirerait des indications précieuses pour la phonétique et pour la grammaire.

Il me semble aussi, que malgré les travaux du prince Bonaparte et de M. de Azkue il y a encore fort à faire au point de vue des dialectes et du lexique actuel. Mais maintenant que les études basques, grâce aux travailleurs que nous avons nommés, sont entrées dans la voie scientifique, il faut espérer que le progrès se fera sentir de plus en plus.

III

Si les Basques ont dans leur langue, comme nous venons de le voir, un élément propre, de tout premier ordre, présentent-ils sous d'autres aspects des particularités dignes d'être mentionnées?

La question a été très discutée; elle a même donné lieu à des polémiques passionnées. Les uns voient partout du basque : les autres vont chercher dans les pays environnants l'origine de chacun des faits de la vie euskarienne. Cependant, que l'on se rallie à l'une ou l'autre de ces opinions ou que l'on en choisisse une troisième intermédiaire, il me semble que tout le monde devra admettre que le peuple basque pris dans son ensemble, avec ses fors, us et coutumes, son indépendance et sa fierté native, son esprit religieux et attaché aux vieux usages, ses chants populaires et ses danses, son culte pour les exercices physiques, son amour pour le sol natal, qui n'exclut pas le goût et le besoin même de l'émigration, présente une physionomie toute spéciale, qui l'empêche d'être confondu avec n'importe quel autre peuple.

Je dois, pourtant, reconnaitre, que quelques-uns de mes compatriotes, victimes d'un excès de zèle assez excusable, ont cru découvrir des particularités, là ou il n'y en avait pas ; mais j'ajouterai, qu'à mon avis, il ne faudrait pas, de ce qu'un fait ou un usage basque existe dans un autre pays, conclure toujours au manque d'originalité. Le parallélisme dans l'invention s'explique très bien, en effet, parce que l'homme qui se trouve dans les mêmes circonstances produit, en général, de la même manière. C'est pourquoi Steinmetz a dit avec raison que quiconque étudie consciencieusement l'ethnologie reconnait volontiers qu'il y a une spontanéité, une capacité générale d'accommodation dans la vie populaire ; qu'on copie seulement ce qui est superficiel ; et qu'une délimitation profonde, fructueuse et permanente présuppose presque les mêmes conditions naturelles, mentales et sociales, que l'originalité, puisque l'invention n'est qu'une de ces conditions.

Quoi qu'il en soit, toutes les questions de détail pourront, fort heureusement, être discutées, chaque fois avec des données plus certaines, car en dehors des travaux sur le Folk-Lore basque et les Pastorales souletines, de MM. Vinson, Webster, Hérelle et Léon, le professeur de Barcelone M. de Aranzadi fait en ce moment des recherches consciencieuses sur tous les problèmes de l'ethnologie des Basques.

Passons-les en revue d'une façon sommaire.

La législation euskarienne a été l'objet de l'admiration des légistes et des sociologues.

Elle fut même louée par les membres des fameuses Cortés constituantes de Cadix en 1812. Cela n'empêche pas qu'elle offre des points de contact avec celle des pays voisins. Comme l'a déjà dit le Rev. Webster, c'est seulement dans les détails secondaires que les *fueros* basques diffèrent de ceux du Béarn, des « libertés et priviléges » de la vallée d'Aspe, de las « comunidades de Aragon », de « los conselleres y consejos » de Catalogne, de quelques-uns des fueros de Castille. La supériorité des Basques — dirons-nous avec l'écrivain regretté, déjà cité — est bien moins dans l'excellence de leurs lois que dans leur façon de les appliquer. Et, en vérité, ce que nous voyons aujourd'hui même nous fait connaitre la justesse de cette appréciation.

A l'heure actuelle, comme vous le savez, nos libertés sont abolies ; malgré cela, les provinces basques espagnoles, c'est-à-dire la Biscaye, l'Alava, le Guipuzcoa et la Navarre jouissent encore d'une certaine autonomie. Et cette autonomie, qui n'est au fond autre chose qu'une sorte d'indépendance économique et administrative, produit de si bons résultats, que tous les étrangers qui nous visitent sont frappés de la supériorité de nos services publics, comparés à ceux des provinces espagnoles voisines.

La tâche de nos *Diputaciones* est du reste facilitée par l'état d'esprit de nos paysans qui voient jusqu'à un certain point, en elles, les successeurs de nos anciennes assemblées populaires.

De ce côté des Pyrénées, nos frères de sang et de langue sont aujourd'hui complètement soumis aux lois générales de la France, mais leur caractère est également si traditionaliste, qu'ils ont trouvé moyen, ainsi que nous l'a prouvé le P. Lhande, dans un livre récent, de conserver dans une certaine mesure leurs anciennes coutumes successorales.

Ce respect pour les vieux usages est général à toute l'Eskualerria, mais il ne faudrait pas déduire de là, que la constitution et le droit civil de chacun des états basques étaient uniformes.

Le temps me manque pour vous donner d'autres renseignements sur la législation basque, mais je tiens à constater que nos *Fueros*, qui souvent renferment des dispositions relatives à la vie familiale, ne contiennent pas la moindre trace de cette coutume bizarre dont parle Strabon et qu'on appelle *couvade*.

Elle consiste — vous ne l'ignorez pas — en ce que lors de la naissance de l'enfant et pendant que la femme vaque aux soins de son ménage, le mari se met au lit, prend l'enfant dans ses bras et reçoit les félicitations des amis de la maison.

Des recherches très minutieuses à ce sujet nous permettent d'affirmer de la façon la plus catégorique, que cette coutume n'est pas connue chez nous. M. Webster, qui, à un moment de sa vie, crut fermement à son existence et en parla dans ses travaux, m'autorisa, quelque temps avant sa mort, M. G. Lacombe pourrait en témoigner, à déclarer que sa bonne foi avait été surprise.

J'ai tenu à faire une fois de plus cette déclaration, car certaines erreurs ont la vie dure, et celle-ci a été propagée, quoique cela paraisse invraisemblable, par une revue aussi sérieuse que *Cultura Española*.

De nos jours on considère généralement le béret et le *makila* ferré comme inséparable des Basques; mais le premier serait relativement moderne, tandis que le second n'est guère connu sur l'autre versant des Pyrénées.

Le béret est chez nous, d'après quelques auteurs, contemporain de Zumalacarregui, le fameux chef de la première guerre carliste et, malgré ses recherches, M. de Aranzadi n'a pas pu découvrir, jusqu'à présent, les rapports qu'il peut avoir avec le béret flamand que nous voyons dans les tableaux de Teniers et avec le *tam-o-chanter* écossais.

Les documents ne nous font pas absolument défaut pour étudier le costume chez les Basques. Sans parler d'autres gravures plus connues, le hasard d'une promenade dans la vieille Venise me fit tomber sur la seconde édition, assez rare, celle de 1598, d'un livre imprimé dans la ville des Doges et réimprimé plus tard en France. Il a pour titre *Habiti antichi et moderni di Cesare Vecellio*. Il contient plusieurs gravures concernant les Basques et la description des costumes portés en Biscaye et en Navarre au XVI⁰ siècle.

Vous aurez tout à l'heure l'occasion d'examiner dans les projections quelques-uns de ces costumes. Cela vous permettra même de constater la naïveté d'appréciation du bon de Lancre qui les trouvait inconvenants.

Il est vrai que ce même conseiller au Parlement de Bordeaux, venu dans le pays pour procéder contre les sorciers et qui croyait en trouver à tout coin de rue, déduit l'immoralité des Basquaises de leur goût pour les pommes :

« Elles ne mangent que pommes — dit-il — ne boyuent que jus de pommes, qui eſt occaſion qu'elles mordent si volontiers à cette pomme de tranſgreſſion, qui fit outrepaſſer le commandement de Dieu, & franchit la prohibition à notre premier père. »

Si de l'examen du costume on passe à celui de la maison et des instruments de labourage, on trouve, également, des rapprochements à faire entre les usages basques et ceux d'autres pays.

La maison basque est généralement vaste et ne peut pas être confondue avec celle des laboureurs français ou espagnols. Il faudrait peut-être aller jusqu'en Suisse pour trouver quelque chose de pareil.

Je parle naturellement de la maison paysanne, car d'autres bâtisses plus luxueuses, quoique anciennes, telles, par exemple, que le palais d'Ermua, appartiennent à un genre d'architecture assez répandu dans le reste de la Péninsule.

Quant aux instruments de labourage, la charrette, le *lera* et la *laya* sont, je crois, les plus typiques. La charrette joue, d'ailleurs, un rôle très important dans les mariages basques : elle sert à porter avec une certaine solennité le trousseau de la mariée. Il est curieux d'observer qu'une coutume pareille existe en Suisse et en Allemagne.

Le *lera*, sorte de traîneau ou véhicule dépourvu de roues, est un autre des moyens de transport basque. Il est usité, du reste, aussi, dans les ports de la mer cantabrique, dans les Vosges, dans l'île de Madère et aux Philippines.

On trouverait également des comparaisons à établir entre les ustensiles de la maison basque et les instruments correspondants dont se servent d'autres peuples : mais comme je ne voudrais pas trop fatiguer votre attention, je préfère passer à l'examen des jeux et sports physiques auxquels le Basque attache une importance toute particulière.

Les Euskariens, en effet, ont un penchant si marqué pour les jeux athlétiques, qu'ils peuvent être comparés sous ce rapport aux sujets britanniques. Mais tandis qu'il existe en Angleterre toute une littérature sur cette matière, il est assez difficile, à moins de se livrer à des recherches spéciales, de se renseigner sur les jeux basques, en exceptant, naturellement, celui de la pelote.

Vous connaissez ce jeu : vous savez, sans doute, qu'on le joue de différentes façons : au *trinquet*, sorte de *paume royale*, ou *royal tennis*, à la *longue* et au *blaid*. Les règles de cette dernière forme qui est la plus pratiquée de nos jours, ne sont pas les mêmes en deçà qu'au delà des Pyrénées. Cela explique pourquoi les joueurs basques espagnols ne font pas toujours bonne figure quand ils jouent ici ou à Paris, et pourquoi des *pelotaris* qui jouissent en France d'une juste notoriété, pourraient se présenter difficilement sur les places de pelote d'Espagne.

Malgré ces différences secondaires, ce sport est pratiqué des deux côtés de la frontière avec un tel entrain que depuis une **quarantaine** d'années il tend à faire disparaître tous les autres jeux basques. **Mais** ce sport de la pelote, si aimé chez nous, est-il au moins d'origine basque? Les opinions sont partagées à ce sujet.

— Il était pratiqué par les Grecs et les Romains; il le fut plus tard par les Français et les Espagnols. La terminologie de ce jeu chez nous est romane, donc il n'est pas d'origine basque — disent les uns.

— L'existence de ce jeu chez d'autres peuples ne prouve pas que nous l'ayons emprunté — disent les autres, — car étant sans doute très ancien, il a pu nous être emprunté, au cas où il ne serait pas né en plusieurs endroits différents. D'ailleurs, la terminologie a pu varier, comme elle a varié dans d'autres parties du lexique basque. N'ayant pas, pour ma part, d'arguments nouveaux à présenter en faveur de l'une ou de l'autre thèse, je m'abstiendrai de conclure. Je revendiquerai seulement pour mon peuple, l'honneur d'avoir fait de la pelote un jeu national, et de l'avoir mis à la mode à notre époque, en Europe, en Amérique et jusqu'en Afrique.

Je vous disais tout à l'heure que ce sport était en train de faire disparaître d'autres jeux autrefois fort en vogue parmi nous. C'est le cas du *kali*, dont je voudrais vous parler.

Mais au fait, qu'est-ce que c'est que le *kali*?

Une revue illustrée de Saint-Sébastien a produit dernièrement un certain émoi dans le pays en publiant un article, qui prétendait que le *kali* n'était autre chose que le *golf*, jeu anglais, pratiqué avec ardeur depuis plusieurs années à Biarritz et à Saint-Jean-de-Luz.

Il m'a été donné de m'exercer et au *kali* et au *golf* — oh, très modestement! — à diverses époques de ma vie.

Si mes souvenirs d'enfance ne me trompent pas, il existe une différence essentielle entre ces deux jeux. J'ai voulu pourtant m'en informer de nouveau et voici le résultat de mon enquête.

Le *kali*, quoique beaucoup moins en vogue qu'autrefois, est connu dans toutes les provinces basques. Il porte six ou sept noms différents et revêt des formes variées. Il se joue par deux groupes de joueurs (qui forment chacun un camp). Ces deux groupes se lancent réciproquement, au moyen d'un bâton courbé, une pelote, qui doit traverser une ligne. Le *kali* serait donc plutôt le *hockey* anglais, la vilorte castillane, jeu répandu du reste, avec plus ou moins de variantes, dans toute l'Europe.

Quelqu'un m'a assuré, il est vrai, que dans la Soule, le *kali* (que les Souletins appellent *arrabilaka*) consiste, parfois, à faire entrer une balle dans une série de trous, au moyen d'un bâton courbé, dans le plus petit nombre de coups possible. *L'arrabilaka*, par conséquent, serait une sorte de *golf*, mais un jeu de *golf* — empressons-nous de le dire — tout à fait rudimentaire.

Les Basques sont, enfin, très amateurs de poésie, de musique et de danse.

L'Euskarien n'est pas seulement poète : il est improvisateur. Le mécanisme de la langue, ses inversions, ses désinences grammaticales — a dit Francisque Michel — facilitent singulièrement la versification.

Quelques-unes de ces improvisations un peu corrigées, peut-être, après coup, se transmettent de génération en génération, et deviennent le dessert obligé des festins.

La musique populaire basque est fort originale et très variée puisque Charles Bordes l'a classée en cinq catégories. Elle est écrite en des mesures très diverses, mais parmi ces mesures, il en est une qui est considérée comme la plus remarquable particularité de notre musique. C'est la mesure 5/8.

Nous savons depuis peu de temps qu'elle est aussi usitée chez les Lapons et dans la vieille Castille. Mais il y aurait des différences techniques entre le 5/8 de ces derniers pays et la mesure basque. C'est au moins l'opinion de M. d'Aranzadi, qui en ce moment étudie cette question très consciencieusement.

Les danses basques sont également très nombreuses et très variées.

Du côté basque-français la plus appréciée est le saut basque qui se danse de vingt et une manières différentes. Du côté basque-espagnol, la danse nationale est le *aurresku* que Charles Bordes a décrit de la façon suivante :

« Les femmes y prennent part, mais séparées des hommes par des mouchoirs tenus bout à bout, pudique coutume que je crois assez récente. L'*aurresku* est un véritable ballet avec ses figures. Les hommes dansent d'abord seuls, à tour de rôle : un chef de file se détache du cordon des danseurs et vient danser devant la jeune fille qu'il a choisie dans la foule et qu'il finit par amener à la danse. Le ruban déployé est interminable, grâce aux mouchoirs qui l'allongent encore. Quand le dernier danseur a conquis sa danseuse, le cordon se dénoue, et l'*aurresku* se termine par un fandango endiablé, les doigts claquent dans l'air joyeusement. »

En résumé, quelque idée qu'on se fasse de l'originalité des divers aspects de la vie euskarienne que je viens d'effleurer, il me semble, Mesdames et Messieurs, qu'on peut affirmer sans crainte de contradiction que l'*Eskualerria* est un peuple digne d'étude, et qu'il offre au chercheur des problèmes très variés et très intéressants. Si ce que je viens de dire pouvait faire naître quelque vocation nouvelle et décider quelqu'un d'entre vous à aider la *Revue internationale* dans les recherches qu'elle poursuit, non seulement il serait le bienvenu, mais je me pardonnerais peut-être alors, en vous remerciant de la bienveillance avec laquelle vous m'avez écouté, d'avoir eu l'audace de vous entretenir des études basques, dans une langue que j'aurais voulu mieux connaître pour pouvoir mieux vous convaincre de leur intérêt.

Cette importante séance est clôturée par une série de projections lumineuses présentées par M. Th. Amtmann, trésorier de la section centrale de Bordeaux, parmi lesquelles on remarque : des portraits d'érudits basques ; des types de costumes anciens portés en Biscaye et en Navarre au XVIe siècle. Puis défilent les sites les plus attrayants et les principaux monuments de l'Eskualerria.

Mardi 1er Août, 8 h. 1/2 (au Grand-Hôtel)

2me Séance de Travail

Les Congressistes viennent aussi nombreux à cette seconde séance de travail qui est présidée par :

M. le Marquis de Fayolle, président de la *Société Archéologique du Périgord ;*

Assesseurs : M. Adrien Planté, président de la *Société des Sciences, Lettres et Arts de Pau* ; président de l'*Escole Gastou-Febus ;*

M. Lauzun, secrétaire général de la *Société des Sciences, Lettres et Arts d'Agen ;*

M. L. Fonteneau, secrétaire général du Comité ;

M. Courteault, secrétaire général de l'Union.

1re Communication. — M. Ad. Stiegelman, membre de « Biarritz-Association ».

UN DÉPOT ANCIEN DE « PURPURA HÆMOSTOMA »
DANS LE HAUT DE LA FALAISE DE BIDART (B.-P.)

En me promenant, vers la fin de 1909, au sommet des falaises de Bidart, d'où l'on jouit d'une vue superbe sur la mer et les montagnes basques, mon attention fut attirée par des coquillages marins, surtout de *Purpura hæmostoma*, se projetant en relief à environ un mètre de distance depuis le haut de la falaise, qui en cet endroit s'élève à vingt-cinq mètres à peu près d'altitude au-dessus de la mer.

Comme la présence de ces coquillages à une hauteur si considérable au-dessus de l'Océan m'intriguait, je me suis mis à fouiller cette partie de la falaise sur une longueur de dix mètres, une largeur de deux à trois mètres et une profondeur de un mètre à un mètre cinquante, ce qui me fut relativement aisé, vu la constitution sablonneuse du terrain (une ancienne dune). La tranchée dans le haut de la falaise révéla la présence de trois couches de terrain bien distinctes (voir la coupe ci-jointe), soit de haut en bas :

1º Humus ou terre végétale plus ou moins sablonneuse, environ 50 centimètres ;

2º Sable marin, épaisseur de 50 à 75 centimètres ;

3º Argile sablonneuse ou caillouteuse, superposée à une espèce d'argile jaunâtre, en partie bariolée, atteignant 20 mètres d'épaisseur et, tout au fond et au niveau de la mer, des affleurements locaux de tourbe.

Pour l'étude du dépôt coquillier en question, je me suis limité à l'examen de la couche à sable marin n° 2, qui tranche nettement sur les deux couches subjacentes et sous-jacentes et dans laquelle sont renfermés les *Purpura hæmostoma* (1). A part ce dernier, le coquillage

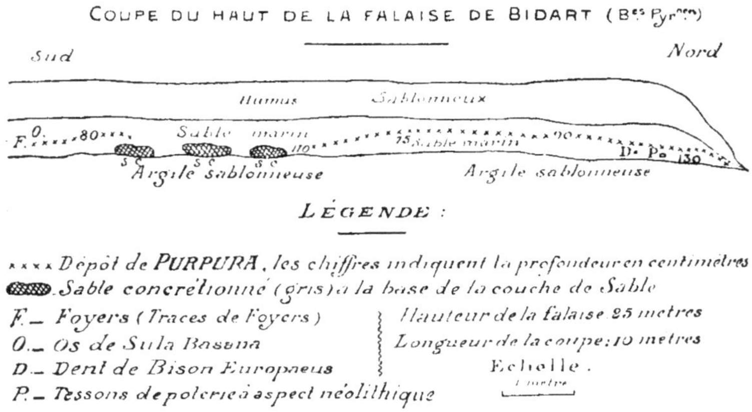

le plus fréquent des couches 1 et 2 est Trichochlea crassa (1) que l'on rencontre (accompagnés dans 1 de quelques rares Helix nemoralis) seulement *au-dessus* des *Purpura*. Un troisième coquillage, *Patella depressa* (1) est plus rare, il est généralement situé en *dessous* de la couche à *Purpura*. Le niveau de ce dépôt atteint à peine cinq centimètres d'épaisseur et varie entre des profondeurs de 75 à 130 centimètres depuis le sommet de la falaise, et, fait curieux à signaler, ce gisement n'est interrompu que sur deux mètres et demi et cela précisément à un endroit (voir le plan) où je constatai la présence de plaques de sable concrétionné en forme d'un grès grisâtre très dur, dues sans doute à l'action d'eaux douces formant des dépôts calcaires et agglomérant les particules de sable. Les plaques de grès se rencontraient à une profondeur d'environ un mètre. Quant à l'horizon à *Purpura hæmostoma*, en certains endroits je le poursuivais jusqu'à une distance de trois mètres depuis le flanc de la falaise. Du coquillage en question, j'ai recueilli au moins 1,500 exemplaires de toutes grandeurs, de 2 à 6 centimètres, les tout petits et surtout les tout grands étaient rares, la majorité variant de 3 à 4 centimètres de long. En ce qui concerne leur conservation, presque tous ces coquillages étaient intacts, mais de la couleur rouge, si caractéristique de l'embouchure (*hæmostoma*), il ne subsistait que de faibles traces sur quelques rares exemplaires. Cette considération jointe au fait que ce dépôt

---

(1) Ces trois coquillages ont été déterminés par M. Dautzenberg, de Paris, auquel j'exprime ma profonde gratitude.

coquillier se trouve à une profondeur assez considérable (1 mètre), me fait présumer qu'il remonte à une époque relativement ancienne, conviction confirmée par une ou deux constatations dont je tiens à signaler l'importance : A l'extrémité nord de ma fouille et *sous-jacent* à l'horizon à *Purpura*, je découvris, fin 1909, une molaire très bien conservée de *Bison Europæus* (1), et à proximité de cette dent et au même niveau, un rebord de poterie à décor fait à l'impression du bout des doigts.

Ce décor représente une survivance de l'époque néolithique et se retrouve à travers les âges du bronze et du fer jusqu'à l'ère romaine (2) à laquelle je suis enclin à attribuer ce tesson et quelques autres trouvés au même niveau. Sur le côté sud de ma fouille, j'ai trouvé, toujours au niveau des *Purpura*, quelques faibles traces de foyers (cendres) à proximité d'os de *Sula Bassana* (palmipède dit « fou du Bassan »). Malgré toutes mes recherches, je n'ai jamais trouvé d'autres vestiges de la présence de l'homme en cet endroit (sauf la poterie). Toutefois à environ 200 mètres de ce point j'ai ramassé, dans la falaise, un petit nurcleus — grattoir en silex noir, — probablement néolithique, c'est-à-dire de l'âge des lignites de Moulinia, près Biarritz — où l'on a recueilli des silex taillés avec des ossements de bison. Il faut remarquer que le Bison existait encor à l'époque romaine dans les forêts de la Germanie, ce qui expliquerait sa présence avec les poteries précitées.

Tout considéré, le dépôt de sable marin de la falaise de Bidart, contenant les *Purpura hæmostoma*, remonterait à l'époque romaine, j'en attribue la formation à de *forts ras de marée* (3) transportant sur le flanc, autrefois sans doute en pente légère de la falaise, le sable et les coquillages en question et les déposant au sommet de celle-ci. Il faut ajouter que le *Purpura hæmostoma* était autrefois sans doute plus répandu que maintenant sur cette côte. A Bidart même, je n'en ai jamais trouvé un seul sur la côte ; plus au sud, entre Guéthary et Saint-Jean-de-Luz, j'en ai bien trouvé quelques rares spécimens, mais très roulés. A ce qu'il paraît, il aurait été autrefois commun à Saint-Jean-de-Luz et même plus au nord.

Pour expliquer la présence du dépôt de *Purpura*, trois hypothèses sont possibles : 1º *Kjokkenmodding*, c'est-à-dire, un dépôt humain qui me semble aussi invraisemblable que la deuxième hypothèse : plage soulevée, car on n'en connaît qu'au nord de l'Europe et de l'Amérique.

(1) Déterminée par M. A. Rutot, de Bruxelles. — M. l'abbé Bornerot a trouvé, non loin de là, une autre dent de bison.

(2) M. Déchelette de Roanne, auquel j'ai soumis quelques tessons, me dit : « Ils ne sont pas néolithiques comme le montre leur cuisson qui est déjà complète, mais je ne peux vous en indiquer l'âge exact. *Cela me rappelle un peu la poterie de Bonrray*, époque de César..., ils doivent appartenir à quelque céramique locale. »

(3) Selon le témoignage d'auteurs sérieux, cités par Suess (« La Face de la Terre »), il y a eu précisément à l'époque romaine et après, sur la côte Atlantique, des ras de marée considérables. Encore actuellement de forts courants de mer se manifestent dans le fond du golfe de Gascogne, produisant l'ensablement de l'Adour, etc...

Il ne resterait donc que la troisième hypothèse : ras de marée, que je considère comme la plus vraisemblable dans ce cas.

Cependant, après avoir consulté l'intéressant ouvrage de Chevremont : « Les mouvements du sol sur les côtes occidentales de France » (Paris 1882), on pourrait abandonner la théorie des ras de marée pour expliquer la formation du dépôt de *Purpura hæmostoma* de Bidart, d'autant plus que ces coquillages, bien que dépourvus de leur couleur propre, se trouvent, grands et petits, presque tous en parfait état, indice que ce dépôt coquillier s'est *formé sur place*.

Dans l'ouvrage précité on mentionne les coquillages marins qui se rencontrent sur le littoral breton, et « qui montrent qu'autrefois la mer a dû baigner les points situés à 6, 12 et 15 mètres au-dessus de son niveau actuel ».

Sur le littoral de Nice, M. Caziot a constaté également la présence de coquillages marins à des niveaux élevés de 5 et 25 mètres au-dessus du niveau actuel de la mer, et qu'on attribue soit au quaternaire récent (5), soit ancien (25).

Chevremont dit dans son ouvrage (p. 110) : « que la deuxième époque glaciaire, au lieu de coïncider avec une phase de soulèvement, correspondit à un mouvement de subsidence négatif, dans l'Europe du Nord-Ouest », mouvement auquel je suis plutôt enclin de rapporter la formation du curieux dépôt de Bidart, qui, se trouvant à 25 mètres au-dessus de l'Océan, pourrait bien correspondre au niveau analogue de Nice.

M. Fonteneau, secrétaire général du Comité, dépose sur la table des travaux, au nom de M. Chauvet, président de la *Société Archéologique de la Charente*, un volume très intéressant dont il fait hommage au Congrès de Biarritz-Bayonne. Cet ouvrage, très savant, a pour titre :

OS, IVOIRES ET BOIS DE RENNE OUVRÉS DE LA CHARENTE
(Hypothèses Palethnographiques)
ILLUSTRÉ DE NOMBREUSES PLANCHES

M. Chauvet commence son ouvrage en disant « que les notes utilisées dans son travail n'ont pas été choisies en vue de défendre une thèse ; elles sont destinées à former une série de documents quelquefois contradictoires, pour servir à l'étude de nombreuses questions controversées de Préhistoire », et parmi les principaux auteurs cités par ce savant, figure plusieurs fois le nom d'un de nos collègues, malheureusement absent aujourd'hui, M. Cartailhac, autre fervent de la Préhistoire.

Ce travail, profondément savant, se développe en une série de chapitres dont voici les titres : *Première trace de l'utilisation des os. — La grande industrie du bois de Renne. — Objets servant à couper. — Objets servant à percer. — Lissoirs et Spatules. — Hypothèses sur les rainures et sur les biseaux. — Objets divers. — Bâtons percés. — Pièces énigmatiques. — Pendeloques, Amulettes. — Art pléistocène. — Débuts de l'écriture. — Vannerie et Tissage. — Magie, Religion, Jeux, etc.*

Notre-Dame de Cazères

2ᵐᵉ *Communication*. — M. l'Abbé ESPAGNAT, curé-doyen de Cazères-sur-Garonne (Haute-Garonne).

Cette Communication se compose de trois sujets :

a) UNE VIERGE ANCIENNE, OU LA STATUE DE LA MADONE DE CAZÈRES; — *b*) APERÇU GÉNÉRAL ET RÉTROSPECTIF SUR LA VILLE DE CAZÈRES-SUR-GARONNE ; — *c*) L'INSURRECTION ROYALISTE A LUCHON ET ÉPISODE DE Mˡˡᵉ CLOTILDE, DANSEUSE DE L'OPÉRA DE PARIS.

UNE VIERGE ANCIENNE
OU LA STATUE DE LA MADONE DE CAZÈRES

Cette statue est appelée Notre-Dame de Cazères.

Elle est, depuis un temps immémorial, l'objet d'une curiosité artistique et d'une grande dévotion de la part des habitants de la localité et de la contrée.

Elle est en bois de chêne, d'une seule pièce avec son trône, et d'une hauteur de soixante centimètres.

Elle représente la Sainte-Vierge-Mère, assise sur un trône, dont les montants de chaque côté sont surmontés de boules.

La Madone tient sur son giron l'Enfant Jésus, assis et bénissant de sa main droite (les deux mains ont disparu). Sa robe aux plis sévères s'allonge et ondule sur les pieds que la Vierge découvre légèrement, et cette robe a une bordure de perles teintées de rouge et de bleu.

L'aspect archaïque de cette statue, la forme de sa structure, les poses de la Vierge, l'agencement des draperies du vêtement accusent le XIIᵉ ou le XIIIᵉ siècle.

Elle est placée dans le sanctuaire de la primitive église.

Or, la tradition rapporte qu'après le siège de la ville, en 1356, et l'incendie de la vieille église, par les Anglais, le sanctuaire de cette dernière fut conservé et joint à la nouvelle église, par souvenir et respect de cette statue et de la dévotion qu'elle provoquait.

Dans le XVᵉ siècle, cette statue se trouve à la même place; dans le XVIIᵉ siècle, elle est honorée et reçoit solennellement le vœu de 1630, à l'occasion de la peste de Cazères ; dans le même siècle, en 1665, elle est représentée dans un tableau votif, à la suite d'une guérison miraculeuse; dans le XVIIIᵉ siècle, elle se trouve dessinée dans une image représentant le retable de la chapelle nouvellement construit.

En 1793, elle fut sauvée par le prêtre constitutionnel, François Lahille, enfant de Cazères.

Au rétablissement du culte en France, cette statue reprit sa place ancienne.

Tels sont les titres d'ancienneté de la statue de Notre-Dame de Cazères-sur-Garonne.

APERÇU GÉNÉRAL ET RÉTROSPECTIF SUR LA VILLE DE CAZÈRES-SUR-GARONNE

La ville de Cazères (Cazeriœ Cazellœ) offre dans son existence quatre phases correspondant à des époques différentes : primitive, médiévale, moderne et contemporaine; chacune d'elles a un cachet particulier.

1° A son origine, Cazères était un petit bourg gallo-romain ou ibérien. Assis sur un promontoire, dont on voit encore la pointe, sorte de monticule appelé : la Moujoie (mons Jovis). Ce bourg était baigné, au nord, par les eaux de l'Hourride, qui coulent dans le bas ; et, au midi, par les flots torrentueux de la Garonne.

Protégé par des remparts fort primitifs, dont on remarque encore certaines approches, il était composé de sa vieille église, dont il ne reste que le sanctuaire, et de son cimetière intérieur; encore de quelques rues fort étroites et d'une place unique, minuscule.

Ce bourg est le berceau de Cazères (1).

De cette primitive ville, il ne reste que la petite place dénommée, encore, fièrement, place d'Armes : sorte de carrefour de dix mètres de chaque côté ; quatre rues ou ruelles de 1 m. 80 à 2 mètres de largeur, s'entre-croisant, et dont les maisons primitives, disparues, ont fait place à des maisons du XVe et XVIe siècles ; enfin quelques débris ou approches de défense.

Ce bourg est actuellement le quartier intérieur de la ville de Cazères, et porte toujours son nom de Bilo-Barrado.

2° La deuxième phase de l'histoire de la ville cazérienne correspond à l'époque médiévale.

Alors, les invasions des barbares et les grands mouvements des peuples ont cessé ; les populations, rassurées, débordent de leur enceinte étroite et fermée; elles s'étendent davantage et s'installent plus à l'aise, en dehors des fortifications naturelles et primitives ; elles deviennent industrielles et commerçantes ; elles ont besoin d'espace.

Néanmoins elles se resserreront et se fortifieront même ; elles ont à se protéger à l'égard des excursions de bandes armées, contre les rapines de voisins jaloux, les attaques de seigneurs à l'humeur belliqueuse; elles auront aussi à lutter aux temps des guerres religieuses.

C'est l'époque du moyen âge.

Cette situation sera celle de Cazères-sur-Garonne, dans la deuxième phase de son existence.

---

(1) Ses premiers habitants la fermèrent du côté de la terre par une muraille grossière, avec levée de terres, dont on croyait voir encore des vestiges en 1850, aujourd'hui tout à fait disparus. Le moulon Vianés était adossé à la paroi occidentale de la susdite muraille ; sa démolition n'a été achevée qu'en 1858. La ruelle Vianés s'appelait la *Tranchée*, et longeait la maison actuelle de M. Conféron, etc., etc. — V. M. Monthieu, p. 31.

Dès lors à la Bilo barrado succède la Bilo enclosado.

En ce temps, la nouvelle ville déborde de l'enceinte de son premier bourg et s'étend jusqu'aux nouveaux remparts dont les boulevards actuels gardent le tracé.

Dans cette extension urbaine, une grande place est faite, à l'ouest de l'église, et vers laquelle iront converger des rues nombreuses, plus ou moins larges et aérées : les rues de la Laine, de Taillefer, de Capsubran, de las Clotes, de Testomole, etc. Une halle ou marché y sera construite ; le château y sera bâti ; enfin, des remparts l'entoureront. Trois portes donnent accès à cette ville développée : la porte de l'Hourride, à l'entrée des chemins du Fousseret et de Saint-Julien, vers Toulouse ; celle du Mont (Mondavezan) à l'entrée de la route de cette bourgade et vers la Gascogne ; et celle dite de Palaminy, à l'entrée des routes de Palaminy et de Martres-Tolosane, vers les Pyrénées.

Ces trois portes étaient fortifiées, surtout celle de Palaminy avec son gabion et son échauguette (1) ; les remparts cernent la ville. Ils vont des bords de la Garonne aux rives escarpées de l'Hourride ; ils ont leurs embrasures, bastions, chemins de ronde et fossés. Une plus haute tour, appelée la Tourette, défend la ville à sa base, c'est-à-dire au bord de la Garonne.

Cette deuxième phase de l'histoire de la ville se déroulera à travers d'événements et de faits divers.

Elle voit l'origine de son consulat (quatre consuls, avec chaperon noir à la bordure rouge) administrant la ville, 1271 ; sa charte de 1282, avec ses privilèges confirmés par le roi Louis XI, le 26 mai 1463 ; son siège, en 1356, par l'armée gallo-gasconne du prince de Galles ; l'incendie de la primitive église par les Anglais ; la défaite de ces derniers, en 1376, par Gaston de Phœbus (1343-1391), seigneur de Cazères, reprenant la ville et le château, et réduisant les Anglais ; la reconstruction des maisons détruites et brûlées ; la restauration du château militaire ; la construction de l'église actuelle ; la réfection des remparts (2) ; leur défense à l'occasion du voisinage des coreligionnaires établis au Sarlat et au Mas d'Azil, faisant des excursions à Sainte-Croix, à Montberaud, brûlant Le Plan (les Huguenots 1568) (3).

Cette époque voit plusieurs inondations de la Garonne ; la construction du pont de bois, avec ses dix-sept arches, au lieu dit de la Pointe, en 1466, etc., etc.

Cette deuxième phase est celle des seigneurs : le duc d'Aquitaine,

---

(1) A la porte de Palaminy, il y avait une citadelle au sommet de laquelle on montait par des marches ménagées dans l'épaisse muraille des remparts, du côté de la ville (intra-muros). Dans cette citadelle se trouvaient des arquebuses. V. archiv. not. Saint-Justin, 27 mai 1595.

(2) D'après un plan ancien conservé aux archives départementales de la Haute-Garonne, n° 258 des plans, les remparts étaient circulaires, comme l'indique le tracé des boulevards actuels. Alors trois portes les ouvraient, tandis que quatre bastions, débordant, à demi, de l'enceinte fortifiée, les défendaient. Ces bastions occupaient les emplacements des maisons Faget-Dumas, Echène et Rivière, à la descente vers la Baze ; des maisons Touzet et Mesplé ; de celles de Clastre et de Bonnemaison, sur le boulevard dénommé actuellement Lafayette.

(3) Voir document.

les comtes de Comminges au XIIe siècle; les comtes de Toulouse au commencement du XIIIe siècle; les comtes de Foix de 1263 à 1482; les coseigneurs Le Roi et Darbas (de Arbasio) qui, ce dernier, habite le château de Cazères; Roger d'Espagne (Rogerius de Hispania); de Montespan, 1535; de Gondrin en 1560-1568 et plus tard.

3° La troisième phase de l'histoire de Cazères correspond à l'époque moderne. Elle comprend la fin du XVIe siècle et le XVIIe et le XVIIIe siècles.

C'est Cazères avec la Bilo barrado, sa bilo enclosada et ses sept faubourgs.

Ceux-ci sont à savoir :

1° Le faubourg du Bourguet, sur la rive gauche du ruisseau de l'Hourride, et s'étendant du pont de ce nom aux bords de la Garonne, en aval. Il était le quartier habité par les marins. Un pont de bois, plusieurs fois restauré dans la série des siècles, et bâti en maçonnerie, en l'année 1888, reliait ce faubourg à la ville;

2° Le faubourg de Saint-Jean avec le cimetière de ce nom. C'est par ce faubourg que l'on allait au Fousseret, vers la Gascogne et vers Toulouse.

De l'église paroissiale, on se rendait au champ du dernier repos, par la porte du Mont et le Caminot des Morts. Deux portes donnaient accès au cimetière Saint-Jean : une principale surmontée d'une croix du XVIe siècle, dont il sera fait mention plus bas; l'autre qui était vis-à-vis de la chapelle de ce nom (1).

Ce cimetière remplaça celui qui était devant l'église, côté ouest, où se trouve la place actuelle dite de l'Eglise.

« Il était à l'origine tellement restreint qu'on dut le creuser maintes fois pour la sépulture des habitants durant plusieurs siècles. Il occupait l'emplacement du jardin actuel. Il avait la forme d'un triangle isocèle tronqué, et n'avait guère plus de quatre mètres de largeur à son sommet, avec 400 mètres carrés de superficie » (2).

3° Le faubourg de las Caouquèros, un peu plus rapproché de la ville, mais toujours bordant l'Hourride. C'est le faubourg des petits ménages.

4° Le faubourg de Tarascon. C'est le quartier en face de las Caouquèros, et sur la rive gauche du ruisseau.

Là se trouvaient, sur les bords de l'Hourride, les nombreuses manufactures de cuirs, de laines, de draps de serge dits de Cazères.

Ce faubourg communiquait à la ville par deux ponts de bois.

5° Le faubourg de Villeneuve était sur la rive droite du ruisseau et occupait l'emplacement des terrains que divisaient les chemins allant à Palaminy et vers Mondavézan, où se trouve la métairie de Borde-Blanque.

Une légende raconte que ce quartier fut créé et peuplé par les habi-

---

(1) Voir document : Les chapelles.
(2) Plan Ernest Martin.

tants de Tersac (1), fuyant les exigences et les tyrannies du seigneur de cette localité.

C'est dans ce faubourg et dans la rue actuelle dénommée La Case, que se trouvait l'hospice de la Case où logeait le religieux bénédictin de l'abbaye de Montserrat, en Espagne (2).

6º Le grand faubourg. Il faisait face aux remparts de la ville. Il allait de la rue de la Case, vis-à-vis la porte, fermée alors, de la Laine, jusqu'au delà de la place dite actuellement Lafayette.

Il comprenait donc tout ce côté des boulevards, plus les maisons et les jardins bordant la route de Palaminy, plus le couvent des Religieux Capucins, et le chemin dit des Capucins vers la Pointe, à l'entrée du Pont de bois.

C'est le quartier des bourgeois.

Là ont habité les Barus, grand-oncle, oncle et petit-neveu, curés de Cazères, tous les trois, pendant quatre-vingt-quatorze ans (1661-1755).

7º Enfin, le faubourg de la Base, comprenant la descente actuelle des boulevards, depuis la porte de Palaminy jusqu'à la Tourette, et tout le Moulon de cette appellation, bordant la rive gauche de la Garonne, jusqu'au Pont de bois de la Pointe.

Cette époque, dite moderne, voit le développement de la ville par ses sept faubourgs : la construction de la Casa des Religieux Bénédictins de Montserrat, 1547 ; du couvent des Religieux Capucins, 1613 ; la construction du pont de bois, plusieurs fois emporté et reconstruit.

Les remparts deviennent de plus en plus inutiles ; aussi seront-ils démolis vers la seconde partie du XVIIIe siècle. Déjà une portion tombe vers la Tourette, pour ménager l'ouverture et la descente de la rue Taillefer, vers la Base. Les portes du Mont et de Palaminy seront détruites avec leurs fortifications. A leur place s'élèveront les deux pylônes qui existent de nos jours, en remplacement des portes (1781-1788).

Cette troisième époque aura vu la peste de 1630, qui ravagea Cazères d'une manière épouvantable (3) ; plusieurs inondations désastreuses en 1566, celle de 1669 appelée la grande inondation de la Garonne (4), et celles en novembre 1690, en avril 1727, etc., etc.

Cette phase est l'époque moderne, ayant pour seigneur les Gondrin

---

(1) Tersac était une petite commune, située sur la rive droite de la Garonne, limitée par le ruisseau le Volp, et en face de Cazères, arrivant au pied de Saint-Christaud, au quartier dit de Luquets. Elle dépendait de la châtellenie de Saint-Julien avec le Plan, Montberaud, Lahitère, Goutte-Vernisse, Gensac, Gouzens et Lafitte. En 1568. Tersac avait pour seigneur François de Tersac, seigneur de Montberaud, fils de feu Jean. En 1791, le 3 Avril, Tersac qui n'était alors composé que de treize feux et sans église. demanda à être réuni à Saint-Christaud : le motif étant pris de sa petite population. Ce qui eut lieu. Il ne reste de Tersac que le domaine de M. Méroc, bâti sur l'emplacement du château seigneurial, le domaine de Reyssac, ancienne propriété des seigneurs de Tersac, et actuellement appartenant à Mlle Caze et le pâtus de maisons situées dans le quartier de Luquets.

(2) Voir document.

(3) La Garonne, dès 1544, était appelée le Flube de la Garonne. V. Bonnety, notaire royal de Cazères, 2 janvier 1544.

(4) Voir document.

et les d'Uzès : Louis Antoine de Pardaillan de Gondrin, duc d'Austin, fils de madame de Montespan, marié à mademoiselle d'Uzès, petite-fille du duc de Montausier, et seigneur de Cazères de 1672 à 1701 ; Jean-Antoine de Pardaillan, duc de Bellegarde, de Gondrin ; son fils, est seigneur de Cazères de 1701 à 1738 ; Louis de Pardaillan de Gondrin, duc d'Antin, seigneur de Cazères de 1738 à 1764 ; François Emmanuel de Crussol, duc d'Antin, d'Uzès, seigneur et dernier de Cazères, du chef de dame Madeleine-Julie-Victoire de Pardaillan d'Antin son épouse, de la terre de Cazères, en Languedoc, généralité de Toulouse de 1764 à 1790.

La quatrième phase de l'histoire de Cazères correspond à l'époque contemporaine qui va de 1789 jusqu'à nos jours.

C'est, pour ainsi dire, une nouvelle création de la France : la chute de l'ancien régime et l'avènement d'un nouveau ; le cycle de la Révolution avec toutes ses conséquences religieuses, politiques, adminis-tratives, judiciaires, militaires, etc , etc.; c'est le changement complet de la France qui pendant cent vingt ans verra des régimes divers et opposés : la Révolution Française, le 18 Brumaire, l'Empire, la monarchie avec Louis XVIII et Charles X, le gouvernement de 1830, Louis-Philippe, la deuxième République de 48, le second Empire, 1870, et la troisième République.

Cazères, durant cette phase, se fera républicaine, royaliste, impé-rialiste. Pendant la Révolution, elle prendra part au mouvement révolutionnaire (1) ; plus tard, elle accentuera sa mentalité chan-geante avec l'Empire et la Monarchie ; et de royaliste et impérialiste, elle finira par être républicaine, même radicale-socialiste.

Durant tout ce XIXᵉ siècle, Cazères, *au point de vue religieux*, assis-tera à la destruction de son culte catholique, à la dispersion des reli-gieux Capucins et de Montserrat, à la confiscation de leurs biens ; pendant la tourmente révolutionnaire, elle verra son église devenir le Temple de la Raison et le lieu habituel de réunions des patriotes ; pourtant avec le rétablissement du culte et avec le Concordat, elle verra son clergé rentré de l'exil et son église réouverte. Cazères se réjouira de l'ornementation de son église, sous les divers curés qui s'y succéderont ; elle concourra par sa piété et sa générosité à l'enlè-vement du retable du grand autel, 1860 ; au percement des fenêtres du sanctuaire et à la pose de ses riches vitraux, dont le principal, celui du martyre de sainte Quitterie, fut offert par M. J. Fauré, 1863 ; à la régularisation des arceaux gothiques de la nef ; à la confection des lambris, de la chaire par M. d'Espouy ; à la peinture de tout l'intérieur, par Pédoya ; au transfert du grand orgue à la tribune et à sa restauration, par M. Puget ; à la réfection artistique de la façade de l'église, en 1830, surtout en 1888 ; à la bénédiction des quinze cloches, par Mgr Desprez, le 23 novembre 1883, etc., etc.

Au point de vue administratif, Cazères sera témoin de la nouvelle

---

(1) Voir histoire de Cazères pendant la Révolution. par le même auteur.

division de la France ; de simple communauté d'autrefois, elle deviendra un canton dépendant, d'abord, du district de Rieux et du chef-lieu de la Haute-Garonne, pour relever, dans la suite, de l'arrondissement de Muret et de Toulouse. Elle sera spectatrice de la destruction de son administration consulaire et de son remplacement par un Maire et un Conseil municipal de 18 membres. Elle sera gouvernée par une longue série de maires, etc., etc. Elle aura une justice de paix, une perception, une recette d'enregistrement et des domaines, un contrôle de contributions directes, une régie, etc., etc., la gendarmerie, etc , un garde municipal avec des aides, etc., etc.

Au point de vue commercial, Cazères aura son développement de bien-être ; la ville ne s'agrandira pas, mais ses rues et ses places publiques prendront un aspect modernisé ; elles s'approprieront et ne tarderont pas à jouir des bienfaits de l'hygiène. De nombreuses maisons en pierres et en briques remplaceront de vieilles demeures insalubres du XVe et XVIe siècles. Cazères bâtira son hôtel de ville ; elle se donnera le luxe d'un théâtre. Elle construira, en 1840, son pont de six arches sur la Garonne, qu'elle refera sur cinq arches après sa destruction, en 1875 ; elle changera tous ses ponts en bois sur le ruisseau de l'Hourride, celui de l'hôtel du Midi, en 1854, celui du Bourguet, en 1888 ; elle voûtera même l'Hourride sur un long espace pour en faire une place publique ; elle changera, en 1839, son vieux cimetière, et du faubourg de Saint-Jean, elle le portera à l'avenue de Saint-Julien ; elle repavera ses rues et places publiques avec des galets taillés à l'alsacienne ; cependant, elle commettra la faute de laisser démolir l'ancien château féodal.

Elle augmentera ses industries, les scieries de bois, etc. Elle développera son commerce par ses foires et ses marchés.

Au point de vue de l'instruction, Cazères se préoccupera des enfants ; elle aura ses écoles laïques et libres, celles-ci avec les Frères des Écoles chrétiennes pour les garçons, et le Pensionnat du Saint-Nom de Jésus pour les filles. Mais dès 1907, seules les écoles laïques resteront en fonction.

Telle est la phase contemporaine de l'histoire de la ville de Cazères.

L'INSURRECTION ROYALISTE A LUCHON
ET
ÉPISODE DE Mlle CLOTILDE, DANSEUSE DE L'OPÉRA DE PARIS
(AN VII)

AVANT - PROPOS

Durant un court passage à Bagnères-de-Luchon, dans cette ville vraiment la reine des stations thermales des Pyrénées, j'eus l'occasion, grâce à la bienveillance de l'Autorité, de faire quelques recherches historiques dans les archives municipales de la cité.

Je fus frappé à la lecture de certains faits et épisodes consignés dans ces registres poudreux, et concernant l'histoire civile et religieuse de la ville pendant la Révolution de 1793.

Je m'empressai de les relever.

A cette heure, je me fais une satisfaction de porter à la connaissance des amateurs du passé, les faits de l'an VII relatifs à l'insurrection royaliste et à l'épisode de Mlle Clotilde, danseuse du Grand-Opéra de Paris.

Puissent ces faits, tirés de l'oubli, concourir, un jour ou l'autre, à l'histoire générale de Luchon (1).

Cazères, le 31 juillet 1911.

Le soulèvement royaliste, dans la région du sud-ouest de la France, en l'an VII, se fit sentir d'une manière accentuée dans le département de la Haute-Garonne : à Muret, Carbonne (au combat de la Terrasse), à Cazères, Martres-Tolosane, Saint-Martory, Saint-Gaudens.

Les royalistes promenèrent le drapeau blanc jusqu'à Saint-Béat, la vallée d'Aran et à Luchon.

Voici certains détails de cette insurrection royaliste à Bagnères-de-Luchon, avec les diverses circonstances qui l'accompagnèrent, d'après les archives municipales de cette ville.

Sommaire

Les premières mesures de la municipalité luchonnaise contre les insurgés royalistes : formation d'une colonne mobile; l'administration du canton en permanence; refus de tout passeport et de départs d'hommes et de bétail; absence de tout courrier, dès le 24 messidor, an VII; bruits divers ; envoi des citoyens Saint-Martin et Lalane en reconnaissance ; les insurgés royalistes s'emparent des hauteurs qui dominent Luchon ; nombreux insoumis des vallées du Larboust et d'Oueil venant augmenter le nombre des royalistes ; consternation de la ville de Luchon ; les Républicains s'enfuient ; les Royalistes, sous la conduite de Binos, de Cierp, entrent dans Luchon, le 30 thermidor; ils y organisent un gouvernement sous le nom de Louis XVIII; épisode de Dutrey, de Mayrègne ; le Commissaire du Directoire non reconnu ; les ôtages ; les Royalistes à Luchon durant trois jours; la citoyenne Clotilde, danseuse de l'Opéra de Paris, donne une de ses robes blanches pour drapeau de ralliement. Départ des insurgés ; fin de l'occupation de Luchon par les Royalistes, le 2 fructidor; recherches et emprisonnement des rebelles de la contrée; enquête sur la conduite de la citoyenne Clotilde.

L'an VII et le 24 thermidor, la municipalité de Luchon était réunie à dix heures, à l'hôtel de ville, sous la présidence du citoyen Cazat.

Celui-ci prend la parole et s'exprime en ces termes :

« Vers les deux heures de l'après-midi d'hier, une ordonnance

---

(1) Deux incendies, en 1846 et 1872, ont été désastreux pour les archives municipales de Luchon ; à peine ont-ils épargné quelques registres qui furent sauvés de ces catastrophes, grâce au dévouement de certains habitants.

envoyée par l'administration du canton de Saint-Béat me remit diverses dépêches des administrations municipales de Saint-Martory et de Saint-Gaudens. Je vous fis convoquer à l'instant, et vous engageai à vous rendre sans délai, afin de prendre des mesures urgentes, pour repousser les insurgés et maintenir notre liberté menacée.

« Je répondis à l'administration municipale de Saint-Béat que dès que vous seriez réunis, la colonne mobile, que sans doute vous feriez partir, se réunirait à la leur; ajoutant cependant qu'on était venu nous faire naître des soupçons sur des rassemblements qu'on affirmait se former dans la vallée d'Aran ; que d'accord avec le commissaire près de cette administration, un membre de l'Assemblée avait été invité à se transporter dans ladite vallée pour y prendre des renseignements certains; que cette administration (de Luchon) se ferait un devoir d'instruire celle de Saint-Béat des découvertes que nous aurions pu faire, ainsi que des mesures que vous prendriez. »

L'administration ayant pris connaissance des lettres envoyées par les administrations de Saint-Martory, Saint-Gaudens, Saint-Béat, la discussion s'est ouverte sur les mesures à prendre. L'Assemblée étant prévenue que du moment que ces dépêches étaient arrivées, on s'était mis à même de faire remettre les fusils aux divers particuliers de la commune de Bagnères, qui en étaient détenteurs; que des armuriers avaient été chargés de les arranger; et que l'on s'était assuré des munitions qui pouvaient se trouver chez les divers habitants de la ville.....

Il a été ensuite délibéré que la colonne mobile de la garde nationale du canton n'étant pas définitivement organisée, il était instant de désigner les membres qui doivent la composer pour la mettre en permanence et en activité de service.

Les membres de l'Assemblée ayant été consultés, il a été procédé à son organisation : et le nombre des citoyens composant la colonne mobile se trouve devoir être de 157 individus; et vu l'urgence, il a été arrêté que les citoyens composant la colonne mobile seraient requis d'avoir à se rendre au chef-lieu du canton, le 25 courant, à huit heures du matin, pour y faire le service nécessaire; qu'à ces fins, il serait député trois citoyens qui porteraient, dans le jour, l'ordre dans les diverses communes du canton.

Le membre de l'Assemblée, qui avait été envoyé dans la vallée d'Aran, instruisit l'Assemblée qu'en parcourant les diverses communes de cette vallée, il n'avait pas reconnu de préparatifs, ni constaté menaces ou rassemblements; que, cependant, dans toutes ces communes, il y avait plusieurs prêtres émigrés.

L'Assemblée prenant en considération le voisinage de ces ennemis de la République française, qui pourraient se réunir dans un instant et s'introduire dans ce canton, si les brigands royaux, qui infestent le département, avaient des avantages sur les républicains, arrêta qu'il ne pouvait être distrait de ce canton ni hommes, ni armes, vu que ce canton a si peu de moyens de défense.

Il fut encore arrêté que l'Administration cantonale se constituerait en permanence; que, néanmoins, les agents étant nécessaires dans leurs communes pour activer le départ des membres de la colonne mobile et surveiller les malintentionnés, un agent municipal de chaque vallée réuni à l'agent et à l'adjoint du chef-lieu, seraient tous, toujours en permanence, et journellement remplacés par les agents voisins; à ces fins, l'agent de la commune de Saint-Mamet, celui de Trebour et celui de Saint-Martin furent désignés les premiers pour rester à l'Administration centrale.

L'Assemblée, en outre, décida que tous les jours, il serait fait un exprès à l'Administration municipale de Saint-Béat, pour se concerter avec elle et les autres administrations voisines, afin de prendre les mesures que les circonstances exigeraient.

Signé : tous les Adjoints.

Archives municipales de la ville de Luchon, registre du 12 août 1798 au 28 mai 1800, n° 185.

An VII, 28 thermidor : le Président dit que, vu les dangers imminents, et le canton menacé par les insurgés, il conviendrait, pour empêcher le nombre des insurgés de grossir davantage, on ne devra pas viser, ni délivrer pour partir aucun passeport à des citoyens qui habitent dans le canton. N° 186.

An VII, 3 fructidor, à une heure après minuit, le citoyen Cazat, président de l'Administration municipale du canton de Luchon, etc., etc., et les autres administrateurs, dès sept heures du soir, tous à leur poste qu'ils avaient abandonné pour ne point tomber entre les mains des brigands royaux, qui s'étaient emparés de Luchon pendant trois jours, ont résolu de consigner dans les registres de la municipalité tout ce qui s'était passé à l'égard de cette invasion, ainsi qu'il suit :

« Déjà le 24 messidor, le courrier et la messagerie manquaient d'arriver, mais ce fut encore pour alarmer; le lendemain, ni le courrier ni la messagerie n'étant point arrivés, on commença à éprouver des craintes sur la tranquillité publique dans les pays circonvoisins; on avança même qu'un grand nombre d'insurgés s'étaient emparés des communes de Maret, Seysses et Noé, et que cette troupe de brigands, qui saccageaient tout au nom de Louis XVIII, s'avançaient à grands pas vers Carbonne, Rieux, Saint-Elix.

« En effet, bientôt après, le 25 du même mois, nous en reçûmes l'avis officiel de la part de la commune de Martres; et, le 27, nous fûmes assurés qu'ils s'étaient emparés de Saint-Gaudens, et qu'ils ne manquèrent pas de venir infester les gorges de nos montagnes.

« Nous nous étions déjà concertés avec les municipalités de Saint-Béat, Bordes et Arreou; nous avions appelé à notre secours le conseil des bons citoyens de la commune, ainsi que celui de Sélive, agent municipal de la commune d'Oo, encore ceux de Soutiran, agent municipal de la commune d'Artignac, etc., etc.

« On nous avait dit dans les premières Assemblées qu'il y avait beaucoup d'émigrés dans la vallée d'Aran, et qu'un citoyen avait entendu dire à un homme qui passait le *Portillon*, venant de cette partie de l'Espagne, en montrant beaucoup d'argent en quadruples, qu'il y avait là de quoi faire brûler Saint-Mamet et Luchon.

« On prit à l'instant le parti d'envoyer, dans la vallée d'Aran, un bon patriote pour s'assurer du nombre des émigrés; mais quant au propos, soit que l'individu qu'on prétendait l'avoir tenu, ne fût pas connu, soit qu'il ne fût pas possible de le connaître, soit qu'on ne pût pas avoir grande confiance aux ouï-dire, on ne prit aucun parti. Mais sur une ordonnance du juge de paix, nous nous empressâmes de faire des visites domiciliaires pour rechercher et prendre toutes les armes et munitions, et on procéda à la réparation des armes.

« Cependant le voisinage des brigands avait répandu l'effroi dans l'âme des bons citoyens, et il ne fut possible qu'à la garde nationale et au citoyen Ferras de ne se procurer qu'une soixantaine de fusils et autant d'hommes, avec lesquels le citoyen Ferras alla s'établir, le 27, sur un point qui dominait l'entrée de la vallée : avec un plus grand nombre, il y eût été inexpugnable.

« Mais le citoyen Saint-Martin, juge de paix, et le citoyen Lalane, militaire adjoint aux adjudants généraux de la République, actuellement aux eaux de Bagnères, ayant été en reconnaissance jusqu'au village de Cierp, trouvèrent cette commune en pleine insurrection, et ne purent échapper à la poursuite des brigands que par une fuite à la fois hardie et rapide. Ils virent, en s'approchant de notre poste, quelques brigands habillés en hussards s'emparer des hauteurs qui les dominaient par la rive droite de la Garonne.

« Le commandant du poste fut encore instruit, ainsi que la Municipalité, que des habitants de quelques communes des vallées de Larboust et d'Oueil, conduits par Dutrey, allaient s'emparer des hauteurs de la rive gauche qui dominaient le poste, et les menaçaient même de couper la retraite.

« Après avoir observé, dans un conseil de guerre, et renforcés de citoyens qui avaient été en reconnaissance à Cierp, et s'être bien convaincus qu'ils étaient établis sur une commune rebelle (sic); bien instruits encore, ainsi que les officiers municipaux et autres citoyens, qu'un certain nombre de scélérats de la vallée de Larboust et de celle d'Oueil devaient venir dans la nuit incendier la ville de Luchon, les citoyens, qui défendaient le poste, trouvèrent à propos de se retirer sur la commune de Luchon.

« A leur approche, tout fut dans la plus grande consternation. On envoya cependant plusieurs reconnaissances dans différentes communes, et le rapport ne fit que confirmer le danger que nous courions du côté de Larboust et d'Oueil. Alors les Républicains ne cherchèrent leur salut que dans la fuite, et, déjà, le 30 thermidor au matin, ils étaient tous dispersés dans la montagne.

« Le lendemain, 1er fructidor, le sieur Cazal, président de l'Administration municipale, et d'autres... se sont trouvés réunis à la grange du citoyen Colomic, dans les derniers défilés des gorges des montagnes, à deux lieues de Luchon, et là ils ont appris que le 30 thermidor, au point du jour, une centaine de brigands, commandés par Binos, fils aîné, cachés dans la commune de Luchon, s'étaient portés à mille vexations contre les habitants et les étrangers; que, notamment, ils avaient voulu forcer le citoyen Laloux à donner ses trois chevaux, et que pour y réussir, il n'y avait point de menaces qu'ils n'eussent faites à son épouse, ainsi qu'à la citoyenne Agenos, pour la forcer à livrer l'argent et les rôles des contributions...; qu'ils avaient tenu le citoyen Salaresse en otage jusqu'à ce qu'on eût trouvé tous les fusils...; qu'ils avaient fait une dépense chez les aubergistes qu'ils payaient par des bons sur Louis XVIII, etc., etc.; et que ceux qui jouaient les principaux rôles, dans les brigandages, étaient le commandant Garan, Verdalle père et ses trois fils cadets désignés sous le nom de citoyen Toutou, et Jean-François-Auguste Seube, fils aîné, Desponaquié de Cierp, père, son fils aîné, Blaise Despouy, ancien juge de paix, Binos, ci-devant seigneur de Cierp, etc., etc.; qu'ils avaient dévalisé plusieurs citoyens de la ville, arraché les républicaines où elles étaient cachées, à force de menaces; et que la journée du 30 s'étant encore passée, un certain nombre de ces brigands s'étaient retirés dans leur domicile.

« Le lendemain, 2 fructidor, les susdits réfugiés apprirent vers le soir que les brigands qui avaient été attaqués, s'étaient occupés d'organiser le gouvernement royal dans la commune, au milieu des plus fortes menaces. Ils avaient forcé deux citoyens d'accepter des fonctions...; que le sieur Dutrey de Mareigne, ancien secrétaire de l'administration municipale de ce canton, avait accepté avec satisfaction le commandement de la force armée...; qu'il avait fait une proclamation au nom de Louis XVIII, dans laquelle il déclarait les citoyens Cazat, Ferras, etc., otages responsables de ce qui pourrait arriver de contraire aux intérêts de Louis XVIII; que, cependant, le nombre des brigands ayant diminué, les cocardes blanches avaient disparu.

« Alors le citoyen Senges, comme inquiet sur la santé de son épouse et d'une de ses filles qu'il avait abandonnée dans un mauvais état, s'était rendu auprès d'elle, à neuf heures du soir, soudain se réfugia tout de suite dans une maison étrangère. Le lendemain il écrivit à ses compagnons que les cocardes blanches avaient disparu et qu'il comptait dès le lendemain pouvoir rentrer en fonction; qu'en conséquence les patriotes pouvaient abandonner leur retraite, dès le soir même, en restant pourtant cachés jusqu'au moment favorable.

« A midi, ajoute le narrateur, on vint lui (Senges) annoncer que quelques patriotes de la commune ne pouvaient plus contenir leur indignation, et s'étant mis à la poursuite de Dutrey, commandant la horde royale, ils avaient tiré un coup de feu, et l'avaient poursuivi à travers les rochers escarpés.

« A cette nouvelle, le commissaire s'élance vers ces patriotes, et dès qu'il les eut rencontrés, il leur demande s'ils reconnaissaient en lui le commissaire du Directoire exécutif de la République française, et lui ayant répondu affirmativement aux cris de : Vive la République, il leur ordonna de veiller à vue ce chef des rebelles, jusqu'à ce que justice nationale l'eût puni de ses forfaits.

« Le mettant à leur tête, il se fit conduire à la maison communale; en même temps on y amena deux jeunes hommes, qu'on dit être des émigrés rentrés. Le commissaire les consigna entre les mains de la même garde.

« Un moment après on vint annoncer au commissaire que l'armée des patriotes était à un quart de lieue. A cette nouvelle, il ordonna qu'on replante les arbres de la liberté que les royalistes avaient abattus. Mais aux premières dispositions qu'on faisait à cet effet, un cri général se fit entendre : « Aux armes ! aux armes ! l'armée royaliste est à nos portes ! » On sonna le tocsin.

« Aussitôt, à quelques pas de la maison communale, on voit avancer la cavalerie de ces brigands.

« Le commissaire du Directoire se trouve à la portée de leurs sabres et il ne leur échappe sans doute que parce qu'il n'est pas reconnu. Les cavaliers traversent la ville au nombre de deux cents, et au milieu de mille cris. Tout le monde cherche son salut dans la fuite.

« Les scélérats profitent de ce désordre pour se saisir avidement des subsistances, qu'ils arrachaient en passant; ils dirigent leur course vers Saint-Mamet qu'on croit qu'ils vont incendier. Cependant ils dépassent le village; on leur voit diriger la course vers la vallée d'Aran, et les cœurs se rouvrent à l'espérance.

« Bientôt après on voit arriver plusieurs pelotons d'infanterie que quelques citoyens de Bagnères, revenus de leur terreur, s'empressèrent d'investir et de faire prisonniers. Dans le même instant, arrivent tous les réfugiés; et on s'occupe de mesures nécessaires pour mettre le pays à l'abri d'une nouvelle invasion. » N° 188.

« Le 9 fructidor des battues furent faites dans les vallées de Larboust et d'Oueil, à la recherche des insurgés. » N° 190.

« Le 11 fructidor, nouvelle répression eut lieu contre les brigandages royalistes. » N° 191.

« Le 13 fructidor fut formée une liste de tous ceux qui avaient participé à l'insurrection. » N° 194.

« Il fut décidé qu'ils seraient sur-le-champ arrêtés et mis en jugement. » N° 200 et 201.

« Ainsi furent arrêtés, le 25 fructidor, les citoyens Duplan, de Castillon, Dutrey père, de Mareigne, Pierrette Péfaure, de Benqué, Catherine Caubet, épouse Seube, de Luchon, Coinvic, tous pères ou mères des chefs qui ont figuré dans la conspiration royaliste. Ils furent mis en otages. » N° 202.

Ici se place l'épisode de Mlle Clotilde, danseuse du Grand-Opéra de Paris.

Elle était à Luchon dans le mois de thermidor, an VII.

Elle fut accusée d'avoir pris une part importante dans l'insurrection royaliste, et d'avoir fourni le drapeau blanc orné de fleurs de lis.

Elle dut bientôt quitter Luchon et s'engagea au théâtre de Bordeaux. La direction de cet établissement demanda à la municipalité luchonnaise la conduite de cette actrice parisienne, à cette époque de la Révolution, dans la ville thermale.

Du reste voici comment ce fait est consigné dans le registre des délibérations municipales :

« Séance extraordinaire du 3ᵉ jour complémentaire, an VII.

« Étaient présents au Conseil : Cazat, etc., etc.

« Enquête :

« Il a été fait lecture,

« 1° D'une lettre du Bureau central de la commune de Bordeaux, par laquelle le bureau demande à cette administration, des renseignements sur la conduite de la citoyenne Clotilde, danseuse de l'Opéra de Paris, de sa mère et de sa sœur ; quelle a été leur conduite pendant que cette commune était au pouvoir des insurgés ;

« 2° D'autres lettres du même commissaire général, en date du 25 fructidor ;

« 3° D'une lettre du commissaire du Directoire exécutif ;

« 4° Des réponses diverses.

« L'Assemblée voyant que dans les premières, il était question d'une dénonciation faite au commissaire central par le général Commes (1) et autres citoyens contre la citoyenne Clotilde, qui est accusée d'avoir été au-devant d'une troupe de brigands royaux qui, le 30 thermidor, au matin, entrèrent dans la commune de Luchon, de leur avoir présenté un drapeau blanc, sur lequel elle avait brodé des fleurs de lys.

« La Municipalité fit une enquête sur ce sujet. »

Déjà il y a contradiction, ajoute l'administration de Luchon, les uns affirment avoir vu la citoyenne Clotilde au milieu des insurgés ; les autres nient.   N° 210.

D'autres témoins disent :

« Les brigands, après avoir fait plusieurs tours dans les rues, ayant une serviette blanche en guise de drapeau, s'étaient portés en foule dans la maison du citoyen Garat, alors président de l'Administration municipale, chez qui il a été dit par deux témoins, les brigands royaux croyaient être le drapeau de la garde nationale ; puis ils montèrent en grand nombre, toujours, chez la citoyenne Clotilde, où ils demeurèrent longtemps ; puis ils remportèrent de chez elle un drapeau blanc,

____

(1) Commes était le général de division qui, avec les adjudants-généraux Barbot et Saussey, commandait les troupes républicaines envoyées contre les insurgés royalistes.

que tout le monde sait avoir été fait d'une robe de la dite Clotilde, et auquel on appliqua des fleurs de lys, vertes et découpées, et auquel plusieurs autres femmes avaient travaillé. »   N° 210.

Quelle suite eut cette enquête ?

Ainsi finit, par ces derniers détails, l'insurrection royaliste à Luchon.

J'ai reçu quelques renseignements supplémentaires sur la vie de Mlle Clotilde, la fameuse danseuse du Grand-Opéra de Paris et l'ardente royaliste de Luchon.

Je m'empresse d'adresser à mes sympathiques correspondants, M. Louis Batcave, de Paris, et M. Georges Dubosc, de Rouen, la vive expression de mes meilleurs sentiments.

J'extrais de ces renseignements biographiques et simplement pour un but historique, les suivants :

Mlle Clotilde Augustine Mafleuroi ou Mafleuroy, fut mieux connue dans le monde surtout artistique, par son surnom : Clotilde, danseuse du Grand-Opéra.

Elle naquit à Paris, le 1er mars 1776.

Elle orienta de bonne heure sa destinée vers les théâtres.

Elève de Vestris, père, elle débuta au Grand-Opéra le 12 mars 1793, dans un pas ajouté à l'*Ephigénie en Aulide*, de Gluck.

Elle joua avec succès dans la même année le rôle de Thélis, dans le ballet nouveau du *Jugement de Paris*.

Son genre était la danse noble, dans lequel, grâce à sa beauté et à son maintien, elle devint l'émule de Mme Gardel et de Mlle Chevigny.

Boieldieu, l'auteur de la *Dame Blanche*, s'éprit de la grande danseuse et l'épousa le 19 mars 1802. Ce fut un malheur pour le célèbre compositeur de musique, qui fut forcé de se séparer d'elle, six mois après le mariage.

D'un caractère insupportable, et très peu portée à la fidélité, Clotilde en fit voir de toutes les couleurs à son époux Boieldieu ; et c'est certainement à cause d'elle qu'il se retira en Russie pendant un certain temps.

Clotilde fut retraitée de l'Opéra le 21 avril 1819.

Après mille incertitudes très connues, cette danseuse renommée fit une fin honnête. Elle mourut le 15 décembre 1826.

« Type idéal de la perfection antique ; on ne l'appelait que la noble et fière Clotilde. »

Pour plus amples renseignements historiques, voir :

Courrier des Spectacles du 10 pluviôse, an X ; Le Petit Recueil biographique et satirique ; Le Coup de fouet, Arthur Pougin, Paris, Charpentier 1875, in-18, p. 82-84 ; Larousse (Dict. grand), t. IV, p. 472 ; Biographie universelle et portative des contemporains, etc., etc.

*3*ᵐᵉ *Communication.* — M. le Comte de ROQUETTE-BUISSON, président de la « Société Académique des Hautes-Pyrénées », ancien Préfet.

LA PÊCHE DU SAUMON DANS LES GAVES PYRÉNÉENS EN 1764

Les droits de chasse et de pêche autrefois confondus ont été, sous l'ancien régime, parmi ceux les plus énergiquement revendiqués de tout temps par les populations riveraines de nos gaves pyrénéens.

Ce fut en vain que dès le début du XIIᵉ siècle les fors de Bigorre interdirent, de la manière la plus formelle, à tous les paysans de pêcher (1). Peu d'années après leur publication, nous voyons les comtes de Bigorre concéder, je dirais, bien plus exactement, reconnaître et maintenir aux habitants de Barèges, Azun et Lourdes le droit à la libre et complète propriété des herbes des bois et des eaux, par conséquent du droit de chasser et de pêcher, possédé par eux de temps immémorial (2).

Dans les fors de Béarn, le seul article où il est question de pêche concerne une simple mesure de police ; l'interdiction de prendre du « saumon avec coque » (3). Je suis persuadé que dans toutes les vallées pyrénéennes du Béarn s'appliquait l'article de la commune de Soule : « Tout manant et habitant de la terre de Soule peut prendre autours et éperviers aux filets. » C'est-à-dire librement chasser, par suite librement pêcher.

En Béarn comme en Bigorre, en fait de chasse et de pêche, les prescriptions des fors ne concernaient que les plaines et non les hautes vallées.

La grande ordonnance du mois d'août 1669 n'apporta aucun changement à cet état de choses. Pour les montagnes des Pyrénées elle resta lettre morte, au point que le 28 janvier 1750 le grand maître des Eaux et Forêts du département de Guienne, Béarn, Bigorre, pays de Soule, Labourd, Navarre et Basse-Navarre crut nécessaire de la publier de nouveau intégralement, en ce qui concernait la pêche, sans y rien changer, mais en la faisant précéder d'un préambule dans lequel il disait : « Nonobstant ce qui a été prescrit par la même ordonnance des eaux et forêts du mois d'août 1669, titre 31, touchant la pêche, il s'y commettait journellement de si grands abus que le dépeuplement du poisson dans les rivières navigables, flottables et autres, marais et étangs de ladite maîtrise, était prochain s'il n'y était promptement pourvu, et comme un préjudice aussi pernicieux au public mérite l'attention de la justice, ordonnons... » (4). L'ordonnance du grand maître resta sans effet. Dans sa lettre du 19 octobre

---

(1) Les fors de Bigorre, par G. Fourgous et G. de Belin, art. 13, 21, 26.

(2) Privilèges dits de Centol, Bourdette, annales du Labeda, t. 1, p. 364. — Fors et coutumes de la vallée d'Azun, archives des Hautes-Pyrénées. — Privilèges de Lourdes. Histoire du droit dans les Pyrénées, par G.-B. de Lagrèzo, p. 480.

(3) Fors de Béarn, Mazure et Hatoulet, art. 82, p. 34.

(4) Archives de la Gironde, série B, eaux et forêts.

1757, l'intendant d'Etigny disait (1) : « L'ordonnance de 1669 et les autres règlements qui ont ou peuvent avoir été faits depuis concernant les eaux et forêts n'ont jamais eu d'exécution en Béarn, surtout dans les Pyrénées » ; et un arrêt du Parlement de Navarre du 8 octobre 1787 (2) réédictant à nouveau l'ordonnance sur la pêche, nous montre qu'à la veille de la Révolution la situation ne s'était pas modifiée.

Mais si les habitants des vallées pyrénéennes s'affranchissaient sans hésiter des prescriptions qui gênaient leur liberté de pêcher, ils savaient les invoquer contre ceux qui leur portaient préjudice en empêchant la montée des poissons de mer dans les parties des gaves les plus rapprochées des montagnes. C'est ce que démontre le mémoire adressé par les habitants d'Oloron aux Etats de Béarn :

« A nos Seigneurs des Etats généraux de la province de Béarn (3) :

« Très humblement vous représentent les sieurs nobles, bourgeois, négociants, habitant la ville d'Oloron, soussignés, que depuis nombre d'années la province se trouve privée d'une abondance de poissons qui nous venaient de la mer dans le temps de leur montée qui se faisait dans nos rivières depuis le commencement d'avril jusqu'à la fin de décembre, temps auquel le saumon, l'alose et la lamproie ont jeté leurs œufs par la fraye que les poissons font dans les eaux vives de nos rivières ; leur instinct les détermine à sortir de la mer pour y venir faire leur production. La Providence d'ailleurs qui pourvoit aux besoins de tous les hommes, procure à chaque lieu particulier les moyens aisés et commodes pour que ceux qui les habitent puissent y vivre par un peu de travail et d'industrie. La montée des poissons de la mer dans nos rivières nous les facilitait extrêmement. Nous ne sommes plus en mesure de pouvoir profiter de l'avantage de cette pêche par les obstacles que Peyrehorade et Sorde y ont mis depuis quelques années. La ville d'Oloron et son contour qui, depuis cinq ans, souffre considérablement de la cherté des denrées, éprouve le malheureux effet de cette privation. Nous avons vu dans d'autres temps diseteux et lorsque la montée des poissons était libre, la majeure partie des artisans pour peu de pain qu'ils eussent, faire vivre leur famille, fournir à leur entretien, au moyen de la pêche du poisson qui nous venait de la mer. Les riches et les aisés les avaient abondamment à peu de frais. Faut-il donc passer si longtemps sans se plaindre contre cette villate de Sorde et de Peyrehorade, et sans faire le plus grand effort pour mettre des bornes à l'insasiabilité des moines de Sorde et des habitants de Peyrehorade qui, au préjudice des défenses portées par les ordonnances royaux, nous ôtent cette grande ressource.

« Ils ont pratiqué, Messieurs, aux deux endroits des digues dans chaque lieu, expresses pour empêcher la montée et pour priver toute

---

(1) Archives du Gers, série B, registre 10, folio 139 et suivants.
(2) Archives des Basses-Pyrénées, série B, registre 4004.
(3) Archives de la Gironde, série B, eaux et forêts.

notre province. Elles sont construites de façon qu'un poisson de demi-livre ne peut passer, et, à moins de se transporter sur les lieux, il est moralement impossible de l'imaginer.

« Nous y avons fait message entendu, qui en a pris le modèle suivant, que nous avons l'honneur de vous tracer ici pour vous mettre au fait de la construction. Il y est imparfaitement, mais vos lumières y suppléeront, s'il vous plaît. »

Dans l'ampliation conservée aux archives de Bordeaux, il y a un blanc après ces mots. Le plan dont il est parlé se trouve dans le dossier à l'état de pièce isolée.

« Ces digues ainsi bâties et renforcées par de grosses pierres de soutènement, sont garnies par des lattes de bois de l'épaisseur de demi-pouce, ne laissant de l'une à l'autre que l'intervalle de deux travers de doigts, par où un poisson d'un quart pesant ne saurait passer.

« Les cages du dessus et du dessous sont garnies chacune d'un filet, fait à la façon d'un engin que nous appelons vulgairement : jouques ou bastou, l'on le lève trois fois par jour à la faveur des canots ; il n'est guère possible que les poissons s'y présentant ne s'y prennent.

« Il y a de plus, Messieurs, une construction non moins préjudiciable. Les moines de Sorde, au delà de leurs digues et arrêts qui traversent toute la largeur de leur rivière, se sont avisés depuis quelques années de construire, au-dessus de la nasse de leur moulin, un grand pesquier de descente pourvu d'un immense canal attenant à la rive, au bas duquel il y a une grande comporte par laquelle se dégorge toute l'eau du canal qui tombe sur le plancher du pesquier troué avec la tarière, afin que le poisson y demeure à sec en fermant la comporte.

« Les poissons, après leur fraye faite dans nos rivières, redescendent à la mer, affaiblis et maigris, gagnent toujours les bords de l'eau qui leur fait trouver le canal ou pesquier. Ils en suivent le doux coulant qui insensiblement les précipite au bas de la comporte. Les tocans qui sont la production du saumon, ceux qui sont éclos il y a deux ans ne manquent jamais de descendre à la mer pour s'y saumoner, lorsqu'ils sont du poids de trois onces jusqu'à cinq onces. Leur descente se fait depuis le premier d'avril, jusqu'à la fin de mai, à la faveur de la fonte des neiges.

« Pour vous faire comprendre, Messieurs, l'importance du préjudice que les pesquiers de descente causent, permettez-nous de rapporter un fait récent qui paraît incroyable, mais cependant réel et probable par un grand nombre de personnes du lieu de Sorde. Le voici : le 11e avril proche passé, il survint une fonte de neige qui détermina la descente des tocans. Le lendemain 12e et un jeudi, les moines de Sorde envoyaient deux de leurs domestiques pour faire la visite de leur pesquier de descente à huit heures précises du matin. Ces deux hommes, après avoir abattu la comporte, voulurent entrer dans le pesquier, ils furent si surpris d'y voir une quantité si prodigieuse de tocans, qu'ils rebroussèrent chemin pour en faire rapport aux religieux, un d'eux s'y transporta avec les deux domestiques et deux autres aides munis de grandes semeaux. Le vaste appartement carré en était jonché de l'épaisseur d'environ un pan. Ces poissons furent portés chez les moines, et comme on distribue par douzaines, on en compta jusqu'à onze mille et quelques centaines de douzaines, et il n'est pas moins certain que depuis le 11 au matin jusqu'au 23 au soir, le nombre de tocans pris dans le seul pesquier des moines de Sorde passe de trente mille douzaines. Que de saumons perdus ! Chaque tocan le serait devenu s'il avait eu la liberté de descendre à la mer. Combien s'en sera-t-il donc pris dans les pesquiers de Sauveterre qui en a fait construire deux, un à chaque bout de nasse.

« Il n'est pas de village au-dessus de Sauveterre, en remontant la rivière jusqu'à Navarrenx qui n'ait un pesquier de descente, et nous avons compris qu'à leur incitation, le nommé Comtois a convenu avec ce dernier lieu d'en bâtir à leur moulin. Si cela est toléré il en sera construit à chaque nasse depuis la mer jusqu'à nos montagnes, il est vrai aussi que dans peu de temps ils deviendraient inutiles parce que l'espèce des poissons tarirait.

« Il est sûr aussi, Messieurs, que depuis longtemps, surtout depuis la construction des digues de Peyrehorade et de Sorde, l'on n'avait pas entendu parler d'une aussi prodigieuse quantité de tocans. Ce qui l'a occasionné fut une grande crue d'eau de nos rivières survenue par les pluies et la fonte des neiges, il y aura dans peu de jours deux ans. Cette grande inondation creva en plusieurs endroits les digues de Peyrehorade et de Sorde. A la faveur de ces brèches, les poissons de la mer, desquels le saumon fait l'abondance eurent la liberté de faire leur montée et se répandirent dans nos rivières et y firent leurs productions que nous voyons aujourd'hui être si considérables. Il n'en sera pas de même les années suivantes parce que dès que la baissée de l'eau put le permettre, le dommage de ces digues fut réparé et son ouvrage redoublé.

« Bien plus, Peyrehorade a tellement à cœur d'empêcher que la montée se fasse jusqu'à nos rivières, qu'ils viennent d'allonger leurs digues d'environ deux cent pas, parce que dans le cas d'une grande crue, l'inondation s'étend au delà des digues et l'alose et le saumon qui se trouvent dans cette partie montent jusqu'à nos rivières en suivant le bordage.

« Nous avions espéré, Messieurs, qu'à l'occasion de la descente de la mature et les passelis qui lui sont nécessaires aux nasses nous produirait certaines quantités de ces poissons malgré les obstacles de Sorde. Mais nous voyons que les passelis ne favorisent pas la montée des poissons de la mer jusqu'aux rivières de la province, parce qu'il n'y en a aucun depuis Laas en descendant qui ne soient fermés par des bonnes comportes qu'on enlève seulement lorsque chaque radeau se présente, et il n'est pas plutôt sous la comporte qu'elle retombe en moins d'une minute.

« Les passelis de Peyrehorade et de Sorde sont fermés dans un autre goût. Par rapport à l'immensité de l'eau qui y est d'un mouvement très lent, l'on a fait pour chacun, deux espèces de clayes avec de grosses barres, les clayes sont garnies par dedans et en dehors d'épines noires si serrées l'une contre l'autre qu'elles se touchent. La première de ces clayes est placée au sol de l'eau et dans le vide jusqu'à la hauteur d'eau d'environ cinq pouces, qui sont suffisants pour faire passer un mât quelque épais qu'il soit parce qu'il ne cale jamais autant. La seconde claye, qui est celle qui dépasse l'eau, quoiqu'elle double un peu celle du dessous, est celle qu'on lève seulement lorsqu'un radeau se présente. Alors il y a à chaque barque, que l'on envoie aux deux côtés pour lever la claye de dessus, plusieurs hommes munis de haillants pour battre l'eau afin que dans l'intervalle que le radeau passe dans ce cas quelque saumon voulut passer le battement lui fasse rebrousser chemin. Voilà jusqu'à quel point ces deux endroits poussent leur génie pour empêcher la montée de ces poissons dans nos rivières.

« Il est visible, Messieurs, qu'elle n'aura plus lieu si vous ne nous faites pas la grâce d'avoir égard à nos justes représentations et nous accorder vos bons offices et soins auprès de sa Majesté, laquelle a entendu par ses ordonnances royaux, rendre commun l'avantage et l'aisance que procure la montée des poissons de la mer dans nos rivières jusqu'à leur source à tous ses sujets depuis Bayonne jusqu'à nos montagnes, et que nous communiquions à nos voisins. Cette facilité de pouvoir vivre à peu de frais par le moyen de la pêche de ces poissons, nous étant ôtée par la cupidité de Peyrehorade et de Sorde qui nous l'a fait trop ressentir, surtout depuis cinq ans que nous souffrons de la cherté des denrées, nous fait désirer de la recouvrer.

« D'où vient, Messieurs, que nous avons l'honneur de vous présenter ce placet sous la forme de mémoire, afin qu'il vous plaise, Messieurs des Etats généraux de Béarn de faire de très humbles remontrances au Roi pour que sa Majesté étant en son conseil daigne ordonner l'exécution de ses ordonnances royaux qui défendent à toutes personnes de quelle qualité et conditions qu'elles soient de faire ni pratiquer aucuns arrêts, digues, pesquiers et tous autres engins qui empêchent où peuvent empêcher la montée des poissons de la mer, laquelle sera libre jusqu'à la source des rivières de la province. Ordonner que tous les arrêts, digues, pesquiers et tous engins empêchant la montée des poissons et descente, faits et pratiqués depuis la mer jusqu'à nos montagnes au préjudice des susdits ordonnances royaux seront détruits et démolis, avec défense d'en construire à l'avenir sous telles peines que de raison, défense en outre aux propriétaires qui ont des nasses sur les rivières portant mâture d'avoir des comportes aux passelis, lesquelles empêchent la libre montée des poissons, ou bien qu'en cas d'un manquement d'eau pour leurs moulins il en fut nécessaire, leurs comportes seront tenues ouvertes depuis le 1er avril jusqu'au 25 juin, temps auquel la **fonte des neiges** fournit plus d'eau que les moulins n'ont besoin, sous telles peines qu'il plaira à sa Majesté, et nous prierons Dieu pour la conservation de vos illustres personnes.

« Carrère, Bazercle et autres, jusqu'au nombre de trente-cinq, *signés.*

« Pour ampliation : MARTIN. »

A la suite de ce mémoire qui, sur l'ordre des Etats fut transmis par le sindic, M. de Navailles, au grand maître des Eaux et Forêts de Guienne, celui ci ordonna, le 22 juillet 1764, une enquête (1).

Les enquêteurs, parmi lesquels était le maître particulier des Eaux et Forêts de Guienne, Martin, partirent de Bordeaux le 21 août 1764, à six heures du matin, et furent coucher à Langon, le 22, à Roquefort, le 23, à Tartas, le 24, à Dax, et le 25 arrivèrent à Peyrehorade « à l'auberge du sieur Descazaux, où pend pour enseigne la Croix d'Or », « à deux heures de relevée ». Après avoir pris leur logement, ils se rendirent à cheval à l'endroit où la réunion du Gave et de l'Adour se font, « vis-à-vis de la maison du sieur Ostrau du Bec, négociant à Bayonne, et celle appelée Aurgravé, sur la rive opposée, qui est à une lieue de distance de la ville de Peyrehorade ». La visite des lieux et l'enquête se terminèrent le 1ᵉʳ septembre au moulin de la paroisse des Feudos, sur le Gave, qui appartenait à M. de Tartas, et qui était du ressort du Parlement de Pau.

Le 21 janvier 1765 le grand maître de Guienne rendait l'ordonnance suivante (2) :

« François Dominique de Bastard, chevalier, seigneur des Isles chrétiennes, conseiller du Roi en ses Conseils, grand maître enquêteur et général réformateur des Eaux et Forêts du département de Guienne.

« Vu le mémoire à nous adressé par le seigneur de Navailles, sindic de la province de Béarn, notre ordonnance portant qu'il serait fait état et procès-verbal par le sʳ Martin, maître particulier à la maîtrise de Guienne, des nasses, digues et pesquiers de Peyrehorade et Sorde, le procès-verbal du sʳ maître particulier fait en présence du procureur du Roi, enquête sommaire à la requête du procureur du Roi des faits du dit mémoire, Nous, grand maître des Eaux et Forêts susdit, ordonnons que le vicomte d'Ortés sera tenu d'enlever, dans le mois de la signification de notre présente ordonnance, les piquets qui formaient l'ancienne nasse servant à sa pêche, et faute de ce faire il y sera procédé à la diligence du procureur du Roi aux frais dudit sʳ vicomte d'Ortés, du montant desquels sera pris tous exécutoires au greffe de la maîtrise. Ordonnons que tous les passelis tant de Peyrehorade que celui de Sordes demeureront ouverts en tous temps, sans que sous quelque prétexte que ce soit ils puissent être fermés à peine de mille livres d'amendes contre les propriétaires des nasses. Ordonnons tant au garde général de la maîtrise de Guienne, qu'au

---

(1) Archives de la Gironde, série B, eaux et forêts.
(2)   id.   id.

garde général de la maîtrise de Pau que nous avons commis à cet effet et disposé de prêter un serment particulier à la maîtrise de Guienne pour raison de ce, de faire de fréquentes visites sur lesdites nasses, de dresser procès-verbaux de la fermeture des passelis soit en totalité soit en partie pour leurs iceux assermentés devant le plus prochain juge royal et envoyés au siège de la maîtrise de Guienne être statué ainsi qu'il appartiendra. Ordonnons que ledit pesquier de descente établi au moulin de Sorde sera détruit par les propriétaires dans le mois de la signification de notre présente ordonnance comme étant contraire à tous les règlements concernant la pêche, et faute de ce faire il y sera procédé à leurs frais et dépens à la diligence du procureur du Roi sous les formes que dessus. Faisons inhibition et défense tant au s^r vicomte d'Ortés qu'aux religieux de Sorde, leurs agents ou fermiers, d'établir à l'avenir de semblables pesquiers ou de se servir de filets non conformes à l'ordonnance, à peine de mille livres d'amende. Et sur ce que nous avons été instruit que différents particuliers, riverains du gave d'Oloron avaient établi sur ladite rivière de semblables pesquiers de descente, nous ordonnons que dans le mois de la publication de notre présente ordonnance, les riverains du gave d'Oloron et autres rivières du ressort de la maîtrise de Pau qui auraient établi des pesquiers vulgairement appelés de descente, ou autres semblables engins qui présenteraient une entrée facile du poisson sans qu'il lui soit possible de pouvoir en sortir quelque mince que fût son échantillon, seront tenus de les démolir. Et sera notre présente ordonnance enregistrée tant au greffe de la maîtrise de Guienne que de Pau, pour être lue, publiée, affichée et signifiée à qui et partout où besoin sera, et exécutée nonobstant toutes oppositions et appellations quelconques, pour lesquelles ne sera différé et sans préjudice d'icelles s'agissant de faits de police. Fait et donné à Layrac en cours de visite ce 21 janvier 1765. « BASTARD. »

Les journées et vacations employées pour la visite des lieux et les procès-verbaux d'enquête furent fixées par le grand maître à la somme de 481 livres, dont un tiers à la charge du vicomte d'Orthez, et le restant à celle de religieux de Sorde (1).

Bien que le mémoire des habitants d'Oloron ne soit pas daté dans l'ampliation, il est certain qu'il fut rédigé vers la fin de mai 1764 Le 12 avril de cette année était effectivement un jeudi; et le 4 juin 1762, Dussaulx, dans son voyage aux Pyrénées signale à la suite de pluies et de fonte de neige une forte inondation qui causa de très sérieux dégâts (2).

N'y avait-il pas dans la plainte des habitants d'Oloron une certaine exagération, et leurs récriminations ne se ressentaient-elles pas un peu de la vieille animosité entre les pêcheurs et les religieux de Sorde, dont nous trouvons la preuve dans le cartulaire de cette abbaye dès

<hr>

(1) Archives de la Gironde, série B, Eaux et forêts.
(2) Dussaulx, voyage à Barèges, t. 1er, p. 110.

le début du XIIIe siècle (1). Je suis porté à le croire, car le 17 août 1764, pendant que s'instruisait leur requête, Jean de Labède, maître particulier des Eaux et Forêts de Béarn, dressait à Sainte-Marie un procès-verbal à un pêcheur qui venait dans le gave d'Aspe de prendre plusieurs gros saumons (2), bien que les dégâts occasionnés par l'inondation de 1762 fussent depuis longtemps réparés.

Ce qui est certain, c'est, comme nous l'avons vu, que les plaignants obtinrent rapidement gain de cause et que les mesures prescrites produisirent d'excellents résultats. En 1772 et 1780 (3) la pêche du saumon était très abondante à Orthez et au-dessus du moulin de Sorde.

A l'heure actuelle, le saumon remonte sans difficulté le passelis toujours ouvert de Peyrehorade, n'est pas arrêté par la digue de Sorde, est régulièrement pêché dans le Saison, les gaves d'Aspe et d'Ossau, et très fructueusement à Orthez. Je ne crois pas qu'il ait jamais d'une manière régulière dépassé ce dernier point. Parfois on en prend quelques-uns à Pau, même, dit-on, quelques fois à Saint-Pé. Mais pour cet endroit, si ce n'est pas une légende, c'est un fait bien exceptionnel ; aucun document n'en fait mention (4). Très certainement on n'en a jamais pêché à Lourdes, car dans les énumérations des présents faits par les habitants de cette ville à leurs gouverneurs, on trouve très souvent des brochets du lac, des truites du gave, jamais de saumon (5).

Réussira-t-on dans les tentatives que l'on va faire pour rendre leur montée plus facile au-dessus d'Orthez ? Il est permis d'en douter. La difficulté étant bien plus dans le peu de profondeur du Gave à partir de ce point, que dans les obstacles que peuvent présenter les digues.

Je ne sais si la coque du levant, dont l'introduction en Europe pourrait, semble-t-il, remonter à l'époque des croisades, se trouve mentionnée dans des textes antérieurs à celui des fors de Béarn, mais en tout cas elle n'a cessé depuis lors à servir pour dépeupler nos rivières pyrénéennes ; on en trouve la preuve dans de très nombreux documents (6). On pourrait encore aujourd'hui, en en parlant, dire comme Bertrand de Guiroye, avocat, commissaire enquêteur au Parlement de Navarre, dans son enquête, en 1783, que dans les « Nive d'Ossès, Bidarray, Saint-Jean-Pied-de-Port et lieux circonvoisins dans la Basse-Navarre, de nombreux pêcheurs, au moyen d'engins prohibés, notamment d'un filet nommé « esparbéra » et de coque du levant, prennent les poissons gros et petits, et dépeuplent les rivières du poisson si abondant autrefois, devenu si rare, enlevant ainsi à la société une ressource très grande pour la subsistance, laquelle serait perpétuelle si la police générale était observée » (7).

<hr>

(1) Cartulaire de l'abbaye de Sorde, publié par Paul Raymond, p. 101.
(2) Archives des Basses-Pyrénées, série B, liasse 4072.
(3)   id.   id.   4126-4176.
(4) Note de M. G. Balemie, ancien magistrat.
(5) Note de M. Duvimo, archiviste de la ville de Lourdes.
(6) Archives des Basses-Pyrénées, série B, liasses 4014-4017-4074.
(7)   id.   id.   4172.

Après lecture de ces Communications, M. le Marquis de Fayolle, Président, félicite les auteurs en termes très flatteurs et particulièrement M. le comte de Roquette-Buisson, pour ses documents nombreux et très intéressants, et M. l'abbé Espagnat, qui a bien voulu présenter trois travaux qui prouvent qu'il est à la fois un chercheur et un érudit.

Plusieurs Congressistes prennent ensuite la parole pour discuter quelques questions intéressantes et, en particulier, celle de l'étymologie des différentes formes du mot Altabiscar, Altobizcar, Altabizar, Astobiscar.

M. Colas, professeur au Lycée de Bayonne, engage la discussion.

Il attire l'attention sur ce fait : que la haute montagne aux derniers contreforts de laquelle s'adosse le monastère de Roncevaux et qui se trouve à l'Est du col d'Ibañeta, porte un nom qui se rencontre sous plusieurs formes.

La forme Altabizar, fautive, est à rejeter. M. Colas, tout en déclarant avoir rencontré dans les manuscrits de Huarte, conservés au monastère, la forme Altobizcar, avec, entre parenthèses, la traduction « Cerro Alto », incline à penser que la véritable forme est « Astobizcar », et il indique à l'appui de son dire :

1º La forme de la montagne (en basque Astobizcar signifie dos d'âne) ;

2º Le mot est populaire. Les Basques ne connaissent que lui ;

3º Certaines cartes (Cassini 1763) le mentionnent.

M. Léon, professeur au Lycée, fait connaître à son tour son opinion à ce sujet; pour lui, la vraie forme est Altobiscar. Astobiscar serait une fausse interprétation, par étymologie populaire, de la forme en question, qui, n'offrant pas de sens à l'esprit, aurait été ramenée à Astobiskar. A l'appui de son dire, il cite le mot par lequel les Basques désignent actuellement l'automobile : Asto mobila, dans lequel se trouve également asto - âne.

M. Sarrieu, professeur de philosophie au Lycée d'Auch, intervient : il se demande, au contraire, s'il n'y a pas eu plutôt confusion typographique, d'après quelque vieux texte imprimé, entre l's longue et l'l : Aftobiskar ou Aftobiskar ayant pu aisément être lu Altobiskar.

Quant à la sémantique du mot Astobiskar, elle n'offre rien d'extraordinaire ni d'inadmissible; on trouve en Gascogne des sommets, des rochers appelés Esquiédase (pour Esquio d'Ase, échine d'âne), par exemple près de Bagnères-de-Luchon. M. Sarrieu admet donc entièrement la thèse de M. Colas.

M. Vinson, dont le nom fait autorité dans les questions basques, donne, en dernier lieu, son appréciation : « tout en admettant l'hypothèse de M. Sarrieu, il croit que les altérations de noms propres étant plus fréquentes que celles des noms communs, la forme « Altabiscar » peut être une déformation du nom primitif de la montagne, et il se prononce pour *Astobiscar*, qui serait la forme première du mot. »

Il s'ensuit de cette discussion que tous déplorent l'absence de textes anciens, écrits en basque, qui pourraient seuls donner la forme authentique du mot en question (1).

Puis la question de la « couvade », dont M. de Urquijo a parlé dans sa conférence, est reprise par M. Adrien Planté ; lui aussi fait connaître que cette coutume bizarre n'existe pas en Béarn, c'est une amusante légende, brodée sur les usages réels, qui se réduisent à rendre visite à l'accouchée, pour lui faire honneur, et surtout pour lui offrir un cadeau.

A ce propos, quelques détails curieux sur les superstitions aux pays basque et béarnais, sont donnés par MM. Vinson, Barthéty et Planté.

L'ordre du jour étant épuisé, la séance est levée.

---

(1) Dans la « Légende de tous les cols, passages et ports des Pyrénées », par La Blottière et Roussel (début du XVIIIe siècle), que le « Bulletin Pyrénéen » a commencé d'imprimer, on trouve à plusieurs reprises la forme Astabiscar, qui est, sauf l'*a* après le *t* (lequel s'explique peut-être phonétiquement), celle même que propose M. Colas et qu'admet M. Vinson (Note communiquée par M. Sarrieu après le Congrès).

Mardi, 3 heures et demie

INAUGURATION DE L'EXPOSITION DES VUES ANCIENNES
DE BIARRITZ-BAYONNE
DANS LA SALLE DE « BIARRITZ-ASSOCIATION »

Cette Exposition rétrospective attira un très grand nombre de visiteurs, congressistes et autres. Installée avec infiniment de goût par M. le docteur Laborde, membre de *Biarritz-Association* et du Comité d'organisation du Congrès, elle obtint un véritable succès ; tous les honneurs de la réussite doivent lui revenir, car il n'épargna ni son temps, ni ses pas et démarches pour se procurer : aquarelles, gravures, dessins, les plus rares et les plus intéressants, concernant le Vieux-Biarritz.

Il sut également y joindre une grande quantité d'objets ayant un souvenir pour le pays. Toute cette nombreuse et curieuse collection fut expliquée savamment, pièce par pièce, avec beaucoup d'amabilité par le Dr Laborde, qui ne craint pas de recommencer sa démonstration plusieurs fois, pour satisfaire la curiosité du nombreux public.

Le Comité du Congrès doit aussi de sincères remerciements aux personnes complaisantes qui confièrent leurs collections, pour être agréables aux organisateurs de cette revue de souvenirs biarrots, contribuant ainsi à sa réussite.

Parmi les personnes ayant participé à l'Exposition par leur obligeant envoi figurent : M. l'abbé Larre, curé de Sainte-Eugénie ; Me Blaise ; M. Bellairs ; MM. Lacombe et Grimard ; Mme Veuve J. Moussempès ; M. Couzain ; M. Moussière ; Mlle A. Silhouette ; Mlles Duprat ; Mlle N. Loustau ; Mlle L. Doyamboure ; M. Pommiès ; M. de Cardenal ; M. V. Jaime, photographe ; M. le docteur Laborde.

Pour bien rendre l'importance de cette Exposition, nous avons demandé au Dr Laborde de vouloir bien nous donner la nomenclature des principaux tableaux et objets exposés, ainsi que le résumé des explications données par lui ; nous nous faisons un plaisir de les reproduire ici.

L'Exposition comprenait 133 gravures, tableaux, portraits, documents ou plans et, en outre, 3 vitrines d'objets très curieux et très intéressants.

1re Vitrine. — Eventail à la Malborough (1782). — Chapelet donné par Pie VII à Gramont. — Miniatures de Gramont ; de J. Commamalle ; de Lamoliathe et de Pommiès. — Décorations du Lys et de la Légion d'honneur de J. Commamalle, avec les brevets. — Cuiller d'argent reproduisant, sur le manche, la gravure du navire commandé par Joseph Lafargue, de Biarritz. — Collection de boutons anciens. — Epaulettes ; hausse-col ; schako de Garde Nationale.

2me Vitrine. — Ustensiles de cuisine en cuivre (bassines ; chandeliers ; passoires ; louche ; moulin à café ; mouchettes). — Ustensiles en fer forgé : un gril ; deux rôtisseurs pour pain et *méture*, ou pain de maïs. — Une lampe appelée Crusol.

3me Vitrine. — Manuscrit de P. Th. Ducoureau (Faune de la région). Ce manuscrit excessivement curieux, fut très remarqué. — Lanterne ayant éclairé l'Impératrice Eugénie, lors de l'accident de Ciboure. — Gourdes pour natation ayant servi au Prince Impérial. — Assiette de la fabrique de faïence de Biarritz. — Oursin fossile. — Coquillage fossile trouvé en creusant un puits, à plus de 40 mètres de profondeur. — Supports en terre cuite servant aux potiers ; débris de poterie.

En dehors des vitrines, on remarquait plusieurs curiosités du pays : Une stèle basque (tombe), très bien conservée. — Une vertèbre de baleine. — Une très ancienne vis de pressoir à vin, en bois de chêne. — Une clef de voûte de 1668, de l'auberge de Haraüsta, qui avait donné son nom à un quartier de Biarritz (aujourd'hui La Négresse) (1). — Plusieurs débris d'armes : baïonnettes, boulets, etc., provenant de la bataille de Barroilhet, à Biarritz, 12 décembre 1813.

Tableaux. — Vue de la Roche Percée. — Place Sainte-Eugénie- — Vue de la Côte des Basques. — Arrivage de la sardine au Port-Vieux (Regnault). — Vue de la Grande-Plage. — Vue de la place Sainte-Eugénie, en 1829 (à cette époque le terrain qu'occupe actuellement cette place n'était qu'un précipice). — Vue du Port-Vieux, en 1845. — Portrait de Napoléon III, en 1869. — Rochers de la Côte des Basques (Comtesse de Nadaillac).

3 Pastels : Portraits de Gramont ; de J. Commamalle ; de Cavalier, *pastel du XVIIIe siècle.*

Aquarelles : Notre-Dame de Bon-Secours (Mathis Picard). — Pelot mon vieux (Mlle Feillet).

Fontaine Peyrot lou bill (rue Peyroloubill). — Moulin de Blay. — Côte des Basques (Mlle Hamilton).

Quatre plans de Biarritz, en 1764, dressés par le Dr Laborde (Ces plans font partie de la communication présentée par le Dr Laborde : « Biarritz, en 1764 ». — Dix-sept vues du Port-Vieux. — Neuf vues de la Grande Plage. — Trois vues du Port des Pêcheurs — Six vues de la place de la Mairie. — Deux panoramas. — Deux plans, avec annotations curieuses. — Vingt-neuf dessins ou croquis, par Mlle Feillet (ces dessins, fort bien exécutés, sont excessivement curieux et intéressants). — Trois photographies satiriques représentant la lutte du ministre de Louis XV, Etienne de Silhouette, contre les croupiers et fermiers généraux (reproduction d'après une gravure du temps, tirée du cabinet des Estampes). — Douze vues photographiques de Biarritz, en 1864 (reproduction, clichés V. Jaime, photographe, à Biarritz). — Tableau des maires de Biarritz, de 1800 à 1900. — Photographie du Marquis de Folin, premier Président de *Biarritz-Association* (2), dont il fut un des zélés fondateurs.

Documents. — Proclamation aux marins déserteurs, 1814. — Octroi, règlement pour la Commune de Biarritz, en 1822. — Assignat de mille francs. — Quatre plans : de Bayonne ; Saint-Palais ; Saint-Jean-Pied-

---

(1) Cette dénomination de : « La Négresse » provient de ce que la femme qui tenait cette auberge était particulièrement brune ; les soldats de 1813 l'appelèrent La Négresse, et le nom est resté au quartier qu'habitait cette femme.

(2) *Biarritz-Association* prit naissance le 18 avril 1883. Le Marquis de Folin présenta et lut, à cette première réunion, son travail sur : « Les Recherches Sous-Marines ».

de-Port ; Saint-Jean-de-Luz. — Atlas de Gramont de Castera, capitaine de navire de Biarritz, en 1740, etc.

Résumé des explications données par M. le docteur Laborde sur quelques-uns des objets contenus dans les vitrines et sur les tableaux et documents cités dans la nomenclature.

Objets des vitrines. — Assiette de la fabrique de faïence de Biarritz.
René Yvon, maître faïencier, originaire d'A'ençon, vint se fixer à Biarritz, vers 1720, y installa son industrie dans la maison Marido-mengou (aujourd'hui propriété de M. Heeren), s'y maria et mourut à 80 ans, son fils Pierre lui succéda.

Eventail à la Malborough. — Ce genre d'éventail était très à la mode en 1782 ; tout était à la Malborough à Bayonne, à cette époque.

Chapelet donné par Pie VII. — Ce chapelet fut donné à Gramont, par le pape Pie VII, à l'occasion du sacre de Napoléon Ier ; Gramont représentait la ville de Bordeaux à cette cérémonie.

Pastels - Aquarelles. — Portrait de Gramont (pastel d'après une miniature), né à Biarritz en 1746, maire de Bordeaux, mort en 1816. — Portrait de Jacques Cavalier, curé de Biarritz, de 1743 à 1788 (pastel du XVIII° siècle). Dans son testament, le curé Cavalier lègue une somme de 90 livres de rente, pour l'établissement d'une *rosière*, aux conditions suivantes : 1° Etre née à Biarritz et devant s'y établir ; 2° 18 ans au moins et 30 au plus ; 3° Sagesse et modestie exemplaires. En conséquence seront exclues toutes filles ayant commis une faute déshonorante et publique, ou ayant été au tambourin ; celles ayant porté leur linge et hardes aux hommes qui se baignent, et celles qui auront été se baigner à la mer, sans un certificat du médecin et sans l'autorisation de M. le Curé, etc., etc.

Portrait de Jean Commamalle (pastel d'après miniature), notaire, né à Biarritz, le 2 août 1759 (avait été arrêté comme suspect et empri-sonné pendant quatorze mois à la Citadelle de Bayonne et à Pau). Fut le premier maire de Biarritz, après la Révolution, en janvier 1800.

Notre-Dame de Bon-Secours, aquarelle de Mathis Picard, d'après une gravure ancienne ; représente la chapelle qui occupait l'emplace-ment de la mairie actuelle ; elle avait été construite en 1618, aux frais de Saubade de Burgaronne ; transformée en prison pendant la période révolutionnaire, elle servit ensuite de caserne aux troupes stationnant à Biarritz, en 1814, fut en partie incendiée à cette époque et démolie en 1828.

Documents. — Bénédiction apostolique accordée par le pape Clément XIV, en 1772, à Guillaume Hince, capitaine de navire, né à Biarritz, pour lui, sa famille et son équipage (le capitaine Hince était le bisaïeul du Dr Laborde).

Mardi, 4 h. 1/2 (Salle de « Biarritz-Association »)

3me SÉANCE DE TRAVAIL

L'exposition ayant attiré beaucoup de Congressistes et d'étrangers, il s'ensuivit que l'assistance à cette troisième séance de travail fut très nombreuse ; beaucoup de dames en firent partie.

Le Bureau est ainsi constitué :

Président : M. le Comte de Roquette-Buisson, président de la *Société Académique des Hautes-Pyrénées.*

Assesseurs : Mlle de Pierredon, secrétaire général de la *Société Archéologique de Saint-Emilion.*

M. Branet, secrétaire général de la *Société Archéologique du Gers.*

M. Fonteneau, secrétaire général du Comité.

M. Courteault, secrétaire général de l'Union.

M. le Président exprime le plaisir qu'il éprouve de pouvoir présider cette séance de travail dans le beau local de *Biarritz-Association ;* il le dit en termes très délicats et très flatteurs pour *Biarritz-Association,* et en particulier pour M. le Docteur Claisse dont il loue, à juste titre, la bonne inspiration. Il déclare ensuite la séance ouverte.

1re Communication. — M. le Docteur LABORDE, membre de « Biarritz-Association » et du Comité d'organisation du Congrès.

BIARRITZ EN 1764

Qu'était Biarritz en 1764 ? Une bourgade agreste battue par les tempêtes qui, dit Morel, ne permettent aux champs voisins que de produire des ajoncs abondants. Au milieu de ces landes arides, quelques maisonnettes bien blanches, éparses, avec leur jardinet abrité par un mur de pierres sèches contre les vents du large, et ombragées par un figuier rabougri, seul et inséparable compagnon de toute habitation, « cet ange gardien de la maison », suivant l'expression du poète gascon.

Tel est l'aspect du village de Biarritz dans la partie qui longe la côte. Dès que l'on s'éloigne de quelques centaines de mètres de la falaise, la culture devient plus intense, on rencontre des champs de blé, de maïs et de nombreux vergers, les vignes fournissent un vin apprécié à cette époque, mais ce n'est qu'au delà de l'église Saint-Martin, ou dans quelques bas-fonds que croissent péniblement quelques arbres de haute futaie. Il n'en existait même aucun dans la paroisse, en 1724, et l'on fut obligé d'aller jusqu'à Arbonne pour trouver un arbre suffisant, quand on voulut planter au chemin des Champs une croix de mission.

Biarritz était divisé en quatre quartiers :

1° Le quartier de Bas, ou du Vieux-Port, le plus riche au temps de la pêche de la baleine, dont l'antique splendeur a été consacrée par le dicton populaire :

> De Loustaleyre à Loustalas
> On ne voit que soie et damas.

C'est sur la place même du Vieux-Port que s'élevait l'unique château de Biarritz, le manoir de Belay, dont la chapelle de N.-D. de Pitié n'était à l'origine que l'oratoire privé.

2° Le quartier Boussingorry ou Boustingorry, nom composé de deux mots basques : *boustina gorria*, argile rouge. C'est vraisemblablement l'abondance de cette terre argileuse qui explique le nombre relativement considérable de potiers de terre existant alors à Biarritz. Ce quartier portait primitivement le nom de quartier du Carnacé ou du boucher, nom dérivé du mot espagnol *carnicero*, boucher. En 1517, le boucher de Biarritz (*lo carnisser*) était un nommé Bertrand de Harostéguy (Rôles Gascons, t. II, p. 132). Le quartier de Boussingorry s'étendait en suivant la route de Bayonne jusqu'à Lahouze.

3° Le quartier de Hurlague allait de la maison Grand Jean, aujourd'hui villa Saint-Laurent, jusqu'à la villa Dou Basquou qui a conservé le nom de son ancien propriétaire en 1568, Sansin *lo Basquo*.

4° Le quartier de Haut qui englobait toute la campagne et se subdivisait bientôt en deux autres quartiers, le quartier de Legure ou de Salon et le quartier de Harausta ou de la Négresse.

1200 à 1500 habitants, répartis dans 356 maisons, composaient la communauté de Biarritz.

Cette communauté était représentée par un abbé, aux appointements de 12 livres par an, par 4 jurats, qui recevaient chacun 10 livres et par 12 députés.

Chaque quartier avait droit à trois représentants ; les élections avaient lieu dans la chapelle de N.-D. de Bon-Secours où, séance tenante, les nouveaux élus nommaient l'abbé et les quatre jurats.

Les fonctions de l'abbé paraissent être purement honorifiques, il assiste aux séances qu'il préside, prend part aux délibérations, mais toute la responsabilité des affaires incombe au premier jurat qui, à partir de 1693, prend le titre de maire.

Les séances de la communauté se tiennent dans un local sombre, étroit, mal commode, qui porte le nom pompeux de salle capitulaire, et est situé au-dessus du porche de l'église Saint-Martin. Pour les réunions importantes, auxquelles étaient convoqués tous les habitants, ce local était absolument insuffisant, l'assemblée avait lieu alors en plein air, dans le cimetière. L'abus de ces réunions nombreuses fut supprimé le 24 novembre 1784 par un arrêté du lieutenant général, M. de Néville.

En l'année 1764, l'administration communale était ainsi composée :

Abbé : Dominique Larronde (*Martias*).

Jurats : Pierre Hirigoyen, capitaine de navire (*Lacaussade*), premier jurat et maire ;

      Etienne Courrau (*Jaulerry*), deuxième jurat ;

      Pierre Surgé (*Saint-Cristau*), troisième jurat ;

      Dominique Lafourcade (*Misson*), quatrième jurat.

DÉPUTÉS. — *Quartier de Haut :* Estienne Diharce (*Lantiron*), Estienne Courrau (*Jaulerry*), Pierre Lauga (*Gracy*).

Quartier de Bas : Jean Larrendouette (*Petite*), Jean Lauga (*Bicharrot*), Jean Boustinague (*Marioutchin*).

Quartier de Hurlague : Dominique Seguin (*Aignèse*), Jean Petit Dalbarade (*Chéché*), Jacques Larralde (*Frisade*).

Quartier de Boussingorry : Guillaume Lacroix (*Joan de Bone*), Adam Manesca (*Pernauton*), Joannis Casaubon (*Boigne*).

Le greffier de la communauté était Pierre Dithurbide, maitre d'école, qui, dans un acte notarié, déclare n'avoir aucune disposition pour la vie maritale et cède à sa sœur son droit d'ainesse.

Le merin, ou valet de ville, aux gages de 50 livres, était un nommé Pierre Loustau, s⟨r⟩ de Moulié, il était chargé de faire les mandes ou publications et de porter aux députés les billets de convocations aux séances.

Culte. — Biarritz comptait trois édifices religieux.

1° L'église Saint-Martin où le service du culte était fait par M⟨e⟩ Jacques Cavalier, docteur en théologie, curé, originaire de Bayonne, et par M⟨e⟩ Pierre Castagnet, vicaire, originaire de Biarritz. Catherine Gramont remplissait les fonctions de benoite à l'église Saint-Martin.

2° N.-D. de Pitié, sanctuaire vénéré des marins, situé au Vieux-Port, dont M⟨e⟩ Pierre de Gastambide, d'Espelette, était prébendier.

3° N.-D. de Bon-Secours, qui occupait l'emplacement de la Mairie actuelle. M⟨e⟩ Jean Farthoual, de Nerbis, dans les Landes, en était le prébendier et Marie Massie, la benoite.

M⟨e⟩ Jean Mathieu de Larrendouette, ancien desservant de Biarritz dont il était originaire, remplissait à l'église Saint-Martin la charge de Matutinié ou de célébrateur de la messe du matin.

Notaire. — M⟨e⟩ Bertrand de Planthion, qui habitait Arbonne, était propriétaire à Biarritz de la maison Pinane, située sur les terrains du presbytère Sainte-Eugénie.

Médecins. — Le service médical était assuré par M⟨e⟩ Guillaume de Lacroix, maitre chirurgien, M⟨e⟩ Jean Hardoy et Catherine Fontagneu, sage-femme.

Guillaume de Lacroix, maitre chirurgien-juré, habitait la maison Joan de Bone, aujourd'hui hôtel de France, il avait été premier jurat et maire en 1736 et en 1750, et était lieutenant des milices du Roy dans le bataillon formé par les communes de Biarritz, Anglet et Arcangues.

Guillaume de Lacroix, qui était le frère de ma trisaïeule maternelle, mourut à Biarritz le 1⟨er⟩ novembre 1764.

Jean Hardoy, de Cambo, maitre chirurgien, vint dans le courant de cette même année 1764, s'établir à Biarritz dans la maison Brayne (aujourd'hui pharmacie Puech, rue Gambetta, 46).

Le premier, ce maitre chirurgien établit une convention avec un certain nombre d'habitants de Biarritz, sur les pansements, traitements et médicaments de chirurgie dont ils pourraient avoir besoin dans leurs maladies. Le prix de l'abonnement par famille et par an est fixé à quarante sols payables en deux termes de six mois en six mois. Le sieur Hardoy s'engage à faire toutes les saignées et visites dont on pourra avoir besoin, même toutes les amputations, pansements et traitement dans les fractures qui pourront survenir, se réservant seulement de se faire payer, suivant l'usage, et que les cas le requèreront, des secours qu'il pourra rendre dans les accouchements, ensemble des remèdes et des onguents qu'il pourra leur fournir — cette convention réunit 253 adhérents. — Il ne semble pas, toutefois, qu'elle fut favorable aux intérêts du s^r Hardoy qui, deux ans plus tard, déclare ne pouvoir plus continuer à servir les habitants moyennant le prix de quarante sols par année et désire à l'avenir être payé eu égard au travail qu'il fera dans chaque famille.

La sage-femme, Catherine Fontagneu, habitait la maison Leboïthe, aujourd'hui rue Gambetta, 54.

Maîtres d'école. — Pierre Dithurbide, régent, reçoit 60 livres par an et Charles Puyartin tient son école dans la maison Condiche, dans le parc actuel de Gramont.

Les revenus de la communauté de Biarritz consistaient dans l'afferme des droits du vin ou mayade, l'afferme de la boucherie et l'afferme de la tuilerie communale.

Pour l'année 1764, le mayadié est Petry Diharassarry et le prix de la mayade fixé à 2553 livres.

La boucherie est affermée à Charles Darlas, de Villefranque, moyennant 60 livres, le prix de la livre carnassière de bœuf et vache est de dix sols, le mouton se vendra un sol moins la livre qu'à Bayonne.

Pierre Recart paie 55 livres l'afferme de la tuilerie communale qui est située près de la maison Martin Petit, dans le quartier de Haut (à la Négresse).

Port. — Depuis la disparition des baleines, les marins de Biarritz étaient réduits à la pêche côtière et le havre, comme on l'appelait alors, ou port actuel des pêcheurs était plus que suffisant pour abriter leurs bateaux. Les propriétaires de ces embarcations étaient désignés sous le nom de bourgeois et maîtres de pinasses, il y avait aussi des bourgeoises de pinasse. Dans l'année qui fait l'objet de notre étude, la flottille de pêche de Biarritz se composait de :

« La Jeannette », patron Dominique Seguin, à Adam Manesca ; « L'Ange gardien », patron Bernard Destradère, au même ; « La Providence », patron Saubat Lorman, et le « Saint-Pierre », patron Jean Cazal, à Jacques Dalbarade ; le « Saint-Joseph », patron Dominique Campous, à Pierre Surgé.

Marie Despessailles était bourgeoise de la pinasse le « Saint-Jean », patron Fabien Mailin et la Vve Marie Berdoulin était bourgeoise du « Saint-Pierre », patron Augier Campous.

Un prud'homme et un clavier avaient la garde du port et étaient chargés de représenter les marins et de défendre leurs intérêts comme aussi de recueillir les sommes nécessaires aux réparations et à l'entretien du port, ils étaient nommés pour deux ans.

En 1764, Jacques Dalbarade, de Saraspe, était le trésorier du port.

En cette même année, une brigade des fermes du Roi, autrement dit un poste de douanes, fut établi à Biarritz, le s^r Lachaume, commandant de la brigade, habitait dans la maison Joannette.

A signaler encore à la date du 24 janvier, un legs important du capitaine Dailhenc, décédé à la Martinique, qui permet aux confrères du Saint-Sacrement de diminuer le taux des cotisations de cette pieuse confrérie présidée par le capitaine Gérard Gramont.

L'été de 1764 est particulièrement chaud, la sécheresse est telle que le 29 août on organise une procession pour demander la pluie. La communauté donne trois livres et quinze sols à André Lacadée, pour la sonnerie de la cloche pendant la durée de la procession.

État civil. — Les registres de la paroisse Saint-Martin nous donnent le mouvement de la population dans l'année 1764 :

Mariages, 13 ; Naissances, 52 (garçons 23, filles 19) ; Décès, 41 (hommes 15, femmes 14, enfants 12).

NOMS DES MAISONS SOUMISES A LA CAPITATION

QUARTIER DE BOUSSINGORRY

1. Tarèze.
2. Papailline.
3. Pétrissal.
4. Truhèle.
5. Irigoyen.
6. Menjongo.
7. Perisdoucamp.
8. Chirole.
9. Joannette.
10. Lamarque.
11. Gourine.
12. Quilhé.
13. Gaston.
14. Maria de Teste.
15. Noutary.
16. Marichout.
17. Gestas.
18. Petiton.
19. Aü desteun.
20. Dantès.
21. Pontons.
22. Meignigne
23. Joan Bayonne.
24. Petitote.
25. Letorte.
26. Mailly.
27. Cambrette.
28. Calaützza.
29. Magdeleine.
30. Darribeyre.
31. Curio.
32. Masson.
33. Chourio.
34. Soubres.
35. Pernaüton.
36. Lenoune.
37. Matelassaïre.
38. Pernaüt lou Routye.
39. Chanchon.
40. Marthe.
41. Matelote.
42. Bordesoule.
43. Maripetite.
44. Chicoye.
45. Barbet.
46. Boigne.
47. Peyré.
48. Sergent.
49. Irlande.
50. Larrose.
51. Corroïlhe.
52. Gariat.
53. Marion.
54. Joan de bone.
55. Peyré chota.
56. Serora.
57. Saubadinote.
58. Douriche.
59. Cambare.
60. Misson.
61. Marioulette.
62. Fitchet.
63. Lebère.
64. Ferrou.
65. Candeleyre.
66. Moulin de Belay.
67. Bourguignon.
68. Martias de bas.
69. Moulié.
70. Chanin.
71. Joan.
72. Brunon.
73. Paithine.
74. Loste.
75. Balen.
76. Erretéguy.
77. Roupille.
78. Petit Roupille.
79. Coulaoü.
80. Coulaon.
81. Patchecou.
82. Hilline.
83. Ngnagne.
84. Petit Patchecou.
85. Pernaüt.
86. Ihetchou.
87. Martias de Haut.
88. Barbé.
89. Moulin.
90. Haraüt.
91. Borde de Courasson.
92. Chélitz.
93. Sansco.
94. Gardague.
95. Leporte.
96. Gracy.
97. Bouillou.

QUARTIER DE HURLAGUE

1. Baritche.
2. Maridouce.
3. Leborde.
4. Maribonotte.
5. Doubascou.
6. Tachou.
7. Guilhaumes.
8. Moussenjoan.
9. Champaigne.
10. Menjote.
11. Maridomengou.
12. Lechoute.
13. Hautzo.
14. Joanna,
15. Maignan.
16. Grassian.
17. Blaye.
18. Gracy de Louise.
19. Gramont.
20. Barleitz.
21. Bigueire.
22. Poulit.
23. Craquil.
24. Mausset.
25. Lefine.
26. Daniel.
27. Fermin.
28. Catoye.
29. Peyrounin.
30. Castets.
31. Biscondaüt.
32. Mathe.
33. Laussucq.
34. Frisade.
35. Artelé.
36. Lamourette.
37. Marijoan.
38. Pipy.
39. Donpas.
40. Douhaü.
41. Barbet.
42. Lacaussade.
43. André.
44. Leboithe.
45. Dumaré.
46. Miquelonbeurguette.
47. Menjoutique.
48. Chéché.
49. Brayne.
50. Pissot.
51. Petit Pissot.

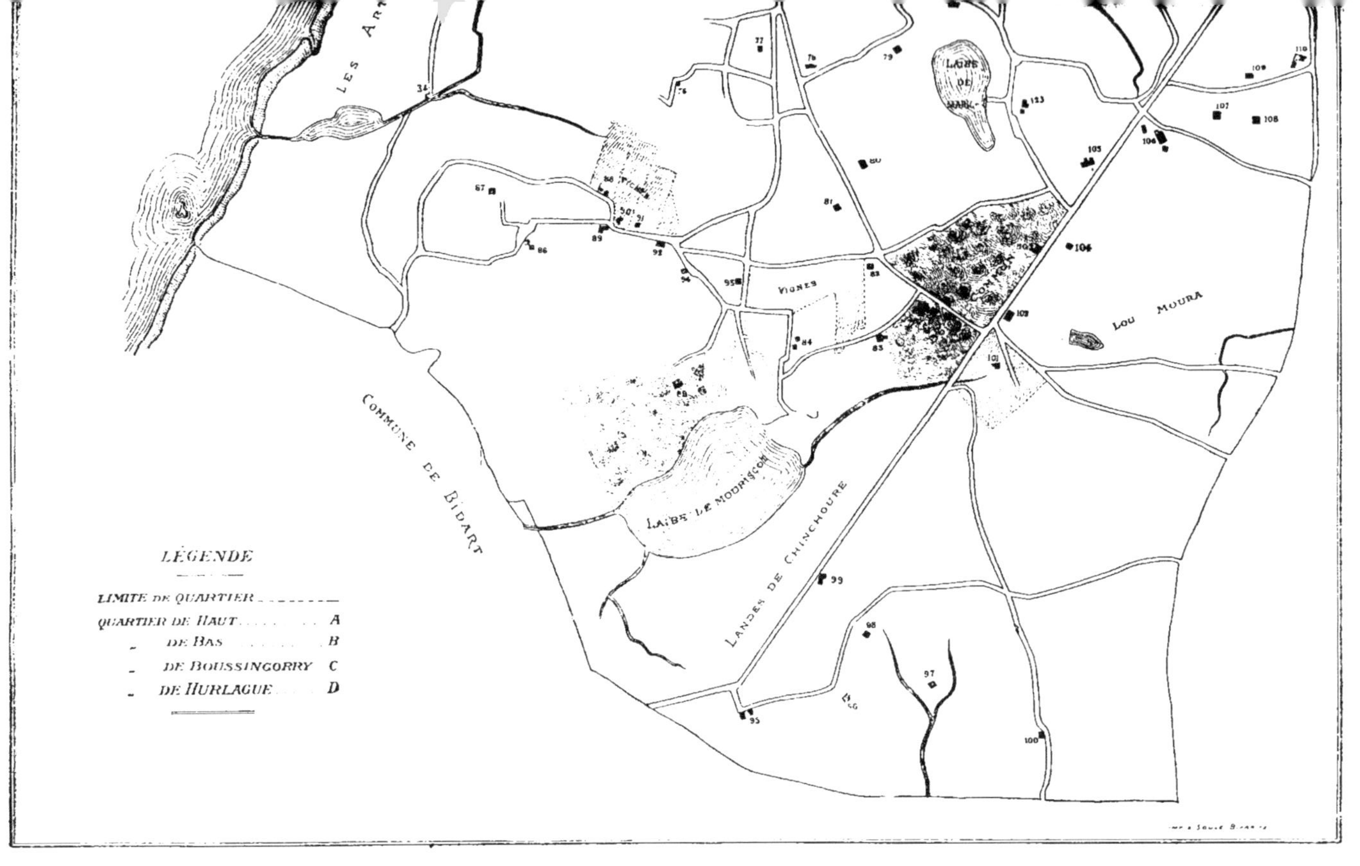

LÉGENDE
LIMITE DE QUARTIER
QUARTIER DE HAUT A
DE BAS B
DE BOUSSINGORRY C
DE HURLAGUE D
COMMUNE DE BIDART
LES ART
LAGE DE MARL-
LAIBE LE MODRIGCON
LANDES DE CHINCHOURE
VIGNES
LOU MOURA

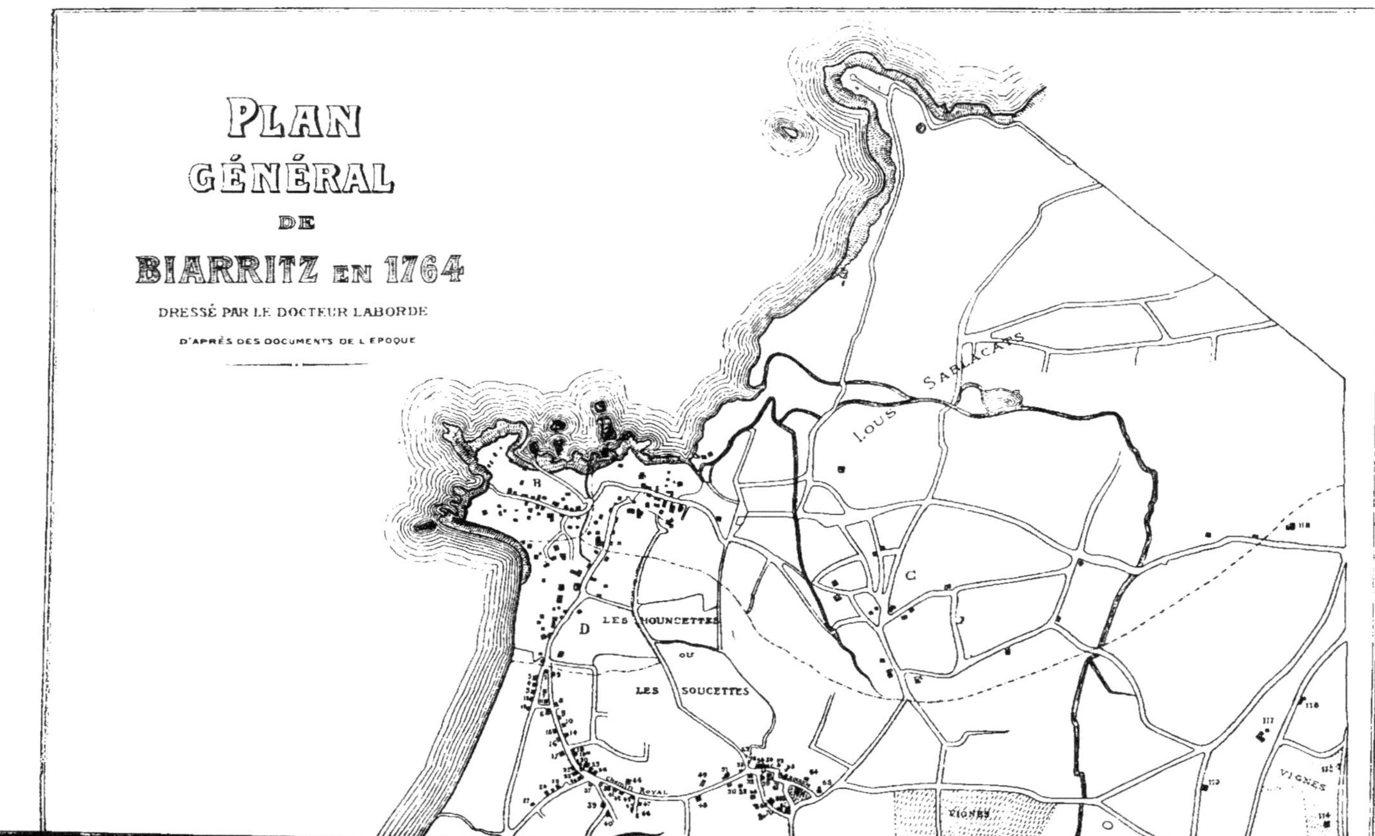

PLAN
GÉNÉRAL
DE
BIARRITZ EN 1764
DRESSÉ PAR LE DOCTEUR LABORDE
D'APRÈS DES DOCUMENTS DE L'ÉPOQUE
LOUS SABLACARS
LES HOUNCETTES
ou
LES SOUCETTES
CHEMIN ROYAL
VIGNES
B
C
D

52. Grandjean.
53. Mestemenjon.
54. Herremen.
55. Sarrepout.
56. Menjongo.
57. Grand Bertrand.
58. Mariato.
59. Lamesé.
60. Mamou Castille.

61. Douhourn.
62. Dourous.
63. Aignèse.
64. Gardagot.
65. Maignon.
66. Doubray.
67. Pinane.
68. Peyrot lo bill.
69. Peyrouton.

70. Larrache.
71. Maroye.
72. Joanote.
73. Agnote.
74. Maribère.
75. Blayot.
76. Pernaüton.
77. Douchotes.
78. Joangorry.

QUARTIER DE BAS

1. Sergent.
2. Navarrine.
3. Bicharrot.
4. Bone.
5. Trespots.
6. Pitcho.
7. Sasso.
8. Petit Sasso.
9. Mariboigna.
10. Petite.
11. Sarrail.
12. Mariourdin.
13. Berdoly.
14. Mignone.
15. Mouriscot.
16. Counon.
17. Petita.
18. Chinane.

19. Ngnaüt.
20. Chala.
21. Lebrete.
22. Anchit.
23. Grachit.
24. Chapeau Rouge.
25. Compaignet.
26. Marigne.
27. Loustaleyre.
28. Menjote.
29. Langadot.
30. Gardague.
31. Peignon.
32. Sabaté.
33. Marmaillou.
34. Mamou.
35. Franson.
36. Saint-Cristau.

37. Mameignon.
38. Brigot.
39. Cathelon.
40. Michotes.
41. Proucine.
42. Marioutchin.
43. Pitcho de Bas.
44. Bertaline.
45. Margueride.
46. Hillote.
47. Combe.
48. Berdoulay.
49. Sansinot.
50. Miquéü.
51. Charpot.
52. Courasson.
53. Mouriscou.
54. Talaye.

QUARTIER DE HAUT

1. L'Espérance.
2. Marigrane.
3. Marie de Compère.
4. Margueride de Mathe.
5. Joanepetite.
6. Catelinché.
7. Loubon.
8. Mamy.
9. Minjane.
10. Cinquans.
11. Doumetge.
12. Menjon de Long.
13. Gaspard.
14. Castera.
15. Jean Gros.
16. Marie de Caülin.
17. Chandiou.
18. Saraspe.
19. Coulanchot.
20. Catherinon.
21. Pelem.
22. Segure.
23. Mounachottes.
24. Pélegrin.
25. Petit.
26. Gracian.
27. Bernadas.
28. Tambourié.
29. Biscus.
30. Laurens Trimoyne.
31. Saubat.
32. Paignon.
33. Joan Petit de Bas.
34. Moulin de Chabiague.
35. Candelé.
36. Camberette.
37. Gracy Larrepunde.
38. Lecouille.
39. Joanatcho.
40. Le Borny.
41. Mourane.
42. Ste-Marie Barboutan.
43. Courrau.

44. Marticot.
45. Loubaïle.
46. Chardinerou.
47. Larroque.
48. Mounache.
49. Estebeco.
50. Pernaüt lou Massoun.
51. Leborde.
52. Letouithe.
53. Menaüt.
54. Jaulerry.
55. Masson.
56. Maroton Masson.
57. Petit Sartou.
58. Sartou.
59. Chassin.
60. Petit Chanin.
61. Condiche.
62. Gramont.
63. Maron.
64. Requiem.
65. Castera.
66. Lissalde.
67. Mathe de Haut.
68. Caülin de Haut.
69. Magdetenotte.
70. Cathalina.
71. Moussempès.
72. Guiroy Gramont.
73. Larrepunde.
74. Reptou.
75. Pioche.
76. Simonet.
77. Mariourdin.
78. Jean Mouton.
79. Borde de Marion.
80. Borde de Noutary.
81. Chala.
82. Lantiron.
83. Monségur.
84. Chabiague.

85. Mouriscot.
86. Harcet.
87. Cristoubal.
88. Barchalot.
89. Compère.
90. Salon.
91. Miquechout.
92. Borde Masson.
93. Missou.
94. Françon.
95. Barroilhet.
96. Silhouette.
97. Merin
98. Peyrot.
99. Uhalde.
100. Borde Majeseq.
101. Martin Petit.
102. Harausta.
103. Sorhainde.
104. Marioulette.
105. Berdoly.
106. Joulianne.
107. Chérit.
108. La Bourdique.
109. Artelé.
110. Pitchot.
111. Audios.
112. Menjon.
113. Ranquine.
114. Peignigne.
115. Machelon.
116. Lartigue.
117. Lou Braoü.
118. Barrière.
119. Pissot.
120. Borde d'André.
121. Borde dou Bascou.
122. Bordenave.
123. Calaützza.
124. Migueron.
125. Petit Migueron.
126. Galante.
127. Paillet.

2ᵐᵉ *Communication*. — M. Fernand Thomas, trésorier de la « Société
Archéologique de Bordeaux ».

DOCUMENTS SUR LE LABOURD, EXISTANT AUX ARCHIVES DÉPARTEMENTALES DE LA GIRONDE

Mesdames, Messieurs, mes chers Collègues,

Les personnes s'intéressant à l'histoire du Labourd savent que,
depuis la création des intendants, jusqu'à l'année 1790, cette contrée
fut incorporée, à plusieurs reprises, aux généralités de Guyenne,
d'Auch et de Béarn, sans cesser de ressortir au Parlement de Bordeaux.

Les documents administratifs concernant cette période sont répartis, disent les érudits, entre les archives d'Auch, qui en possèdent
environ le tiers et celles de Pau qui conservent le reste.

Le Labourd fut gouverné par l'Intendance de Guyenne :

1ᵒ Dans la seconde moitié du XVIIᵉ siècle ;

2ᵒ De 1775 à 1784 ;

3ᵒ De 1787 à 1790.

Cependant les auteurs des travaux historiques concernant Bayonne
n'ont jamais signalé les fonds de l'Intendance, du bureau de la trésorerie et du Parlement existant à Bordeaux.

Les Archives du Parlement antérieures au dix-huitième siècle
furent anéanties lors de l'incendie qui éclata au Palais de l'Ombrière,
le 31 janvier 1704 ; c'est à partir de cette funeste date que s'est formée
la nouvelle collection dont l'inventaire n'est pas encore établi. Sans
parler des autres juridictions, celle d'Ustaritz réunit cinquante-sept
liasses et la ville de Bayonne, quarante-cinq. L'inventaire nous appren-
drait de curieuses choses, mais c'est un travail que seul peut entreprendre un archiviste ayant l'avenir devant lui.

Les fonds de l'Intendance de Guyenne et de la Trésorerie ont été
classés ; ils sont d'une réelle importance.

A l'occasion de ce Congrès, il nous avait paru d'actualité et intéressant de présenter, à l'aide d'un document tiré de ces fonds, un travail
personnel devant préciser soit un point obscur d'histoire, soit détailler
le passage de hauts personnages, ou bien compléter les renseignements sur les coutumes de Biarritz ou sur les grands travaux du port
de Saint-Jean-de-Luz, des fortifications de Bayonne, de la barre de
l'Adour, etc.

Faisant trève aux narrations sérieuses, nous pouvions vous entretenir d'une querelle de préséance ou apitoyer vos cœurs — les archéologues et les historiens ont l'âme sensible — sur les infortunes de la
demoiselle d'Orbigny, directrice du théâtre de Bayonne, adressant au
ministre de la Justice une interminable supplique afin d'obtenir main-
levée de la saisie de sa malle en lui écrivant : « S'il était possible
« d'interroger toute la ville, j'ose croire que son suffrage serait pour

« moi, et vous diriez alors : La voix du peuple, c'est la voix de Dieu ! »

Mais en parcourant ces dossiers, en étudiant ces pièces, en lisant ces documents qui racontent la vie de nos aïeux, nous étions impressionné par l'intérêt qu'ils révèlent, par l'importance de leur témoignage !

Nous comprimes qu'il y avait mieux à faire que de présenter un seul épi, et qu'il était nécessaire de lier en gerbes cette riche moisson; c'est pourquoi nous primes la décision de présenter le relevé des documents sur le Labourd existant aux Archives de Bordeaux dans la série C, composée du fonds de l'Intendance et du bureau des trésoriers de France.

Cette série comporte 4250 articles dont 3900 liasses renfermant en moyenne cent pièces chacune; le surplus se compose de registres, volumes, ou cahiers manuscrits.

Nous avons relevé uniquement les pièces concernant le Labourd, sans indiquer les documents relatifs à la Soule, à la Basse-Navarre, ou au Béarn.

L'état, que nous avons l'honneur de vous présenter, mais dont nous ne ferons pas lecture, comprend 457 articles répartis en 331 cotes.

Pour faciliter les recherches, ces documents sont catalogués chronologiquement dans les catégories suivantes :

Affaires militaires. — Approvisionnements. — Arrêts, Edits, Enregistrement. — Assistance Publique. — Commerce, Industrie, Marine. — Comptablie. — Corporations. — Correspondance. — Domaines, Etats du Roi, Finances. — Epizooties. — Impositions, Tailles. — Imprimeries. — Jugements de l'Intendant. — Juifs. — Manufactures. Objets divers. — Ordonnances et correspondances de bureau. — Passage de personnages. — Plumitifs. — Sauf-conduits et surséances. — Service sanitaire. — Travaux publics. — Voirie.

En accomplissant ce travail, long et ingrat, comme tout ouvrage de copiste, nous nous sommes pénétré du désir manifesté par M. Francisque Habasque, fondateur de l'Union.

Notre délégué central pensait, avec raison, que ce groupement créerait entre les membres des sociétés adhérentes, des relations devant faciliter leurs recherches techniques dans les différents dépôts de nos départements, devenant ainsi un aide certain au développement des études historiques et archéologiques locales.

Modeste congressiste, nous devons exprimer notre gratitude aux organisateurs du Congrès, nous ne pouvons mieux leur prouver notre reconnaissance qu'en leur présentant la nomenclature des pièces labourdines existant dans le dépôt bordelais.

Nous remettons à la Société *Biarritz-Association*, à la *Société des Sciences, Lettres et Arts de Bayonne*, l'inventaire des documents relatifs à l'histoire du Labourd, existant dans le fonds de l'Intendance aux Archives départementales de la Gironde.

Puisse cette collection d'archives contribuer à la gloire d'un jeune historien bayonnais, ajoutant son nom à la liste des Poydenot, des Henry Léon, des Dubarat, des de Croizier, des Ducéré et de tant d'autres qu'il serait trop long de mentionner.

3ᵐᵉ *Communication.* — M. le docteur E. Réveil, inspecteur de la « Société Française d'Archéologie ».

DU RÉGENTAGE ET DE QUELQUES RÉGENTS DE PUYOO AU XVIIIᵉ SIÈCLE

L'instruction primaire en Béarn, sous l'ancien régime, a été l'objet de deux études. La première, due au vicomte Serrurier, a paru en 1874 dans le *Bulletin de la Société des Sciences, Lettres et Arts de Pau ;* M. Beaurain est l'auteur de la seconde (*Bulletin de la Société de Borda,* 2ᵉ trimestre 1905).

Les sources de l'une et de l'autre ont été puisées aux Archives départementales des Basses-Pyrénées, spécialement au fonds des notaires. Les nôtres sont empruntées aux mêmes Archives, minutes des notaires de Riberegave, qui n'ont fourni qu'un document, et aux papiers de la famille Bareille, de Puyoô, dont plusieurs membres ont exercé la jurade pendant le cours des XVIIᵉ et XVIIIᵉ siècles. Ces derniers ont conservé un certain nombre de délibérations de la communauté, des copies d'actes judiciaires et extrajudiciaires utilisés par nous.

La paroisse de Puyoô, diocèse de Dax, comptait, d'après un recensement de 1750 en ma possession, 435 habitants. Petites étaient ses ressources ; elle produisait, cependant, un vin de quelque renom que l'on menait à Peyrehorade embarquer pour Bayonne. L'évêque de Dax, qui percevait de moitié avec l'abbé laïque la grosse dîme de la paroisse (six barriques), l'appréciait à sa juste valeur.

Comment y entendait-on l'instruction primaire au dix-huitième siècle ? Rappelons les points essentiels de la déclaration du 13 décembre 1688, confirmée par l'édit royal d'avril 1695. Les fonctions des maîtres et maîtresses du royaume, les conditions de leur nomination, l'enseignement qu'ils doivent donner aux enfants, enfin leur traitement sont réglementés. Dans les petites paroisses, les maîtres sont nommés après approbation de l'évêque où, à défaut de l'évêque, du curé. Le curé de la paroisse a mission d'interroger les enfants sur le catéchisme. Au cours de leurs tournées pastorales, les évêques ont l'obligation de vérifier si les maîtres ou maîtresses ont reçu l'approbation ecclésiastique. Les maîtres, appelés *régents* dans notre pays, peuvent être révoqués : 1º s'ils ne sont pas approuvés par l'autorité diocésaine ; 2º s'ils ne sont pas de bonne vie et mœurs ; 3º si l'enseignement religieux donné par eux est insuffisant.

L'article 25 de la déclaration royale spécifie, de la manière suivante, le genre d'enseignement que recevront les écoliers et le salaire des régents : « Nous voulons que l'on établisse autant qu'il sera possible des maîtres et des maîtresses dans toutes les paroisses où il n'y en a point pour instruire tous les enfants du catéchisme et les prières qui sont nécessaires..., pour les conduire à la messe les jours fériés .., pour apprendre à lire et à écrire à ceux qui pourront en avoir besoin..., et que dans les lieux où il n'y a pas d'autres fonds, il puisse être imposé sur tous les habitants la somme qui manquera pour leur subsistance jusqu'à celle de 150 livres par an pour les maîtres et 100 livres pour les maîtresses. »

Ce salaire, qui à notre époque semblerait minime, est loin d'être une règle générale en Béarn. Pour citer quelques exemples : le régent d'Artiguelouve touche, en 1759, 22 l., celui d'Abidos 45 l. (1), celui de Pontacq 100 l. (2). Je note à Puyoo : 54 l. en 1709; 90 l. en 1755 (3) et 180 l. à la veille de la Révolution (4). La communauté de Bellocq, qui est voisine, donne dans le même temps : 150 l. au régent et 60 l. à sa femme (5).

En 1709, le régent de Puyoo est un nommé Lavie, de Hobas. Suivant un acte dressé par Daniel de Pareige, notaire de Bellocq, il est engagé pour une durée de trois années « de l'advis et approbation du sieur Jean d'Hunier, docteur en théologie, curé dudit lieu ». Le contrat comporte les obligations suivantes : Lavie devra élever les enfants dans la crainte de Dieu et suivant le précepte de l'Eglise « de tout son pouvoir et scavoir »; tenir l'école chaque jour sans aucune « discontinuation sous le porche de l'église »; se conduire et faire si bien son devoir qu'il ne pourra y avoir aucun sujet de plainte. Le salaire sera levé conformément aux ordonnances, c'est-à-dire trente sols sur les pères et mères qui enverront leurs enfants à l'école et pour chaque enfant qui aura l'âge de la fréquenter (6). D'une façon générale l'enseignement porte sur la lecture, l'écriture, le calcul, le catéchisme. Ici il n'est pas question des matières de l'enseignement, « le régent élèvera les enfants de tout son savoir » et, remarquons-le, sous le porche de l'église. C'est presque l'école de plein air et les élèves sont plus près de Dieu.

Quelle garantie exige-t-on des régents au point de vue de l'enseignement ? Aucune. Il faudra arriver à la Convention pour que l'idée de faire passer un examen aux maîtres surgisse. En certains endroits, le curé interroge le maître sur les matières de la religion. C'est tout. Aussi ne faut-il pas s'étonner de voir M. Beaurain citer le cas d'un régent nommé Carassus lequel « no entend lescripture ny laritmatique qui es grandement necessary ». A Pontacq, en 1692, un candidat est évincé « pour ne savoir lire les vieux parchemins ». A Lucq, les jurats

---

(1) V** Sérurier, op. cit. p. 14.
(2) Beaurain, op. cit.
(3) Compte de Pierre du Hau. garde pour 1755 « pour Berdin, régent, 90 l. ». Pap. de Bareille.
(4) Copie d'une délibération des jurats. Pap. de Bareille.
(5) Abbé Laurens Bellocq. *Notice historique et religieuse*. Pau 1900.
(6) **Archives** du département des Basses-Pyrénées. Daniel de Pareige. notaire de Bellocq. 1709.

refusent leur acceptation à un régent ne sachant déchiffrer les chartes
de la communauté (1).

Les gages sont payables en trois *pacqs*, c'est à-dire en trois termes.
La *colice* du régent est levée par les gardes sur tous les habitants au
marc la livre. Il est d'usage, comme pour toutes les impositions, de
percevoir une somme plus élevée que ne le porte le rôle, afin de rentrer dans les frais occasionnés par les courses et débours des gardes.
Une telle pratique, constante à cette époque, était l'objet de blames
de la part des sub-délégués. En 1790, une délibération des officiers
municipaux établit le rôle ainsi qu'il suit : « pour lever la somme de
cent quatre-vingt huit livres sur les habitants de Puyoô pour payer la
plus forte partie des gages de régence à Bertrand Casenave, maitre
d'école dudit lieu, de l'année courante payable en trois pacqs, le premier écheu le vingt juillet dernier et les deux autres aux mêmes termes de quatre en quatre mois laquelle susd. somme a été partagée
tant sur lesd. habitans que sur les écoliers en trois différentes classes
scavoir ceux d'écrire à raison de six livres chacun par an, ceux de
lire à quatre livres et les autres à trois livres chacun aussi par an et
les habitans comme sensuit réglé par nous, officiers municipaux
soussignés : Abel Capdeville, Souviràa dit Maisonète, collecteur». Je
suppose que «les autres» ce sont les habitants, car tous sont couchés
sur le rôle du régentage.

Leur inscription sur le rôle n'est pas sans soulever des réclamations. Quatre années auparavant, en 1786, un certain nombre d'habitants avaient refusé d'acquitter la taxe de l'écolage, ils sont assignés
devant la Cour par les jurats de la localité. Il est dit dans les consi-
dérants de l'affaire que «ces enfants (ceux des récalcitrants) profitent
des instructions du catéchisme que le maître leur fait, ce qui n'est
pas une partie de l'éducation la moins essentielle. Ne retirassent-ils
aucun avantage ny aucun secours, le bien publicq assujettirait toujours leurs parents à contribuer pour l'entretien d'un individu (le
régent) aussy précieux à la société ». On aime à voir ainsi reconnue,
à cette époque, l'influence moralisatrice de l'instituteur. Dans le procès en question, les jurats avaient, usant de leur droit, pignoré les
insoumis; il s'agissait d'obtenir la validité de cette procédure. L'exposé des motifs est curieux: on cherche, en effet, à assimiler le cas
des parents refusant de participer aux frais du régentage à celui d'un
particulier de la communauté d'Arbus (canton de Lescar, arrondissement de Pau), lequel gardant lui-même ses bestiaux et habitant un
hameau fort éloigné du village, voulait faire des économies et refusait
de contribuer pour sa part aux gages du gardien commun. Or, le
13 février 1742, la Cour avait rendu un arrêt dans cette affaire « bien
moins favorable, font remarquer les requérants, que la leur », en
vertu duquel l'habitant d'Arbus était tenu de payer le gardien commun des troupeaux pour cause de bien public. Se basant sur ce pré-

---

(1) Vte Sérurier. Op. cit. p. 15.

cédent, le régentage n'est-il pas lui aussi un bien public, et la déclaration du 13 décembre 1688 n'est-elle pas impérative à cet égard, disent les jurats? Au surplus, le dossier ne renferme-t-il pas les rôles de la « cotice » pour les années 1732, 1757, 1770, 1771, 1780? Le montant n'a-t-il pas été recouvré sans qu'aucun habitant se soit soustrait à cette obligation? Conclusion : la Cour doit condamner les réfractaires et déclarer la saisie valable. J'ignore ce qu'il advint dans cette circonstance (1). A Bellocq, en 1792, le même cas se produit, le nommé Larrat demande que le paiement du régent soit fait par « ceux-là seuls qui envoient leurs enfants à l'école ». L'assemblée des municipaux et notables repousse cette manière de voir et déclare que « l'usage ancien pour le paiement du régent et de la régente est un soulagement pour le riche et un grand secours pour le pauvre, attendu que les enfants de ces derniers manqueraient d'instruction s'il n'en était pas ainsi » (2).

Le régent Bertrand Casenave passe, en 1789, avec les jurats de Puyoô un contrat aux termes duquel il est tenu d'enseigner aux enfants à lire, écrire, apprendre les règles et prier Dieu. Il doit conduire ses élèves à la messe et chanter au lutrin moyennant 180 l. de traitement (3). Mais Casenave, par la liberté de ses propos, sa mauvaise tenue s'attira des animosités. On se plaint qu'il ne remplit pas ses devoirs; enfin, chose grave, l'esprit nouveau agissant peut-être, il cause du scandale aux offices, ce qui lui vaut des réprimandes du curé de la paroisse, l'abbé Dufourcq Salinis. On veut donc s'en débarrasser, faire ainsi l'économie d'un régent. Cette manœuvre échoue, car l'assemblée des habitants du 16 mai 1791 confirme, pour une année, Casenave dans ses fonctions par 42 voix contre 8 (4) Cette année, il ne devait pas la terminer à la suite d'un gros incident qu'il convient de rapporter.

Le curé de Puyoô et Ramous vient, le 11 mai, faire la déposition suivante par devant le citoyen Hayet, officier municipal : le citoyen Casalot était venu, la veille, le prévenir du décès du jeune enfant de Lahournère, maître de poste, en vue de procéder à ses obsèques. Le curé déclare qu'il se rendra le lendemain, vers huit heures, chez Lahournère, ajoutant qu'il était inutile de déranger le régent Casenave, parce qu'il se ferait accompagner par celui de Ramous. Lahournère renvoie Casalot dire au curé que s'il ne veut pas se servir de Casenave, il était inutile qu'il se dérangeât pour l'enterrement. L'abbé Dufourcq Salinis fait observer au messager que lui, curé, connaît l'étendue de ses devoirs et qu'il n'appartient pas au citoyen Lahournère de lui prescrire une règle de conduite. Dans sa plainte le curé ajoute que, pour le moment, il cache les justes motifs qui lui font éloigner le régent de Puyoô du service de l'église, que toute la paroisse

---

(1) Copie. Pap. de Bareille.
(2) Abbé Laurens. Op. cit. p. 114, 115.
(3) Copie du contrat. Pap. de Bareille.
(4) Original. Pap. de Bareille.

connaît le scandale que ce dernier a, par deux fois, occasionné dans le lieu saint.

Le lendemain, l'abbé Dufourcq Salinis se rend à l'église, accompagné du régent de Ramous; il apprend alors que l'on s'est passé de ses services et que l'inhumation du jeune Lahournère a été faite hors sa présence. Il vient, en conséquence, requérir le constat du citoyen Hayet, lequel assisté de Pierre Guirauton et de Jean Hayet, se rend au cimetière. Le sieur Carrau, fossoyeur, interrogé, dépose que l'enfant a été enterré avec la seule assistance de Casenave. L'affaire était de la compétence du tribunal du districq. Le tribunal d'Orthez, sur les réquisitions de Dufau, accusateur public, rend un jugement par lequel il enjoint aux officiers municipaux de Puyoô de procéder à l'exhumation du cadavre du jeune Lahournère, afin qu'il soit permis au curé de constater la mort sur le registre des décès, de faire porter le corps à l'église pour que l'enterrement ecclésiastique ait lieu avec tel régent que le curé jugerait convenable et cela sous les peines les plus graves contre quiconque apporterait du trouble dans cette double cérémonie. Le jugement signifié, le 17 juin 1791, par l'huissier Bachoué, est quelques jours plus tard exécuté dans sa teneur (1). Casenave, quoique récemment nommé, quitte la paroisse pour se retirer à Labastide-Cézeracq.

Le citoyen Poey lui succède, à dater du 28 octobre 1791, ayant traité aux mêmes conditions que son prédécesseur; on l'oblige cependant à accompagner le curé quand il porte le saint viatique aux malades. Peu après, les assignats étant tombés dans le discrédit et ne pouvant avoir d'espèces métalliques, Poey résigne sa charge pour ouvrir une auberge. Lembeye fils, son successeur, fut, à en croire les pères de famille, un instituteur modèle. Les enfants font, disent-ils « d'excellents progrès dans la lecture, écriture, arithmétique, les éléments moraux et républicains ». Malgré un tel ensemble de qualités, l'administration centrale du département veut réintégrer Poey, qui a obtenu d'un jury le certificat d'instruction désormais indispensable pour tenir école. Les habitants et les parents ne veulent pas de lui et dans un but de protestation pétitionnent. Poey, y est-il dit, après avoir quitté l'école « s'est livré à la bagatelle... Lembeye est instituteur dans l'âme... Poey est un commerçant qui ne saurait vivre s'il en était séparé ».

Voici le texte de la pétition :

« Aux citoyens membres composant l'Administration centrale du département des Basses-Pyrénées.

« Vous exposent les citoyens soussignés et avec eux tous ceux qui ont des enfants en état d'être envoyés aux écoles, habitants de la commune de Puyoô, que le citoyen Lembeye fils, instituteur des écoles primaires de cette commune, a, par sa sage conduite, édifié le

---

(1) Extrait d'une signification du jugement faite aux officiers municipaux par Bachoué, huissier-audiencier, le 18 juin 1791. Pap. de Bareille.

Pièce d'argent de cinq sols frappée en 1591 à Saint-Lizier-en-Couserans

Collection du baron de Bardies, à Saint-Girons (Ariège).

publicq, et par son assiduité et son occupation continuelle aux devoirs de son état. Les enfants qui lui ont été confiés ont fait d'excellents progrès sur la lecture, écriture, arithmétique et sur les éléments moraux et républicains. Nous sommes si bien satisfaits de lui que nous ne saurions de longtemps le laisser pour un autre, si nous avions cet avantage.

« Cependant on a ébruité dans la commune que le citoyen Poey, ci-devant régent de cette commune, avait obtenu du jury d'instruction un certificat, et qu'il se flattait d'être nommé pour occuper cette place, puisqu'il est vray que lorsque le discrédit du papier monnaye arriva, il quitta ses écoles et nos enfants ont resté près d'un an sans aucune instruction et lui se livre à la bagatelle.

« Poey est aubergiste et a ses idées entièrement dévouées à faire plusieurs commerces et tous incompatibles avec l'état d'un sage et prudent instituteur. Vous ne connaissez ni l'un ni l'autre des sujets, mais nous vous déclarons avec vérité que Lembeye est instituteur dans l'âme et que Poey est un commerçant qui ne saurait vivre s'il en était séparé.

« La loi du 3 brumaire vous autorise à nommer les instituteurs, la commune de Puyo en a besoin d'un, elle espère que vous voudrez qu'elle conserve celui qu'elle a dans ce moment, vous ferez le bien de nos enfants et vous mettrez le comble à nos désirs. Notre reconnaissance sera de faire des vœux continuels pour la conservation de vos personnes. »

Ont signé : Coairehourcq, Guirauton, Casalot, Maisonnave, Laulhé, Domercq dit Galié, Chinoy, Guirauton, Dujatz Léon, Sarps, Touya Jean, Serres, Domercq dit Capdeville, Dufourcq, Bordenave, Perriat dernier cadet, Domercq dit Herré, Souviraà, Coairehourcq, Labastie dit Bracq, Lagelouse, Lahitte, Lahournère, Camy, Perriat (1).

Malgré cette pétition et ses antécédents, probablement à cause de son diplôme, Poey est réintégré. Il est encore instituteur en 1795, car il signe, en qualité de secrétaire, le procès-verbal de l'inventaire des objets enfermés dans la sacristie de l'église destinée à devenir la maison commune (2). C'est le dernier instituteur de Puyoô dont nous ferons mention.

4ᵐᵉ *Communication.* — **M.** le Baron de BARDIES, Docteur en Droit, Président de la « Société des Etudes du Couserans », et de l'« Escolo deras Pirenéos ».

L'ATELIER MONÉTAIRE DE BORDEAUX
TRANSFÉRÉ A SAINT-LIZIER-EN-COUSERANS

C'est le Parlement de Toulouse qui gouverna seul le Sud-Ouest pendant la période de troubles qui suivit l'assassinat d'Henri III ; il ne reconnaissait ni Henri IV, ni Charles X et, dans le conflit des pouvoirs

(1) Copie sans date. Pap. de Bareille.
(2) Copie. Ibid.

politiques et militaires, il maintenait la vie du pays par ses arrêts de règlement et par son application à les faire exécuter.

Lorsque Bordeaux se fut soumise au Béarnais, un arrêt du 3 juillet 1590, confirmé par un autre arrêt du 24 octobre suivant et ensuite par un arrêt du 12 mars 1591 (1), transféra à Saint Lizier l'atelier monétaire de Guyenne.

Cet atelier fonctionna pendant trois ans ; il émit des pièces de dix sols et de cinq sols en argent à l'effigie du défunt Henri III, l'esprit pratique des Gascons s'étant toujours opposé à la reconnaissance de Charles X, dont l'effigie était frappée dans les ateliers monétaires des Politiques du Nord. Les villes couserannaises de Saint-Girons et de Saint-Lizier ne reconnurent Henri IV que le 4 août 1595, deux ans après son abjuration solennelle ; elles se montrèrent ainsi plus catholiques que le pape et que leur propre évêque, Jérome de Lingua, qui avait décidé en mars 1594 les Etats de Comminges à prêter serment de fidélité au nouveau roi.

Les pièces frappées à Saint-Lizier portent la lettre *k* comme celles de Bordeaux ; une rosace figure leur différend et un *c* l'initiale de leur maître de monnaie ; leur caractéristique est un point placé sous la cinquième lettre de chaque côté.

Ces pièces sont devenues à peu près introuvables, car elles furent décriées par édit d'Henri IV, en date du 5 juin 1596, comme « affaiblies et impurées de la quatrième partie » ; elles cessèrent dès lors d'avoir cours et durent être refondues.

Nous avons la bonne fortune d'en posséder une dans notre collection personnelle. C'est une pièce de dix sols ou demi-franc en argent de 1591 : son faible poids et son grossier alliage justifient pleinement la démonétisation qui l'atteignit cinq ans après son émission.

5ᵐᵉ *Communication.* — M. l'Abbé Albert GAILLARD, curé-doyen de Belin, membre de la « Société des Archives historiques de la Gironde ».

LE SCHISME CONSTITUTIONNEL
DANS LES GRANDES LANDES DU BORDELAIS

Il n'est pas inutile de savoir comment le schisme constitutionnel fut accueilli par les populations rurales, et quelle action il exerça sur des âmes à mentalité simpliste. Cette étude, nous l'avons entreprise pour quelques paroisses des grandes landes du Bordelais. Ce n'est, évidemment, qu'un petit coin du pays, ce sont quelques individus à peine de l'immense population forestière qui vont s'offrir à notre examen. Mais, en somme, cela importe relativement peu. Ces individus représentent la race. L'âme paysanne, invinciblement inclinée vers la terre, a, partout et toujours, un même fonds commun d'obsti-

(1) Archives départementales de la Haute-Garonne, arrêts du Parlement de Toulouse, registre B.

nation, d'âpreté, d'ignorance, qui l'empêche de monter au-dessus d'un certain niveau ; et nous sommes convaincus qu'en beaucoup de cas on pourrait, sans bien grande témérité, conclure du particulier au général. Au surplus, nous ne le ferons pas.

* *

Dans les paroisses qui constituent la partie centrale des grandes landes du Bordelais (1), tous les curés passèrent au schisme. Partout, leurs fidèles les suivirent, sans songer même à ébaucher une protestation.

Si l'on examine d'où provient une telle unanimité dans la chute, il semble bien qu'on en trouvera une des causes principales dans la difficulté des communications. Les curés de la grande lande, en effet, ne pouvaient guère se déplacer. Aller simplement à Bordeaux ou à Bazas constituait pour eux un voyage cher et pénible ; car, même à la fin du XVIIIe siècle, les routes, impraticables pendant la majeure partie de l'année (2), isolaient les paroisses. Ces pauvres prêtres en étaient donc réduits à se fréquenter à peu près exclusivement les uns les autres, formant ainsi une sorte de petit clan dont les habitudes, parfois même les idées, finissaient par se ressembler beaucoup ; où, en tout cas, l'influence d'un seul homme devenait aisément prépondérante.

Quoi qu'il en soit, les raisons de leur adhésion au schisme se découvrent avec facilité ; et si elles n'excusent pas les lamentables déchéances qu'elles déterminèrent, elles servent au moins à en expliquer la possibilité, elles permettent aussi de plaider, en beaucoup de cas, les circonstances atténuantes.

Tous les prêtres que nous trouvons, en 1791, dans les paroisses du Belinois ou des environs (3), étaient de braves gens, pénétrés de leurs devoirs, charitables et bons. Ils aimaient leurs paroissiens qui, depuis de longues années, les voyaient à l'œuvre, les aimaient eux aussi. C'étaient, en plus, des hommes de mœurs honnêtes. Peut-être leur foi s'avérait-elle un peu molle ; mais, en somme, on ne peut nier qu'elle ne fût sincère. Par malheur, bien des causes extérieures contribuaient à l'ébranler.

Voici, peut-être, la principale.

* *

Les curés ne possédaient jamais de très gros revenus ; ou, pour mieux dire, ils ne possédaient pas tous les revenus auxquels ils jugeaient avoir droit ; et cela leur faisait contester l'honnêteté de leurs chefs. Ils se butaient à ce principe, d'ailleurs erroné, que la totalité

---

(1) On entend par grandes landes du Bordelais, la partie de landes comprise entre Bordeaux et le département des Landes.

(2) Copie de lettres de Jean Roumégoux, maître de poste de l'Hospitalat, paroisse de Béliet. — Arch. de M. Félix Roumégoux, ancien magistrat, propriétaire à Béliet.

(3) Nommons, outre ceux que nous avons déjà cités : MM. Nau, de Saint-Marc, curé de Belin ; Louis Joly Blazon de Sabla, curé de Béliet ; Stafford, vicaire de Saint-Magne.

des recettes paroissiales devait leur appartenir. Et, comme ils n'en percevaient que la plus petite partie; comme ils voyaient, chaque année, le prieur enlever sous leurs yeux presque tout l'ensemble des dimes, ils se jugeaient odieusement lésés. Oubliant qu'ils avaient accepté ces restrictions en sollicitant leurs bénéfices, ils trouvaient intolérable que celui dont la tâche restait nulle absorbât la majeure partie des ressources, et qu'il leur fallût, eux, malgré tout leur travail, se contenter d'une portion congrue infime, d'un casuel mesquin, de quelques malheureuses dimes rognées d'un côté par l'âpreté du prieur, de l'autre par l'avarice du paysan (1). De là, des colères, injustes certes, au moins en très grande partie, mais profondément tenaces; de là, ce fait qu'on en était venu à se révolter ouvertement.

Dès le commencement du XVIIIe siècle, nous voyons le clergé des campagnes s'élever, avec une insistance tout particulièrement violente, contre un pareil état de choses. En 1726, en 1728, en 1743, ce sont les curés du Barp qui traînent les Feuillants devant le Parlement de Bordeaux. En 1753, c'est le tour des curés de Belin, Béliet, Salles, Mios, Moustey, Saugnac et Pissos qui s'attaquent au prieur de Mons et le font condamner en première instance (2). Plus tard, la lutte va s'accentuer; et nous verrons les curés de Béliet et de Salles refuser l'entrée de leurs églises, fermer même la porte de leur presbytère à M. Despujols, qui vient d'être nommé au prieuré de Belin, et contre lequel ils plaident (3). Mais quoi? ces procès coûtent très cher; ils sont très longs aussi, car les prieurs font toujours appel, dès qu'une condamnation les frappe. Puis il est bien difficile que les petits soient vainqueurs dans la lutte contre les grands! Aussi, quand 1790 arrive, la situation des curés n'a guère changé; ils n'ont pas obtenu les ressources nouvelles qu'ils réclamaient. Et alors, quoiqu'ils ne soient pas pauvres en réalité, comme ils ont la sensation de pouvoir atteindre un bien-être supérieur, et d'en être privés par l'injustice, par l'avarice de leurs chefs, ils se forgent mille désolations, factices en grande partie; ils croient souffrir; ils souffrent vraiment. En outre, ils ont la rancœur de leur longue lutte inefficace, et ils appellent avec passion un ordre de choses nouveau (4).

Or, la Constitution civile du clergé leur apporte ce qu'ils désirent : elle supprime les prieurs abhorrés; elle remplace par une pension fort raisonnable la dîme, objet de tant d'ennuis; elle permettra à chaque prêtre, si humble soit-il, de rester seul maître chez lui. Et

___

(1) On ne saurait trop répéter que la situation matérielle du clergé congruiste, loin de le réduire à la misère, lui donnait des moyens d'existence raisonnables. Il n'était pas très riche, à coup sûr; mais il l'était encore beaucoup plus que le clergé rural actuel.

(2) Arch. dép. de la Gironde. G. 953. — Les curés de Mios, Moustey, Saugnac et Pissos plaidaient aussi contre le prieur dans le même procès.

(3) Arch. dép. de la Gironde, G. 931. — Le curé de Mios agit de même.

(4) Sur la fin du XVIIIe siècle, tous les curés du Belinois avaient essayé d'améliorer leur situation matérielle, en renonçant à la portion congrue pour régir eux-mêmes leurs paroisses, au point de vue de la perception des dimes. Mais là encore ils trouvèrent bien des déboires. Arch. dép. de la Gironde. Contrôle des actes de Belin; passim.

c'est déjà une raison, pour que le clergé rural accueille avec sympathie cette loi qui va supprimer les abus dont il souffrait.

Certes, il n'y a pas que cela dans la Constitution civile ; il y a aussi l'organisation officielle du schisme, et nos curés devraient le comprendre, car ils sont instruits ; tous possèdent le grade de docteur en théologie ; le curé de Belin est même un ancien jésuite d'une haute culture littéraire, philosophique et théologique.

Pour bien dire, ils comprennent ce qui se passe ; mais ils s'efforcent de se démontrer que l'Eglise, atteinte dans son temporel, ne l'est pas dans son essence ; ils affirment, comme le curé de Belin, que l'Assemblée nationale « n'a touché ny entendeu toucher au spirituel, et que ce qu'elle a décretté est purement temporel » (1). Ils se basent, d'ailleurs, sur l'opinion présumée de leurs chefs, qui, peut-on croire, pensent comme eux ; car enfin Louis XVI, le roi très chrétien, a sanctionné la Constitution civile, et Mgr Champion de Cicé, archevêque de Bordeaux, a contresigné l'acte royal. — En outre, ils croient que l'Assemblée avait le droit de légiférer, même en matière religieuse. Profondément imbus du vieux principe d'indépendance nationale, qui, dans les siècles passés, avait si souvent proclamé les libertés de l'Eglise gallicane, ils constatent que, de fait, l'Assemblée Nationale a concentré en elle les pouvoirs de la nation et du roi ; et tout naturellement, ils lui accordent, sur les choses d'Eglise, les droits qu'ils reconnaissaient jadis au souverain. — Enfin, à tout prendre, le pape ne s'est pas prononcé.

Voilà bien des raisons. Elles valent ce qu'elles valent, ou, pour mieux dire, elles ne valent rien. Probablement, nos curés en jugeraient ainsi s'il leur fallait, bien tranquilles dans la solitude de leurs presbytères, rédiger une thèse ou un sermon. Mais c'est de toute autre chose qu'il s'agit. La décision qu'ils vont prendre pèsera sur leur vie entière. Et alors, par quelles cruelles incertitudes ne passent-ils pas !

*
* *

Ils sont d'autant plus perplexes que mille sollicitations extérieures assaillent leur volonté hésitante. Sans compter les menaces officielles, qui semblent n'avoir jamais été bien terribles dans le Belinois, il faut mettre en ligne de compte « les prières, les instances des parents ou des amis, et parfois même le cœur du pasteur, qui luttait contre son sentiment et ses inclinations les plus chères : car il souhaitait de vivre avec une paroisse, qui lui avait donné jusqu'alors sa confiance, et qui l'aimait encore, mais que les décrets avaient séduite et qui allait ne voir en lui qu'un ennemi » (2).

Ajoutez à cela l'effarement peureux de tous ces pauvres curés, qui, habitués jusqu'alors à être pratiquement les chefs incontestés de la paroisse, se trouvent, du jour au lendemain, brutalement dépouillés

---

(1) Procès-verbal de la prestation du serment civique par M. Nau de Saint-Marc.
(2) Ludovic Sciout. Histoire de la Constitution civile, tome I, p. 410.

de leurs prérogatives séculaires, souvent même en butte aux tracasseries des municipalités. On leur a pris leurs églises pour y tenir des assemblées où ils ne sont rien, et que préside un paysan inconnu la veille ; il faut qu'ils déposent sur le bureau du Conseil municipal l'état de leurs revenus ; on exige qu'ils fassent arrêter par le maire les recettes et dépenses de la Fabrique ; au Barp, on ira jusqu'à interdire d'utiliser l'argent des pauvres sans une autorisation formelle des officiers municipaux. En voilà bien assez, n'est-il pas vrai ? pour effrayer un pauvre homme, qui ne s'est jamais préparé à la lutte, qui n'a pas trempé son caractère en prévision de l'épreuve, qui ne trouve, ni dans sa vie aux habitudes trop bourgeoises, ni dans sa foi trop raisonneuse, ni dans sa vertu trop routinière, le ressort dont il aurait besoin pour réagir contre le mal.

Les curés jurent donc.

Tout au plus apportent-ils quelques restrictions timides à leur serment, comme le curé du Barp qui jure d'obéir à la « Constitution civile *acceptée par le roi* » ; comme le curé de Belin, qui jure « après les plus mœurs examents et réflections les plus sérieuses, *ne voyant rien que le civil dans la Constitution civille du clergé* » (1). Ce n'en est pas moins la chute. Et quelques-uns de ces pauvres malheureux : les curés de Salles, de Belin, de Béliet, vont mourir trop tôt pour pouvoir se réconcilier avec Dieu. Il est vrai qu'au lieu de réparer leur faute, quand le pape l'a solennellement condamnée, les deux premiers au moins s'y sont ancrés contre le cri de leur conscience.

*
* *

Quant aux paroissiens, c'est beaucoup plus simple, ils n'ont rien compris à la constitution civile du clergé. Trop peu instruits pour savoir qui, du curé assermenté ou du curé insermenté, représente la vérité, la seule chose dont ils s'inquiètent, c'est de conserver les pratiques extérieures de leur religion, parce qu'en agissant ainsi ils croient conserver leur foi. Ils veulent un curé, ils veulent des offices, ils veulent les sacrements, ils veulent la sépulture religieuse Aussi quand il arrive, comme à Lugos ou à Saint-Magne, qu'on les prive de pasteurs, ils adressent pétitions sur pétitions aux corps constitués, pour qu'on ne les réduise pas à vivre en idolâtres. A Saint-Magne, ils iront même jusqu'à menacer de refuser le paiement de l'impôt.

Mais lorsqu'on leur a donné satisfaction, ils ne s'inquiètent pas de savoir si leur curé est, ou non, en communion avec le Pape : c'est là une chose beaucoup trop compliquée pour leur mentalité paysanne. Au surplus, savent-ils bien ce qu'est le Pape ? Sous l'ancien régime, quantité de pasteurs, prétextant les libertés de l'Eglise gallicane, avaient systématiquement refusé d'apprendre à leurs ouailles que le Souverain Pontife possède le magistère suprême dans l'Eglise, et que tous, pasteurs aussi bien que fidèles, doivent lui obéir.

---

(1) Procès-verbaux de prestation de serment.

Les curés schismatiques sont donc acceptés sans difficulté dans les paroisses où M. Pacareau les envoie On les respecte, on les estime, on les aime. Vienne la restauration du culte, M. Sabès constatera que le curé constitutionnel de Saugnac-et-Muret est un digne prêtre, jouissant de la considération générale (1). De même M. Bruguière a su gagner l'affection des paroissiens de Salles ; M. Péés s'est fait aimer à Saint-Magne.

Les chrétiens les plus dévoués à leur foi agissent eux-mêmes de la sorte Quand le 12 nivôse an III (2 janvier 1795), M. Sauvage, riche propriétaire belinois, marie sa fille, il exige qu'on rétablisse dans le contrat une formule, supprimée depuis longtemps par l'athéisme jacobin, une formule que personne plus n'emploie, et dans laquelle les époux s'engagent à solenniser leur union « devant Notre Sainte Mère l'Eglise catholique, apostolique et romaine » (2). Il veut aussi que son curé assiste à la rédaction de l'acte et le signe. Tout cela est bien l'œuvre d'un croyant. Or, à quel curé s'adresse M. Sauvage ? au curé constitutionnel de Belin.

Il faut dire, pour expliquer cet état d'esprit, que le passage au schisme s'était accompli sans éclat dans tout le Belinois et dans les environs. Le même curé avait continué à mener la même vie, à célébrer les mêmes offices, à administrer les mêmes sacrements, à prêcher la même doctrine : les fidèles ne demandaient rien de plus.

Toutefois, ils n'admettront pas que le prêtre, même pour obéir aux dirigeants du jour, manque aux devoirs de son état. Qu'un curé se marie ! c'est son affaire ; on le laissera bien tranquille. Mais qu'il ne s'avise plus de vouloir exercer le saint ministère : le peuple ne veut point de lui pour cela. On verra les femmes de Salles en déshabiller un dans l'église, parce qu'il s'obstine à vouloir célébrer la sainte messe, et le menacer d'une fustigation en règle, s'il récidive. « Avis des femmes », dit un écriteau placardé sur la porte de l'église, au-dessous d'une poignée de grosses verges « Avis des femmes. — Si Bellard, prêtre marié, dit la messe, sera foité. Prends garde à toi. » (3). Les municipalités elles-mêmes tiendront ces malheureux en pauvre estime, comme on le voit par l'attitude du maire terroriste de Belin à l'égard d'un prêtre marié, réfugié dans la commune (4).

Certes, on rencontrera, çà et là, quelques athées d'une sottise ou d'une méchanceté assez opiniâtre pour réclamer comme curé, même au rétablissement du culte, des prêtres évidemment indignes, tels que M. Bellard à Salles et M. Contrastin au Barp, mais c'est l'infime

---

(1) M. Seguès, d'abord vicaire de Saugnac-et-Muret, dont il devint curé en octobre 1791, après la mort de M. Thiac, fut, au rétablissement du culte, maintenu dans sa paroisse où nous le trouvons encore en 1814 (Arch. dioc. de Bordeaux. Fonds moderne).

(2) Minutes de Mᵉ Etienne Hosten, notaire à Belin. Fonds Lafitte.

(3) M. Bellard fit pénitence de ses égarements et mourut réconcilié avec l'Eglise. D'ailleurs, il avait toujours affirmé que son mariage était un mariage de pure forme.

(4) Bien qu'il soit « meuni des certificats de sa commeune », dit le maire, « néanmoins nous le surveillons comme il convient de faire à des pareils personnages. » (Arch. dép. de la Gironde, L. 1436).

minorité. Le peuple comprend la dignité du sacerdoce et n'accepte pas qu'on la salisse. Il tient essentiellement à conserver sa religion intacte. Si un jour vient, où il semble l'abandonner pour aller au Temple de la Raison, il le fera sans conviction, par force, parce qu'il a peur; mais, dès que la tyrannie toute puissante des gouvernants aura cessé de peser sur lui, il reviendra aussitôt au vieux culte des ancêtres.

En résumé : *chez le clergé*, préjugés séculaires contre Rome, souci trop inquiet du bien-être, colère exagérée contre des injustices d'ailleurs certaines, solitude morale, isolement matériel, effarements peureux ; — *chez les fidèles*, ignorance considérable, effrois irraisonnés, respect inintelligent du pouvoir civil ; — telles sont les causes qui ont permis au schisme constitutionnel de réussir dans les grandes landes du Bordelais.

Mais ces causes étaient trop évidemment extérieures à l'âme populaire, pour qu'une œuvre, établie sur des bases pareilles, eût chance de longue durée. Aussi croyons-nous qu'il faut chercher, dans les raisons mêmes dont le schisme constitutionnel est issu, le principe déterminant de sa disparition rapide. Ni le clergé apostat qui savait trop bien ce qu'il faisait, ni les fidèles du culte constitutionnel qui ignoraient la portée de leurs actes, ne pouvaient faire œuvre de vie.

*6*ᵐᵉ *Communication.* — M. l'Abbé J. ANNAT, curé de Gan, Directeur de la « Revue Historique et Archéologique du Béarn et du Pays Basque».

LES SOCIÉTÉS POPULAIRES DANS LES BASSES-PYRÉNÉES PENDANT LA RÉVOLUTION

De toutes les monographies à écrire pour préparer les éléments d'une histoire générale de la Révolution Française, la première, semble-t-il, devrait être l'histoire des *Sociétés Populaires.*

Rien de curieux, de savamment combiné comme l'organisation, autour des masses inconscientes, de ces sociétés, clubs actifs, étroitement liés entre eux et répandus un peu partout.

Dans les Basses-Pyrénées il y en eut une centaine environ, mais il convient de dire que certaines d'entre elles eurent une existence éphémère.

Pendant cinq années, de 1790 à 1794, elles paraissent avoir exercé sur l'orientation et la marche de la Révolution une impulsion décisive. Les membres les plus assidus de ces sociétés furent les étrangers, des prêtres, des instituteurs et en général des personnes ayant une certaine culture. Il est vrai qu'à mesure que les événements de la Révolution se précipitaient, les défections se multipliaient et le club se réduisait et s'épurait de lui-même. Les Sociétés populaires ne furent jamais chez nous « le peuple »; elles furent un petit groupe très restreint, mais aussi, à la vérité, très actif et très entreprenant.

Elles étaient étroitement reliées entre elles : on demandait à la

Société de Pau « fraternization et correspondance » ; elles étaient surtout étroitement reliées avec la société des Jacobins de Paris.

Paris envoyait des correspondances qu'on lisait le soir, au début des séances, et on acceptait les yeux fermés les jugements et les opinions de la société-mère.

Robespierre, par exemple, fut longtemps pour les sociétés une sorte de demi-dieu : après le 9 thermidor, il n'est plus que le « scélérat » ou le « hideux » Robespierre et le même jour, presque à la même heure, le 25 thermidor, à Lescar, à Pau, à Nay, à Saint-Jean-de-Luz, on fait un discours sur la « scélératesse de Robespierre ».

En constatant ces faits et ces coïncidences, on se dit avec M. Augustin Cochin : « L'historien se trouve ici devant un cas d'erreur de l'opinion sans analogue... » (*La crise de l'histoire révolutionnaire. p. 78*).

Un conflit s'est élevé naguère dans le petit monde de l'histoire révolutionnaire. Pour certains, la Révolution est l'œuvre spontanée, non d'un parti, mais du peuple, de la Nation.

Pour d'autres, s'il y a eu, à l'origine, comme l'explosion d'un mécontentement longtemps contenu, comme un effort général et vraiment populaire vers la réalisation d'un idéal, il apparaît qu'à un moment donné, ce mouvement généreux a dévié et a été accaparé par un pouvoir occulte.

Où est la vérité ?

Peut-être n'est-il pas téméraire de penser que l'histoire complète et impartiale des Sociétés populaires permettra de le discerner.

7ᵐᵉ *Communication.* — M. Julien VINSON, Président du Congrès.

LE « NOUVEAU TESTAMENT » BASQUE DE 1571

M. de Urquijo, dans sa très remarquable conférence, a rappelé que les livres basques les plus anciens ne remontent pas au delà du seizième siècle. Le premier est de 1545 ; ce sont les poésies moitié religieuses, moitié profanes d'un curé de Saint-Michel-le-Vieux. Mais le livre le plus important est le troisième, qui a été imprimé à la Rochelle en 1561 par ordre et aux frais de Jeanne d'Albret ; c'est une traduction du Nouveau Testament, du catéchisme de Calvin, des prières ecclésiastiques et des autres annexes qu'on trouve ordinairement dans les versions protestantes françaises ; ces documents sont très précieux parce qu'ils nous donnent une idée exacte du basque français au XVIᵉ siècle et que les textes, bien connus, ne laissent aucun doute sur le sens de la traduction ; le volume compte d'ailleurs 1134 pages.

L'auteur de cette traduction est un ancien prêtre catholique, fort instruit, Jean de Liçarrague, de Briscous ; il fut un des premiers partisans de la Réforme dans le pays ; persécuté, poursuivi, emprisonné pour sa foi, il put se réfugier en Béarn, où Jeanne d'Albret le chargea, en 1561, de traduire le Nouveau Testament dans sa langue maternelle. Ce travail, plusieurs fois interrompu et repris, dura dix ans ; on adjoignit à Liçarrague quatre autres personnes pour l'aider dans cette tâche difficile et après une revision définitive, le traducteur fut envoyé à la Rochelle pour diriger et surveiller lui-même l'impression du volume qui fut terminé le lundi 24 septembre 1571. De retour en Béarn, Liçarrague fut nommé ministre à La Bastide-Clairence, où le président de Thou le vit en 1582 ; c'était, paraît-il, un homme aussi expérimenté en français qu'en basque. Comme cela s'est pratiqué assez longtemps dans le pays, le Ministre protestant et le Curé catholique avaient tous deux la jouissance de la même église, où ils alternaient leurs offices.

Le Nouveau Testament basque de 1571 est au point de vue bibliographique un fort beau livre, très soigneusement imprimé par Pierre Haultin, d'une famille célèbre d'imprimeurs protestants venus de Paris et dont les descendants se transportèrent plus tard à Genève. Aussi, le livre a-t-il été recherché de tous temps des bibliophiles et cette circonstance heureuse nous a conservé plusieurs exemplaires qui auraient péri comme la plupart des autres, que le fanatisme religieux a détruit, après le rétablissement du culte catholique. Sur les vingt-sept exemplaires que nous connaissons en effet, cinq ou six tout au plus ont été retrouvés dans le pays basque depuis une centaine d'années. Un autre ouvrage, moins important, a été publié par Liçarrague, à la Rochelle, après le Nouveau Testament et la même année ; c'est un petit in-18 composé d'un calendrier (de 1571 à 1625), d'un abécédaire, du catéchisme et des prières ; il a dû être encore plus pourchassé et détruit, car il n'en reste que quatre exemplaires qui se trouvent en ce moment tous à Paris.

Nous connaissons aujourd'hui vingt-sept exemplaires du Nouveau Testament, dont dix-sept dans des bibliothèques publiques : deux à la Bibliothèque Nationale, à Paris, un à l'Arsenal, un à Bayonne, un à Oloron, un au séminaire de Bel-loc, un à Madrid, un à Rome, un à Berne, un à Leipzig, un à Stuttgard, un à Hambourg, un à Leyde, deux à Londres (au British-Muséum et à la Société biblique), un à Oxford et un à Manchester ; les dix autres appartiennent à des bibliothèques particulières. Le plus grand, dont quelques feuillets ne sont pas coupés, est la propriété d'un basquisant d'Italie, mais il y manquait vingt-quatre feuillets, dont huit ont été refaits par le procédé Pilinski, il mesure 170^{mm} sur 105. Le plus petit, qui a 148^{mm} sur 91,5 est à la Bibliothèque Nationale, dans la collection d'Abbadie, Z basque. Il avait appartenu auparavant à M. de la Ferté-Sénectère et à Fleury Lécluse auquel il avait été donné par M. l'abbé Darrigol : il avait été trouvé dans le pays par le vicaire de Hasparren. Le plus beau est celui de la bibliothèque de Leyde, qui est réglé et qui est très grand ; il porte l'*ex-libris* de Prosper Marchand, qui l'avait acheté à une vente de livres provenant des princes d'Orange. Le plus intéressant de tous est celui de la Bibliothèque nationale (réserve A, 6455 *bis*), fort grand aussi, relié aux armes de de Thou et de sa seconde femme, Marie Barbançon. Il a probablement été donné au célèbre Président par

Liçarrague lui-même; puis il a passé dans la bibliothèque de Huet, que ce prélat avait donnée tout entière à la maison professe des Jésuites de la rue Saint-Antoine, il est donc entré à la Bibliothèque Nationale, alors Royale, en 1764. Mais cette bibliothèque en possédait un autre qui avait été vu par le prince L.-L. Bonaparte et qui a disparu depuis une quarantaine d'années. Il y en avait eu un autre auparavant, qui est sorti par voie d'échange et qui est aujourd'hui entre mes mains; il est grand et beau, a été relié en Angleterre au XVIIIe siècle et a appartenu au Président d'une des Républiques espagnoles de l'Amérique du Sud. L'exemplaire de l'Arsenal offre une particularité intéressante : en le compulsant, j'ai constaté qu'un trou de ver se continue aux deuxièmes feuillets d'un certain nombre de feuilles, ce qui prouve que le volume a été gardé assez longtemps en feuilles non pliées, posées régulièrement les unes sur les autres. L'exemplaire de la bibliothèque de Bayonne, vendu en 1844 comme double par la bibliothèque de Leyde, était la propriété de M. le pasteur Lutteroth ; il porte la signature de Paul Colomiès. Celui d'Oloron, qui vient de l'ancien couvent des Capucins de cette ville, a le haut des vingt-deux premières pages rongées par les rats et par l'humidité.

Le dernier exemplaire qui ait été découvert se trouve à Manchester dans la bibliothèque Ryland, qui paraît le posséder depuis au moins 1790 ; il a été vu pour la première fois le 27 mai dernier, par un basquisant amateur, bien connu, que j'ai appelé le Don Quichotte de l'Euscarisme et le juif errant de la bibliographie basque. D'après le sous-bibliothécaire, M. M. Esposito, le livre, relié en parchemin dur doré, avec les tranches dorées, est complet et en parfait état, il ne porte aucun *ex-libris*, ni aucun nom de propriétaire, il est malheureusement un peu court de marges, puisqu'il ne mesure que 162^{mm} sur 96, mais il est réglé comme l'exemplaire de Leyde, ce qui permet de supposer qu'il appartenait à quelque grand personnage. Prosper Marchand pensait que son exemplaire avait été donné par Jeanne d'Albret elle-même à Coligny, dont la fille avait épousé un prince d'Orange; ne serait-il pas possible que le Liçarrague de Manchester ait été envoyé par la mère d'Henri IV à la reine Elisabeth? Une objection se présente toutefois : l'impression a été terminée en septembre 1571 et Jeanne d'Albret est morte en juin 1572, ce délai de neuf mois était-il suffisant pour le séchage, la préparation, le réglage et la reliure?

J'ai la satisfaction d'avoir vu et tenu entre mes mains quinze des exemplaires connus de Liçarrague; j'en possède deux dans ma bibliothèque basque, dont l'un a toujours été un livre de bibliophile et dont l'autre, au contraire, a passé de mains en mains dans le pays et finalement m'est arrivé réduit à trois cent dix-huit feuillets sur cinq cent soixante-huit ; il m'en est d'autant plus précieux et il l'est encore davantage, peut-être, par le souvenir de celui qui me l'a donné, à Halsou en 1875, M. l'abbé M. Harriet qui en avait un autre plus complet. Ce dernier, qu'on peut voir aujourd'hui au séminaire de Belloc, lui venait de l'abbé Chantre, de Saint-Jean-de-Luz et il porte la signature de l'abbé Robin, écrivain basque distingué du commencement du XIXe siècle. Je pourrais ainsi reconstituer l'histoire de la plupart des Liçarrague; par exemple, un de ceux qui se trouvent en Espagne a fait partie de la seconde vente La Vallière, il est remarquable par un titre imprimé au XVIIIe siècle, tout à fait inexact et incorrect. D'autres seraient intéressants par les convoitises et les jalousies dont ils ont été entourés : l'un d'eux, que feu M. l'abbé Arbelbide avait acquis d'un de ses confrères au prix d'un certain nombre de messes à dire, ce qui d'ailleurs était contesté par l'ancien propriétaire, avait subitement disparu à la mort du savant chanoine. Celui-ci avait constitué pour son héritier le curé d'une paroisse importante qui avait promis d'en faire don à un bibliophile du pays, s'il le retrouvait jamais et s'il portait la signature de M. Arbelbide qu'il mettait seulement sur les livres qui lui appartenaient; mais le possesseur antérieur l'avait promis de son côté à un autre amateur. Le précieux volume vient d'être retrouvé, miraculeusement pour ainsi dire : le collectionneur peu scrupuleux qui se l'était approprié est venu confesser sa faute et l'a rapporté à un honorable ecclésisatique de Bayonne; ce livre m'intéresse d'autant plus qu'il y a vingt-cinq ans déjà j'avais refait de ma main trois feuillets qui manquaient et je lui avais mis un titre emprunté au fac-similé de ma bibliographie basque.

Le Nouveau Testament de 1571 est un des livres basques que je connais le mieux; j'ai constaté entre les divers exemplaires certaines différences qui proviennent, les unes de corrections faites par l'auteur lui-même au cours de l'impression à laquelle il assistait, les autres d'accidents survenus pendant le tirage, qui était fort long avec les presses à bras, d'autant plus qu'à chaque feuille on encrait la forme au moyen de « balles », gros tampons maniés souvent d'une main maladroite. Une correction inspirée par un scrupule religieux a été faite fort ingénieusement : dans le verset 16 du chapitre X de Saint Jean, f^t 182 V^o, au mot *arthalde* (troupeau) on a substitué *arthegui* (bergerie) au moyen d'un petit morceau de papier portant *egui* imprimé, qu'on a collé sur *alde;* on peut le constater en regardant le feuillet par transparence; mais je m'en suis aperçu parce que dans un de mes exemplaires l'un des petits papiers est tombé, laissant voir la finale *alde* sur un rectangle un peu plus blanc que le reste du papier; cette correction ne se trouve pas dans tous les exemplaires, ce qui montre qu'elle a été faite assez longtemps après le tirage.

Je prépare un deuxième supplément à ma bibliographie basque; souhaitons qu'avant sa publication de nouvelles découvertes viennent augmenter le nombre des Liçarrague et aussi des autres livres basques les plus rares et les plus précieux.

M. le Président remercie avec beaucoup d'amabilité les Congressistes qui viennent de présenter des communications aussi savantes, et il exprime de nouveau tout son plaisir d'avoir présidé une séance aussi intéressante.

L'ordre du jour étant épuisé, la séance est levée.

Mardi, 7 h. 1/2 du soir. — Banquet au Grand-Hôtel, à Biarritz

Sous la Présidence de M. Julien VINSON, Président du Congrès.

La journée de mardi se termine par le banquet servi au Grand-Hôtel de façon supérieure. Cette réunion nombreuse, à laquelle ont bien voulu se joindre quelques dames, est une véritable fête de famille, où vont se resserrer plus étroitement encore les liens de franche cordialité et de sympathie qui unissaient déjà les membres des diverses sociétés représentées à cette table.

Le menu est ainsi composé :

Consommé Riche « Tosca »

Filet de Sole « Palace »

Petite Daube de Dinde Moderne

Filet de Bœuf « Valesca »

Poularde du Houdan Rôtie Cresson

Salade de Cœurs

Haricots Verts au Velouté Volaille

Biscuit Glacé Cléopâtre

Panier de Mignardises

Dessert

VINS

Médoc Vieux

Château Beaumont

Champagne « Grand-Hôtel »

Café — Liqueurs

M. Julien Vinson, préside le Banquet, ayant à sa gauche, M. le docteur Gallard, premier adjoint au maire de Biarritz, membre de *Biarritz-Association* et du Comité d'organisation ; à sa droite, M. Lacombe, premier adjoint au maire de Bayonne. Viennent ensuite les membres du Comité d'organisation du Congrès : M. Feu Hade, président de *Biarritz-Association*, président du Comité ; M. Archier, vice-président de *Biarritz-Association* et du Comité ; M. Yturbide, président de la *Société des Sciences, Lettres et Arts de Bayonne*, vice-président du Comité ; Docteur Claisse, secrétaire général de *Biarritz-Association*; M. Fonteneau, vice-président de *Biarritz-Association*, secrétaire général du Comité ; Docteur Berne, trésorier du Comité ; Docteur Laborde, membre du Comité ; M. Péria père, M. St-Vanne, membres du Comité ; M. Cazac, vice-président de la *Société des Sciences, Lettres et Arts de Bayonne*.

Puis les membres de l'*Union Historique et Archéologique du Sud-Ouest* (section centrale de Bordeaux) : M. Francisque Habasque, président, délégué central ; M. Courteault, secrétaire général ; M. Amtmann, trésorier, et tous les représentants des sociétés composant l'*Union Historique et Archéologique du Sud-Ouest;* les membres de la Presse.

Avec le champagne sonne l'heure des toasts.

C'est M. le Président Vinson qui commence : Il lève son verre à la prospérité toujours croissante de Biarritz et de Bayonne, en rappelant tous les liens qui le rattachent à ces deux villes. Il constate avec plaisir que le Congrès : « pour employer une expression vulgaire, est *très réussi* ». Il boit également à l'*Union Historique et Archéologique du Sud-Ouest*, si bien représentée ici. « Nous pourrions nous plaindre, dit-il, d'avoir eu trop de soleil, mais nous nous en garderons bien, car le soleil c'est la chaleur, la lumière et la Vie, et la chaleur, la lumière et la Vie, c'est la Science. »

M. le docteur Gallard répond au nom de la Ville de Biarritz ; il s'exprime ainsi :

Toast de M. le docteur Gallard

Monsieur le Président,

M. le Maire, appelé à Paris par des affaires importantes, m'a laissé l'honneur de représenter la Municipalité de Biarritz au milieu de vous, et de vous remercier d'avoir bien voulu l'associer à cette belle fête

Je n'ai pas l'intention, Mesdames, Messieurs, d'abuser de cette bonne fortune pour vous gratifier d'un long discours qui ne pourrait que vous paraître terne après les éloquentes paroles que vous venez d'entendre, et celles que vous entendrez tout à l'heure.

Permettez-moi seulement de nous féliciter de voir une réunion aussi importante de savants régionaux s'être donné rendez-vous à Biarritz. Nos plages si pittoresquement dessinées, le décor somptueux des Pyrénées, la splendide majesté de l'Océan, la beauté de notre climat sont des attraits auxquels ne résistent aucun de ceux qui ont été appelés à les connaître et qui attirent à nous les hôtes les plus illustres, monarques les plus puissants, rois des lettres et des arts, et aussi rois de l'air. Ces hôtes nous sommes heureux de les recevoir, mais s'il en est que nous sommes surtout fiers d'accueillir, ce sont ceux qui, comme vous, viennent ajouter à l'éclat naturel de notre cité, l'auréole de leurs travaux scientifiques, et la grandeur de l'œuvre qu'ils viennent y accomplir.

En choisissant le seuil du Pays Basque, pour y tenir les assises de ce Congrès, qui puise dans les traces laissées par le passé, la vérité de l'histoire, l'origine des races, la raison d'être de leur développement, vous avez choisi un des coins les plus intéressants de la France, non seulement en raison de ses curiosités ethniques, mais aussi par la place qu'il a su prendre dans les étapes les plus glorieuses de l'histoire, de Charlemagne à Napoléon Ier.

Vous ne pouvez dans ce cadre pittoresque, dans ce cadre ethnique, dans ce cadre historique, que poursuivre de fructueux travaux, vous le pouvez surtout sous la si savante, si expérimentée présidence de M. Vinson, dont les études ont fait faire un si grand pas à la science archéologique, et qui saura lui en faire faire un nouveau dans ce Congrès, grâce à votre collaboration.

Ainsi que je vous le disais tout à l'heure, nous sommes fiers de recevoir des hôtes tels que vous ; nous sommes fiers qu'ils associent le nom de Biarritz à l'œuvre de science et de progrès qu'ils poursuivent ; mais nous n'oublions pas que si nous avons cet honneur, nous le devons à l'activité, à l'énergie de cette toujours jeune phalange d'érudits qui forme *Biarritz-Association*. Sous la dévouée impulsion de son Président, de ses Vice-Présidents et de son Secrétaire général, *Biarritz-Association* a su prendre un développement, une importance dont, à juste titre, elle doit être fière ; elle est l'académie de Biarritz, et ajoute à sa gloire l'éclat de ses conférences, de ses travaux et ses congrès.

Au nom de la ville de Biarritz, je lève mon verre en l'honneur du Président et des Membres du IVᵉ Congrès d'Archéologie, en l'honneur de *Biarritz-Association* et du Comité d'organisation du Congrès.

M. Lacombe lui succède, il présente tous les regrets de M. le Maire de Bayonne de ne pouvoir assister à cette réunion à laquelle il avait été si aimablement convié ; il salue les Congressistes au nom de la Municipalité bayonnaise qui sera très flattée de les recevoir dans ses murs, et il espère qu'ils emporteront un agréable souvenir de cette vieille cité. Il lève son verre en l'honneur de M. le Président du Congrès et de tous les Membres de l'assemblée.

Après les toasts officiels, le Président donne la parole à M. Adrien Planté, Président de la *Société des Sciences, Lettres et Arts de Pau*, qui prononce une de ces allocutions enthousiastes qui lui sont coutumières.

M. A. Planté proteste d'abord en disant qu'il est là, en simple écolier, désireux d'écouter, de s'instruire et d'applaudir, et qu'il est surpris de l'honneur qu'on lui fait. Il ne veut pas devant une très flatteuse insistance se faire prier : mais que dira-t-il ? Notre œuvre étant une œuvre de décentralisation, il parlera une fois de plus contre la centralisation envahissante et en faveur de ses victimes, les Provinces et les Provinciaux.

Il rappelle que Pasteur, le grand savant national, a dit : « *Heureux qui porte en soi un idéal et lui obéit !* »

Nous aussi, nous avons, dans une sphère plus modeste, notre idéal qui est celui de notre petite patrie. Il redit le mot du patriote provençal de Bertine Perussi : « *Restons toujours de Provence en restant toujours Français !* » Et nous. s'écrie-t-il, restons Français autant que Gascons et travaillons sans relâche à la résurrection de nos chères provinces... Et il fait un tableau enthousiaste de notre cher Sud-Ouest ; il affirme la nécessité de rendre à nos belles provinces leur originalité caractéristique, leur initiative, leur personnalité que la décentralisation qui nous opprime, leur enlève de plus en plus, et il invite chaleureusement ses collègues et tous les amis de la Petite Patrie à travailler sans relâche au but commun, dans l'intérêt de la grande aimée : la France.

Il lève son verre en l'honneur du IVᵉ Congrès d'Histoire et d'Archéologie, à son Président et aux membres du Comité Central.

Cette vibrante improvisation provoque de longs et sincères applaudissements, car tout le monde est pénétré du rôle prépondérant de M. A. Planté dans la *Fédération des Sociétés du Sud Ouest*, et tous ces bravos sont des remerciements pour l'œuvre qu'il poursuit.

M. Feuillade, Président de *Biarritz-Association*, se lève à son tour, et s'exprime ainsi :

Toast de M. Feuillade

MESDAMES, MESSIEURS,

Qui a pris l'initiative de ce Congrès ?... La section centrale. Qu'est-ce que la section centrale ? me demandait hier un de nos convives.

Il y a quelques années, un Congrès de Préhistoire et d'Archéologie, je crois, eut lieu à Bordeaux. Un membre de la Société des Archives historiques de la Gironde, Président honoraire à la Cour d'appel, frappé, sans doute, de l'intérêt des communications qui y furent faites, eut l'heureuse inspiration d'un groupement des Sociétés Académiques du Sud-Ouest, de manière à former un faisceau de toutes les énergies intellectuelles de cette région.

M. F. Habasque, que vous avez déjà reconnu, communiqua son idée féconde, j'allais dire géniale, à M. Courteault, professeur d'histoire à l'Université de Bordeaux, et à un passionné d'archéologie,

M. Amtmann, doublé d'un artiste amateur photographe, comme vous avez pu le constater hier soir, qui partagèrent avec enthousiasme ce projet si séduisant.

Ainsi fut constitué le triumvirat qui forma et forme encore le Comité Central. Seize sociétés ont déjà adhéré, les autres ne tarderont pas à faire leur... soumission.

Et nous pouvons constater aujourd'hui, en promenant nos regards autour de cette table, les résultats merveilleux de cette véritable Fédération.

Aussi, je vous convie, Mesdames et Messieurs, à lever avec moi votre verre pour porter la santé des membres du Comité Central, et à boire à leur activité toujours croissante.

M. Francisque Habasque, Président du Comité Central de l'Union Historique et Archéologique du Sud-Ouest, remercie M. Feuillade de son aimable toast à la Section Centrale. Ses collègues et lui sont heureux de constater le succès du IV⁰ Congrès de l'Union Historique et Archéologique. Ce Congrès s'est maintenu, ce qui était difficile, à la hauteur de ceux de Bordeaux, Pau et Auch.

Comme eux, il a permis aux Congressistes d'étudier sur place un des pays les plus intéressants du Sud-Ouest. Il a mis en lumière les grands faits qui se sont passés dans ce cadre merveilleux du Labourd, et il a, notamment, fait sortir de la légende pour rentrer dans l'histoire quelques-uns des épisodes les plus saisissants de l'épopée carolingienne. Mais ce qui constitue surtout la caractéristique de la réunion actuelle, c'est la large part qui, dans son programme, a été attribuée aux études basques.

Groupés autour de la haute personnalité de M. Vinson, les basquisants français se sont empressés d'apporter le tribut de leurs recherches sur les origines, les traditions, la langue du peuple remarquable qui, sur les deux versants des Pyrénées, semble un trait d'union entre la France et l'Espagne.

De son côté, dans une conférence d'une forme impeccable, M. de Urquijo a fait apprécier la science profonde des basquisants espagnols, et les applaudissements qui ont accueilli ses paroles ont été autant un hommage rendu à son talent qu'une marque de sympathie pour son pays d'origine. La semence ainsi répandue ne manquera pas de germer en une moisson féconde de travaux, et l'honneur de cet heureux résultat pourra être reporté à l'active initiative des deux compagnies qui reçoivent si cordialement le Congrès. En terminant, et au nom des Sociétés de l'Union, M. Habasque lève son verre à *Biarritz-Association* et à la *Société des Sciences, Lettres et Arts* de Bayonne.

Cette improvisation est accueillie par de vifs applaudissements.

M. Archier, Vice-Président de *Biarritz-Association*, porte, en vers, le toast humoristique suivant :

Toast de M. Archier

MESDAMES ET MESSIEURS,

Est-ce de circonstance,
Que discourir en vers devant telle assistance,
Et peut-être allez-vous ne pas être contents
Prétextant que ce n'est de mode ni de temps.
Laissez-moi toutefois, avant qu'on ne m'accuse,
Compendieusement présenter une excuse.
On a versifié de tout temps et sur tout
Pour m'absoudre il suffit d'écrire à votre goût :
La poésie étant un art fort élastique
Sera, s'il vous convient, très archéologique,
Je suis dans « Biarritz-Association »
(Que dire sans montrer trop de prétention)

En quelque sorte un peu le rimeur ordinaire,
A ce titre il faut bien que j'arrive à vous plaire.
Quel superbe Congrès ! Quel succès éclatant !
« *Primus inter pares* » chaque représentant
De l'art si distingué de l'Archéologie
A tenu la parole avec belle énergie.
Que de sujets divers se reliant entr'eux
Furent traités d'un ton superbe et généreux !
Je ne veux pourtant pas froisser les modesties
Ni provoquer à tort de justes jalousies,
Je ne nomme personne et reste hors de soupçon.
J'offrirai cependant au Président Vinson
L'hommage affectueux de la reconnaissance :
Dans l'écrasant travail de cette présidence,
Il nous a révélé sa rare qualité
De critique précise et d'affabilité ;
A le voir souriant et l'oreille tendue
Chaque orateur sentait sa tâche moins ardue.

Gloire à toi, Biarritz, qui reçois dans ton sein
Ceux qui de ce Congrès conçurent le dessein !
Accueil des plus courtois, aide pécuniaire,
Fine allocution de la bouche du Maire,
Tu n'as rien épargné ! Nous t'offrons en retour
Avec un beau merci, les vœux qu'à notre tour,
Nous formons pour te voir de jour en jour plus grande.
Ce que tu nous donnas, il faut qu'on te le rende !
Je bois donc avec vous, membres de ce Congrès,
A Biarritz la belle, à son constant progrès !

M. B. Sarrieu, professeur de philosophie au lycée d'Auch, Secrétaire-Trésorier de l'*Escolo deras Pireneos*, Félibre Majoral, débite avec beaucoup de verve un sonnet gascon, heureux de montrer que le gascon, comme le basque, est une langue digne d'être connue et étudiée.

Toast de M. Sarrieu

« As Bascous é as Lanusquéts »

Païs aimat aoun es nôsti Mounts es môren,
Côsto basco è lanéso, ourét bért dedj Aucian,
Ah, lècho-m saluda-t è balha-t era man
Pes qui pet Couserans è 't Couménges demôren.

Baiouno as arramparts adoumbrats, tu qu'aunôren
Dués flèches, — mâsti prims, qu'et malhoun ei meus blanc, —
Biárrits, téndo d'or fin è de pourprado lan
Plantado éntre es dus mals qu'es flôts bludénes acôren,

Salut, nins de beutat, — è de ciénço, qùan cau ! —
Houra bric nou bous gôde as pès et botourn mau :
Es mars, edj aire dous è 's astres bous ajuden...

Dera bôsto jùentut doune que jamès nou-s muden
N'et libre è fièr ana, n'es nèrbis de courau,
È que fôrti liadés ara nôsto la nuden.

(*Parla luchounés*).

Traduction : « Aux Basques et aux Landais »

Pays aimé, où nos montagnes viennent mourir,
Côte basque et landaise, ourlet vert de l'Océan,
Ah ! laisse-moi te saluer et te tendre la main
Pour ceux qui dans le Couserans et le Comminges habitent.

Bayonne aux remparts ombragés, toi qu'honorent
Deux flèches (1), — mâts élancés, tels que le goéland est moins blanc, —
Biarritz, tente d'or fin et de laine pourprée,
Plantée entre les deux rochers (2) que les flots bleuâtres harcèlent,

Salut, nids de beauté, — et de science, quand il le faut ! —
Point n'ose vous fouler aux pieds (3) le vulturne (4) funeste :
Les mers, la brise douce et les astres vous favorisent (5 ...

De vos jeunes gens donc que jamais ne s'altèrent
Ni la libre et fière allure, ni les nerfs de cœur de chêne,
Et que de forts liens aux nôtres les rattachent.
    (Parler luchonnais).

M. Xavier de Cardaillac, Avocat à la Cour d'appel de Pau, fait entendre ensuite son poétique brind-toast :

Toast de M. Xavier de Cardaillac

Sur cette plage argentée de Biarritz que la main de la Nature et la main de l'Homme, se succédant, ont couronnée de verdures, telle une écumeuse coupe antique d'argent, bordée de lierre, nous sommes venus commémorer les traditions ancestrales et les préhistoriques origines de nos frères, les Basques.

La petite patrie des *Escualdunacs* s'est, il est vrai, répartie entre deux grandes patries : l'Espagne et la France ; mais ceux qui, pour affirmer leur union, ont dénommé baztan, *tous en un*, une de leurs vallées, bien plus vraiment que les pseudo-mots royaux, ont justifié que les Pyrénées n'existaient pas comme frontières ethnographiques.

Unis entre eux, les fils de l'Euskual-Erria ont servi et servent de trait d'union entre la France et l'Espagne. Nous, les Bascophiles, servons à cet exemple, de trait d'union entre la France et l'Espagne.

Par l'élan de nos cœurs, puissant comme le vent du large cantabrique, dissipons les vilains nuages qu'un souffle de haine ou de méconnaissance amoncela des deux côtés des Pyrénées.

Sur la terre Maugrabine d'Afrique, retrouvant des ennemis d'hier : les Kabyles, des ennemis de jadis : les Sarrazins, la France et l'Espagne ont démontré, à l'unisson, que les grandes vaincues de la veille et de l'avant-veille redeviennent les grandes victorieuses d'aujourd'hui et peut-être de demain.

Mais les deux sœurs latines, en réalisant au Maroc mêmes hauts faits, tombèrent dans les mêmes fautes. Suivant ces beaux vers d'Henri de Bornier, qui dans la *Chanson des deux épées* fait cliqueter sa Joyeuse et sa Durandal, nobles comme la France et comme l'Espagne, d'elles aussi, comme bravoure et comme erreurs, je puis répéter :

    Chacune à sa noble compagne
    Pouvait dire : Voici ma part !

Aussi me plaît-il, dans ma coquetterie volontaire d'homme aimant

---

(1) Celles de la Cathédrale Saint-Léon, qui s'aperçoivent de si loin.
(2) D'où le nom de Biarritz.
(3) « Nunquam Polluta », devise de Bayonne.
(4) Vent orageux du Sud-Ouest.
(5) « Aura, Sidus, Mare adjuvant me », devise de Biarritz.

à remonter les courants, par ce brinde, par ce toast, de lever ma coupe en présage et en souhait de réconciliation pour ces deux sœurs : ennemies — non pas ! mais pour ces deux sœurs : boudeuses, l'Espagne et la France.

Le Comte de Roquette-Buisson et le Marquis de Flayolle prennent ensuite la parole ; ces deux toasts sont l'un et l'autre pleins d'esprit et de courtoisie, aussi regrettons-nous vivement de ne pouvoir les reproduire.

M. Courteault, Secrétaire général de la Section centrale, se lève à son tour et s'exprime ainsi :

Toast de M. Paul Courteault

Mesdames, Messieurs,

Permettez moi, en ma qualité de professeur d'histoire du Sud-Ouest à la Faculté des Lettres de Bordeaux, de saluer à mon tour ceux qui ont été les ouvriers excellents de ce Congrès, et de dégager les leçons qu'il comporte. Depuis deux jours, nous avons, grâce à eux, beaucoup appris. Nous avons pu constater qu'à Bayonne l'amour intelligent du passé local est plus vif que jamais, et que la flamme allumée par les Balasque et les Dulaurens, les Poydenot, les Bernadou, les Ducéré, les Détroyat, pieusement entretenue par le vénéré doyen de l'érudition bayonnaise, M. Yturbide, n'est pas près de s'éteindre. Je salue aussi avec joie l'ardente activité de mon distingué collègue, M. Louis Colas, qui s'est révélé dans nos séances topographe sagace, et dans la visite de Bayonne archéologue passionné. Je souhaite de tout cœur qu'il puisse poursuivre ses recherches et arracher aux chemins de Roncevaux et aux murs du Château-Vieux quelques-uns de leurs secrets. Je suis heureux aussi de le féliciter de l'œuvre de vulgarisation qu'il a entreprise en organisant des conférences d'histoire bayonnaise et biarrotte : aucune n'est plus urgente, et sur ce point M. Colas a devancé les vœux du Congrès. A Biarritz, nous avons vu un autre fervent du passé, M. le docteur Laborde, le créateur de cette belle exposition rétrospective que nous avons, grâce à lui, admirée comme elle le méritait. Biarritz est tout jeune, semble-t-il ; mais son éblouissante splendeur doit-elle nous faire oublier ses humbles origines, et n'est-il pas intéressant, comme le fait avec tant de compétence M. le docteur Laborde, de retracer l'évolution historique, si rapide soit-elle, d'une ville-champignon, unique dans l'ancien monde ?...

Je voudrais enfin, au nom de l'Université bordelaise, rendre un public hommage au labeur de nos Sociétés savantes du Sud-Ouest, et tout particulièrement à certains de leurs membres. Je veux parler des représentants du clergé basque, béarnais et gascon. Ils ont été de tout temps nombreux dans notre petit monde d'érudits régionaux. Ils le sont toujours. Comment ne pas s'en réjouir lorsqu'on a pu, comme nous, applaudir des travaux inspirés par la plus saine méthode critique ? Nous pouvons, je crois, nous universitaires, accepter avec toute confiance ces collaborateurs à l'œuvre commune que nous avons entreprise : l'étude et la résurrection de notre passé local et régional.

Je bois aux érudits de Bayonne et de Biarritz, aux membres des Sociétés savantes d'histoire et d'archéologie du Sud-Ouest, aux organisateurs du IVe Congrès de l'Union.

M. le docteur Laborde répond, s'excusant de n'avoir à son service ni le don de l'éloquence, ni le talent de l'improvisation, il remercie **M. Courteault** des paroles si flatteuses qu'il vient de lui adresser, et ajoute qu'il est suffisamment récompensé de sa peine, s'il a pu faire quelque chose d'utile pour son cher Biarritz.

Il lève son verre à la prospérité de Biarritz et de Bayonne.

Puis, vient le tour de M. Yturbide, Président de la *Société des Sciences, Lettres et Arts de Bayonne :*

Toast de M. P. Yturbide

Si je prends ce soir la parole après tant d'orateurs que vous avez entendus, c'est parce que j'ai le devoir de remercier Messieurs les Membres de la Section Centrale, de leurs éloges et de leurs compliments. Ces témoignages flatteurs seront, pour notre Société de Bayonne, une récompense précieuse.

Je dois aussi, Monsieur le Président du Congrès, saluer en vous un Bayonnais ! non pas de naissance, mais du moins un Bayonnais de cœur et de sentiments ! Vous êtes devenu notre concitoyen par le long séjour que vous avez fait autrefois dans notre ville, et par l'affection constante que vous n'avez cessé de lui témoigner. Vous êtes un de ceux qui fondèrent, en 1873, notre *Société des Sciences, Lettres et Arts.* Et si aujourd'hui vous la retrouvez toujours vivante et active, c'est grâce à l'esprit de labeur que vous et vos amis lui avez inculqué dès sa naissance !

Permettez-moi de vous rappeler ici un autre souvenir : C'est à Bayonne, Monsieur, que vous avez appris le basque et que vous avez commencé à le faire connaître. Avant vous, nous pensions tous que le basque était une langue diabolique, impossible à apprendre, inaccessible à tous ceux qui ne sont pas nés dans notre pays. Votre exemple nous a démontré qu'au contraire elle se prête à l'étude, qu'elle est à la portée de tous les travailleurs, et qu'elle s'impose à l'attention des érudits.

Je dois enfin, Messieurs les Congressistes, vous saluer tous, et vous remercier à mon tour d'être venus nous rendre visite. Pendant ce Congrès, on vous a beaucoup parlé des Basques et des choses basques. On vous a dit que nous sommes un peuple immuable, invariablement attaché à nos usages et à nos traditions. Or, parmi ces traditions, il en est une que nous sommes surtout jaloux de conserver, c'est l'hospitalité envers nos visiteurs.

Pour nous les visiteurs sont des amis; nous les traitons en amis. Je voudrais vous le faire comprendre ce soir, et vous le dire avec des mots qui resteront profondément gravés dans votre cœur et votre souvenir. C'est pour cela que je vais vous le dire dans notre langue à nous, celle que nous employons avec nos compatriotes, et aussi avec nos hôtes et nos amis :

Yaounac eta anderiac, ongui ethorriac hemen Çarezté !
Messieurs, Mesdames, ici vous êtes les bienvenus !

L'abbé Gaillard, répondant aux paroles très flatteuses de M. Courteault, s'exprime ainsi :

Toast de M. l'Abbé Gaillard

MESDAMES, MESSIEURS,

Je n'aurais pas songé à demander la parole, si l'un de nos plus aimables collègues ne s'était avisé de me prendre directement à partie ; même dans ce cas, je me serais tu encore, si j'avais été le seul ecclésiastique en cause. Mais, puisque l'orateur s'adressait aux membres du clergé ici présents, en même temps qu'à moi ; puisque vos applaudissements ont accueilli, avec une bonne grâce si chaleureuse, l'hommage très gracieux qui nous était rendu, je ne puis m'empêcher de vous dire, au nom de mes collègues et au mien, un cordial merci.

Les paroles auxquelles je réponds sont, à coup sûr, beaucoup trop élogieuses. Malgré cela, je suis heureux qu'elles aient été prononcées publiquement, car, si elles ne prouvent pas notre mérite, elles prouvent au moins, et jusqu'à l'évidence, la sympathie avec laquelle vous nous accueillez dans les diverses Sociétés savantes où nous venons vous trouver.

Au surplus, cette sympathie est réciproque.

Tenez, Messieurs, puisque vous avez dit ce que vous pensez du clergé, il faut maintenant me permettre de dire, à mon tour, ce que nous pensons de vous.

Lorsque j'arrivai, pour la première fois, à une réunion des Archives historiques de la Gironde, je n'y connaissais à peu près personne ; pourtant, au bout de quelques séances, je m'y trouvais déjà en pays ami, et je me disais, presque sans m'en douter : vraiment il fait bon être ici, avec de si aimables collègues, avec M. le Président Habasque, ce grand seigneur de la magistrature, avec M. Courteault, ce grand seigneur des lettres, avec MM. Amtmann et Thomas, ces grands seigneurs du négoce.

Bordelais, j'ai parlé de ce que je connais : de Bordeaux ; mais je suis bien certain que, dans toutes vos Sociétés savantes, mes collègues pensent de vous et en disent ce que je viens de dire moi-même.

Eh ! bien, Messieurs, je vous le demande, est-ce que cette fréquentation plus intime ? Est-ce que cet échange de sympathies entre laïques et prêtres ? Est-ce que tout cela n'est pas de nature à dissiper bien des malentendus ? Très souvent, si on ne s'aime point, c'est parce que l'on ne se connaît pas assez.

Messieurs, nous travaillons tous à une œuvre commune, et cette œuvre ne manque pas de beauté. Quand le médecin du plus humble village se penche sur les paysans qu'il soigne, il mérite l'admiration de tous, car s'il ausculte les organismes débiles, s'il en recherche les tares, c'est qu'il veut faire de l'humanité plus saine, plus féconde et plus belle. Au fond, n'agissons-nous pas un peu de même, nous tous, fouilleurs d'archives et déchiffreurs de vieilles pierres ? Ne sommes-nous pas, en quelque sorte, les médecins du pays. Penchés sur la petite patrie que nous auscultons jour à jour, nous en cherchons les tares ancestrales, nous en notons les forces vives ; et cela, afin d'instituer, dans la mesure de notre pouvoir, une France toujours plus grande, toujours plus forte et plus belle.

Messieurs, notre mission est noble : restons unis pour l'accomplir.

Certes, au-dessus de ce travail, il y a autre chose de bien supérieur ; au-dessus de nous, il y a un Être qui nous unirait beaucoup mieux si nous allions vers Lui ; mais, sous ce point de vue, peut-être nous ne sommes pas tous d'accord. Et alors, Messieurs, au moins dans la sphère plus humble où nous évoluons, au moins là, que rien ne nous divise. Bien au contraire, unissons toujours davantage nos intelligences, nos volontés et nos cœurs. Aimons-nous comme des frères.

Messieurs, je bois à l'union, à la fraternité.

M. Feuillade, président de *Biarritz-Association*, se lève une seconde fois pour remercier la Presse de son bienveillant concours :

Toast de M. P. Feuillade

Mesdames, Messieurs,

Permettez-moi de profiter de l'occasion qui s'offre à moi ce soir pour acquitter comme Président et du Comité d'organisation du Congrès et de *Biarritz-Association*, la dette de reconnaissance que nous avons contractée envers la Presse. Que les délégués éminents qui la représentent à ce banquet, veuillent bien recevoir nos remerciements les plus chaleureux pour le concours si dévoué qu'ils nous ont toujours prêté.

Il manquait une attraction à Biarritz, et non des moindres, l'attraction intellectuelle ; *Biarritz-Association* l'a créée, vous y avez contribué, Messieurs, pour une large part, dans des articles où les encouragements rivalisaient avec vos sympathies pour notre œuvre.

Cette attraction donne à Biarritz un relief nouveau, un relief sans égal aux yeux de tous les esprits cultivés qui font de notre station leur villégiature de prédilection, et ses résultats se traduisent aujourd'hui par deux cents adhésions à notre Congrès.

Au nom du Comité d'organisation, au nom de *Biarritz-Association*, je lève mon verre aux bienfaits de la Presse, et en l'honneur de ses représentants assis à ce banquet.

M. Laffaille, président du *Syndicat de la Presse de Biarritz-Bayonne*, répond en ces termes :

Toast de M. G. Laffaille

Monsieur le Président,

Vous avez toujours compris la Presse parmi les collaborateurs immédiats de l'œuvre que *Biarritz-Association* ne cesse de poursuivre, et ce soir vous avez su trouver les paroles les plus aimables pour la remercier de son constant concours. Je suis certain de répondre au désir de tous mes confrères en vous exprimant toute la satisfaction que nous éprouvons de nous associer à vos diverses entreprises, toutes si utiles, toutes si généreusement désintéressées. C'est vous affirmer que notre concours, si modeste qu'il puisse être, ne vous fera jamais défaut.

Et d'ailleurs, Messieurs, pourrait-il en être autrement? Témoin de vos efforts inlassables, n'est-ce pas le rôle, le devoir de la Presse de les seconder, d'en faire ressortir le but si pratique, l'indiscutable mérite et les brillants résultats?

Nul d'entre nous n'ignore la valeur de vos travaux et nous savons que chacun de vos actes est toujours inspiré, guidé par le louable souci de répandre, de développer dans notre chère petite patrie commune, le goût des diverses branches qui sollicitent votre activité : littérature, sciences, arts Qui donc vous refuserait son appui et méconnaîtrait les bienfaits de votre remarquable institution ?

Monsieur le Président, au nom de mes confrères, qui se réjouissent avec moi de vous voir diriger avec autant de distinction que d'autorité notre vaillante petite Académie biarrotte, permettez-moi de vider ma coupe en l'honneur de *Biarritz-Association*, et de boire à la prospérité, au rayonnement de son œuvre féconde. Messieurs, à votre santé.

Mercredi 2 Août, 8 h. 1/2 du matin (au Grand-Hôtel)

4me SÉANCE DE TRAVAIL

Le Bureau est ainsi formé :

Président : M. Ph. Lauzun, président de la *Société des Sciences, Lettres et Arts d'Agen;*

Assesseurs : M. Sarrieu, secrétaire de l'*Escolo deras Pireneos*;

M. Batcave, vice-président de l'*Escole Gastou-Febus;*

M. Fonteneau, secrétaire général du Comité.

M. Courteault, secrétaire général de l'Union.

1re *Communication.* — M. DE DAVID-DELVAILLE.

M. de David-Delvaille lit un mémoire sur le marteau curatif de Serres-Castet (1) et signale des cartes à jouer sur lesquelles des pièces d'état-civil ont été inscrites; on peut les voir dans les archives de Morlaàs. Il indique, ensuite, qu'aux fenêtres de l'église de Morlaàs existent des triangles entrecroisés, il croit y voir le bouclier de David dans le rite hébraïque.

Cette communication soulève quelques objections de la part de plusieurs Congressistes.

---

(1) Ce sujet a été *primitivement* traité très longuement et très savamment par M. Barthéty, vice-président de la *Société des Sciences, Lettres et Arts de Pau*, dans le bulletin de cette Société en 1908. — 2e série, tome XXXV.

2me *Communication.* — M. l'Abbé DAUGÉ, membre de
la « Société de Borda ».

UNE CLAUSE DE TESTAMENT EN 1778

Le 19 septembre 1778, dans la maison de Peye, en la paroisse de
Rion des Landes, le notaire Navailles reçoit le testament de Jean
Lasserre, laboureur, malade en son lit. Jean Lasserre veut mourir en
bon chrétien, être enseveli dans l'église paroissiale et avoir des messes
en delà de celles de devoir : pour ces messes, il laisse la somme de
cent livres. Il lègue un ca de grain aux pauvres, soit quatorze mesures
seigle, treize mesures millet et treize mesures panis.

A sa femme qui lui survit et dont il n'a jamais eu d'enfants, Jeanne
Callède, « le testateur donne et lègue en premier lieu un ca de grain,
scavoir cinq sacs seigle et cinq sacs millet, trente livres d'argent,
cinquante livres de cochon, deux paires d'oys gras, une chambre de
maison et la jouissance de dix sillons de jardin et entretenue d'habits
et linge, le tout sa vie durant, c'est-à-dire que la chambre qui est
également donnée en jouissance la vie durant de la dite Callède, en
pour elle gardant viduité et non autrement, sera garnie d'un cabinet
de nogué (noyer), une table de bois de pin et six chaises, le grain,
argent, viande de cochon également sera remis à la dite Callède année
par année tant qu'elle vivra ».

A sa sœur, mariée à Pierre Bonnan, il lègue la somme de trente
livres et l'institue son héritière particulière.

Jusque-là rien d'étrange et d'anormal. Mais la clause suivante
paraîtra certainement extraordinaire. Pour ce qui nous regarde, c'est
la première fois que nous la rencontrons parmi les centaines de testa-
ments qui sont tombés sous nos yeux.

« Veut de plus, le dit testateur, qu'il soit baillé à *sa future épouze,
chaque année,* par son héritier bas nommé, scavoir une mesure de sel,
cent sardines, une livre poivre, six livres morue, et, pour l'habit de
deuilh, la somme de trente-six livres, et, pour le premier habit après
le deuilh fini, pareille somme de trente-six livres, et, pour les autres
années, habillée suivant son état et comme elle a accoutumé l'être
jusques à présent. »

Que signifie cette clause ? Répond-elle à un usage ? Est-elle une
exception et une originalité ? Le texte est clair. La femme ayant sa
clause particulière qui lui permet de vivre honnêtement suivant les
mœurs de l'époque, il est certainement question d'une autre femme
qui épouse le mort en prenant engagement d'en porter le deuil sa vie
durant.

Il est encore d'usage, en plusieurs localités, qu'une femme, spécialement désignée pour cela, fasse la toilette des morts et veille aux
honneurs que comportent les devoirs et cérémonies mortuaires. A
Rion et dans toute la région landaise, une personne était naguère
encore spécialement désignée pour aller à l'offrande avec « chandelle

brûlante », pendant un an après le décès, chaque dimanche où la messe n'est point chantée. A Beylongue, l'usage est toujours en vigueur. C'est une proche parente de la parenté directe qui s'acquitte de ce devoir. Mais pour les uns comme pour les autres, le deuil cesse avec les obligations dès que l'année est révolue.

Jean Lasserre, ne laissant pas d'héritier direct, veut qu'une femme honnête et pauvre de la paroisse, porte son deuil sa vie durant. Il la dote en conséquence, et, pour bien marquer qu'elle n'est pas de la parenté, il la dote comme on payait les pasteurs des Landes à cette époque : c'est encore une manière de se survivre et de faire une bonne œuvre envers quelque pauvre femme, et ce sentiment parait bien naturel chez celui qui laisse un char de grain aux pauvres.

L'épouse du mort ! Quel beau titre pour un roman sensationnel ! Ce titre existe dans le testament dont nous parlons.

Telles sont les réflexions que nous a suggérées cet acte qui ne répond plus à nos mœurs et qui peut être constituait une rareté autrefois.

Après cette communication, M. l'abbé Daugé montre à l'Assemblée un plan panoramique d'Amsterdam, fort curieux, du XVIIIᵉ siècle. Il présente aussi plusieurs traites de 1742, tirées d'Amsterdam, sur un habitant du Péarn, d'où on peut conclure que des affaires commerciales existaient à cette époque entre les deux pays.

3ᵐᵉ *Communication.* — M. Hilarion BARTHETY, vice-président de la « Société des Sciences, Lettres et Arts de Pau ».

LE MARÉCHAL BERNADOTTE, PRINCE ROYAL DE SUÈDE ET LES SOUVENIRS PALOIS
— A PROPOS D'UN RÉCENT OUVRAGE ALLEMAND —

Depuis le commencement du XIXᵉ siècle, une infinité de chroniqueurs et d'historiens, français ou étrangers, se sont occupés de Bernadotte, l'illustre soldat béarnais que sa destinée conduisit de la plus modeste origine jusqu'aux marches d'un trône. Des légendes ont été répandues, des traditions se sont formées, des documents de toute sorte ont été recueillis, et les publications diverses se sont multipliées pour analyser et commenter la prodigieuse et retentissante carrière de celui qui devint le glorieux souverain suédois Charles XIV-Jean.

Une nouvelle étude a paru : c'est un ouvrage allemand, orné de gravures, qui a pour titre : *Marschall Bernadotte, Kronprinz von Schweden,* et dont l'auteur, le lieutenant-colonel en retraite Hans Klaeber, nous a procuré une agréable surprise par le gracieux envoi d'un exemplaire.

Imprimé à Gotha en 1910 (1), il compte près de 500 pages. Sans connaitre, comme nous l'eussions désiré, la langue dans laquelle il est écrit, nous avons remarqué, d'abord au premier chapitre et puis

—————

(1) Friedrich Andreas Perthes A.-G.

en d'autres parties, qu'il concerne non seulement l'histoire en général, mais aussi, dans une appréciable proportion, notre histoire locale.

Le second point de vue était celui où nous voulions principalement nous placer.

Faisant alors appel, pour la lecture et l'intelligence du texte, à l'obligeance d'un érudit linguiste de nos amis, M. Maxime Jacob, avocat, nous avons trouvé auprès de lui un concours précieux, pour lequel nous lui exprimons ici nos vifs remerciements.

Aux feuillets de traduction française que cette collaboration nous a permis de colliger sur les souvenirs palois se rattachant à Bernadotte, nous nous sommes empressé de joindre des notes analogues par nous précédemment puisées à différentes sources.

Le rapprochement de ces informations nous a semblé assez intéressant et assez curieux pour faire l'objet de la communication qui va suivre, avec les observations particulières que certaines assertions et certains récits nous amèneront souvent à y introduire.

I

Après avoir sommairement décrit le site magnifique et l'aspect imposant du Château de Pau, «ancienne demeure seigneuriale des souverains de Navarre», où le futur Henri IV naquit en 1553, le lieutenant-colonel Klaeber rappelle que ce grand roi, «chef des protestants depuis 1569, embrassa la religion catholique en 1593 pour s'assurer la paisible possession du trône de France dont il était l'héritier légitime»; puis, il aborde son sujet (1) :

«La ville de Pau, dit-il, universellement connue par la naissance d'Henri IV, vit s'accroître sa célébrité deux cents ans plus tard, par la naissance d'un enfant de famille bourgeoise, qui devait également porter une couronne. Le 26 janvier 1763, l'avocat au sénéchal et procureur (2) Henry Bernadotte eut un fils : il fut baptisé le lendemain dans la religion catholique, qui était celle de sa famille, et reçut le nom de Jean. Il resta fidèle (3) à cette religion jusqu'en 1810, année en laquelle il embrassa la confession luthérienne pour répondre à l'appel du peuple suédois et devenir le successeur du roi de Suède. »

Suit une reproduction de l'acte de naissance et de baptême conservé aux archives communales de Pau et ainsi conçu :

«L'an mil sept cent soixante-trois et le vingt-six janvier est né et a été baptisé le vingt-sept, Jean, fils légitime du sr Henry de Bernadotte (4), procureur au sénéchal, et de demoiselle Jeanne de St-Jean,

---

(1) *Marschall Bernadotte*, p. 1.

(2) Dans une note à part, l'auteur paraît se méprendre sur la signification du mot «sénéchal», employé jusqu'en 1789, selon lui, «pour désigner les tribunaux de la noblesse, principalement les Cours royales ». (V. ce que nous disons un peu plus loin sur les sénéchaussées béarnaises.) Il confond, en outre, les fonctions judiciaires des *procureurs* d'autrefois, actuellement les *avoués* des Cours d'appel ou des Tribunaux, avec celles des *procureurs* aujourd'hui membres du *Parquet*.

(3) Des explications seront, par la suite, présentées à cet égard.

(4) Le *de* qui précède les noms n'était pas une particule nobiliaire. Jadis, dans les écrits béarnais comme dans le langage verbal, on le plaçait habituellement devant les noms de famille.

habitans de cette ville, parreins le sʳ Jean Bernadotte cadet, procureur au sénéchal, et demˡˡᵉ Marie Betbeder, son épouze. En présence des sieurs Jean Borda, procureur, et Bernard Luc, huissier audiencier dud. sénéchal, qui ont signé avec le parrein et nous, non la marraine pour ne savoir. (Signé :) J. BERNADOTTE cadet, pʳ, LUC, BORDA, pʳ, POEYDAVANT, vic[aire] de Pau ».

Ce document (1), sur lequel il y aura lieu de revenir relativement à la question religieuse et dont les premiers chroniqueurs n'ont pas cru devoir donner la teneur complète (2), fixe la date de la naissance, inexactement portée par quelques-uns d'entre eux à 1764 au lieu de 1763. Transcrit en fac-similé dans notre notice sur la *Maison natale de Bernadotte* (3), il est publié de même, avec des proportions un peu réduites, par l'historien Klaeber. On y remarquera qu'Henry de Bernadotte y est désigné non comme avocat, mais comme procureur au sénéchal. Rectifions, à cet égard, la constatation de plusieurs auteurs disant que la famille Bernadotte était une « famille de role » appartenant de « père en fils » au « barreau ». La qualification d'*avocat* était réservée aux membres de l'ordre attachés au Parlement de Navarre séant à Pau, tandis que les sénéchaussées, qui constituaient une juridiction inférieure et existaient en Béarn au nombre de cinq (4), ne comptaient pour elles que des « praticiens » ou « défenseurs officieux ». Ce furent ces modestes emplois que remplirent, avant la prise de possession de leurs charges de procureur au sénéchal, les deux frères Henry et Jean Bernadotte, déjà nommés (5). Fils d'un maitre tailleur (6) et petits-fils d'un tisserand (7), comme en font foi les actes conservés aux archives de la Ville de Pau, ils n'avaient que des artisans dans leur parenté, tisserands pour la plupart, et ils eurent l'un et l'autre le mérite d'arriver d'eux-mêmes à la situation qu'ils occupèrent dans le monde judiciaire (8).

Renseigné par notre notice, qu'il prend soin d'indiquer comme référence, Hans Klaeber rapporte brièvement qu'on a longtemps

(1) Arch. com. de Pau, GG, 106, fᵒ 5.

(2) Nous tenons de bonne source que plusieurs s'en dispensèrent par courtisanerie, afin de ne pas divulguer que la marraine n'avait pas signé, « pour ne savoir ».

(3) Pau, impr. Vignancour, 1899.

(4) Celles de Pau, Orthez, Oloron, Morlaas et Sauveterre.

(5) Henri, l'aîné, qui se maria, le 20 février 1754, avec Jeanne de Saint-Jean, était né le 13 octobre 1711 ; et Jean, qui épousa Marie de Betbeder le 6 juillet 1756, était né le 2 décembre 1727.

(6) Autre Jean Bernadotte, baptisé le 29 septembre 1683, marié à Marie de Laplace, *alias* de Pucheu, *alias* de Sarthou, le 1ᵉʳ mai 1707, et décédé le 3 octobre 1760. — *Sarthou*, en béarnais, signifiait *tailleur*. Marie de Sarthou fut, sans doute, désignée ainsi, en surnom, comme femme de tailleur. — Les « pactes et accords de mariage » faits le 24 février 1707 devant Mᵉ Toumiu, notaire à Pau, désignent la future sous le nom de Marie de Laplace et portent que le futur, Jean de Bernadotte, était alors « garçon tailleur et journalier ». (Arch. des B.-P., reg. des notaires, E, 2083, fᵒ 95, vᵒ.) Les futurs conjoints déclarèrent ne pas savoir signer.

(7) Autre Jean Bernadotte, marié, avant 1675, à Marie de Bertrandot, du lieu de Higuères, et décédé à Pau le 14 juillet 1698.

(8) Les généalogistes se sont généralement abstenus, en ce qui concerne les ascendants, de noter les professions ouvrières indiquées par les documents de l'état-civil ou autres. Ces détails cependant offrent assez d'intérêt pour mériter d'être connus.

discuté la question de savoir quelle était dans la ville de Pau la maison qui pouvait revendiquer l'honneur d'avoir été la maison natale de Bernadotte. L'incertitude, fait-il observer, n'a cessé qu'à l'époque où le roi Charles-Jean la désigna en quelques sorte lui-même : c'est la maison Balagué, qui sur sa façade Sud porte le n° 6 de la rue Tran et au Nord le n° 5, en façade sur la rue Neuve des Cordeliers devenue la rue Bernadotte depuis le 9 février 1837. « Au deuxième étage de la façade pittoresque donnant sur la rue Tran, la chambre du milieu, munie d'un balcon, est celle dans laquelle le fondateur de la dynastie suédoise a vu le jour. Le 20 mai 1892, la veille même de la visite du roi Oscar II à Pau, la maison a été ornée d'une plaque de marbre noir sur laquelle est gravée en lettres d'or l'inscription suivante :

« ICI ‖ MAISON BALAGUÉ ‖ NAQUIT BERNADOTTE ‖ EN 1763. » (1)

Consultant ensuite la publication suédoise du comte F. U. Wrangel sur la «jeunesse» de Bernadotte : *Fran Jean Bernadottes Ungdom* (2), Klaeber présente une courte dissertation relativement au prénom donné au futur roi : « Jean, dit-il, était le plus jeune de cinq frères et sœurs, dont deux seulement vivaient à l'époque de sa naissance ; un frère âgé de 9 ans, également prénommé Jean (3), et une sœur nommée Marie (4). Les deux frères avaient le même prénom ; cela s'explique par une coutume du temps, d'après laquelle le nom de Jean désignait la première fois St-Jean l'Evangéliste et la seconde fois Saint Jean-Baptiste, en sorte que, avec le même prénom, chaque enfant avait cependant un prénom particulier. S'agissait-il de les distinguer d'une manière plus précise ? On ajoutait au nom du Jean qui avait pour patron le baptiseur, celui de Baptiste. C'est ce qui eut lieu pour Jean, le futur roi de Suède. »

L'explication fournie sur la prétendue « coutume du temps » ne saurait être acceptée sans quelques réserves. Les actes de naissance et de baptême n'ajoutent aucune indication spéciale au prénom de Jean, généralement attribué ainsi à Saint Jean-Baptiste, qu'il s'agisse de l'aîné ou du cadet des enfants. Mais la distinction entre deux frères identiquement prénommés se faisait par une autre désignation nominale donnée au second. C'est ainsi que le futur Charles-Jean fut appelé *Titou* (5), diminutif béarnais de *Baptistou*.

Il vint au monde avant terme, au dire de certains auteurs, par

---

(1) A l'occasion d'un séjour à Biarritz, le roi Oscar II est revenu à Pau le 9 avril 1899, ainsi que le rapporte la notice : *La Maison natale de Bernadotte*.

(2) Stockholm-Paris, 1889.

(3) Né le 15 décembre 1754 (Arch. com. de Pau).

(4) Née le 1ᵉʳ octobre 1759, décédée le 25 vendémiaire an 3 (Arch. com. de Pau).

(5) « Les prénoms de Toutou, Titou, Poupou, Poulou, Ninou étaient alors très bien portés en Béarn : ils sont aujourd'hui complètement démodés. Quand *Titou Bernadotte* devint maréchal de France, il prit un prénom de fantaisie, *Jules* ». (G. B. DE LAGRÈZE, *La Société et les Mœurs en Béarn*, Pau, Cazaux, lib. éd., 1885, p. 500). — M. Gustave Bascle de Lagrèze était parent des Bernadotte par sa mère, née Loubix, fille d'une cousine germaine du roi.

suite d'un accident de grossesse que l'un d'eux, Touchard-Lafosse (1),
rapporte ainsi :

« ..... Au milieu du carnaval, le 26 janvier 1764 (lisez 1763) les amis
et les parents de Mme Bernadotte, voulant lui faire partager en quelque sorte une joyeuse partie de mascarade, se rendirent chez elle,
pensant lui faire une agréable surprise. Ce bruit inattendu, ces bizarres costumes l'effrayèrent et la saisirent à tel point, qu'elle accoucha
de son second fils au terme de sept mois. »

Le même historiographe dont les récits forment — il importe de le
dire — une constante apologie de son héros, nous apprend que ce
nouveau-né était si faible, si chétif, qu'on n'avait pas l'espoir de le
conserver ; mais que parmi ceux qui le soignaient, sa nourrice fut
d'un avis contraire. « C'était, dit-il, une de ces bonnes femmes à
visions, à pressentiments ; elle assurait que les anges protégeaient le
berceau de son nourrisson : qu'il grandirait et deviendrait fort : elle
se délectait même à lui présager de hautes destinées. ... »

Ceci nous fait songer au merveilleux que des biographes se sont
plu de tout temps à découvrir dans l'existence de beaucoup d'hommes célèbres. On serait tenté de croire que cette nourrice connaissait
déjà la légende racontée longtemps après par Bascle de Lagrèze dans
le *Château de Pau* (2), sous la rubrique : *Le Béarnais roi de Suède et
de Norvège* », où il est parlé de Dominique d'Abbadie, « abbé laïque »
de Sireix, dans la vallée d'Azun (Hautes-Pyrénées), duquel descendait
Jeanne de St-Jean, mère du nouveau-né.

« Il y avait autrefois, dit la légende, une fée dans la vallée d'Azun :
cette fée fut condamnée à vivre dans un lac jusqu'à ce qu'elle pût
épouser un homme qui, après avoir mangé, serait à jeun. Or, un jour,
d'Abbadie de Sireix, allant visiter ses champs, voulut s'assurer si le
blé était mûr : il cassa avec ses dents quelques grains qu'il rejeta
aussitôt. Comme il passait, en se retirant, devant le grand lac, il vit
tout à coup surgir du milieu des eaux une très jolie fée qui lui offrit
de l'épouser. La proposition fut sur le champ acceptée. Cette fée le
rendit heureux et puissant. Mais voilà que, par une indiscrétion, il
la perdit. Elle disparut. Cependant, l'amour maternel est si fort,
même dans un cœur de fée, qu'elle revint une fois au milieu de ses
enfants. Elle leur prédit que, dans l'avenir, ils éprouveraient des
malheurs, mais que de leur lignée sortirait un héros qui serait roi. »

II

Reprenons les récits de Klaeber, qui nous parle, lui aussi, de la
nourrice à laquelle l'enfant fut confié : « Elle n'habitait pas Pau,
dit-il, mais le voisinage : ce qui permettait aux parents de la visiter
souvent. C'est ainsi que Jean passa toute une année à Gan, à 6 kilomètres de Pau. Une chose témoigne de la reconnaissance de ce

---

(1) *Histoire de Charles XIV* (Paris, 1858, tome 1er, p. 31).

(2) Éditions diverses, dont la première date de 1854 (Paris, Didier) et la dernière de 1885
(Paris, Marpon et Flammarion, éd.).

dernier : dans le cours des années qui suivirent, il fit de fréquentes visites à sa nourrice et lui montra maintes fois qu'il se souvenait d'avoir fait les premiers pas sous ses yeux (1). » Des notes complémentaires viendront plus tard à ce sujet.

« De retour à la maison paternelle, poursuit l'auteur en signalant toujours les sources de ses informations, il reçut de sa mère la première éducation. Ce n'était pas chose facile, avec un petit gamin insubordonné. Il s'intéressait tout particulièrement aux chevaux et à tout ce qui y touche. Son lieu d'ébats favori était la poste voisine ; il se plaisait à aider les postillons à harnacher, atteler ou seller les chevaux. En récompense, il lui était permis de se mettre en selle en bottes à l'écuyère et de sonner le cor pour les signaux habituels (2). En 1812, le maître de poste disait tenir de son père et de ses grands parents qui l'avaient précédé dans son emploi, que Bernadotte avait fait souvent fonction de courrier supplémentaire et qu'il recevait volontiers les pourboires que cela lui procurait (3).

» Jean courut également des aventures plus dangereuses. Une rixe avec des camarades de son âge lui valut deux blessures au front ; il en garda les cicatrices toute sa vie (4).

» On s'explique fort bien, dans ces conditions, que sa mère ait dû user souvent de sévérité envers lui, et il n'est pas besoin, ainsi qu'on a cru devoir le faire, d'accuser la mère d'avoir eu une préférence pour son fils aîné, préférence qui se serait traduite par de mauvais traitements à l'égard du cadet (5 . Ce reproche n'est pas d'ailleurs de mise ; on conviendra qu'un [enfant] aîné de neuf ans et un frère plus jeune méritent d'être traités de façon différente.

» En 1768, les parents, ayant quitté la maison Balagué, allèrent occuper un appartement dans la maison Dupouey, située aussi rue Tran, aujourd'hui maison Lacaze ; ils y habitèrent plus de dix ans (6). Tous les souvenirs d'enfance de Jean se rattachaient donc à cette maison.... »

Il faut ajouter, pour une complète exactitude, que la famille prit logement ensuite, même rue, dans la maison Lapeyre, devenue plus tard la maison Claverie, achetée en dernier lieu par **M.** Loustalot, qui l'a remplacée par une construction nouvelle. C'était là que demeurait le jeune Bernadotte quand il résolut de partir de Pau (7).

« Son père, rapporte encore Klaeber, le destinait à la carrière que

(1) Référ. : WRANGEL.

(2) Réf. : BLOMBERG, *Marskalk Bernadotte* (Stockholm, 1883).

(3) Réf. : BRANDT. — Ces faits sont relatés dans les *Souvenirs d'un officier polonais* (de Brandt), publiés par le baron Ernouf (Paris, 1877).

(4) DUGENNE, dans son *Panorama de Pau* (1re édition. Pau, impr. Vignancour, 1839, p. 235), raconte, de son côté, qu'au temps où le roi de Suède préludait à ses brillantes destinées par le modeste emploi de clerc de procureur, il fut incarcéré au *violon municipal*, à la suite de scènes de jeunesse où il s'était un peu trop vivement laissé aller à son humeur belliqueuse en repoussant une injuste agression faite par de nombreux assaillants. »

(5) Réf. : WRANGEL.

(6) Réf. : *La Maison natale de Bernadotte*, notice déjà citée.

(7) Pour de plus amples explications, v. la même notice.

lui-même avait embrassée et dans laquelle était également entré le frère aîné. L'éducation de Jean eut donc pour but, dès le principe, de lui assurer les connaissances nécessaires à la profession d'avocat, c'est-à-dire les sciences élémentaires et le latin. Il est probable que le père entreprit personnellement cette éducation, avec le concours de son fils aîné ; Jean Bernadotte ne figure pas parmi les noms des élèves du lycée (lisez : *de l'ancien collège*) de Pau (1). » Où existent donc les listes générales qu'on aurait consultées ?

Dugenne, dans son *Panorama* (2), dit, au contraire : « Son père lui avait fait commencer ses études au collège de Pau ». On voit, d'autre part, dans l'*Histoire du Lycée de Pau*, de J. Delfour (3), l'inscription d'« Henri Bernadotte » sur la liste des lauréats de rhétorique (programme des exercices pour l'année 1781) ; et ce nom, ajoute l'auteur, « rappelle que, deux ou trois ans auparavant, les Bénédictins avaient eu pour élève au collège de Pau un autre Bernadotte, celui qui, simple lieutenant en 1791, s'en alla par les champs de bataille où vainquit la République, où s'illustra l'Empire, moissonner tant de lauriers, qu'ils lui valurent une couronne, la couronne qu'avait portée jadis le grand Gustave-Adolphe » (4). Si le jeune « Jean Bernadotte *cadet* » (*minor natu*), filleul de l'oncle identiquement désigné, connut le latin aussi bien que paraît le témoigner un *ex libris* dont il sera parlé, c'est, croyons-nous, au collège qu'il l'apprit, plutôt que dans sa famille, où très probablement son père n'aurait pu le lui enseigner (5).

III

« A quinze ans, en 1778, poursuit toujours Klaeber, Jean entrait dans l'étude d'un collègue de son père, le procureur Batsalle (6), comme clerc effectif. Mais les dispositions qu'il y portait le faisaient soupirer, au milieu de la poussière des actes, après le grand air des environs de la ville. Il sentait s'éveiller en lui le souvenir des temps héroïques de sa petite patrie de Navarre (7), chantés autrefois par les trouvères locaux, et qui survivait dans les légendes et les chants populaires.

(1) Wrangel.

(2) 2ᵉ édition, Pau, impr. Vignancour. 1847, p. 397.

(3) Avec « une introduction et des notes par V. Lespy ». Pau, impr. Garet, 1890. p. 207.

(4) « Henri Bernadotte », prénommé en réalité « Arnaud-Henry », était cousin germain du futur roi de Suède, comme fils de *Jean Bernadotte cadet, procureur au sénéchal*, et de Marie Belbeder. Il devint secrétaire-greffier de la municipalité de Pau et se maria, à l'âge de trente ans, le 30 nivôse an 4 (20 janvier 1796), avec Marie Fournets (Arch. com. de Pau).

(5) Nous donnons cette opinion sans nous attacher aux renseignements, souvent suspects, fournis par le pamphlétaire Latapie-d'Asfeld dans les notes sur « Bernadotte » qui accompagnent ses *Souvenirs historiques du Château de Henri IV* (Paris, Pagnère, s. d. [1841]), p. 352, où il est dit que le père et l'oncle du futur roi furent eux-mêmes tailleurs, comme le grand-père, avant de devenir praticiens et ensuite procureurs au sénéchal.

(6) Mᵉ Jean-Pierre de Batsalle, né à Pau, en 1734, successeur de son père Pierre de Batsalle, en 1759, dans l'office de procureur — non au sénéchal, mais au parlement de Navarre — et nommé, en 1779, député du Corps de ville de Pau. (A. de Dufau de Maluquer, *Armorial de Béarn*, t. 2, Pau, Vve Léon Ribaut, libr.. 1893, p. 206).

(7) Klaeber confond volontiers la Navarre française avec le Béarn, dont il ne fait jamais mention.

Son désir d'égaler de tels héros ne put d'abord se satisfaire qu'à la tête de quelques camarades de son âge et de son tempérament, avec lesquels il faisait de folles équipées ; les bons bourgeois de Pau furent amenés à concevoir des craintes sérieuses pour son avenir.

» D'autre part, il se faisait des amis par son extérieur aimable, uni à une certaine distinction qui se traduisait par une toilette impeccable. Il faut dire aussi tout d'abord que M. Batsalle n'avait pas à se plaindre de lui. Les qualités exceptionnelles de son clerc lui firent même confier des travaux difficiles. Jean s'était parfaitement assimilé les connaissances juridiques ; on peut en voir la preuve dans l'exemplaire de l'ouvrage de Bretonnier : *Les Questions de Droit*, exemplaire qui est la propriété de la famille royale de Suède. Ce volume est chargé de nombreuses notes marginales, écrites de la main de Bernadotte, et porte sur la feuille du titre l'inscription : « *Ex libris Joannis Bernadotte, Palensis, minoris natu, 1780.* » (1)

Cette inscription peut, il est vrai, s'appliquer également à l'oncle, *procureur au sénéchal*, qui signait lui-même « Jean Bernadotte cadet » et dont le fils Henri fut, en 1781, au collège, un des lauréats de rhétorique ; mais la preuve que le livre appartenait au neveu résulterait des annotations que ce dernier y faisait de sa main.....

« L'année 1780, continue Klaeber, devait être décisive dans la vie de Bernadotte. Le 31 mars, son père mourait à l'âge de 68 ans, laissant sa famille dans une situation qui n'était rien moins que brillante. Déjà peut-être, de son vivant, avait-il entendu Jean lui manifester le désir de changer de carrière et de se faire soldat, comme l'occasion s'en offrait souvent en ce temps-là. Mais sur les conseils de son père, Jean y avait renoncé (2). Il restait maintenant à la charge de son frère aîné (3), il le serait probablement pour de longues années, les espérances étant minces dans la profession d'avocat. Le père était resté clerc 18 ans. Ce fut la raison qui détermina Jean à réaliser son désir d'être militaire. »

Ici, Klaeber constate que « tous les historiens de Bernadotte affirment ou donnent à entendre qu'il ne songeait qu'à devenir sous-officier (4) : A mon avis, s'empresse-t-il d'ajouter, il s'était engagé dans la carrière d'officier ; je fonde cette opinion sur le mode de remplacement en usage autrefois dans l'armée française ». Et il établit ainsi son argumentation :

« Jusqu'en 1750, le droit de devenir officier avait été le privilège exclusif de la noblesse. Le 1ᵉʳ novembre de la dite année, parut un

---

(1) M. Bascle de Lagrèze l'offrit, en 1878, au prince royal d'alors, Gustave (aujourd'hui le roi régnant Gustave V), qui était de passage à Pau. Il a noté l'acceptation de cet hommage dans la 5ᵉ édition de son *Château de Pau* (chapitre sur le « Béarnais, roi de Suède et de Norvège »), p. 300.

(2) WRANGEL.

(3) « Celui-ci, d'abord défenseur officieux, devint, comme son père, procureur au sénéchal. » (Note de KLAEBER, d'après la *Maison natale de Bernadotte*).

(4) On disait alors *bas-officier*.

édit de Louis XV qui permettait aux jeunes gens non issus de famille noble, mais dotés d'un certain revenu, et aux bourgeois pareillement fortunés et qui avaient une profession indépendante l'accession des emplois de sous-officier jusqu'à ceux d'officier dans les grades inférieurs, c'est-à-dire jusqu'au grade de capitaine (1). Louis XVI, qui régna depuis 1774, alla plus loin. Un acte daté du 1er février 1776 et contresigné du comte de Saint-Germain, ministre de la Guerre, abolit les Ecoles militaires réservées jusque-là aux jeunes gens de famille noble et institua douze Ecoles militaires provinciales, dont les directeurs avaient le droit d'accueillir des élèves appartenant à toutes les classes sociales. Le roi avait lui-même ajouté : «.... en vue de
» rabattre l'orgueil que les jeunes gentilshommes confondent sou-
» vent avec la bonne éducation et pour leur apprendre à considérer
» d'un point de vue équitable toutes les classes de la société ».

» La fréquentation d'une Ecole militaire et les succès qu'on y obtenait donnaient donc droit à l'avancement jusqu'aux plus hauts grades de la hiérarchie militaire ; les jeunes bourgeois étaient sur un pied de parfaite égalité avec les gentilshommes.

» La bourgeoisie usa du droit qui venait de lui être concédé : nous pouvons en juger par le rapport de l'inspecteur général des Ecoles militaires, le comte de Ségur, pour l'année scolaire 1779. D'après ce rapport, sur un total de 2.795 élèves, 1.149 étaient de famille bourgeoise ; et en 1780, il y en avait déjà beaucoup, parmi les lieutenants, qui devaient leur situation à des protecteurs haut placés, s'il faut en croire ce rapport (2).

» Le fils d'un procureur près d'une Cour royale (3) voyait donc en l'année 1780 la carrière d'officier absolument ouverte devant lui. Jean Bernadotte y entra sans aucun doute. L'hypothèse contraire n'est aucunement fondée, surtout si l'on songe à l'ambition qui s'était déjà fortement manifestée en lui.

» Il était trop âgé pour entrer dans une Ecole militaire ; les ressources nécessaires lui manquaient également ; on demandait 2.000 livres par an pour l'entretien, l'habillement et l'instruction. Il ne lui restait donc d'autre issue que d'entrer dans un régiment dont le colonel le prendrait comme porte-étendard, avec la perspective de devenir capitaine.

» L'enrôlement dans l'armée permanente (il y avait aussi une milice) se faisait seulement par voie d'engagement volontaire moyennant argent. Mais les enrôlements entrepris plusieurs fois dans l'année par des recruteurs pour le compte des régiments n'étaient pas suffisants pour combler les vides laissés par les déserteurs et les hommes congédiés pour maladie. Les commandants de régiment

---

(1) Réf. : DE MONTZEY, *Institutions d'éducation militaire jusqu'en 1789*. Paris. 1866.

(2) DE MONTZEY.

(3) Il ne saurait être question, ici, d'une « cour royale », qu'on pourrait confondre avec celle du « parlement », puisqu'il ne s'agit, comme nous l'avons expliqué, que de la « cour » du sénéchal.

recouraient donc à un autre moyen ; ils donnaient à des sous-officiers un congé de six mois, avec obligation d'enrôler et de ramener avec eux à leur retour une ou plusieurs recrues. On appelait ces sous-officiers des semestriers : le langage populaire leur appliquait un nom encore plus significatif, celui d'acheteurs d'hommes, racoleurs, parce que, malgré les interdictions les plus formelles de recourir à des moyens insidieux, les enrôlements de ce genre ne se pratiquaient pas d'une façon absolument correcte (1).

» Un semestrier appartenant au régiment de Royal-Marine se trouvait à Pau à l'époque de la mort du père de Bernadotte, Pau étant dans la zone d'enrôlement de son régiment (2). Dans les circonstances que nous venons de rappeler, il ne dut pas y avoir grand mal à décider Bernadotte à entrer au régiment pour huit ans, avec une prime de 100 livres ; c'étaient les conditions habituelles de l'infanterie (3). Le colonel du Royal-Marine, le comte de Lons, originaire de Pau, qui avait connu le père de Bernadotte, accueillit celui-ci comme cornette (4), il entra donc avec l'espoir de devenir capitaine.

» Une lettre de Bernadotte à son frère, en date du 3 avril 1792, vient à l'appui de cette manière de voir : il lui annonce sa nomination comme lieutenant et sa mutation au 36e ; il exprime le regret de ne pouvoir attendre dans le Royal-Marine son grade de capitaine (5).

» Une autre circonstance confirme encore mon opinion que Bernadotte ne s'est pas engagé dans la carrière de sous-officier, mais en vue de devenir officier. Le semestrier qui l'enrôla était natif de Pau et passa de longues années avec lui dans le Royal-Marine ; il a raconté souvent à l'ancien inspecteur aux revues, Bail, qu'avant le départ pour le régiment, il aida son protégé à endosser l'uniforme. Faisant la revue de ses nouveaux soldats dans leur uniforme tout flambant neuf, il lui dit (6) : « Je fais de toi un maréchal de France ». Si Bernadotte n'avait pas été cornette, il se serait difficilement procuré un uniforme à lui dans sa ville natale, surtout si l'on songe à sa situation de fortune. Le mot du semestrier n'était qu'une plaisanterie : on ne pouvait prévoir, en 1780, que sous la Révolution, qui ne devait éclater que quelques années plus tard, on verrait de simples soldats devenir maréchaux ».

Nous ne nous égarerons pas dans la discussion de tous les arguments présentés touchant les conditions d'entrée de Bernadotte dans la carrière militaire. Pour ne parler que de celui tiré du premier uni-

---

(1) Réf. George Duruy : *L'armée royale en 1789*, par Albert Duruy, Paris, 1888. — R.-L. Chassin : *L'armée et la révolution*, Paris, 1867.

(2) Réf.: M. Bail. *Correspondance de Bernadotte avec Napoléon depuis 1810 jusqu'en 1814*, Paris, 1819.

(3) Duruy, *op. cit.*

(4) Blomberg, *op. cit.* — Il s'agit du marquis de Lons (Pierre-Ignace), né à Pau en 1738 et entré au service militaire en 1755. Il fut appelé en 1818 au gouvernement du Château de Pau et mourut dans cette ville en 1819.

(5) L'auteur que nous citons ne paraît pas tenir compte, ici, des nouveaux règlements d'organisation militaire introduits par la Révolution.

(6) Réf. : Bail, p. 20.

forme que le jeune engagé volontaire « se serait difficilement procuré dans sa ville natale s'il n'avait pas été cornette », il suffira de reproduire une version tout autre du même fait, ainsi rapportée par le chef d'escadron Coupé de St-Donat et B de Roquefort dans leurs *Mémoires pour servir à l'histoire de Charles XIV-Jean, roi de Suède et de Norvège* (1) : « Un compatriote et ancien camarade de Bernadotte raconte qu'allant en semestre à Pau, il rencontra ce dernier qui venait joindre le régiment ; *qu'ils échangèrent leurs habits*, et qu'il dit, en passant l'uniforme à son nouveau compagnon d'armes : — Va, je te fais maréchal de France .... »

IV

Mais revenons aux circonstances dans lesquelles Bernadotte contracta son engagement.

Quelques biographes ont prétendu que la partialité de sa mère pour son frère avait été la principale cause de sa détermination. D'autres l'ont expliquée par des différends entre les deux frères, dus surtout à l'esprit caustique et malicieux de l'aîné. On a dit aussi que le père, absorbé par les occupations de sa charge, ne se rendait pas compte de l'état de choses familial. Rien de tout cela n'est bien démontré. La plupart des auteurs, et notamment Bascle de Lagrèze (2), qui se trouvait pourtant le mieux en mesure d'éviter une erreur sur ce point, n'ont-ils pas également assuré que lorsque l'engagement eut lieu, le père vivait encore ? Or, celui-ci était mort depuis cinq mois, comme nous l'apprend son acte de décès et de sépulture (3) ; ce qui n'a pas empêché Touchard-Lafosse de risquer les détails qui suivent, à propos du jeune Bernadotte (4) :

« Il sortit un matin de la maison paternelle, alla trouver M. de Lassus (?), capitaine au régiment de Royal-la-Marine, et repoussant l'or dont on faisait, sous nos rois absolus, le prix de la liberté des hommes, il s'engagea en qualité de volontaire. Mais il demanda que son engagement *ne fût pas visé par le subdélégué de l'intendant* (5), *dont il craignait les remontrances, et qui pourrait donner avis à M. Bernadotte père du parti extrême que prenait son fils* : « Qu'à cela ne » tienne, répondit le capitaine, enchanté d'envoyer à son régiment » une recrue qui paraissait devoir être un bon soldat ; nous irons » demander le visa au maire de Billeris (lisez : *Billère*) (6). » Le lendemain, à la pointe du jour, on se rendit auprès de cet administrateur, qui remplit la formalité exigée ; et le nouveau militaire se mit

---

(1) Paris, 1820, t. 1ᵉʳ, pp. 121-122.

(2) *Le Château de Pau*, éditions diverses.

(3) « L'an mil sept cent quatre vingt et le trentun mars est dessedé à l'âge de soisente huit ans Henri Bernadotte, procureur au sénéchal, époux à demoiselle Jeanne St-Jean, et a été enseveli le premier avril au cemietière de Notre Dame, en présence de Mathieu Flouret et de Jean Philippe qui on signé avec nous. (Signés au registre :) Flouret, Philippe, Porte, vic. de Pau. » — Arch. com. de Pau, GG. 159, fᵒ 9.

(4) *Op. cit.*, p. 33.

(5) « Aucun engagement militaire, explique en note Touchard-Lafosse, n'était valable sans le visa d'une autorité civile. »

(6) Commune limitrophe de la ville de Pau.

immédiatement en route, afin d'être déjà loin de Pau quand son absence serait remarquée.

» Madame Bernadotte, informée du départ de son fils, sentit vivement, mais trop tard, les graves conséquences que peut entraîner une déviation d'équité, si légère qu'elle soit, dans la mission sacrée que son inexpérience avait laissé péricliter en ses mains. Nous pouvons affirmer que Bernadotte tint compte à sa mère d'un tel regret ; sa tendresse pour elle et son respect pour sa mémoire ne s'altérèrent jamais.... »

Vainement on chercherait à concilier la précaution de fuir le visa du « subdélégué de l'intendant », avec cette anecdote publiée, en 1841, dans l'*Album Pyrénéen* (1) : « On raconte que le jeune soldat alla faire ses adieux à M. P., savant avocat, ami de son père, et dans le cabinet de qui il avait lui-même été occupé quelque temps. M. P., en l'embrassant, lui remit un gage de son affection et lui dit gaîment : « Tiens, mon enfant, tu me rendras cela quand tu seras général. »

Il est facile de deviner en M. P. le *subdélégué* en question : c'était *M. Perrin*, alors avocat au Parlement, qui mourut en 1812, conseiller à la Cour impériale de Pau (2).

Klaeber, de son côté, rapporte que « le départ du jeune Bernadotte, le 3 septembre (après que l'inscription sur les rôles d'engagement eût été effectuée), lui fut adouci par le collègue de feu son père, M. Claverie, qui lui fournit un viatique important pour le voyage (3) ».

Ces récits, aussi divers que contradictoires, démontrent bien qu'on ne saurait y ajouter grande créance, pas plus d'ailleurs qu'à cette parole qui, d'après Dugenne et quelques autres, aurait été adressée au jeune engagé, au moment où il apposait sa signature : « Voilà votre brevet de maréchal de France ! » — « Pourquoi pas ? » aurait-il répondu. Le mot est simplement à rapprocher de celui prêté au semestrier qui fit endosser l'uniforme au nouveau soldat.

V

Le régiment d'infanterie de Royal-Marine se trouvait alors en Corse et tenait garnison à Bastia. Bernadotte y passa ses deux premières années de service, dans une monotonie parfois déconcertante, qu'il cherchait néanmoins à rompre de son mieux : « La nourriture, fait observer Klaeber (4), n'était pas toujours de son goût ; mais il savait se pourvoir d'un côté ou d'autre. On raconte qu'une fois il fut

---

(1) Revue Béarnaise (2ᵉ année), Pau, impr. Vignancour, Notice sur **Bernadotte**, p. 178. — Cette anecdote a été reproduite par Dugenne, *op. cit.*, 2ᵉ édition, p. 397.

(2) *Documents sur le Département des Basses-Pyrénées*, Pau, impr. Vignancour, 1850, p. 429.

(3) Réf. : Wrangel. — M. Claverie n'était pas procureur au sénéchal, mais avocat au Parlement. (V. *Calendrier de Pau*, année 1780, impr. Vignancour... — V. également *La Société et les Mœurs en Béarn*, *op. cit.*, p. 499.) — A qui, de M. Perrin ou de M. Claverie, la visite d'adieux fut-elle faite ? Peut-être aux deux, répondrons-nous ; peut-être aussi ni à l'un ni à l'autre !

(4) Réf. : Wrangel.

surpris, dans la cuisine du gouverneur de l'île **M.** de Marbeuf, rendant visite au cuisinier, qui était, comme lui, originaire de Pau et s'occupait à ce moment de préparer le dîner. Le cuisinier avait essayé de justifier la présence de son compatriote en le coiffant immédiatement d'un bonnet de marmiton, en lui nouant autour de la taille un tablier blanc et en le présentant à son maître comme un aide qu'il avait appelé pour être sûr d'avoir le dîner prêt. M. de Marbeuf sourit finement et n'en demanda pas davantage.

».... Les exigences du service dans une troupe d'élite (les grenadiers), jointes au climat de Bastia, causèrent à Bernadotte un état maladif qui rendit nécessaire un long congé. Il le passa à Pau, dans la maison Lapeyre, qu'habitaient son frère et sa mère (1). Entre temps, il sut résister aux instances des siens qui auraient voulu lui voir choisir une carrière plus riche en espérances et plus appropriée à la raison de santé. Mais il recouvra bientôt ses forces, ainsi que le montre un duel qu'il eut dans le « bosquet des Cordeliers » ; il blessa grièvement, à l'arme blanche, son adversaire, Castaing, devenu depuis officier de gendarmerie (2) ».

Deux renouvellements de congé semestriel, qu'il obtint de M. de Lons, lui permirent de rester dix-huit mois au milieu des siens : il partageait son temps, disent quelques biographes, entre les plaisirs de la jeunesse et l'étude de l'art militaire, et se livrait surtout à d'attachantes lectures sur les exploits des guerriers célèbres. Ayant rejoint ensuite son régiment de Royal-Marine, il n'y trouvait qu'un avancement des plus difficiles et d'une extrême lenteur.

« En 1789, lisons-nous dans la *Statistique générale des Basses-Pyrénées*, de Ch. de Picamilh (3), il n'était encore que sergent, et une maladie grave allait peut-être arrêter à ses débuts une carrière depuis si remplie, lorsque le médecin-major de Picamilh, inspecteur des hôpitaux militaires de La Rochelle, reconnut en lui un compatriote, qu'il enleva aux soins douteux des infirmiers de l'époque pour le recueillir dans sa maison. »

L'auteur de l'ouvrage était un petit-fils du docteur palois ainsi mentionné (4). Avant lui, l'*Album Pyrénéen* (5) avait rapporté le même fait en ces termes : « Les premiers temps du service militaire éprouvèrent la constitution de Bernadotte, affectée d'ailleurs par une croissance très rapide. Il fit une maladie grave à l'île de Ré ; il reçut dans la famille du docteur Picamilh des soins qu'on ne donne guère

---

(1) V. *La maison natale de Bernadotte*.

(2) Réf. : WRANGEL. — Nous manquons de renseignements sur ce Castaing, dont la famille, croyons-nous, habitait rue Chantelle (aujourd'hui rues de Monpezat et Pasteur). — D'après une tradition par nous recueillie il y a bien des années, le duel aurait eu lieu «derrière le Collège», dans le bois de Batsalle, devenu plus tard le parc Beaumont et formant aujourd'hui le Jardin public du Palais d'Hiver.

(3) Pau, impr. Vignancour, 1858 (Partie consacrée à une «revue biographique», tome I", p. 381, notice sur **Bernadotte**).

(4) Ceci résulte de la notice généalogique et biographique qu'il a lui-même consacrée (p. 530, tome I", de la *Statistique*) à la famille **Picamilh**.

(5) *Op. cit.*, p. 178.

qu'à un fils, et que son cœur a su reconnaitre par la bienveillance la plus persévérante ; puis il vint passer deux années dans sa famille, etc., etc. »

VI

Il y a, dans les deux récits qui précèdent, des inexactitudes qu'il est utile de rectifier. Bernadotte ne se trouvait pas à La Rochelle ou à l'île de Ré aux époques signalées. De l'île de Corse, son régiment de Royal-Marine alla tenir garnison en Provence et en Dauphiné, et c'est seulement au mois de juin 1790, que, quittant la Provence, il se mit en route vers la côte Ouest du littoral français. Il y arriva dix jours après, et le 17 avril 1791, nous apprend Klaeber (1), l'un des bataillons prit le bateau pour se rendre à Saint-Martin-de-Ré pendant que l'autre allait aux Sables-d'Olonne. Quant à la maladie dont Bernadotte eut à souffrir, il n'en est fait mention que plus tard, dans une lettre adressée à son frère le 23 février 1792 et contenant ces mots : « J'ai du rhumatisme à l'articulation du pied droit ; cela m'empêche de marcher Le médecin, M. Picamilh, mon compatriote, prend grand soin de moi.... »

Il n'était plus sergent alors : sa signature était accompagnée de la qualification d'adjudant, qui lui appartenait depuis le 7 février 1790, et la Révolution lui ouvrait enfin la plus belle voie pour des admissions successives et rapides à tous les grades supérieurs.

Encore attaché, contrairement à ce qui a été dit, à l'ancien régiment de Royal-Marine qui était devenu le 60e d'infanterie (2), il ne connut que le 1er avril 1792 l'avis officiel de sa nomination de lieutenant à l'ancien régiment d'Anjou, devenu le 36e d'infanterie, en garnison à St-Servan, où il avait ordre de se rendre le 26 du même mois (3) ; mais cette promotion portait la date du 6 novembre précédent comme l'indiquent ses états de service.

Puisque nous avons été conduits à l'île de Ré, nous ne nous en éloignerons pas sans avoir rappelé cette anecdote recueillie par Dugenne (4) ; elle dépasse tous les précédents horoscopes de l'engagé volontaire de 1780 :

«..... Le sorcier ou la sorcière semblent être un des éléments indispensables pour l'histoire, toujours un peu fabuleuse, des premiers ans de tout personnage arrivé au rang suprême au moyen de circonstances extraordinaires. Bernadotte, si l'on en croit les biographes de caserne, eut aussi un devin qui lui prédit sa destinée. Le 6 janvier 1788, une douzaine de sergents au régiment d'Anjou (5) — infanterie, en habit blanc à revers bleus, la tête bien poudrée, la queue nouée coquettement près de la nuque, la moustache bien cirée et relevée

---

(1) Réf. : WRANGEL.

(2) Le 1er janvier 1791, on avait enlevé aux régiments royaux les noms qui servaient à les désigner, et on leur avait donné des numéros.

(3) Lettre du commandant du 60e d'infanterie, au « lieutenant Bernadotte », datée de La Rochelle le 31 mars 1792. — KLAEBER, d'après WRANGEL.

(4) *Panorama de Pau*, 2e édit. p. 398.

(5) Anachronisme déjà démontré.

en crocs, — étaient attablés dans un cabaret de Saint-Martin-de-Ré pour tirer le gâteau des Rois. La fève échut au sergent béarnais. Par distraction, les convives se firent tirer les cartes, et quand ce fut le le tour de Bernadotte, elles lui annoncèrent à plusieurs reprises qu'il serait un jour *plus que prince....* Telle est l'histoire que l'on raconte encore à l'île de Ré. »

Elle a pu, ajouterons-nous, être racontée un peu partout. Par la plume féconde du publiciste Paul d'Ivoi, le journal l'*Estafette* du 5 janvier 1858 l'a donnée avec des développements et des détails assurément imaginaires, mais aussi complaisamment circonstanciés qu'agréablement pittoresques. Ce récit, intitulé : *Un épisode de la jeunesse de Bernadotte*, a été reproduit en feuilleton dans le *Mémorial des Pyrénées* (1), avec la pleine confiance qu'il s'agissait d'un fait des plus authentiques. Nous nous contentons de l'indiquer.

VII

Notre travail se bornant à la recherche des souvenirs d'histoire locale, nous n'avons pas à retracer tous les événements qui surgirent et désormais procurèrent à Bernadotte, loin du pays natal, au milieu des agitations politiques et des entraînements guerriers de l'époque, le rapide et prodigieux avancement que l'on sait.

Général en 1794, il ne tarda pas à rencontrer le futur Premier consul Bonaparte, dont il allait, presque aussitôt, se montrer le rival et, plus tard, jalouser la fortune. A noter tout d'abord l'alliance contractée en 1798, par son mariage avec Désirée Clary, dont la sœur, Julie, avait épousé Joseph Bonaparte, alors que Napoléon songeait lui-même à s'unir à Désirée et y renonça finalement, non toutefois sans quelque regret, pour s'attacher à Joséphine de Beauharnais. Ces considérations de famille préparèrent pour Bernadotte des situations privilégiées, que d'ailleurs sa haute valeur militaire, ses habiles intrigues et les circonstances lui faisaient successivement ambitionner : ambassadeur de France en 1798, ministre de la Guerre en 1799, etc., etc.

La date de la proclamation de l'Empire, 18 mai 1804, fut aussi celle de l'élévation de Bernadotte au maréchalat. Il était inscrit, en effet, le même jour, sur la liste de la première promotion. Cette nouvelle reçut en Béarn un enthousiaste accueil, que traduisit au Conseil général des Basses-Pyrénées, le 10 juin 1806, une délibération formulée en ces termes (2) :

« Le Conseil général du département, considérant que M. le Maréchal Bernadotte élevé par S M. au faîte des honneurs militaires, a mérité les suffrages de l'armée, l'estime des amis et des ennemis de la France ; que sa brillante réputation et les honneurs dont il est comblé rejaillissent sur le pays qui l'a vu naître ;

---

(1) N° du 13 février 1858.

(2) *Procès-verbaux des séances*, publiés par ORCURTO-JOANY, 1re partie, p. 291. Pau, impr. Vignancour, 1867.

» Charge son Président d'adresser à M. le Maréchal la présente délibération, en le priant d'agréer les félicitations du Conseil général et l'expression des sentiments de ses compatriotes. »

Voici la réponse que Bernadotte fit à ce message (1) :

« *Au quartier-général à Anspack,*

» Ce 10 juillet 1806.

» J'ai reçu, Monsieur le Président, votre lettre et la délibération que le Conseil général du département des Basses-Pyrénées vous a chargé de m'adresser. Je suis on ne peut plus sensible à un témoignage aussi honorable d'estime et d'attachement.

» Au milieu des faveurs dont Sa Majesté me comble, il m'est bien doux de voir l'intérêt que mes compatriotes prennent à mon bonheur. Veuillez, Monsieur, être auprès du Conseil que vous présidez l'interprète de ma reconnaissance, et dites-lui que, dans tous les temps, je mettrai ma gloire et ma félicité à mériter les suffrages de tous les Français par mon dévouement absolu à la personne de l'Empereur et au service de mon pays.

» Agréez, Monsieur, l'assurance de ma haute considération.

» *Le maréchal de l'Empire,*
Prince et duc de Ponte-Corvo (2),

» J. BERNADOTTE. »

VIII

Depuis longtemps, il entretenait les meilleurs rapports avec son frère aîné, comme en témoigne une correspondance fréquente. Il s'était plu notamment à le protéger en haut lieu pour lui trouver un emploi administratif de quelque importance, après les troubles sociaux des dernières années. Aussi avait-il obtenu, en 1801, que le Premier consul Bonaparte en fît un conservateur des Eaux et Forêts du district de Pau. Cette situation, à laquelle était attaché un traitement lucratif, comportait aussi, par corrélation, une représentation coûteuse ; « si bien, dit Klaeber (3), que Bernadotte fit cadeau à son frère, le 24 mai, de l'uniforme à broderies d'or qui était l'insigne de sa fonction ».

Sa mère était en même temps l'objet de sa vive sollicitude. On lit dans une lettre qu'il écrivait, le 20 septembre 1805, à son frère aîné : « Je désirerais que ma mère acceptât une pension mensuelle de 4 à 500 francs comme argent de poche. Je te prie de l'y décider et de me le faire savoir pour que je puisse la remercier de cette marque d'amitié.... » (4)

Il eut la douleur de la perdre au début de l'année 1809. « Deux ans

---

(1) *Documents sur le département des Basses-Pyrénées, op. cit.,* p. 38.

(2) Napoléon l'avait investi de cette principauté le 5 juin 1806 : « ... J'ai pensé, écrivait-il alors au roi Joseph, qu'il convenait que le beau-frère de la reine de Naples eût un rang distingué chez vous. »

(3) P. 138, réf. : WRANGEL.

(4) KLAEBER, p. 171, réf. : WRANGEL.

auparavant, nous apprend Klaeber (1), elle avait eu une première attaque et s'en était complètement remise en peu de temps, jusqu'au 7 janvier 1809, où elle fut frappée, dans la soirée, d'une grande lassitude et eut un étourdissement à table, en dinant. Le lendemain, après une nuit calme, elle rendait le dernier soupir, sans agonie et entourée de tous les siens (2). Ses obsèques devaient être très simples ; cependant l'assistance fut considérable, ainsi que l'annonça le *Journal des Basses-Pyrénées* (3) : « Madame Bernadotte, mère de notre
» illustre compatriote S. A. S. le prince de Ponte-Corvo, est morte le
» 8 de ce mois, à l'âge de 84 ans, laissant l'exemple d'une vie simple
» et laborieuse. Les autorités administratives et judiciaires de la
» ville, en assistant à ses obsèques, ont profité de cette douloureuse
» circonstance pour offrir un nouveau témoignage de leur estime et
» de leur attachement à un prince qui sera toujours cher aux
» Béarnais. »

» En recevant la nouvelle de la mort de sa mère, le prince écrivit à son frère le 16 février (4) : « J'ai appris avec une profonde douleur
» la mort de notre chère et digne mère. J'espérais aller bientôt la
» voir à Pau et la presser sur mon cœur. La Providence en a décidé
» autrement. Je me résigne. La perte est grande, inattendue et
» cruelle..... Je te prie de transmettre mes remerciements à la muni-
» cipalité et aux autorités publiques pour la sympathie qu'elles m'ont
» témoignée. »

» Un honneur spécial était réservé à Bernadotte ainé : à la date du 18 août 1810, Napoléon le fit baron, avec fondation en sa faveur d'un majorat de 12.000 francs de rente provenant de la dotation de Ponte-Corvo dont le titulaire demandait lui-même la conversion dans ce sens. A ce moment se négociait l'accession du maréchal au trône suédois. Celui-ci écrivit à son frère, le 6 septembre suivant (5) : « Je t'envoie ci-inclus, par Bonnefont (6), le brevet de baron, et j'es-
» père que dans peu de temps l'empereur t'accordera le titre de
» comte. Des événements inattendus sollicitent mon arrivée en
» Suède. Je n'ai jamais manifesté la moindre volonté ni le moindre
» désir, mais puisque la destinée m'appelle à la succession du prince
» Gustave, je dois m'y conformer sans orgueil et sans faiblesse. »

IX

Le 21 août précédent, la Diète l'avait élu, par acclamation. prince royal, héritier présomptif de la couronne de Charles XIII. Napoléon

---

(1) P. 238, réf. : WRANGEL.

(2) L'acte de décès, dressé le même jour, constate qu'elle était née à Boeil (Basses-Pyrénées) et qu'elle mourut à Pau, où elle demeurait, « maison de M. Jean Bernadotte, son fils premier né, ancien conservateur des Eaux et forêts, membre de la Légion d'honneur ». Elle y est désignée comme « veuve de Maître Henry Bernadotte, ancien procureur, mère de S. A. le Prince de Ponte-Corvo, fille de Jean St-Jean (de Boeil), rentier, et de la dame Abadie, son épouse ».

(3) N° du mardi 10 janvier 1809.

(4) KLAEBER, p. 238, réf. : WRANGEL,

(5) KLAEBER, p. 282, réf. : WRANGEL.

(6) Un secrétaire de Bernadotte.

donna son assentiment, sans réussir toutefois à lui faire promettre que, devenu Suédois, il ne porterait jamais les armes contre la France : « — Eh bien ! partez, s'était finalement écrié l'empereur ; partez, et que nos destinées s'accomplissent ! »

Au commencement d'octobre, Bernadotte partit, en effet, pour Stockholm.

Sa conversion à la religion luthérienne devait être une première condition imposée pour son avènement. L'abjuration eut lieu au cours du voyage, le 19 du même mois, dans la maison du consul Gloerheld, à Elseneur, en Danemark, en présence du docteur Lindblom, archevêque d'Upsal, qui attendait le nouveau prince et lui adressa cette allocution (1) : « Par ordre de mon très gracieux seigneur et roi, j'ai l'inestimable bonheur d'être appelé, l'un des premiers parmi mes compatriotes, à déposer aux pieds de V. A. R. l'expression de mon dévouement le plus profond et mes vœux les plus sincères, à l'occasion de l'élection de V. A. R.—Sa Majesté m'a ordonné en même temps de recevoir la profession de foi de V. A. — V. A. n'ignore pas que les rois et princes de Suède doivent professer la pure doctrine évangélique, telle qu'elle a été exposée dans l'immuable confession d'Augsbourg en 1530 et dans le concile d'Upsal en 1593. »

Le prince répondit (2) : « Depuis mon enfance, j'ai été instruit dans la religion réformée. Les événements qui, dans ces vingt dernières années, ont amené les armées françaises en Allemagne m'ont fourni l'occasion de connaître les ministres protestants de ce pays et de me convaincre, en conversant avec eux, que la confession d'Augsbourg, telle qu'elle fut présentée à Charles-Quint par les princes et les Etats allemands, contient véritablement la parole de Dieu et la doctrine de Jésus-Christ. Toutes les recherches que j'ai faites depuis m'ont affermi dans l'opinion que cette profession religieuse est la vraie. C'est donc par persuasion, autant que par le désir d'établir entre le peuple suédois et moi des rapports plus intimes, que je déclare aujourd'hui publiquement professer la confession luthérienne, à laquelle, depuis longtemps, j'étais attaché de cœur. »

Les premiers mots de cette déclaration souvent reproduite ont fait, à tort, supposer à quelques historiens que Bernadotte était né dans la religion calviniste. Volontiers, Bernadotte lui-même le laissa dire et écrire en bien des circonstances. Quant à ses prétendus entretiens avec les ministres protestants d'Allemagne, il est permis de les mettre en doute, puisqu'il ignorait complètement la langue germanique.

Mais que n'a-t-on pas dit sur ses origines religieuses ? De longues discussions, à propos d'articles de M. Henri Rochefort parus dans l'*Intransigeant*, se sont engagées en 1893, dans l'*Intermédiaire des Cher-*

---

(1) KLAEBER, p. 286. — Cet auteur place inexactement cette cérémonie au mois de mai, au lieu du mois d'octobre.
(2) KLAEBER, *ibid*.

cheurs et Curieux (1), pour répondre à une question ainsi posée :
« Bernadotte était-il juif ? » Et elles ont fait l'objet d'une communication à la Société des Sciences, Lettres et Arts de Pau dans sa séance du 20 novembre de la même année (2).

Non ! Bernadotte n'était point d'origine juive, et ce n'est certainement pas ce mot de Napoléon : « Il a du sang maure dans les veines ! » qui autoriserait à le croire. Il n'appartenait pas davantage à une famille protestante : on a vu plus haut son acte de baptême, dressé par un vicaire de Pau, et tous ses parents, dans les deux branches paternelle et maternelle, étaient, comme lui, catholiques, d'après les actes de naissance, de mariage ou de décès dressés aux XVIIe et XVIIIe siècles. En réalité, il restait, pensons-nous, indifférent aux principes religieux : son union avec Désirée Clary, accomplie à Sceaux, près Paris, le 17 août 1798, avait été — à raison, pourrait-on dire aussi, des difficultés du temps, — un mariage purement civil (3).

La cérémonie de l'abjuration s'accomplit selon les formes prescrites. Il ne restait qu'à franchir le détroit du Sund pour arriver en Suède. La traversée se fit le lendemain, et des manifestations chaleureuses accueillirent Bernadotte dans son pays d'adoption.....

X

Près de trois ans s'écoulent. C'est en 1813, à propos des événements de Leipzig, que Klaeber vient encore nous rappeler des souvenirs palois. En présence des complications européennes qui se produisaient, le prince royal Charles-Jean eût souhaité, sans doute, à certains moments, une pacification générale ; mais il est entraîné dans la coalition, et bientôt on le trouve ouvertement parmi les ennemis de la France, avec le commandement de l'armée du Nord !

Ce fut, dès lors, contre lui, en dehors même des champs de bataille, une guerre spéciale, un duel à distance, de la part de Napoléon, qui n'hésita pas à faire exprimer son irritation et son ressentiment par des attaques de presse.

« Dans le n⁰ 188 de la *Gazette de Leipzig* (*Leipziger Zeitung*) du 30 septembre, rapporte Klaeber (4), parut, par ordre du duc de Bassano (5), un article « dont on ne pourra pas (est-il dit dans la note » d'insertion) penser qu'il vient de nous (6). » Cet article est ainsi conçu :

« Pau, le 12 août. — M. Bernadotte, frère de S. A. R. le prince de

---

(1) XVIIIe volume, pp. 325, etc.

(2) *Bulletin de la Société*, tome XXIII, p. 329.

(3) V. pour bon nombre de renseignements biographiques et généalogiques, la notice d'un chercheur consciencieux, M. BOURDETTE, intitulée : «Comme quoi Bernadotte, roi de Suède, était petit-fils d'Abbadie de Sirech», et publiée dans la *Revue des Hautes-Pyrénées*, 5° année, p. 225 (Tarbes, impr. Lesbordes, 1910). On y lit notamment l'acte de célébration religieuse du mariage de Henry Bernadotte père, praticien, avec Jeanne de St-Jean, qui eut lieu, en l'église de Boeil, le 20 février 1754.

(4) P. 385.

(5) Ministre des relations extérieures.

(6) «V. le n° 208 du *Leipziger Zeitung* du 30 octobre 1813, postérieur, par conséquent, à la bataille de Leipzig ; il y est constaté que l'insertion de l'article n'a eu lieu qu'après des sommations réitérées. » (Note de KLAEBER, p. 385.)

» Suède, est mort hier, dans notre ville, d'aliénation mentale. La
» famille avait eu espoir dans sa guérison, parce que la mère, après
» avoir été atteinte pareillement dans sa jeunesse, était néanmoins
» arrivée à un âge avancé. A ses obsèques, en tête du cortège, mar-
» chait le gendre, M. Bonn.... M. Bernadotte était le second fils de
» feu M. Bernadotte, procureur au sénéchal de Pau. Il laisse une
» veuve et deux enfants mineurs...... (1). »

« L'article, continue Klaeber, ne provenait évidemment pas de Pau.
La situation personnelle du défunt y était mieux connue. Il n'avait
pas été atteint d'aliénation mentale et n'en était pas mort. A l'âge de 33
ans, en 1787, il avait été passagèrement malade de la tête. La mère
n'avait pas davantage éprouvé de dérangement d'esprit. Enfin, le
défunt n'avait pas de gendre ; sa fille aînée ne se maria qu'en 1815, à
l'âge de dix-sept ans. Elle épousa un M. Jadot et non M. Bonn.
Comme nous l'avons vu dans l'histoire de la jeunesse du prince,
c'est le prince et non le défunt qui était le cadet. »

Il convient de faire observer que le souvenir de 1787 ne repose que
sur un document fort vague, relatif à la correspondance adressée à
l'intendant d'Auch et de Pau, où l'on rencontre cette note très brève :
« Courrier du 30 avril 1787, n° 57. — Bernadotte v°. — Requête par
laquelle elle demande de pouvoir faire enfermer son fils. — Renvoi du
2 mai à M. Perrin. » (2) Quant au décès, il survint à Pau, le 8 août
1813, et les obsèques furent célébrées à l'église de Bœil, village peu
éloigné, où se trouvait la maison maternelle du défunt (3). Le deuil
put, en réalité, être conduit par un *gendre*, qui s'appelait, non pas M.
Bonn, comme on l'a écrit par erreur, mais M. Boux, marié, depuis
1805, avec Marie Bernadotte, l'aînée de la famille (4). Ce fut la fille
cadette, Jeanne, qui épousa M. Jadot, en 1815 (5).

Un autre article, mentionnant encore le trouble mental passager
qu'avait eu le frère, parut dans la *Gazette de Leipzig* du 5 octobre, sous
la rubrique : *Des bords de l'Elbe*. Il débutait ainsi : « Le prince de
Suède fait publier depuis quelque temps les libelles les plus insensés.
Il a totalement perdu la notion de sa situation personnelle.... » Le
texte intégral que donne Klaeber montre ensuite un long et violent
réquisitoire contre le maréchal, prince de Ponte-Corvo, dont on dénonce les menées d'autrefois, les actes blâmables et la révoltante
ingratitude, après tant de faveurs par lui obtenues du gouvernement

---

(1) L'information de la *Gazette de Leipzig* ne nous paraît être reproduite qu'en partie.

(2) Arch. dép. des Basses-Pyrénées, C, 404. — M. Perrin était le «subdélégué de l'intendant» dont nous avons déjà parlé à propos des adieux que le jeune engagé volontaire de
1780 était allé faire à M. P., ami de son père.

(3) Le *Journal des Basses-Pyrénées* ne publia pas de nécrologie.

(4) Le mariage avait eu lieu à Jurançon, près Pau, le 30 brumaire an XIV (21 novembre
1805) : Arch. com. de Jurançon (Etat civil). — M. Boux devint le successeur de son beau-père
à la conservation des Eaux et forêts.

(5) Arch. com. de Pau (Etat civil). — Il ne sera pas inutile d'ajouter, comme complément
de précisions, que le défunt laissait sa veuve enceinte, et que celle-ci, qui avait alors trois
enfants : deux filles, la seconde mineure, et un garçon également mineur, donna naissance,
le 1ᵉʳ février 1814, à une troisième fille (*Ibid.*)

français : « La Suède, y est-il déclaré pour conclure, a véritablement
une singulière malechance. Elle chasse du trône un prince fou et
appelle pour le remplacer un général français qui inaugure son règne
par une abjuration, lui né catholique ! Et ce même général est aussi
fils et frère d'aliénés et sent déjà en lui les indices de ce mal. »

Nous ne devions pas, puisqu'il s'agit de questions historiques,
passer sous silence les « faits divers » insérés dans la *Gazette de
Leipzig* ; en ce qui regarde spécialement la correspondance paloise,
réelle ou simulée, nous considérerons comme sans consistance les
détails familiaux que ce journal eut à faire paraître par ordre (1).

<h2 style="text-align:center">XI</h2>

C'était pour l'empereur une cruelle période de revers : Bernadotte,
le 18 octobre, dans la terrible *bataille des Nations,* décida la victoire
en faveur des alliés.

Une campagne d'adresses s'organisait alors dans la plupart des
villes de France, conduite de loin par l'empereur lui-même et ayant
principalement pour but de déconsidérer et de flétrir celui qui, natu-
ralisé Suédois, paraissait renier sa première patrie.

« Le flot des adresses de dévouement à Napoléon grossit bientôt à
tel point, dit Klaeber (2), que le *Moniteur* du 3 décembre déclara qu'il
n'était plus en mesure d'en publier les textes, et qu'il devait se bor-
ner à les mentionner avec l'indication de leur provenance.

» Il faut cependant, ajoute-t-il, signaler comme particulièrement
significative l'adresse que la ville de Pau avait envoyée à la date du
28 octobre (3) : «.... Notre dévouement n'a d'égal que la profonde in-
» dignation avec laquelle nous avons vu un Français, notre compa-
» triote, marcher le fer à la main, à la tête des phalanges ennemies,
» former des plans pour la ruine de son pays et payer de la plus
» noire ingratitude la nation et son auguste chef, dont il tient le haut
» point d'élévation où il est parvenu. Que le nom de Charles-Jean
» Bernadotte, qui ne peut plus que déshonorer l'histoire de France,
» soit à jamais rayé du tableau civique de notre ville... (4) » Sa famille elle-même ne voulut plus entendre parler de lui ; cela ressort
du fait qu'un des signataires de l'adresse était un Labadie fils aîné,
sûrement parent du prince du côté maternel (5). »

Cette dernière constatation est erronée. Il n'y avait, à Pau, aucun
Labadie parent de Bernadotte ; le signataire en question s'appelait en

---

(1) L'article de la *Gazette de Leipzig* du 5 octobre a été résumé par M. Léonce Pingaud,
dans son ouvrage : *Bernadotte, Napoléon et les Bourbons.* p. 234. — Paris, libr. Plon. 1901.

(2) P. 415.

(3) *Moniteur* du 15 novembre 1813.

(4) Réduit par Klaeber à sa partie principale, le document complet fut inséré, comme
extrait du *Moniteur,* dans le numéro du *Journal des Basses-Pyrénées* du 25 novembre 1813,
où il se termine par ces lignes : «...Que les Français employés dans les armées suédoises
reçoivent l'ordre de rentrer dans leur patrie, et, s'ils pouvaient rester sourds à la voix qui
les rappelle, que leur coupable désobéissance soit punie par toute la sévérité des lois. » Le
Journal des Basses-Pyrénées avait déjà publié, les 15 et 22 novembre, des adresses, à peu
près conçues dans le même sens, qui émanaient des villes de Bayonne, d'Oloron et d'Orthez.

(5) Réf. : Wrangel.

réalité Dabbadie, mais n'avait cependant aucune parenté avec les Abadie ou d'Abbadie, de Sireix (Hautes-Pyrénées), desquels descendait Jeanne de St-Jean, mère du prince (1).

On comprend combien, en ces douloureuses circonstances, les esprits, à Pau comme dans la France entière, se trouvaient surexcités. C'est dans une séance « extraordinaire » du Conseil municipal, tenue, le 28 octobre 1813, sous la présidence de M. Picot, adjoint au maire, et en l'absence du maire, M. Bordenave-d'Abère, malade, que fut votée, par tous les membres présents, l'adresse dont il vient d'être parlé. Après sa transcription immédiate sur le registre des délibérations, avec les noms des signataires (2), le préfet la reçut en double, pour la faire parvenir « à Sa Majesté l'Impératrice Reine et Régente». De là, en outre, sa publication intégrale dans le *Moniteur*.

Ici prennent fin les souvenirs d'histoire locale rappelés dans l'ouvrage allemand que nous avons eu l'occasion d'examiner et qui s'étend jusqu'en 1818, date de l'avènement du fils adoptif de Charles XIII à la royauté (3).

Pour trouver des souvenirs complémentaires, il faut recourir à d'autres publications.

A mentionner, par conséquent, une fois encore, la notice sur BERNADOTTE parue dans l'*Album Pyrénéen* de 1841 (4) et signée «Un Béarnais», dans laquelle l'auteur, après s'être attaché à justifier l'attitude du Prince Royal, à Leipzig, parmi les troupes coalisées, continue en ces termes : « Jetons un voile de deuil sur nos revers ; mais il est permis de rappeler que Bernadotte, dans cette campagne, montra à tous nos prisonniers les sentiments d'un compatriote, en leur donnant les soins les plus généreux. On sait qu'un officier du génie, né à Pau, et aujourd'hui l'un des députés des Basses-Pyrénées, crut devoir prendre un nom connu de Bernadotte pour arriver jusqu'au Prince Royal. Le Prince lui reprocha affectueusement cette petite fraude, et l'assura qu'un Français, qu'un Béarnais surtout, ne pouvait manquer d'être bien accueilli de lui. Il le combla, en effet, de prévenances et de soins. » Cette anecdote est également relatée par Dugenne (5), qui

---

(1) V. la notice de Jean BOURDETTE plus haut citée.

(2) Arch. com. de Pau, D, 15, f° 36. Les signataires de l'adresse étaient : « Dufau aîné, Hourcade, Francez, Malluquer, Lassus, Prat, Deyt, Dabbadie aîné, Castaing-Foix, Casaubon, Noussitou, St-Ongès et Picot. »

(3) Le livre du lieutenant-colonel Klaeber n'est pas l'histoire du règne de Bernadotte, mais celle de sa jeunesse, de sa carrière militaire en France et de son accession au trône de Suède.

Son rôle comme général dans la campagne de 1813 y est étudié en détail, du point de vue allemand, notamment d'après les ouvrages du colonel FRIEDERICH, *Histoire de la campagne de 1813* (Berlin, 1904), et du Dr Ernest WIEHR, *Napoléon et Bernadotte dans la campagne d'automne de 1813*.

Le chapitre sur Leipzig y est peut-être un peu écourté. L'attitude de Bernadotte dans les journées décisives et surtout sa part prépondérante dans l'organisation des plans de bataille y sont appréciées d'une manière favorable ; un Français ne saurait souscrire à ce jugement, quoique l'auteur ne cache pas que Bernadotte sembla se tenir dans une expectative qui le rendit suspect, même à ses alliés.

(4) *Op. cit.*, p. 177.

(5) *Panorama de Pau*, p. 410.

la fait remonter à la campagne de Russie et nous apprend que l'officier en question était M. Liadières, devenu par la suite député d'Orthez et conseiller d'Etat. Nous citerons encore, d'après de Lagrèze (1), ce fait, presque identique, touchant le jeune Claverie, de Pau, — un fils du Premier président de ce nom, — que Bernadotte fit délivrer de sa captivité en Sibérie et accueillit ensuite très affectueusement : « Il lui fallut, ajoute l'auteur, tout l'amour qu'il portait à sa patrie pour résister aux offres séduisantes qui lui furent faites afin de le retenir dans l'armée suédoise. »

Arrivons à 1814. L'heure de la déchéance impériale n'allait pas tarder à sonner. Le prince royal de Suède aurait alors, de grand cœur, revendiqué sa qualité de Français et invoqué son origine béarnaise et paloise pour faire poser sur sa tête la couronne d'Henri IV et succéder à Napoléon. On n'ignore pas, à cet égard, le rôle de mystérieuse ambiguïté joué, à Pau et ailleurs, par son aide de camp le général comte de Viel-Castel, qu'il avait, au dire des uns, envoyé en Béarn, en mission spéciale, tandis que d'autres le représentaient comme chargé de pouvoirs du duc d'Angoulême (2). Sur ces derniers incidents locaux, nous nous bornons à signaler les nombreux récits fournis par l'étude historique de M. Léonce Pingaud : *Bernadotte, Napoléon et les Bourbons* (3).

<h2 style="text-align:center">XII</h2>

La Restauration se fit... Il n'y avait, dès ce moment, pour Bernadotte qu'à s'attacher de plus en plus au royaume de Suède qui l'attendait et devait bientôt s'augmenter des Etats de Norvège.

Il n'oublia jamais, dit Dugenne (4), son pays natal : « les graves préoccupations du trône ne lui firent aucunement perdre de vue les amitiés qu'il avait contractées dans sa jeunesse, et il songea toujours avec une touchante sollicitude à assurer le bien-être de ses parents, même les plus éloignés. C'est à M. Bascle de Lagrèze, conseiller à la Cour d'Appel de Pau, qu'il confia le plus souvent la douce mission de distribuer les bienfaits qu'il répandait... (5) ». M. Pingaud dit à

(1) *Le Château de Pau*, 5ᵉ édit., p. 316.
(2) *Documents sur les Basses-Pyrénées*, op. cit.. p. 104.
(3) *Op. cit.* pp. 259 à 312.
(4) *Op. cit.*, p. 409.
(5) Le conseiller Bascle de Lagrèze (Paul-Gabriel), «commandeur de l'Etoile-Polaire de Suède», décédé à Pau, le 13 juin 1850, était l'auteur d'un manuscrit dont copie nous a été récemment communiquée et qui porte ce titre : «Mémoire explicatif du tableau généalogique des parents de la ligne paternelle du sʳ Jean Bernadotte et de la dame Sarthou, son épouse.» Il fut le mandataire du roi Charles-Jean dans un acte passé devant Mᵉ Sorbé, notaire à Pau, le 17 juillet 1829, par lequel Sa Majesté faisait donation entre-vifs à son neveu M. Joseph-Jean-Léon-Jules-Oscar baron de Bernadotte, en vue des diligences nécessaires pour obtenir l'érection des biens en majorat : 1ᵉ de sa portion héréditaire sur le domaine patrimonial que sa famille possédait à Boeil, augmenté de plusieurs acquisitions immobilières faites de divers particuliers, en 1816, 1817 et 1819, au nom du baron de Bernadotte, alors mineur, par Madame la baronne de Bernadotte, sa mère, au moyen de fonds fournis par Sa Majesté, ainsi que les actes le constatent ; 2° et du domaine de Louvie, situé à Gelos et à Jurançon, acquis devant le même notaire, le 16 juillet 1829, par ledit M. de Lagrèze, pour Sa Majesté le roi de Suède, de Madame la marquise de Jasses. Cet acte de donation, avec la teneur des pièces annexées (procuration et autres documents), fut transcrit au bureau des hypothèques de Pau, le 15 octobre de la même année, vol. 157, n° 105.

son tour (1) : « Il se recommandait de diverses manières aux témoins de son enfance et à leurs héritiers. Il envoyait son portrait et une collection de médailles suédoises pour le Musée [de Pau] (2), des vases de porphyre pour la décoration du Château (3); il faisait tenir à la paysanne qui avait été sa sœur de lait des marques réitérées de sa libéralité (4). Enfin il projetait de transformer sa maison paternelle en succursale de l'hôtel des Invalides pour les vieux militaires béarnais (5). »

Le Musée conserve effectivement son portrait, œuvre d'un Palois, contemporain et camarade d'enfance, le peintre Butay, qui seul en fit hommage, en 1845, à la municipalité (6). Au Château se montre de même, depuis le mois de juillet 1907, son buste en bronze, don généreux d'un visiteur suédois, M. Edward Ringbord, de Norrköping (7).

La ville, en outre, garde officiellement la mémoire de Bernadotte, dont le nom appartient à une des rues principales (8) et aussi à la caserne du régiment d'infanterie (9).

Il y fut question, parfois, sur des initiatives particulières, d'une statue à lui ériger. Lors de l'établissement du service urbain d'alimentation hydraulique, un architecte parisien avait esquissé, pour la place Gramont, un plan de fontaine monumentale surmontée de cette statue en bronze. L'idée n'eut pas de succès. Plus tard, en 1892, dans une chronique d'actualité locale que publia le *Mémorial des Pyrénées*, sous la signature X (10), l'auteur écrivait : « On s'est aperçu récem-

---

(1) *Op. cit.*, p. 417.

(2) Nous reparlerons plus loin du portrait. Quant aux médailles, la collection provient d'un don personnel fait *en 1892* par M. Louis Lacaze, président de la Société des Sciences, Lettres et Arts de Pau. Une délibération du Conseil municipal, datée du 17 juin de la même année, en rappelle succinctement les circonstances et exprime une vive reconnaissance pour l'acte de générosité de M. Lacaze. (Arch. com. de Pau, D, 141, f° 216.) Les *Catalogues du Musée* n'indiquent, d'ailleurs, aucun don de Bernadotte.

(3) Cet envoi est mentionné, avec raison, par divers auteurs, notamment par Gustave Bascle de Lagrèze dans son *Château de Pau*. Il comprenait également deux tables, en chêne sculpté, dessus en mosaïque et porphyre, servant à meubler les salons du premier étage du Château et portées à juste titre dans les *Guides* comme cadeaux du roi de Suède.

(4) Le *Mémorial des Pyrénées* du 19 juillet 1843 publie à ce sujet une lettre du 16 du même mois, de M. Bibé, notaire à Gan, exprimant, à propos de la récente réception d'une nouvelle somme de 600 francs, les profonds sentiments de gratitude de la famille destinataire.

(5) Les causes de l'abandon du projet (prétentions excessives du propriétaire, exiguïté du local, etc.), sont exposées dans la notice : *La maison natale de Bernadotte*.

(6) La délibération du Conseil municipal, datée du 8 février, est ainsi conçue : « M. le Maire donne lecture d'une lettre par laquelle M. Butay fait hommage à la ville d'un portrait du feu roi de Suède Charles Jean peint par lui. — Le portrait est mis sous les yeux du Conseil, qui l'accepte avec reconnaissance et qui prie M. le Maire de transmettre des remerciements à M. Butay. Le portrait sera placé au Musée. » (Arch. com. de Pau, D, 24.) — Bernadotte était mort le 8 mars 1844.

(7) Une plaque de cuivre, fixée sur le socle de marbre vert, indique inexactement, comme date de la naissance de Bernadotte, *1764* au lieu de 1763. Nous avons déjà dit que la même erreur a été commise par divers écrivains.

(8) Délibération du Conseil municipal du 9 février 1837.

(9) La plaque de marbre « Caserne Bernadotte » fut posée sur la façade, en février 1894, conformément à la décision du ministre de la Guerre (général Boulanger) du 15 avril 1886, concernant les noms officiels des casernes de France et d'Algérie. — V. notre étude d'histoire locale *Le Maréchal Bosquet* (Pau, impr. Vignancour, 1894), p. 288.

(10) Feuilleton des 5, 8, 9 et 10 juin.

ment que Bernadotte n'avait pas encore sa statue à Pau, et le vœu a été exprimé que cet oubli fût bientôt réparé... »

Si ce projet, après d'inévitables polémiques (1), n'a pas reçu d'exécution dans la cité natale, l'ouvrage du lieutenant-colonel Klaeber permet de constater, par une gravure illustrant les dernières pages, que la statue équestre de « Charles XIV-Jean » s'élève, dans toute sa majesté, sur une des places de Stockholm.

Encore un mot pour finir. Voilà près de cent ans que se produisirent les malheureux événements de guerre auxquels Bernadotte se trouva fatalement mêlé. Ni lui, ni ses descendants n'ont cessé, par la suite, de témoigner à leur patrie d'origine une affection réelle, à laquelle la France a toujours dignement répondu. Tout le monde sait, parmi nous, l'accueil respectueusement cordial que les villes de Pau et de Biarritz, notamment, réservent à ces augustes hôtes, quand ils viennent dans les Pyrénées, comme naguère le roi Oscar II, visiter le berceau de leur dynastie.

4me *Communication*. — M. J.-B. BERGEZ, instituteur à Lurbe (B.-P.), membre de la « Société des Sciences, Lettres et Arts de Pau », Félibre de l'« Escole Gastou Febus ».

ESQUISSE D'ENQUÊTE ÉTYMOLOGIQUE
SUR LES NOMS DE LIEUX DE LA VALLÉE D'ASPE, EN BÉARN
POUVANT SERVIR A PRÉCISER LA TOPONYMIE IBÉRIENNE DANS CES LIMITES

Les rivières et les montagnes — a dit Palgrave — murmurent encore les noms des peuples dénationalisés ou extirpés depuis des siècles.

Ces paroles se sont confirmées pour moi, au cours d'une très rapide excursion que je viens de faire dans la *Vallée d'Aspe* Comme je suis un enfant de cette vieille république — *qui fut avant le Seigneur*, pour rappeler, en passant, sa fière devise — c'est bien plutôt par curiosité patriotique que dans l'intérêt de la science pure que j'ai étudié, dans une vue d'ensemble, la toponymie de ce charmant petit coin de nos Pyrénées.

Je m'en voudrais, cependant, cette curiosité légitimement satisfaite, de ne pas offrir aux membres de cet important congrès, les prémices de mes observations et de mes découvertes.

Je vous apporte donc, Messieurs et savants confrères, une première glane de 2.270 noms de lieux, faite dans les treize communes du canton d'Accous, dans deux communes des cantons Est et Ouest d'Oloron et une commune du canton d'Aramitz — en tout, seize communes, composant, géographiquement, la *Vallée d'Aspe*.

Ces noms de lieux ont été relevés dans les Matrices Cadastrales, les Etats des Sections, les Plans Cadastraux des mairies, sources très

---

(1) Notons, à titre simplement documentaire, un article de l'*Impartial des Pyrénées* des 22-23 septembre 1895.

insuffisantes, on le devine, pour dresser la nomenclature complète d'un pays. On sait, en effet, qu'à côté des noms de lieux *écrits* et consignés sur des documents officiels, il existe toute une nomenclature seulement *parlée*, exclusivement conservée par la tradition locale — cette dernière tout aussi fournie, sinon plus, beaucoup plus authentique, sûrement, que la première.

Cette nomenclature, qu'il faut aller chercher dans la bouche même des naturels du pays, sera forcément laborieuse, mais absolument nécessaire, si l'on veut parvenir à dresser le dictionnaire topographique définitif de la *Vallée d'Aspe* (1).

Les éléments d'étude que j'ai pu réunir dans ce premier travail sont, quoi qu'il en soit, assez probants déjà — j'ose du moins le croire — sur un point particulier, au moins, de l'ethnographie antique de la vallée... Quelle que soit l'opinion que l'on professe sur ce que l'on est convenu d'appeler, avec M. Julien Vinson : La question ibérienne, on ne peut pas contester qu'une tribu préhistorique, de lignée ibérienne, a habité la *Vallée d'Aspe*, qu'elle s'y est rencontrée et maintenue en cohabitation avec nos classiques ancêtres les Celtes et leur a légué, sans qu'il soit possible encore de dire dans quelles proportions, des parcelles de sa langue, de ses mœurs, de son sang.

Avant de pénétrer dans la *Vallée d'Aspe*, dont les origines ibériennes sont — linguistiquement — assez reconnaissables dans les deux racines : 1° *asta* (autre forme de *acha* et *aitza*), rocher et 2° *aspa* (qui se retrouve dans *aspe*), en bas, au pied (2), je rappellerai qu'à l'est et à l'ouest de la *Vallée d'Aspe*, ont déjà été reconnus et signalés des noms de lieux de même souche linguistique et que la *Vallée d'Ossau*, par exemple — que, dans le dialecte local on prononce : aüsaü, en donnant à l'ü la valeur phonétique *ou* — dériverait, d'après des déductions très raisonnables et très plausibles, de : *orzabal*, vallée large. Je renverrai ceux d'entre vous — messieurs et savants confrères — qui exigeraient de moi de plus claires références, à la *Romania* de Paul Meyer, tome II, 1873, qui donne « *Aspa e Orsau* » comme cri de guerre des deux vallées, — en 1181 (3).

Cette orthographe, confirmée, d'ailleurs, par les formes latines *Valis Orsaliensis* et *Orsalenses*, transcrites dans des textes du XVIᵉ siècle, copiés eux-mêmes sur des documents du XIIᵉ, d'une part ; et, d'autre, par Marca lui-même qui cite aussi un texte des archives de Barcelone avec cette même forme *Orsal*, en 1170, possède tous les caractères voulus pour fortifier notre hypothèse.

---

(1) Le dictionnaire topographique du département des Basses-Pyrénées rédigé par M. Paul Raymond compte, pour la Vallée d'Aspe : 339 noms de lieux seulement, tandis que ma première esquisse en fournit : 2,270.

(2) Astapa, contraction de asta et aspa est un nom de lieu qui se donne encore aujourd'hui en Biscaye aux habitations situées au pied des rochers (Guil. de Humboldt. — Leçon XIII, page 25, traduction de M. A. Marrast).

(3) Cité par V. Lespy : Dictons et proverbes du Béarn, article : Aspe et Ossau, page 15. Edition Garet 1892.

Cela posé, examinons quelques localités et points géographiques de notre *Vallée d'Aspe* :

Asasp, village, au pied même, à l'entrée de la *Vallée d'Aspe*, se décrit seul avec les deux mêmes racines de Aspa ; Aspé, le pic, sur la frontière franco-espagnole, dans le thalweg, tête et base du pays, se décrit également seul avec la même racine : *aspa, aspe, aspi.*

Je demanderai, cependant, la permission de faire toutes mes réserves en ce qui concerne : Aspa-Luca, dont on ferait, sur la foi de l'«Itinéraire d'Antonin » : Accous. J'ai pour raison d'en agir ainsi avec cette haute autorité géographique : 1° la trouvaille que j'ai faite de plusieurs *Apallu...* que l'on croit être une relique linguistique de *Aspa-Luca...* à Accous, à Lées-Athas et à Lurbe ; 2° la rencontre d'un *Lucat* à Jouers, à quelques mètres de l'église de ce bourg, qui a toujours été une dépendance — politiquement — d'Accous ; et 3° enfin, d'un *Acus*, à Accous même, qui s'orthographiait *Acos*, en 1247, d'après le « For d'Aspe ».

De *Aspa*, passons à *Elur*, neige. Dans toute la *Vallée d'Aspe*, — comme d'ailleurs aussi dans la *Vallée d'Ossau* (1), — le nom générique de *neige* est devenu synonyme de : avalanche (de même que — pour ouvrir une toute petite parenthèse — *gorria*, temps de sécheresse, est devenu synonyme d'*automne : agort*).

A propos de : *Elur*, on dira : *Era lur que baicho :* littéralement : la neige descend, c'est l'avalanche.

Le même mot, avec la même relation de cause à effet a produit le verbe : *Eslurra's*, littéralement se glisser et le substantif : *Lurrade*, glissade, faux pas sur la neige ou le verglas ; trace même de cette glissade. *Elur* a créé : 1° *Lurbe*, village, qui se réfère très bien à un autre *Elhurte* (montagne en Basse-Navarre), comme il se réfère à *Ilurbe* et à *Ilurberrixo* des «Inscriptions antiques des Pyrénées», de Sacaze ; 2° *Lurpe*, crête de montagne, à Sarrance ; 3° *Lhurs*, montagne et pâturage à Lescun ; 4° *Laleurt*, broussaille et labour à Lescun ; 5° *La Leur*, ruisseau à Cette-Eygun ; 6° *Leurt*, terre à Urdos ; 7° *Elhurres*, à Lurbe ; 8° *Ilhurpe*, montagne d'Aydius ; et, enfin, *Lorry* et *Bilhorry*, la première une montagne à Aydius, la deuxième une montagne à Lées-Athas.

De la racine *Buru*, sommet, nous pouvons, en toute sécurité, faire dériver : 1° l'expression : *baque bruque*, celle dont les cornes sont dirigées verticalement, en forme de lyre ; 2° cette autre expression : *bruca las graouilles*, heurter, de la pointe d'un bâton, les herbes d'un étang pour taquiner les grenouilles ; 3° *Borçana*, à Cette-Eygun ; 4° *Borce*, lui-même, dont les habitants sont, en dialecte local, des *Boursatàas* ; 5° *Bouraü*, à Sarrance ; 6° *Bricoutou*, de *buru coloa*, à Lescun ; 7° *Bugangue*, forêt à Asasp ; 8° *Burcq*, pic à Accous ; et, enfin, *Burgaits* et *Burelasse*, à Sarrance.

---

(1) On m'a cependant assuré qu'ici le mot préférablement employé pour : *avalanche* serait glout (*la glout de tau endret que bacho ; la neige de tel endroit descend*).

De *Bidia*, chemin, découleraient, d'après moi : 1° *Bidaü*, à Borce ;
Serre-Bidaü, à Issor ; *Bidalet*, à Urdos.

De *Larri*, *larre*, pâturage en montagne, découlent infailliblement :
1° *Larry*, montagne d'Urdos fréquentée par les troupeaux, en été ; 2°
Larrigoch et *Larriaü*, à Cette-Eygun ; 3° *Larrigachou*, à Accous ; 4°
Larrigouchère, à Cette-Eygun ; 5° *Larraillé*, à Accous ; 6° *Larrebessail*,
à Etsaut ; et, enfin, *Larré*, à Accous.

De *Ura*, eau, découlent, non moins clairement à mes yeux : 1° *Urta*
et *Urtaloung*, à Accous ; 2° *Ourtaü*, à Lurbe ; *Ourtau*, à Accous ; 4°
Ouraü, à Lurbe ; 5° *Ouraou*, à Lèez-Athas ; 6° *Ourtasse*, montagne de
Cette-Eygun et enfin, 7° *Ourtaous*, à Borce.

De la racine *Biscar*, dos de montagne, pâturage en montagne,
colline où vont les troupeaux, ont sûrement découlé : 1° *Biscarce*,
montagne à Bedous ; 2° *Biscarre (La)*, à Issor ; 3° *Bescarse (Bescarse
bieilhe)*, à Etsaut ; 4° *Bisarce*, à Asasp et Issor ; et, enfin : *Bisarce
(Sarrot de Bisarce)*, à Escot.

De la racine *Arri* et du vocable *tégui*, qui, ensemble, désignent un
terrain vague, inculte, abondant en pierres, sont, très probablement,
venues nos diverses : *Artigues*, *artiques* et *artigaüs*, et tous leurs nombreux dérivés. Faut-il maintenant que j'ajoute, comme composés de
la même racine : *Aygarry*, à Etsaut ; *Aillary*, à Osse ; *Estoerry*, à
Lurbe ; *Gayarry*, à Cette-Eygun et enfin *Goallarry*, à Osse ?

De la racine *Andia*, *handia*, haut, je n'hésite pas à faire découler :
1° *Anie*, pic de Lescun ; 2° *Anglus*, montagne de Borce, avec un plateau
marécageux dénoncé par la syllabe finale *us*; 3° *Andurte*, montagne
et col, à Escot ; 4° *Anglou*, à Lescun, qui n'est peut-être qu'un frère
cadet de l'*Anglus*, de Borce ; enfin, 5° *Ansabé* et *Ansabère*, à Lescun.

De : *Arlas*, lieu du rocher, pourraient peut-être provenir : 1° *Arlet*,
à Osse ; 2° *Arlas*, à Arette ; 3° *Arlene*, à Sarrance et 4° *Arratz*, à Aydius.

La racine *Berry*, nouveau, se retrouve, très purement conservée
dans : 1° *Laberry*, à Lurbe ; mais il me semble être en droit de la relever aussi dans : 2° *Sebers*, le pont dit d'Enfer, à Etsaut, parce que,
effectivement, sur le plateau qui domine ce pont, se trouve un hameau
d'Etsaut, avec : 3° une borde de *Seberry*, qui laisse elle-même deviner
ses origines très plausibles de : *Etcheberry*.

D'ailleurs, la racine *eche*, maison, combinée avec une des précédentes : *arry*, pierre, est très perceptible — me semble-t-il — dans :
1° *Ichary*, à Accous ; 2° *Icharry*, à Lées-Athas et, enfin, 3° dans
Lucharry, à Etsaut.

Izai-dia, lieu aux sapins, est, sans aucun doute la souche de toutes
nos *saüdias*, *saüdies* et de tous leurs dérivés.

Muga, motte de terre, amoncellement de cailloux, sorte de tumulus
ou simple banquette de chemin s'est conservé dans toute la vallée :
'ta destremia dus camps, que caü drin d'amuga..., il a de plus, très
probablement formé le point géographique : *Lamugarde*, à Cette-Eygun.

Aran, se retrouve très pur dans : 1° *Aran*, vallon de Sarrance ; 2° à
Sarrance lui-même, avec *sarra*, bois-taillis et *aran*, vallée... d'où :

vallée boisée. Les personnes qui connaissent le frais nid de verdure qu'est Sarrance, avec ses nombreuses touffes de tilleuls, sous lesquels la tendre Margueritte vint écrire les versets de son « Heptaméron », m'accorderont leurs suffrages, de préférence, j'espère, à tels autres de mes devanciers, qui attribuent bravement à je ne sais quels Grecs d'Europe ou d'Asie, l'appellation qui nous occupe...

Lucia. Pour que ces juges aient encore plus foi en ma prudente perspicacité, je citerai, à la suite de Sarrance et d'Aran, et pour mieux asseoir encore mon hypothèse, la racine *Lucia,* qui n'a pas perdu, à travers les douze ou quinze siècles de son existence, une seule de ses lettres...

Dans une section de Sarrance est le hameau de Gey (et l'on verra à propos de Gey, comment, non pas, certes, le hasard, mais la vérité matérielle me favorise) dans lequel on a accès par le pont de l'*Escalucia !*... Me sera-t-il permis, ici, de pousser un cri de triomphe !... N'existe-t-il pas, en effet, quelque part dans le Pays Basque, un lieu : *Izeylucea,* dont l'état-civil, la nationalité, matériellement et authentiquement ibérienne, nous oblige, par la simple similitude et la parfaite concordance des parties, à proclamer l'identité absolue de deux termes !... Que ce soit : *Izey* ou *Igey,* ou *Gey* ou *Gée...,* nous sommes encore une fois, proclamons-le bien haut, en pleine patrie perdue des antiques Ibères !...

Churia, blanc, aurait encore, d'après moi, fourni à la toponymie de la vallée : 1º *Chourruque,* à Lescun et 2º *chourrugues (arrecq de las Chourrugues)* à Aydius et aussi produit tous nos *Chourrout,* noms de familles.

Ourdia, pourceaux, aurait dénommé : 1º *Urdach,* à Issor et Asasp, venant de lui par : *urdia* et *eche,* ou *urdiaeche,* maison, grange, loge à pourceaux. Du reste, *Urdach,* col, entre Asasp et Issor, se réfère absolument au même *Urdach,* nom primitif de Sainte-Engrâce, — en plein Pays Basque — transmutation due, parait-il, à une pieuse légende, comme il se réfère à une autre localité de même nom, encore en plein Pays Basque; 2º *Ourdios* — et non pas *Lourdios,* comme l'a très bien reconnu Paul Raymond, dans son « Dictionnaire topographique des Basses-Pyrénées », — de : *urdia,* pourceau, et : *osse,* fertile, par : *urdiasse,* et : *urdios...,* puis : *L'ourdios,* et enfin : *Lourdios;* 3º *Urdos,* par les mêmes perturbations phonétiques.

Me sera-t-il permis de dire ici — puisqu'il m'est arrivé dans le cours de cette étude, de récuser l'autorité d'Antonin à propos de *Aspa-Luca,* jusqu'à plus ample informé, du moins — que, en ce qui concerne *Urdos,* comme étant le *Forum-Ligneum* des occupants romains, je suis heureux de confirmer, par mes propres découvertes, l'exactitude — très probable — de ce point particulier de la géographie historique de ma vallée... En effet, une prairie d'Urdos — située en amont du village et en contre-bas de l'antique voie romaine : *era « Bie de Baich »* — est appelée : « *Las Places* »... (ce qui est bien, quant au sens, la même chose que : *le marché...*) ce qui, à mes yeux, rappelle, pour ainsi dire géométriquement, l'assiette même du *Forum*.

Arno, montagne au rocher, bonne aux troupeaux, a dû donner, ce me semble : 1° *Arnousse*, à Cette-Eygun, et *Arnoussère*, pic, à Urdos.

Ne reconnaît-on pas, dans les noms de lieux suivants, la même désinence *osse*, qui les apparente tous au même degré, à mon avis : *Ansalosse*, à Lescun ; *Bardosse*, et *Mendosse* à Lèes-Athas (celui-ci par surcroît d'authenticité ibérienne, présentant la racine *mendi*, hauteur) ; *Gayrosse* ; et ne peut-on présumer que c'est dans cette même mine que gisent les étymologies du joli bourg de *Bedous* par *Bendosse*, d'abord et par *Bedos*, ensuite. comme il s'orthographiait d'ailleurs en 1128, selon les recherches de Paul Raymond ; de la montagne d'Urdos : le *Bendous*, et de la *Serre Bendouse* à Issor, dont les affinités avec la nomenclature purement ibérienne sont plus frappantes encore.

Toujours dans le même ordre d'idées, je relèverai : *Aydissen* (1), à Lèes-Athas ; *Serrelussen, Esquessen. Ichercen*, aussi à Lèes-Athas ; *Junchen*, à Lescun ; *Cruchen*, à Escot, et enfin *Sernen*, à Sarrance.

Citons encore, comme revêtant un certain air de famille, avec l'adjectif ibérien *un, cun, gun*, bon : *Sadun*, à Etsaut ; *Arrescun*, à Lescun ; *Sahun*, à Accous ; *Orcun*, à Bedous ; *Sargun*, à Cette-Eygun ; *Eygun*, lui-même, que certaines gens prononcent *Eycun*, et même *Aycun* ; *Lagun* et *Lagunce*, à Osse.

Je ne sais si ce serait trop téméraire et dangereux de lire, dans :

A — *Alhagon*, à Urdos, à côté du *Bidaü*, déjà identifié : *Lara*, pour *pâturage*, et *gon*, pour *bon*, d'où il ressortirait : *plateau remarquable et très fertile*, caractéristique évidente de ce lieu ;

B — *Etsaüt*, le village : *Eche*, maison, et *Saldun*, chevalier, la *maison du chevalier*. Cette *maison du chevalier*, à Etsaut, serait-ce la *maison à la cour carrée antique* et dite *des Maures*, restaurée et remise à profit dans ces derniers temps ? serait-ce la *maison à la tête d'ours issant*, comme le Pays Basque en compte de nombreux exemples ?... je n'en sais rien. Mais Etsaut — où seraient comme on l'insinue généralement les fameuses « Echelles d'Annibal » — *Scalæ Annibalis* — ne remonte pas, assurément, à une antiquité moins auguste qu'*Iluro* ;

C — *Jaühers*, à Etsaut, *Jaüna*, maître ;

D — *Lescu*, ou plutôt : *Lascu*, comme on le prononce plus souvent, *Lecua*, lieu, habitation, et *uri*, eau, source, d'où il aurait résulté : *Lecua-uri*, lieu de la source, puis ensuite *Lascurry*, et, finalement *Lascu*.

Le nombre de localités et points géographiques à tournure ibérienne très perceptible, est beaucoup plus considérable. Je me contenterai de citer : *Cuybetry, Cherlaché, Azquéze, Aüdoigt, Chaguy, Copen, Cebinces.*

Je n'en finirai pas, avec les citations. Je ne puis, toutefois, omettre de signaler, entre mille autres, quelques noms de familles dont les

---

(1) Qui est peut-être la souche de Aydius.

attaches linguistiquement ibériennes me paraissent frappantes : *Arriet,
Patie, Patiolle, Apathie, Soubie, Sagaspe, Gouadaing, Larré, Harréguy,
Harréguilier, Arrégauché, Anchou, Agoure, Lagun, Curutchet, Craput-
chet, Laüdi, Bidaü, Chouerry, Goussaü, Apioü, Gourgues, Arreteigt,
Hagou, Sotton, Mondotte, Recabire.*

Relevons, en dernier lieu, un certain nombre de localités de la
Vallée d'Aspe, dont l'appellation a ceci de curieux qu'elle se retrouve,
en tant que centres politiques de population, dans le reste du pays
aquitano-ibérien : *Arrudy, Arros, Abos, Aren, Amoroix, Amoroux,
Aoudoigt, Iseste, Poursiugues, Puyoü, Poeys, Saubaterre, Soneix.*

Telles sont, Messieurs et savants confrères, esquissées aussi rapidement que possible, les traces évidentes d'une toponymie ibérienne
dans la *Vallée d'Aspe*.

Ces conclusions, qui s'imposent avec tant de force, déjà, n'ont
cependant, qu'un intérêt rétrospectif; peut-être auraient-elles besoin,
pour gagner en puissance démonstrative, de s'appuyer sur des faits
actuels, concomitants et pouvant constituer, avec elles, un édifice de
preuves décisives et incontestables.

Il ne serait pas difficile de relever dans le langage encore parlé de
la vallée d'Aspe, un certain nombre de mots, venus de l'*ibère* ou de
son dérivé l'*escuara* :

Alur, Elur et *Lur*, pour neige et avalanche; *agort*, pour automne;
bruque, pour vache encornée en forme de lyre; *muga* et *amuga*, pour
tertre et motte de terre, ont été mentionnés déjà; mais nous avons
encore : *leü*, bientôt, correspondant à *leiha*; *cascant*, sale, proche
parent de *kaskaïla*; *encara's (que t'y encares maü)*, qui a tout l'air
d'être un dérivé de *kara*, allure; *en debaldes*, en vain, qui ne diffère
nullement de *debalde*; *guise* et *enguisera*, gésier d'oiseau et gorger les
canards ou les oies, qui ont pour racine évidente *gizen*, gras; *coeyla*,
parc à moutons, qui est le propre frère de *cuyolar*; *arrèque*, ligne,
sillon, qui équivaut à *erreka*, de même que *arrecq*, cours d'eau équivaut au même mot *arrecq* dans l'escuara; *gargailhs*, bouillonne-
ments écumeux que produit une eau courante se heurtant contre un
rocher, et qui s'assimile au vocable escuara *gargara*; *lolou*, imbécile,
qui éprouve de l'embarras pour parler, est absolument le même mot
que *lolo* qui a le même sens; il en est de même de *lele*; *herbé*, encore
gésier, que l'on peut rattacher à *her*, aussi gésier d'oiseau; *beteitch*,
veau, dont la racine parait être *behi*; *baye!* exclamation pour : ça va,
ça passe, soit, et qui ne peut venir que du *baï*, affirmatif escuara;
saca, poignarder, qui se rapproche si fort de *zak*, frappe, en escuara
et aussi en espagnol; *clede*, claie de bois qui a pour similaire *kereta*;
hasti, hastiaü, enhastiga, tout autant de dérivés de *haz*, nourrir; *osco*,
encoche, de même que *oska*; *quiraüle* et *quiraülous*, couleuvre et se
rapportant aux couleuvres, comme le même mot escuara; enfin :
chingarre, abarcalhs, abet, amanech, et la locution *sourro-bourro*.

Ce sont là les premières expressions qui me tombent sous la main;
mais combien pourrai-je en relever encore, de plus caractéristiques

— comme *ohoyla!* par exemple, cri d'appel — si je voulais seulement écarquiller les yeux (1).

Il n'est pas jusqu'aux mœurs, us et coutumes des deux pays voisins, le Béarn et l'Eskual-Herria, où les termes de comparaison, disons mieux, les preuves d'un contact séculaire ne se retrouvent nombreuses et frappantes. Nous avons en *Aspe*, la même constitution républicaine, les mêmes conseils, les mêmes assemblées politiques, les mêmes *fors* qu'en Pays Basque; nous avons, dans le présent, les mêmes pratiques pieuses, la même fidélité aux croyances ancestrales et on trouverait, dans nos méthodes agricoles, dans notre architecture, dans notre ameublement, dans nos vêtements, dans nos fêtes et dans nos jeux et jusque dans notre littérature orale, tout autant de nucleus d'une homogénéité originelle de race, que peut-être l'examen de nos crânes ne ferait que confirmer (2).

Cette communication donne lieu à quelques observations de la part de M. Vinson, qui fait des réserves pour certaines des étymologies formulées dans le cours du travail de M. Bergez.

5me *Communication.* — M. Armand BARDIÉ, membre de la « Société Archéologique de Bordeaux ».

M. Bardié fait verbalement sa communication sur : UNE FOUILLE SUR LES BORDS DE LA DEVISE A BORDEAUX.

Cette communication contenant de très intéressants détails sur le port intérieur de Bordeaux, à l'époque gallo-romaine et au moyen âge, nous fait vivement regretter que l'auteur n'ait pas eu le temps d'en reconstituer le texte pour le faire figurer ici. Cette question sera traitée dans une étude complète que M. Bardié a l'intention de publier plus tard, avec plans à l'appui.

---

(1) Et je me demande, après avoir entendu M. Julio de Urquijo, nous parler de la *lera*, dans sa conférence de lundi soir, si ce mot ne serait pas, lui aussi, passé ou demeuré dans notre vocabulaire, avec la *lee*, ce traîneau spécial dont nos montagnards se servent encore aujourd'hui.

(2) J'ai assisté, en juillet dernier, dans l'église d'Arette — en Barétous — à une imposante cérémonie funèbre. Bien placé pour suivre, avec une pieuse et discrète attention, le défilé des assistants, au moment du *baiser de paix*, j'ai pu voir se profiler sur les draperies noires d'un catafalque, les crânes de près de deux cents aborigènes. J'ai été frappé du nombre relativement considérable des brachycéphales purs, — je devrais dire *puissamment exagérés* — que présentait cette agglomération humaine. C'était bien la première fois que ce phénomène ethnique m'apparaissait dans ces conditions de nombre et d'acuité qui suffisent amplement au savant le plus méthodique, pour formuler un jugement définitif et sans appel. Je dois observer cependant que des constatations *isolées* faites sur mes compatriotes de la *Vallée d'Aspe*, ne me permettent pas — encore — de dire lequel des deux types humains, le dolichocéphale ou le brachycéphale, l'emporte en nombre et en pureté, d'autant moins, d'ailleurs, que certaines faces *cunéiformes* commençant par un *front allongé* ou par un *diamètre bizygomatique démesuré*, pour finir en un menton *minuscule*, ne peuvent que jeter le trouble dans mes calculs. J'oserai inférer de mes quelques observations, malgré tout, que le *type basque* tel qu'ont essayé de le portraiturer *anatomiquement* les Broca, de Quatrefages et Collignon existe, dans chacun de ses multiples spécimens, dans les vallées d'Aspe et de Barétous.

6ᵐᵉ Communication. — M. l'Abbé **J.** Dubois, membre de la « Société
des Sciences, Lettres et Arts d'Agen ».

NOTES SUR QUELQUES TAPISSERIES DU XVIᵉ SIÈCLE
CONSERVÉES JADIS DANS LE SUD-OUEST DE LA FRANCE

Les Congrès de l'Union Historique et Archéologique du Sud-Ouest
groupent chaque année un nombre considérable de travailleurs. Ces
réunions, qui ont déjà produit d'heureux résultats, peuvent être
fécondes en innovations utiles, si les congressistes qui y participent
savent profiter des enseignements qui en découlent.

Dans ce congrès de Biarritz, ce qui frappe le plus dès l'abord, c'est
incontestablement le grand nombre et la variété des communications
dont les titres sont inscrits au programme.

L'émulation existe donc entre les travailleurs. Ce n'est par conséquent point de son côté qu'il importe principalement d'apporter des
améliorations. Les volontés sont bien disposées, l'ardeur est manifeste, les travailleurs sont actifs.

Ce qu'il faut perfectionner avant tout, ce sont les méthodes de
travail. En archéologie, un jeune débutant peut faire de rapides
progrès, s'il écoute attentivement les discussions techniques que des
maîtres avérés entament et poursuivent en face de quelque problème
à résoudre. De ces luttes courtoises, naissent ces grandes idées
générales destinées à guider les vocations naissantes. C'est l'éclair qui
sillonne la nue et révèle soudain qu'un vaste champ s'ouvre sous les
pas encore inexpérimentés. La conquête entrevue paraît possible,
puisque, peu à peu, grâce aux exemples qui s'offrent en foule, la
langue de l'archéologie devient compréhensible. Pour peu que le
jeune débutant soit initié aux méthodes analytiques, son esprit
d'observation s'éveille et bientôt il apprend que des problèmes en
apparence insolubles peuvent parfaitement être résolus, grâce à un
léger détail qui mis en évidence suffit à lui seul pour réconcilier les
plus obstinés adversaires.

Aux Congrès annuels de la Société Française d'Archéologie on a vu,
et l'on voit encore, ces joutes curieuses qui mettent aux prises tant de
remarquables adversaires. C'est dans ce milieu si favorable qu'ont
pris naissance et se sont développées tant de vocations archéologiques. De cette source dérivent nos congrès. Il suffit de penser à nos
réunions d'Auch, de Mouchan, de Flaran, de La Resingle pour reconnaître qu'ici, comme là, le même esprit préside et la même méthode
s'affirme. Le mouvement est créé, il importe simplement de l'ampli-
fier et de le continuer. C'est la tâche que doivent accepter par dévoû-
ment les maîtres que nous avons ici et dont le front s'auréole d'une
légitime réputation de science archéologique.

La bonne méthode archéologique a été créée, mais tous les archéologues ne la connaissent et ne l'utilisent pas. Il existe également de

bonnes méthodes historiques. Elles nous viennent en droite ligne de l'Ecole des Chartes. Il a fallu beaucoup de temps pour convaincre les travailleurs qu'il n'y avait pas de sciences historiques possibles sans travaux d'érudition et qu'on ne pouvait prétendre au titre d'érudit sans avoir au préalable acquis de fortes connaissances paléographiques. L'interprétation des documents qui constitue la science diplomatique, servirait à peu de chose, si l'on n'arrivait à déchiffrer d'une manière sûre ces pièces d'archives.

Le débutant est tenté de faire connaître prématurément au public savant le résultat de ses premières recherches. S'il cède trop tôt à cette première tentation, sa formation sera défectueuse. Médiocre paléographe, il sera obligé de se cantonner dans l'étude des documents d'histoire contemporaine ou, s'il tente de s'aventurer sur un terrain plus difficile, il s'égarera sans s'en apercevoir. Les amis les meilleurs craindront de troubler cette naïve candeur, on le laissera plongé dans la profonde illusion qui l'environne, par crainte de le froisser ou de le jeter dans le découragement.

Les Congrès comme celui-ci permettent d'espérer une plus grande diffusion des connaissances paléographiques, si l'apostolat s'exerce sur ce point comme dans la sphère des travaux archéologiques. Traiter en public de questions historiques d'après les meilleures méthodes, c'est prêcher d'exemple. Est-ce assez? Nous ne le pensons pas. Ce qui vaut mieux encore, c'est l'action personnelle du maître sur l'élève. Nous transformer en maîtres, voilà l'idéal à atteindre; former des disciples, voilà le rêve à réaliser.

Nous savons ce que ce double rôle exige d'abnégation et d'efforts, on s'en doute bien. Ce qu'on ignore assez généralement, c'est qu'il y a grand profit à communiquer à d'autres les connaissances qu'on possède. Pour être compris, il faut châtier, rendre lumineux son style et partant préciser ses idées. En enseignant, le maître se perfectionne et trouve déjà dans cette amélioration une première récompense à ses efforts.

Tout ceci semble bien éloigné du titre de notre Communication. Nous le reconnaissons sans peine, aussi, après avoir présenté des excuses pour cette trop longue digression, nous allons enfin, mais le plus brièvement possible, parler de quelques tapisseries du XVIe siècle, qui furent conservées jadis dans le sud ouest de la France.

M. Brutails, dont la compétence en archéologie est universellement reconnue, nous disait, il y a quelques jours à peine, que les documents d'archives peuvent être d'un grand secours pour la solution de certains problèmes archéologiques. Il a publiquement soutenu cette thèse dans un congrès. Qu'il s'agisse de la peinture, de la sculpture ou des arts industriels aux siècles passés, l'assertion de l'éminent archéologue conserve toute sa valeur.

C'est avec des documents d'archives, plutôt qu'avec des pièces de musée, que nous allons étudier notre sujet. Nous n'offrirons au monde savant aucune découverte bien considérable, mais de ce travail il résultera sans conteste qu'il est assez facile de trouver dans les vieilles minutes du XVIe siècle des renseignements utiles pour l'histoire des arts en général, pour celui de la tapisserie en particulier. Cette facilité n'existe réellement qu'à certaines conditions. Pour faire dans les minutes du XVIe siècle d'heureuses trouvailles, il faut déchiffrer sans efforts les écritures de cette période. Si l'œil n'est pas arrêté par la bizarrerie des caractères, s'il tombe à point sur le passage le plus important, sur le mot capital, à ce compte les feuillets peuvent être rapidement parcourus et la tension du regard, de sa nature fort pénible, devient relativement aisée grâce à ces moyens et à d'autres encore qu'il serait trop long d'énumérer ici. Quinze ans de recherches faites avec le souci constant de perfectionner notre méthode, nous ont appris que cette amélioration progressive n'était pas une chimère.

S'il s'agissait de réunir tout ce que l'on a dit et tout ce que l'on sait sur les tapisseries du XVIe siècle ayant appartenu à notre sud-ouest, ce n'est pas quelques pages, mais tout un volume qu'il faudrait écrire. Telle n'est pas notre prétention.

Qu'on nous permette cependant de rappeler au passage que le musée d'Agen conserve une tapisserie du XVIe siècle, exécutée d'après les cartons de Van Orley. Cette tapisserie représente un des épisodes de la chasse au cerf Avec deux autres tapisseries, elle faisait naguère partie de la collection du comte de Chaudordy. Ces trois pièces avaient appartenu auparavant à Delpech-Buytet qui les a décrites dans un article paru en 1876 dans la *Revue de l'Agenais*.

Les tapisseries représentant la vie de saint Martin en quinze tableaux et six pièces (1) sont conservées dans l'église de Montpezat (Tarn-et-Garonne). Elles figurent sur la liste de classement arrêtée par la commission des monuments historiques en 1902 et 1903.

En 1887, l'abbé A. Cheyssac, curé de La Roche-Chalais, fit une communication sur la tapisserie flamande conservée au château de Vaugoubert en Périgord. Cette tapisserie, en cinq pièces, représente l'histoire de Samson. Elle a été décrite dans une brochure que l'auteur fit paraître en 1888 (2).

Un autre périgourdin, le comte Charles de Beaumont, donna lecture, le 23 avril 1897, à la réunion de la société des Beaux-Arts des départements d'un mémoire ayant pour titre : *Une tapisserie bruxelloise du seizième siècle* (3).

Dans le Bulletin de la Société Archéologique de Tarn-et-Garonne, en 1906, E. Forestié a donné un article intitulé : *Les tapisseries du château de Bardigues, fabriquées au seizième siècle à Aubusson*. Le château de Bardigues est situé à quelques kilomètres d'Auvillars, dans le Tarn-et-Garonne. Les tapisseries dont il s'agit étaient au nombre de deux. L'une représentait l'histoire d'Esther, l'autre, celle

---

(1) Voir : *Le Trésor de l'ancienne église collégiale de Montpezat*, par M. le chanoine Pottier, art. paru dans le *Bull. de la Soc. arch. de Tarn-et-Garonne*, en 1904.

(2) Brochure imprimée à Bergerac.

(3) Ce mémoire fut imprimé chez Plon et Nourrit.

de Suzanne. Visées dans des actes de notaires de 1578 et 1582, ces tapisseries furent vendues à raison de trois écus et demi la canne carrée de Toulouse. Ces actes révèlent des noms de tapissiers d'Aubusson restés inconnus jusqu'à ce jour.

Nous arrêterons ici les mentions de travaux parus sur des tapisseries du XVI⁰ siècle ayant appartenu à notre région.

Voici maintenant les notes que nous-même avons puisées dans des minutes du XVIᵉ siècle.

Le 9 mars 1506, Jacques Aleman, prêtre, chanoine et chantre de l'église cathédrale Saint-Etienne de Cahors envoya à Bordeaux Georges Josseran, prêtre, et Pierre Coustures, ses serviteurs, afin de prendre livraison d'une tapisserie pour laquelle il avait traité avec Adrien Delat, marchand d'Anvers. Cette tapisserie, en huit pièces, dont six grandes et deux petites, représentait l'histoire de saint Etienne. Les deux envoyés trouvèrent cette tapisserie en dépôt chez une riche veuve nommée Isabeau Bertault, et payèrent 242 livres, mais sous réserve, car ils ignoraient la valeur réelle de l'objet qui leur était remis.

Cette somme, qui pourrait sembler minime à un lecteur peu averti, était en réalité assez considérable, si l'on considère qu'avec ce prix on pouvait alors acquérir une maison dans la capitale de la Guienne.

On sait que les tapissiers faisaient leurs ouvrages d'après des cartons dessinés par des artistes. En 1506, Raphaël n'avait pas encore donné ses Actes des Apôtres. Ce n'est donc pas à cette série fameuse que s'annexe la tapisserie dont nous venons de parler. Fut-elle exécutée d'après les cartons d'Albert Durer? Nous posons la question, mais sans proposer aucune solution.

Le document qui vient de nous fournir ces curieuses indications fait partie des minutes de Jacques Turpaud, notaire bordelais du commencement du XVIᵉ siècle (1).

Nous ignorons si les huit pièces de tapisseries exécutées dans la ville d'Anvers étaient destinées à la demeure du chanoine ou devaient servir d'ornements à la cathédrale de Cahors. On sait que les tapisseries de haute et basse lisse n'étaient pas jadis des pièces de musées. On les trouvait dans les habitations des riches bourgeois, comme dans les châteaux des seigneurs. Les cathédrales et même des églises de moindre importance possédaient aussi des tapisseries historiées ou non.

Le 13 novembre 1520, Thomasine du Sault, veuve de Jacques de Tastet, riche conseiller au Parlement de Bordeaux, fit un testament qui contient un legs assez remarquable en faveur de la paroisse Saint-Eloi de Bordeaux. Désireuse de rehausser l'éclat du service divin dans cette église, elle lui légua deux sortes de tapisseries : les unes destinées à recouvrir les bancs des clercs officiants, portaient pour ce motif le nom de tapisseries banquaulx; les autres, devant servir de tentures étaient historiées « à personnaiges » comme dit le testa-

---

(1) Ces minutes font partie des archives du département de la Gironde.

ment. Les deux catégories réunies faisaient un total de six pièces de tapisserie.

A ce legs, la veuve du conseiller mettait deux conditions : on prierait Dieu pour son âme et pour celles de ses parents et amis trépassés ; les ouvriers, ou fabriciens, devaient employer les tapisseries au seul usage de l'église, il leur était défendu de les louer ou même de les prêter pour quelque raison que ce fût. Elles ne pouvaient être employées au dehors, ni pour banquets, ni pour noces. Comme il aurait pu se produire que dans la suite ses volontés ne fussent pas respectées sur ce point, Th. du Sault ordonna que, en cas de contravention, le premier venu pourrait de plein droit se saisir des tapisseries, les vendre et en distribuer le prix aux pauvres (1).

Aux jours des grandes processions, en particulier pour la fête du Saint-Sacrement, les rues des villes, sur le parcours de la procession, étaient ornées de toutes espèces de tentures, simples bandes d'étoffes, broderies de diverses natures, bergames et tapisseries de haute et basse lisse. Cet usage existait encore au XIXᵉ siècle dans plus d'une ville du sud-ouest de la France.

La même ornementation était aussi employée pour la réception des rois, cardinaux, archevêques, évêques, princes et autres grands personnages.

Dans un récit de l'entrée solennellement faite à Bordeaux par le nouvel archevêque Jean de Mauny, le 10 novembre 1554, on voit que « toutes les rues, où devoit passer le d. Monsieur de Bordeaux, furent tapissées » (2).

Le 7 janvier 1590 le cardinal de Joyeuse arrivant de Rome, où il avait été ambassadeur plusieurs années, fit une entrée solennelle à Toulouse. Il fut reçu au milieu des démonstrations de joie et de respect, avec beauconp de magnificence, « estant les rues tapissées, et au bout de chaque coin y avoit des chapeaux de thriomphe où estoient les armoiries du d seigneur cardinal et à l'entrée de la place Saint-Etienne, jusqu'à la grande porte de l'église, y avoit un grand surciel de drap tendu en hault et les maisons du costé droict tapissées fort honorablement et de l'autre costé aussi de tapisserie faisant lice, à cause du peuple » (3).

En 1600, le cardinal archevêque de Sourdis faisant son entrée à Bordeaux s'avança également au milieu de la plus grande magnificence « les rues estant tapissées » (4).

Dans ces descriptions les narrateurs oublient généralement de donner des détails sur la nature des tapisseries. C'est donc à d'autres sources qu'il importe de recourir, si l'on veut être renseigné sur ce point.

Les baux à façon conclus entre tapissiers et clients ont le grand

---

(1) Archives de la Gironde, minutes.
(2) Archives de la Gironde, G. 25.
(3) Ibidem.
(4) Ibidem.

avantage d'être plus explicites. En voici un qui fut passé le 19 août 1.539 dans le château de Puycalvary, situé dans le Lot-et-Garonne, entre Penne et Tournon.

Le seigneur du château, Pothon de Raffin, sénéchal d'Agenais, était absent, mais sa femme, haute et puissante dame Philippe de Baissey, songeait à la décoration de cette demeure. Un maître tapissier d'Aubusson, François Fulgaud, fut chargé de confectionner une tapisserie dont les dimensions étaient contenues dans un rôle écrit de Mme la sénéchale.

Il fut stipulé que la tapisserie serait en six pièces et servirait à décorer la chambre située au-dessus de la cuisine. Un sujet dont il ne reste que de rares spécimens devait y figurer, les *Sybilles*. Sur chaque pièce devaient être reproduits deux écussons, l'un renfermant les armes «plaines» du sénéchal, l'autre portant ces mêmes armes demi-parties de celles de Mme la sénéchale

La tapisserie rehaussée de rouge de Tournais devait être confection-née de grosse soie, être «bien faite et de bonne estoffe, au dire de maistres tapissiers». Elle devait être livrée au château de Puycalvary huit jours après la Toussaint et payée à raison de quarante sous tournois l'aune carrée de Paris.

Avant de partir le maître tapissier reçut un acompte s'élevant à la somme de trente livres.

Ce document figure en minute dans un registre de Bladanet, notaire à Puycalvary (1). Il estime utile, après l'exposé que nous venons de faire, de signaler ici la grande importance de ce contrat pour l'histoire de la tapisserie d'Aubusson.

Une autre pièce mérite également de retenir notre attention. Elle se trouve parmi les minutes du notaire bordelais Béchemil (2).

Le contrat, dont il s'agit, est du 30 décembre 1555. C'est une recon-naissance consentie par Louis de Pontac, contrôleur d'audience en la chancellerie de Bordeaux, à sa femme, Catherine Leclerc.

Cette femme, que l'histoire nous montre comme une personne très habile dans le maniement de ses affaires, perdit son père et sa mère vers 1552. Trois ans plus tard, s'étant rendue dans sa ville de Tours, où habitait sa famille, elle fit un partage avec ses frères et sœurs qui étaient au nombre de quatre. Elle eut dans son lot la belle et grande maison où ses père et mère étaient morts, de l'argenterie, des tapisse-ries et d'autres meubles.

Voici l'énumération des tapisseries :

1° Une chambre, de tapisserie, à la chasse du sanglier, contenant dix grandes pièces et une petite, le tout de cent aunes ;

2° Un branchier de tapisseries à points ;

3° Une tapisserie de bancaut ;

4° Deux pièces de broderies, avec l'histoire de saint Jean.

---

(1) Ce registre se trouve en ce moment sur notre table de travail.
(2) Archives de la Gironde.

De cette liste nous aurions dû éliminer la broderie et les tapisseries au point, puisque dans le sujet traité il ne s'agit que des tapisseries de haute et basse lisse. Si nous avons énuméré tous ces objets, c'est pour poser incidemment une question. Nous avons dit ce que signifiait le nom de tapisserie de bancaut, mais que faut-il entendre par branchier de tapisserie? A de plus experts que nous de répondre.

La tapisserie de haute ou basse lisse placée en tête de la liste représentait la chasse du sanglier. Vraisemblablement elle avait été faite d'après les cartons de Van Orley, dans les chasses de Maximilien. Ces dessins du maître flamand sont aujourd'hui au musée du Louvre. On peut voir aux Gobelins un fragment de tapisserie exécutée d'après ce modèle à la fin du XVIIe siècle. Ce fragment mesure 2^m65 de hauteur et 0^m70 de largeur. Au premier plan, figure le corps d'un valet tenant des chiens en laisse et marchant vers la gauche. Au fond, deux hommes portent un sanglier pendu par les quatre pattes à une perche posée sur leurs épaules.

Tel est le sujet de ces tapisseries portées en 1555 de Tours à Bordeaux.

A côté d'Aubusson, la ville de Felletin fabriquait aussi des tapisseries dont quelques spécimens se sont trouvés parmi le mobilier de certains bourgeois de Bordeaux.

En 1582, un simple huissier de cette ville meurt et l'on procède, le 7 mai, à l'inventaire de ses biens. Or, dans la longue liste des meubles, on lit avec surprise l'indication suivante : « Plus une tapisserie de philistin » (1). Mieux renseigné sur l'histoire sainte que sur la géographie, le notaire bordelais qui a dressé l'acte, semble nous indiquer qu'autour de lui la prononciation locale avait dénaturé le nom d'origine d'une tapisserie qui ne lui était pas inconnue. Lorsque l'helléniste Gail fut prié de trouver un nom pour une partie nouvelle du costume féminin, il proposa celui de réticule qui était issu du latin Les femmes de son époque dénaturèrent en peu de temps le mot dont elles ignoraient la source et le terme de ridicule fut bientôt consacré par l'usage.

Si l'on pouvait parcourir beaucoup d'inventaires, on y trouverait certainement quelques indications de tapisseries. Malheureusement, les renseignements de cette nature sont bien souvent fort vagues. C'est pour cela sans doute que les recherches historiques sur les vieilles tapisseries sont encore si peu avancées. Il y a là, néanmoins, un vaste champ qui doit attirer les chercheurs. Nous les convions à y pénétrer et nous leur souhaitons plein succès.

A Bordeaux, les documents du XVIe siècle existent en grand nombre. Il y aussi des jeunes gens qui ne demandent qu'à se livrer avec ardeur aux études historiques. En cette ville, également, les conseillers compétents en cette matière ne manquent point; cependant, comme l'un d'eux est ici, nous espérons que, à l'heure favorable,

____
(1) Arch. de la Gironde, minutes n° 349, reg. 5, f° 798.

grâce à la notoriété que lui ont justement acquise ses œuvres sur Blaise de Mouluc, M. Courteault saura intervenir avec succès par ses conseils et ses encouragements auprès des jeunes gens qui ne s'avancent qu'avec hésitation sur le terrain de la paléographie.

7ᵐᵉ *Communication.* — M. AMTMANN, membre de la « Société des Archives Historiques de la Gironde ».

PLANS ET DESSINS
DES PLACES FORTES DU SUD-OUEST AU XVIIᵉ ET AU XVIIIᵉ SIÈCLES CONSERVÉS
A LA BIBLIOTHÈQUE DE L'ARSENAL
ET AU SERVICE HYDROGRAPHIQUE DU MINISTÈRE DE LA MARINE

En faisant des recherches à la Bibliothèque de l'Arsenal et au Dépôt des cartes et plans de la Marine, j'ai trouvé des documents très intéressants pour toute la région du Sud-Ouest, et je crois être utile à bien des travailleurs en les leur signalant.

Arsenal. — Sous le Nᵒ 4418, une série de plans mesurant presque tous 0,190 sur 0,135 sont reliés par volume. Tous ces plans sont en couleurs, d'une exécution très soignée, avec des encadrements formés par des filets dorés bordant des palmettes bleutées.

Le tome II, sous le titre : Recueil des plans et places de Normandie, de Bretagne, Poitou, Pays d'Aunis et de Guyenne 1676 contient les plans suivants intéressant notre région :

Plan de Bourdeaux.
    » du chasteau du Haa.
    » du fort Ste-Croix de Bourdeaux.
    » du chasteau Trompette.
    » de Blaye.
    » Vue de la Tour de Cordouan.
    » de la tour.
    » de Bayonne.

Le Tome III contient :

Plan de Pau.
    » de Dax.
    » de Navarins.
    » de St-Jean-Pié-de-Port.

Arsenal. — Manuscrit 6439 contient des plans et des documents.

Voici la liste des plans :

Nᵒ 1311. — Carte de l'entrée de la rivière Gironde et partie de la Garonne, avec indication du cours que doivent suivre les navires pour remonter à Bordeaux. Donne les prix de pilotages. 1747.

Nᵒ 1312. — Carte de la partie du cours de la rivière Garonne passant devant Bordeaux qui comprend toute la grande portion circulaire qui forme le port à comancer à la hauteur de Bourbonnette où cette rivière se redresse en montant et finit aux environs de l'Ornon ou elle reprend un cours droit en descendant. 11 juin 1729. Intéressant par une vue au lavis de Bordeaux prise de Queyries et un plan au lavis du château Trompette.

Nº 1313. — Plan de Bordeaux et de ses faubourgs. Sans date.

Nº 1318. — Plan du château Trompette
»   du fort Ste-Croix   } très beaux plans au lavis
»   du château de Haa   } par Touros. 1753.

Nº 1319. — Plan du château Trompette 1753 par Grolier de Treffort, capitaine au regiment de Foix.

Nº 1320 — Plan du phare de Cordouan, sur parchemin, sans date.

Nº 1321. — Plan de la citadelle de Blaye pour servir au projet de 1752; art. 1er par Le Roy de Paulin.

Nº 1322. — Plan de l'isle vis-à-vis de Blaye pour servir au projet de 1752, art. 3 par Le Roy de Paulin.

Nº 1323. — Plan du fort du Médoc pour servir au projet de 1752, art. 3 par Le Roy de Paulin.

Nº 1324. — Plan de la ville de Libourne par Reveillaud, architecte-géografe à Blaye. Sans date.

Nº 1325. — Plan du cours de la rivière la Dour pour servir au projet de 1752 par Touros.

Nº 1326. — Plan du cours de la rivière la Dour depuis la Baye de St-Bernard jusqu'à la jonction de la Mer, en l'état où elle se trouve jusqu'au jour 13 juillet 1731 avec les chang ments qui se sont faits depuis 1729.

Nº 1327. — Plan de la ville, le château et citadelle de Bayonne, relatif au projet des ouvrages à faire en l'année 1752. Plan fait par Touros en 1751.

Nº 1329. — Plan de St-Jean-de-Luz et Siboure, 1752, par Touros.

Nº 1330. — Plan du fort du Socoa et des môles qui en forment le port. 1753. Touros?

Nº 1331 — Carte du cours de la Bidassoa depuis son entrée en France jusqu'à son embouchure. 1753, par Touros.

Nº 1332. — Plan de la redoute d'Hendaye. 1753. Touros?

Voici maintenant les documents :

Nº 1309 — Mémoires sur les côtes de Guyenne. 1689.

Nº 1328. — Rapport au maréchal de Berwick sur les frontières d'Espagne. 1718-1719.

Nº 1333. — Mémoies relatifs aux cartes des Pyrénées. 1726.

Nº 1334 — Extraits des Passeries, relatifs aux marchands arago-nais, espagnols et anglais. 20 janvier 1711.

Nº 1335. — Mémoires sur les Pyrénées depuis le Vont-Louis jusqu'à Barèges. 1734, par le Sr. Marchan de la Houlière.

Dépôt des Cartes et Plans de la Marine.

Manuscrit Nº 945. — Catalogue Nº 76.

Recueil des ports et places du royaume, in-fol. du XVIIIe, relié en maroquin rouge aux armes de Phélipeaux de Pontchartain, contient les plans suivants de notre région :

N° 46. — Plan de Blaye.
N° 47. — » de la tour de Blaye.
N° 48. — » du fort Médoc.
N° 49. — » de Bordeaux.
N° 50. — » de Bayonne.
N° 51. — » de la redoute d'Hendaye et de Fontarabie.

Tous ces plans sont au lavis et d'une exécution très soignée.

M. P. Courteault, secrétaire général de l'*Union Historique et Archéologique du Sud-Ouest*, clôture cette séance de travail par une communication verbale très intéressante que nous reproduisons :

Communication de M. Paul COURTEAULT

sur : UNE CARTE MANUSCRITE DU COURS DE LA GARONNE

Les Archives départementales de Seine-et-Oise possèdent dans le fonds de la Maison du Roi, sous la cote A 327, une carte manuscrite du cours de la Garonne, en huit feuilles. Ces feuilles portent les légendes suivantes :

— *Première Carte du Cours de la Garonne a prendre a la jonction de la Neste au dessus du pont de Montrejau jusqua Cazeres y ayant huict lieuës a 3200 toises chacune dans laq^lle longueur l'on ne peut transporter aucune chose que sur des Trains ou des Radeaux a cause de la Rapidité de l'Eau de ses Changemens de Cours, des Rochers et la Grave qui sont fort frequens. Les Rivieres qui tombent dans la Garonne sont la Neste, le Gers, la Somme, le Touch, la Noue, le Salat et quelques Ruisseaux.*

— *Deux^e Carte du Cours de la Garonne depuis Cazeres jusqua St-Aubin dont la Navigation ne consiste que des petits Bateaux et des Radeaux a cause de la Rapidité de l'Eau des Rochers et de la Grave sur la longueur de cinq lieuës et demie. Les Rivieres qui tombent dans la Garonne sont la Rise et la Louge.*

— *Troisieme Carte du Cours de la Garonne depuis St-Aubin sous Muret jusquau Mas Garnier dans l'Etendue de Dix lieues. Dans cette longueur il y a trois lieues de St-Aubin jusqu'à la Jonction du Canal Royal de Languedoc au dessous de Toulouze, très difficile à la Navigation par la rapidité de l'Eau. Le surplus assé bon a la reserve de Trois Graves et quelques Arbres de Panchés et tombez dans l'eau. Il entre dans cette Riviere la Liege, le Canal, le Touch, le Soüe, le Lers, le Girou, la Save Margastaud et le Pontar.*

— *Quatrieme Carte du Cours de la Garonne depuis le Mas Garnier jusqua la Magester contenant sept lieues et demie, le long duquel il se trouvent plus^rs rochers, Graves et Arbres nuisible à la Navigation, lesquels sont marquez sur la Carte. Les rivieres qui tombent dans ce*

Fleuve sont Barlagonne, le Rat, Ganezou, le Tarn, le Lete, la Gimon et le Teston.

— Cinquieme Carte du Cours de la Garonne depuis La Magester jusqua la Jonction du Lot a Eguillon dans la longueur de huict lieues, assé navigable. Dans cette Etandue Les rivieres du Grouë, la Saoune, le Gers, Riou majou, le Saubignon, la Bayse et le Lot tombent dans la Garonne.

— Sixieme carte du Cours de la Garonne depuis Eguillon à la jonction du Lot Jusqua Marmande lequel a Cinq lieues de Longueur, il ne tombe dans cette riviere que celles de la Toulsat, le Treil et quelques Ruisseaux.

— Septieme Carte du Cours de la Garonne depuis Marmande jusqua St-Macaire y ayant Six Lieuës de Longueur assé navigable sinon a l'Isle de Caudrot. Les Rivieres qui tombent dans la Garonne sont la Gupie et le Drot et la Beuve.

— 8ème Carte de la Garonne depuis Saint Macaire jusquau dessous de Bordeaux vis à vis de Lormont y ayant huict lieues de longueur. Dans cette etendue il y a marée deux fois par jour.

Ces huit feuilles sont à l'échelle de 3200 toises, représentant une lieue de Gascogne pour les six premières, une lieue de Guyenne pour les deux dernières.

Cette carte, comme le laissent entendre les légendes, a été dressée en vue d'une étude de la navigabilité de la Garonne. Les accidents, rochers, graves, arbres, ponts, qui peuvent la gêner, y sont indiqués. Mais cette carte est précieuse à d'autres égards : elle comprend la vallée du fleuve et les amorces des vallées de ses affluents et sous-affluents. On y trouve indiqués les routes et chemins, ainsi qu'un grand nombre de localités, situées sur le fleuve ou de chaque côté de ses rives, villes, villages, hameaux, abbayes, châteaux, manu-factures, bois et forêts. Les villes importantes, Saint-Gaudens, Tou-louse, Agen, sont figurées avec leur plan, leurs faubourgs et l'indica-tion des principaux monuments. A Toulouse est indiqué le canal royal de Languedoc.

L'inventaire des archives départementales de Seine-et-Oise attribue cette carte au XVIIe siècle. Je la crois plutôt du début du XVIIIe. Elle a été certainement dressée en même temps qu'un plan de Bordeaux et de sa banlieue ,conservé au même dépôt, et qui ne paraît pas être antérieur à 1712. On y trouve marquée, en effet, la faïencerie de Jacques Hustin, qui fut créée à cette date (1). Ce plan est signé : c'est l'œuvre de N. Matis, géographe ordinaire du Roi. Les huit feuilles de la carte du cours de la Garonne sont, sans doute, aussi de lui ; et il est permis de supposer qu'il les établit en vue d'études pour la création d'un canal latéral au fleuve, destiné à compléter l'œuvre de Paul Riquet.

N. Matis n'est pas un inconnu. Si, à ce que je crois, l'on ignore tout de sa personne, il n'en est pas de même de son œuvre. La Biblio-

---

(1) Cf. E. Rousselot, *Documents concernant la famille et la faïencerie de Jacques Hustin* (*Soc. Archéol. de Bordeaux.* t. XXIV, p. 51-59).

thèque Nationale possède de lui trois cartes : une carte topographique gravée de la forêt de Compiègne et ses environs, *N. Matis del. et sculp. 1753* (Géogr. D. 2856); une carte topographique de la capitainerie de Corbeil, dite de Villeroy, et ses environs, « levé et dessiné par N. Matis, géographe ordinaire du Roy en 1745 et 1746 », rouleau manuscrit de 4^{m}780 sur 2^{m}050 (Géogr. A. 28) ; et enfin une « carte des monts d'Aldudes en Haute Navarre entre Saint-Jean-Piedport et Pampelune, dans lesq^s les vallées de Baigorie, Bastan, Valderro, maison de Roncevaux et Val-Carlos ont droit de pacage de temp immorial (*sic*). Le tout aresté par les seigneurs commissaires de France et d'Espagne, tenues au mois d'aout de l'année 1717 à Arneguy... dont le bornage a été fait par moi, Matis, géographe ord^{re} du Roy et Francisco de Mauléon, ingénieur de S. M. Catholique », 1 feuille manuscrite de 930^{mm} sur 730^{mm} (Géogr. B 636) (1). Cette dernière carte, que je me borne à signaler, mériterait une étude spéciale. Elle fut dressée à l'occasion d'un accord signé entre la France et l'Espagne pour maintenir les antiques lies et passeries qui réglaient le pacage des troupeaux espagnols sur le versant français. Je renvoie, pour plus de détails, au récent et très intéressant travail de M. H. Cavaillès, qui ne mentionne pas, du reste, cet accord de 1717 (2).

Le plan de Bordeaux et de sa banlieue vient d'être reproduit aux frais de la Ville de Bordeaux : une copie très fidèle et très belle en est déposée aux Archives municipales de cette ville. Il serait désirable que les huit feuilles de la carte de la Garonne fussent aussi reproduites et publiées : nos Sociétés savantes du Comminges, de Tarn-et-Garonne, d'Agen, de Bordeaux ne pourraient-elles les faire connaître, chacune pour sa part? Quant à la carte de la région des Aldudes, elle revient de droit aux Sociétés de Pau, de Biarritz et de Bayonne. Il conviendrait, sans doute, que ces diverses sociétés, si elles se montraient disposées à entreprendre cette publication, s'entendissent pour la faire dans les mêmes conditions. Mais l'Union Historique et Archéologique du Sud-Ouest n'est-elle pas là pour ménager cette entente? La publication des cartes de Matis, entreprise ainsi, serait un très bel exemple de cette solidarité scientifique dont nos Congrès veulent être la solennelle manifestation.

Deux médailles trouvées, en 1844, non loin de la fontaine Saint-Léon, sont présentées ensuite par M. Anselme Léon.

M. le Président adresse toutes ses félicitations aux auteurs de ces intéressantes communications et déclare la séance terminée, l'ordre du jour étant épuisé.

---

(1) Ces trois cartes m'ont été signalées très obligeamment par M. Ch. de La Roncière, conservateur à la Bibliothèque Nationale.

(2) Cf. H. Cavaillès, *Une fédération pyrénéenne sous l'ancien régime. Les traités de lies et passeries.* Paris, 1910, in-8° (extrait de la *Revue historique*, t. CV, année 1910).

Mercredi 2 Août, à 2 h. 1/2
Séance de clôture à l'Hôtel de Ville de Bayonne.

Cette dernière séance, la plus importante du Congrès, attire un très grand nombre de Congressistes.

Le Bureau est ainsi constitué :

Président : M. Habasque, délégué central de l'*Union Historique et Archéologique du Sud-Ouest.*

Assesseurs : M. Courteault, secrétaire général de l'*Union.*

M. Th. Amtmann, trésorier de la Section centrale.

M. Fonteneau, secrétaire général du Comité.

1ᵉ Communication. — M. B. Sarrieu, Professeur de Philosophie au Lycée d'Auch, Secrétaire de l' « Escolo deras Pirenéos ».

LATIN ET GASCON

Dans un livre déjà ancien, « *Une Voix des Montagnes, ou Bagnères-de-Luchon et ses harmonies*» (1869), l'abbé Ferrère nous rapporte, p. 235, un fait curieux. — Quelques montagnards larboustois (la vallée de Larboust est comprise dans le canton de Luchon), après avoir fait des études sérieuses, avaient pourtant « dit adieu à la gloire » et étaient revenus à leurs troupeaux. « Un de ces pâtres », continue l'auteur, « me racontait, avec une gaité et un entrain que je parta-
» geais, la surprise de deux Parisiens qui se moquaient de ses sabots,
» de sa veste de bure, de son bâton ferré et même d'un air qu'il
» n'avait pas sous sa catalane de laine, et cela à sa barbe, en langue
» de Virgile. Après que la plaisanterie de mauvais aloi eut duré assez
» longtemps, le pâtre, en vrai Tityre, remit à leur place nos aventu-
» reux Parisiens, qui, effrayés, pressèrent le galop de leurs montures.
» Ils publiaient dans une revue, quelques jours après, que les pâtres
» des montagnes parlaient latin ».

Eh bien, cette piquante mésaventure, due à la... fâcheuse rencontre d'un berger exceptionnellement instruit, aurait pu arriver aussi à nos gens dans une certaine mesure, même si ce berger n'avait connu que son idiome local. Le dialecte gascon, en effet, malgré quelques traits (par exemple *f* passée à *h*, *ll* passées à *t* ou à *r* douce, *n* intervocalique tombée, *r* initiale redoublée, *v* passé à *b*, etc.) qui l'éloignent du latin plus que le languedocien et le français même, *s'en rapproche davantage par une foule d'autres*. Cela est surtout vrai du gascon des Pyrénées centrales, et particulièrement du luchonnais, auquel nous emprunterons quelques exemples.

Exemple I : Pluriels en i

On sait que toute une classe de noms, d'adjectifs et de pronoms masculins forment en latin leur pluriel à l'aide d'un *i*. Ex. : *domini, boni, quanti,* etc. Cette désinence *i* existait aussi en grec, en celtique et en germanique anciens, en sanscrit, etc., bref dans les langues indo-européennes. Elle s'est conservée en luchonnais, où elle est de règle dans bien des cas.

Sans doute, elle a aussi persisté pendant longtemps ailleurs ; ainsi, le français des chansons de geste et la langue romane des troubadours connaissent l'un et l'autre l'existence, au pluriel, à côté d'un « cas régime » terminé par -s et provenant de l'accusatif latin, d'un « cas sujet », terminé ou non par un *e* et provenant du nominatif en -*i* et de son extension analogique. Mais le cas sujet a disparu, presque partout, au profit du cas régime ; non seulement on n'a plus distingué les deux rôles, mais on n'a conservé qu'une seule forme. Au contraire, le pluriel en -*i* persiste encore (du moins morphologiquement) en luchonnais.

Il y est de règle :

1º Avec les mots terminés par une *s*. Ainsi, au pluriel, « doux » se dit *doúci* ; « épais », *espéssi* ; « nombreux », *noumbroúsi* ; « heureux », *eroúsi* ; « très grands (avec nuance péjorative) », *granáci* ; « ours », *oússi* ; « fuseaux », *húsi* ; « maladifs », *malautíci* ; etc.

2º Avec certains noms ou adjectifs monosyllabiques ou très usités. Ainsi on dit *boúni* « bons », *bèri* « beaux », *juéni* « jeunes », *fòrti* « forts », *gráni* « grands », *petíti* « petits », *dròlli* « garçons », et même *òmi* « hommes », quoique cette dernière forme ait vieilli.

3º Enfin, avec certains pronoms : *toúti* « tous », *soúli* « seuls », *éri* « eux », *aquésti*, *aquéri*, « ceux-ci, ceux-là », *qùánti* « combien », etc.

En outre, il peut être employé avec les participes passés : *aimádi* « aimés », *partídi* « partis », *bengúdi* « venus ». (On doit même dire, par exemple, *qùan soun estádi partíts* ou *partídi*, « quand ils ont été [litt. étés] partis », le participe de l'auxiliaire étant nécessairement en *i*). Là, les Larboustois en font plus largement usage que les Luchonnais, de même qu'ils ont mieux conservé l'*a* atone du latin : les latinistes trop narquois n'ont qu'à se bien tenir...

Si maintenant l'on quitte notre canton, et que l'on se dirige vers l'est (Vallée d'Aran, Couserans), vers le nord (Layrisse, Bavarthais, Pays de Rivière) ou vers l'ouest (Vallées de Louron et d'Aure), le traitement devient moins pur, et les pluriels en -*i* se combinent presque immédiatement aux pluriels en -*s* pour donner la désinence - *is* (*doúcis*, *noumbroúsis*, *boúnis*, *bèris*, *aquéstis*, *éris*, etc.). Bientôt, vers l'ouest (comme en Espagne), on ne trouve plus que la désinence -*s* (*noumbrous*, *bous*, *bèts*, *éts*, etc.) ; vers l'est et le nord-est, les pluriels en -*is* s'étendent plus largement, notamment sur tout l'est du Gers, jusqu'à l'Ariège propre et jusqu'au Tarn-et-Garonne ; on les trouve enfin, dans l'Aude et ailleurs, assourdis en -*es* (*noumbrouses*, *toutes*, au masculin, contre *noumbrousos*, *toutos*, au féminin).

L'explication de la persistance, dans notre région luchonnaise, de ces pluriels en -*i* nous entraînerait trop loin ici. Contentons-nous de dire que cet -*i* est sûrement ancien et comme primitif chez nous, et passons à un autre exemple.

Exemple II : Adjectifs composés

On sait que le grec possède la faculté de former des adjectifs composés d'un nom et qualificatif (λευκώλενος « aux bras blancs », τρίχουλος « aux cheveux frisés », ροδοδάκτυλος « aux doigts de rose », etc.), et que le latin l'a suivi, bien que timidement, dans cette voie (*unimanus* « qui n'a qu'une main », *tauricornis* « aux cornes de taureau », *longipes* « aux longs pieds », etc.), en se servant d'un *i* « de liaison ». Le luchonnais a généralisé ce type, avec *i* de liaison, mettant toujours l'adjectif le second, et indiquant par son déterminant :

1º Soit la partie qui possède la qualité : *capigròs, capiplat, capibach,* « à la tête grosse, plate, basse » ; — *còrniplanè* « aux cornes disposées horizontalement » ; — *bracilounc, camicourt,* « aux bras longs, aux jambes courtes », etc. (littéralement gros de tête, long de bras, etc.).

2º Soit un terme de comparaison : *saumissourt,* « sourd à la façon des ânes », c'est-à-dire par entêtement.

3º Soit la cause : *estalimòrt :* se dit d'un animal harassé pour avoir cheminé longtemps (*estalh,* « troupeau en marche »).

Ce mode de procéder est sûrement ancien en luchonnais, comme en témoigne le composé *cabiòrt* « têtu », pour *cabihòrt,* littéralement « fort de tête », qui serait *capihòrt* (comparer ci-dessus *capigròs*) s'il était récent. Mais il a été largement développé depuis, et cela sans doute à l'imitation du latin, qui a toujours été en honneur dans nos vallées. Il existe en germe en espagnol (*cuellilargo*), luchonnais *còtchilounc* « au long cou », et il est employé dans le français *savant* qui du reste calque aussi bien le grec (*orthoptère*) que le latin (*fissipède*) ; mais ce n'est guère que chez nous et dans d'autres parlers gascons qu'il est devenu naturel, l'*i* de liaison s'intercalant entre deux radicaux vivants, sous leur forme actuelle. — Soit dit en passant, on comprend aisément (témoin Homère et les lyriques grecs) combien cette faculté pourrait être utile en poésie.

III. Autres exemples. — Conclusion

Nous pourrions, si nous ne craignions d'être trop long, rapprocher sur bien d'autres points le luchonnais du latin, montrer comment il a conservé, presque pures, bien des formes de la conjugaison latine (verbes *da, esta-s,* etc.) ; comment il peut se passer, lui aussi, d'exprimer le pronom sujet (*Qùanti soun ?* « Combien sont-ils ? ») et l'article partitif (*Da-m pan,* « Donne-moi du pain ») ; comment il emploie le subjonctif pour défendre (*Nou i-anes,* « N'y va pas ») ; comment il connaît lui aussi les enclitiques, qui même déplacent l'accent vers la droite chez lui comme en latin (*lége* « lire », mais *legé-mous* « nous lire »), etc., etc. — Mais nous nous en tiendrons là, content d'avoir pu faire observer ainsi :

1º Que nos dialectes de langue d'oc méritent d'être étudiés pour eux-mêmes, et que la plupart des dialectes gascons, en particulier (le luchonnais n'est ici qu'à titre d'exemple caractéristique), se sont merveilleusement conservés sur bien des points jusqu'à nos jours ;

2° Que notre langue gasconne, par son vocabulaire, sa morphologie, sa syntaxe, peut être d'un précieux secours pour l'étude des langues classiques et pour la compréhension de leur génie, — sans oublier les langues latines modernes [Ajoutons que la langue d'oc est indispensable pour l'histoire ancienne (*chartes*) et pour la géographie ancienne et moderne (*toponymie*) (1) de notre pays] ;

3° Nous démontrerions aussi aisément qu'elle peut fournir la clef, *par un emploi scientifique de la méthode comparative*, de la connaissance de l'orthographe et de la langue française. Pourquoi, alors que des exercices de traduction du basque en français et du français en basque sont autorisés dans les écoles primaires des arrondissements de Bayonne et de Mauléon, des exercices de traduction du béarnais ou du gascon en français et réciproquement ne le seraient-ils pas dans notre Gascogne (2)? *Le français en serait mieux su* ; et notre langue maternelle en serait, elle aussi, mieux connue *et mieux préservée contre l'altération et l'abandon.*

Il est beau, comme le font nos savantes Sociétés Archéologiques, de s'attacher aux vieux monuments et de les empêcher de tomber en ruines! Mais la langue gasconne n'est-elle pas comme le *monument encore vivant* du génie de nos pères? Pourquoi les Sociétés Savantes de nos régions n'élèveraient-elles pas leur voix en sa faveur aussi? Pourquoi l'*Union Historique et Archéologique du Sud-Ouest*, qui est formée pour les deux tiers de Sociétés *gasconnes*, n'émettrait-elle pas *un vœu* relatif à l'utilisation pédagogique du gascon (3)?... Elle voudra bien, du moins, nous dire qu'elle est avec nous — avec les Ecoles félibréennes gasconnes qui ne lui ont pas apporté, comme nous le disions hier au banquet, moins de mille adhérents,—dans nos efforts à cet égard.

2me Communication. — M. Louis BATCAVE, vice-président de
l'« Escole Gastou Fébus »

Cette Communication se compose de trois sujets :

a) LES FABLES DU LA FONTAINE GASCON ; — b) LES LETTRES CIRCU-LAIRES DE LA VISITATION DE BAYONNE ; — c) LES DÉCIMES DE 1518, DU DIOCÈSE DE BAYONNE.

LES FABLES DU LA FONTAINE GASCON

Comme le rappelait un modeste et consciencieux travailleur, M. l'abbé Foix, dans un article où il a fort bien résumé ce qui avait

---

(1) Signalons à ce propos les travaux de la *Commission de Toponymie* (dont M. A. Meillon est le président) de la Fédération des Sociétés Pyrénéistes.

(2) Voir à ce sujet de nombreux articles sur l'utilité pédagogique du gascon dans *Era Bouts dera Mountanho* (Revue de l'*Escolo deras Pirencos*) et dans les *Reclams de Biarn e Gascougne* (Revue de l'*Escole Gastou Febus*), notamment dans ces derniers l'article de M. Lalanne (N° de juillet 1911. p. 151).

(3) L'auteur s'étant trouvé absent à la réunion préparatoire, ce vœu n'a pu être soumis au vote du Congrès. Mais l'Assemblée a accueilli très favorablement ces indications intéressantes.

été dit et écrit au sujet du La Fontaine de Bayonne (1). « Dès 1859, dans son étude si instructive et si pénétrante, M. L. Couture opinait que l'infériorité de certaines fables « porterait quelquefois à admettre plusieurs conteurs différents pour ce recueil ». La publication de M. Vinson, en 1881, apporta une éclatante confirmation à cette induction du jeune critique, alors à ses débuts, et justifia une fois de plus la finesse de son sens littéraire. M. Vinson en venait donc à penser que « le livre de 1776 est le résultat d'un travail multiple qui s'est prolongé pendant un certain nombre d'années, auquel plusieurs personnes ont pris part ensemble ou séparément et dont M. Batbedat, qui a fait les frais de l'impression, a été l'âme, le centre et pour ainsi dire le gérant responsable ».

A mon tour j'ai voulu étudier cette question qui m'occupe depuis plusieurs années et, à l'occasion de ce Congrès, tenu proche de Bayonne, il m'a semblé utile de proposer à votre attention, en une note provisoire, les quelques observations suivantes.

Dans le *Catalogue général des manuscrits des bibliothèques publiques de France. Départements*, t. I. *Rouen* (Paris, Plon, 1886, in-8°, p. 471), M. Henri Omont donne les indications suivantes : « n° 1670 (633) — XVIIIe siècle. Papier, 160 p. 205 sur 145 mill. Rel. maroquin olive — n° 1671 (650) XVIIIe siècle. Papier 219 feuillets 198 sur 134 mill. cartonné ». J'ajouterai que le premier manuscrit a une bordure d'encadrement de trois filets or; les tranches dorées un peu pâlies; sur les filets six fleurons; la bordure de la reliure couverte de petits ornements qui se rapprochent de ceux du La Fontaine imprimé. Le second manuscrit a, d'après mes mesures, 203 mill. sur 141 et 224 feuillets dont 219 v° écrits. Le tome Ier seul avait reçu une pagination, page sur page, jusqu'à la page 213 ou 113 actuelle. Le haut des pages et les côtés ont été rognés; le signe placé au haut des pages et la pagination ancienne ont été souvent entamés.

Ces manuscrits proviennent de l'importante bibliothèque, on eût dit mieux autrefois, du cabinet, de M. Eugène Coquebert de Montbret, l'un des fondateurs du *Journal asiatique*, qui fut longtemps secrétaire-interprète au ministère des Affaires étrangères, dit M. Omont.

J'ai eu la bonne fortune de pouvoir prendre une copie intégrale de ces deux manuscrits et voici, sommairement, les réflexions que m'ont suggérées leur lecture, leur étude et l'examen même du papier qui les compose.

Le n° 1671 (ou 650) contient la transcription de 80 fables seulement, alors que le volume imprimé en a 106. Les deux textes sont semblables; seule la numérotation a subi un ordre différent, jusqu'à la page XXIV elle est identique, mais l'imprimé commence au livre second avec la fable XXV.

En examinant le papier qui a été replié je trouve que ce manuscrit 1671 porte pages 5, 21, 24 et autres le nom de Raguette. Or les Raguette

<hr>

(1) *Un nouveau manuscrit du « La Fontaine de Bayonne »*, *étude littéraire et bibliographique. Revue de Gascogne*, nouvelle série, t. IV (1904) p. 322 et t. V (1905) p. 32.

étaient des fabricants de papier que nous trouvons établis en Béarn, à Gurmençon, à Lannes et à Rébénacq et j'inclinerais volontiers à croire que ce dernier avait fourni ce papier dont il passait une bonne quantité au bureau du contrôle de Bayonne (1).

La mention inscrite en titre au f° 1 est la suivante : « Fables chaousides de plusieurs autous frances et estranyès, traduites d'ou frances en gascoun per M. Darretche de Bayonne, cap^ne d'infanterie, augmentades et corrijades per M. Dubourg, Mèste Escribén de led. Bile et Membre de l'Académie Royale d'Escriture de Paris en l'annade 1769. »

Sur Darretche je n'ai pas encore de renseignements précis : nous retenons seulement qu'il était militaire, mais il y en eut plusieurs du même nom (2).

Dubourg, maître écrivain, eut quelque réputation en son art. En la même année qu'était transcrite la copie des fables, il éditait un *Traité sur les principes de la grosse posée, | batarde, | ouvrage utile à ceux qui enseignent | l'art d'écrire; | dédié à MM. | de l'Académie royale d'écriture de Paris, | par M. Dubourg, maître écrivain de la ville de Bayonne, | et aggrégé de la même Académie. | Paris, Dessain et Paillasson, Bayonne, chez l'auteur, MDCCLXIX.* Une bonne gravure le représente dans l'exercice de ses fonctions. Le *Mercure* annonçait cette œuvre en la recommandant (août 1769, p. 184). Il s'était fondé à Bayonne une étude de calligraphie, pour le dire en passant, et M. Paillasson, chargé par l'Académie de suivre l'impression, disait dans une note : « Toutes les villes de France auraient autant de belles plumes que celle de Bayonne, si, à son exemple, elles recherchaient la perfection de l'écriture » (p. 29). Nous voyons Dubourg commis par Harriet, subdélégué de l'intendance d'Auch et Pau à Bayonne pour une vérification d'écriture (3).

De ces faits, je crois pouvoir conclure que le manuscrit a été écrit à Bayonne, sur du papier de Béarn. Il porte son certificat d'origine.

Il est probablement une copie et a pu servir d'original à d'autres copies intégrales ou partielles. Un manuscrit notamment appartient à M. Michel Camélat, d'Arrens; il lui est venu d'un vieux notaire qui, vers 1835 ou 1840 habitait Pau (4). La marque du fabricant de papier est Honic. Je n'ai pu encore identifier en quel lieu était cette papeterie,

---

(1) L. Batcave. *L'industrie papettere en Béarn*, lecture à la Société des Sciences, Lettres et Arts de Pau, mai 1911. En 1767, Marc Raguette, de Rébénacq, déclarait au bureau du contrôle de Bayonne du papier pour 9,135 l. 8d, venant bien après Tetignax de Maslacq (18,783 l. 16d) et avant Bonasse de Gestas (8,448 l. 4 s.) Ar. B. P. 44, cité par J. Lafond *Essai sur le Béarn pendant l'administration de d'Etigny.* Pau, 1911, p. 216).

(2) Sur Darretche, voir Vinson. *Mélanges de linguistique et d'anthropologie.* Paris, Leroux, 1880, in-18, diverses mentions dans l'article intitulé *Le chef-d'œuvre de la typographie bayonnaise*, pp. 239, 241, 242, 246. *L'Intermediaire* (t. IX, 1876, col. 569; t. XII, 1879, col. 494) en fait un prêtre. Il n'existe pas de renseignements sur lui aux archives administratives du Ministère de la Guerre.

(3) Arch. des B.-P. C. 390, 1773-74. Procédure contre Fort-Pomarède, lieutenant principal des fermes du roi, et Gabriel Bougtemy de Baupré, contrôleur aux entrepôts des fermes, à Bayonne, comme auteurs de chansons et placards injurieux contre Jacques Raymond, marquis de L'Hospital, lieutenant général.

(4) Je le rapprocherais du manuscrit de Bayonne dont M. Vinson a publié les variantes *Fables de La Fontaine en vers gascons — variantes* — Paris, Maisonneuve, 1881. in-8'.

mais, en 1788, les Etats de Béarn employaient le papier Honic et Zoonen (Arch. Nat. H 77) et je crois qu'une de nos papeteries locales le fournissait.

II

Le nᵒ 1670 (ou 633) comprend la traduction de 172 fables et, je l'avoue, mon choix serait pour elle, car la version me paraît généralement moins lâche et plus vivante.

Ce volume a été écrit à la même époque que le précédent. Égal nom de papetier : Raguette ; même filigrane, avec le mot Bigobil ; même écriture. Il y a donc toute apparence pour que cet exemplaire vienne de notre région.

De cette copie, ou d'une semblable, nous connaissons plusieurs transcriptions. M. Vinson en possède une, datée de 1773, incorrecte, inexacte, ayant perdu beaucoup de vers et contenant seulement les trente premières fables. — M. Robert de Laborde d'Arbrun, de Montfort (Landes), en a une autre comprenant trente-quatre fables, dont M. l'abbé Foix a fait l'objet de la communication rappelée. Il existait enfin à Pau, récemment, un exemplaire en forme de livre relié comprenant sous ce titre *Recueil de les fables gasconnes, dusaou cayié,* bon nombre de fables.

III

Nous nous trouvons donc en présence de deux types bien définis de traductions des fables de La Fontaine.

Les diverses copies citées contiennent cependant des variantes. Je ne parle pas des variantes dialectales, sans grande importance, se référant au dialecte des endroits où les manuscrits ont été exécutés ou des scribes qui les ont transcrits. Elles ne sont pas capitales et je tiens, qu'à tout prendre, le gascon bayonnais ou maritime en est la souche.

Il y a d'autres différences : quelques fables d'un manuscrit ne se retrouvent pas dans les autres.

Il a dû exister un manuscrit type, unique, sur lequel nous ne sommes pas exactement renseignés, à moins que Darretche puisse passer pour ce traducteur premier ; mais c'est là pure conjecture, rien ne légitime suffisamment l'hypothèse. Cette copie première a circulé, comme il est arrivé de tous temps, pour les œuvres intéressantes et avec un talent inégal, un inégal intérêt aussi, l'un et l'autre y ont ajouté.

Pour ce motif, il serait intéressant, un jour, quand la question sera à point, d'entreprendre la publication d'une traduction que je crois pouvoir à bon droit dire bayonnaise des Fables de La Fontaine, avec les variantes, les additions, les corrections, une édition critique enfin. Si à la vente Libri, un exemplaire sur Hollande du chef-d'œuvre de la typographie bayonnaise a pu se vendre un franc, les prix ont bien haussé, sans être inabordables (1) et cependant nous n'avons qu'une édition incomplète.

---

(1) Voir mes indications dans le *Bulletin bibliographique* de la *Revue du Béarn et du Pays basque,* 1904, p. 469.

J'aurais désiré, à titre d'indication, donner une des fables où l'auteur montre un talent original, une verve véritable dans les discours, les dialogues, telles que *Le Cheval et le Loup*, *La Vieille et les deux Servantes*, et tout spécialement *Le Meunier, son Fils et l'Ane*. Malheureusement, à ce point de vue, les textes n'offrent point de différence sensible. J'ai donc choisi une fable courte.

La Fortune et le Jeune Enfant

Sur le bord d'un puits très profond
Dormait, étendu de son long
Un enfant alors dans ses classes.
Tout est aux écoliers couchette et matelas.
Un honnête homme, en pareil cas,
Aurait fait un saut de vingt brasses.
Près de lui tout heureusement
La Fortune passa, l'éveilla doucement,
Lui disant : Mon mignon, je vous sauve la vie ;
Soyez une autre fois plus sage je vous prie :
Si vous fussiez tombé, l'on s'en fut pris à moi ;
Cependant c'était votre faute.
Je vous demande, en bonne foi,
Si cette imprudence si haute
Provient de mon caprice. Elle part à ces mots.

Pour moi, j'approuve son propos.
Il n'arrive rien dans le monde
Qu'il ne faille qu'elle en réponde :
Nous la faisons de tous écots ;
Elle est prise à garant de toutes aventures.
Est-on sot, étourdi, prend-on mal ses mesures,
On pense en être quitte en accusant son sort ;
Bref, la Fortune a toujours tort.

La Fortune é lou Mainatye

Siou quin d'un puts larye é pregoun,
Droumibe estenut dou soun loun,
Un mainatye encouare à l'escole.
Youenesse sera tustem hole :
A dere ne cau matelas.
Un pai de famille en tau cas,
Yasut à le place dou drole,
Aure héit bére cabriole.
Dame Fourtune hurousemen
Per-là passe, é tout doucemen
L'esbeille, é qu'ou saube le bite
Puch qu'ou dits : Migoun, un aut cop
Que sis mé saye. En aques loc
N'éi coustume de ha bisite.
S'éres cadut ente cabbat,
Touts countre you qu'auren cridat :
Cependén qu'ère le tou faute ;
E, coum bets, you n'en poudi mé.
Prechat qui-a lou youen escoulié,
Qu'ou passe le man sus le gaute,
E que part. En aco qu'abé certes resoun.
Tout aco qu'arribe den lou mounde,

Le yen at boute sióu sou counde.
Peguesses é houlis, de tout ere respoun.
Tau de qui lous ahas ban à le desbandade,
Per le sou negligence ou per le sou brabade,
    Que s'en pren hardimen au sort.
    Bref le Fourtune à tustem tort.

La Fontaine de 1776, p. 142.

LE FOURTUNE E LOU MAINATYE

Siou quin d'un puts larye e pregoun
Droumibe esténut dou soun loun,
Un mainatye encouare à l'escole :
Tustèm le youenesse estou hole :
Ere ne connech lous danyès.
Un aut en semblable rencountre,
Qu'aoure heït un saut de cen pès ;
Per bounheur passe la countre
La Fourtune, e que l'esbeille,
Tout chouau en lou disen aça
Migoun, que t'ei saubat le bite
Mes que sis mé saye un aut cop :
E quen binquis en aques loc
N'oublidis le meye bisite
S'eres cadud en te cabbat
Touts countre you auren cridat
Cependen quere le tou faoute,
E com bets you nen poudi mé.
Prechat qui a lou youen escouliè
Qu'ou passe le man sus le gaute
E que s'en ba : le Fourtune qu'abé resoun
Dou feit d'un pec, d'un estourdit ere respoun
Tau de qui lous ahas ban a le desbandade
Per le sou negligence, ou per le sou brabade
    Que s'en prend hardimen au sort
    Bref, le Fourtune a tustem tort.

Manuscrit 1671, fᵒ 84.

LE FOURTUNE E LOU MAYNATYE

Sus lou bort d'un puts fort pregoun
Droumibe estenut de soun loung
Un maynatye qui anabe en classe.
Tout es leyt per aquere race
E nan besoun de matelas,
Un honeste omi, en pareil cas,
Yasut a le place dou drole
Aure heyt ibe cabriole.
Dame fourtune hurousemen
Passe la, s'approche, l'assiste
E l'esbeille tout doucemen.
Migoun llebats bous au me biste
Quets saubi le bite estourdit,
Un aut cop sits me saye a dit
Si erets cadut couan de murmures
Couan de reproches, et d'inyures
Countre you? Pourtan mouquirous
Ne carre s'en prene qu'a bous.
Resoun abe, mes d'ourdinari
Sits sot, impruden, temerari.
L'ingrate acusam dou nos sort.

Manuscrit 1670, fᵒ 148.

QUELQUES LETTRES CIRCULAIRES
DU MONASTÈRE DE LA VISITATION DE BAYONNE

François Fouquet, évêque de Bayonne, avait obtenu du corps de
ville, en 1640, l'autorisation de fonder un couvent de Visitandines
dans des circonstances qu'ont rappelées les historiens locaux (1).
Arrivées le 7 septembre, les religieuses s'installèrent d'abord dans la
maison d'Agourette ou d'Agoret, où fut plus tard établi l'hôpital
Saint-Léon sur le bord de la Nive : Mme de Maupeou était leur supérieure. Elles acquirent près du Bourgneuf, le 28 juillet 1652, une maison qui resta leur monastère jusqu'à la Révolution.

Les ordres religieux, on le sait, ont l'habitude de se communiquer
les événements et les décès survenus dans leurs communautés. De
cette pieuse coutume la signification est facile à découvrir : c'est une
demande de prières pour les défunts dont la vie devient matière à
édification. Généralement, à Bayonne, l'aumônier tenait la plume et
lui demandait d'enrichir son récit de quelques grâces de style.

Le célèbre monastère de la Visitation à Chaillot (2) avait conservé,
par bonne fortune, certains de ces documents qui ont été déposés à
la Bibliothèque Nationale (3). Nous en extraierons ce qui peut avoir
un intérêt pour Bayonne et sa région. Il est trop souvent question de
la reine douairière d'Espagne, Anne de Neubourg, qui fit dans cette
ville un séjour de trente-deux ans, et d'une façon bien banale aussi,
pour que nous recueillions tout ce qui la concerne.

La première lettre circulaire porte la date de 1695 inscrite au crayon
et concerne Marie-Angélique de Grandlieu, supérieure pendant seize
ans ou directrice qui fut un « précieux trésor ».

Marie-Françoise d'Arguibel étant morte en la première année de
ses triennaux, eut pour successeur Marie-Magdeleine de Mennant,
malgré que celle-ci imposât la sœur de Grandlieu. Marie-Catherine
Du Puy la remplaça à son tour et mourut, comme les deux précédentes, en la première année de sa charge. La « voix du Saint-Esprit »
désignait donc la mère de Grandlieu. On fit des démarches pour
l'obtenir du monastère de Semur.

Elle paraît avoir exercé une réelle influence. Elle introduit « le blu-
toir qui n'était pas en usage dans ce pays ». Elle stimule le goût des
religieuses pour toute sorte de métier, tapisserie, broderie, « et fit
entreprendre un ornement au petit point en soye et le fond de fil d'argent dont elle tira le dessein : il a été estimé mille écus ». Elle avait eu

---

(1) V. Un bayonnais [Bailac] *Nouvelle chronique de la ville de Bayonne*. Bayonne, Duhart-
Fauvet, 1827, in-8°, p. 169. — H. Poydenot, *Récits et légendes relatifs a l'histoire de Bayonne*,
Bayonne, Lasserre, 1878, in-12, 2° p., p. 525. — Archives des Basses-Pyrénées, II. 180 à 188.
MM. les abbés Dubarat et Daranatz ont donné le plan du couvent restitué, dans leur très
belle édition du manuscrit de Veillet. *Recherches sur la ville et sur l'église de Bayonne*,
Bayonne, Lasserre ; Pau, Lafon, 1910, in-4°, p. 222.

(2) Le *Bulletin de la Société historique d'Auteuil-Passy* ou du XVI° arrondissement de
Paris, a publié divers articles sur ce monastère. Je me contente de l'indication suivante :
L. Mar, tome I, pp. 121, 150, 173.

(3) Bib. Nat., L 173 d. 2.

l'intention de construire une chapelle, mais un procès pouvait s'engager : elle tombe malade et renonce à son projet après une visite au Saint Sacrement. Elle fut réélue et devint directrice.

Il est fait mention de trois autres religieuses : Jeanne-Marie Cruau, de Nantes, conseillère, surveillante, sacristine, morte à 25 ans ; Marie-Françoise Menu, de Paris, qui entre d'abord chez les dames de la Providence d'Angers, puis, malgré sa condition dans le monde, passe au couvent bayonnais comme domestique et meurt, au bout de neuf mois, à vingt-cinq ans ; Marie-Péronne Choisnet, elle, n'eut vocation qu'à quarante ans, après avoir recueilli des héritages : elle fut tour à tour associée, coadjutrice, économe, sacristine, infirmière et dépensière.

Lettre du 2 mai 1707. Ce fut une grande peine pour les religieuses que d'apprendre, la veille, la translation de Mgr de Beauveau au siège de Tournay (Belgique). La reine douairière l'estimait fort ; elle est venue avec une humilité digne « d'être insérée dans l'histoire universelle pour servir d'exemple à la postérité », servir le jeudi-saint au réfectoire et a fait asseoir la supérieure à sa place, échangeant la modeste écuelle de celle-ci contre sa casserole d'or.

La supérieure était alors Louise-Augustine de Lanne et, depuis son entrée en fonctions, il n'y a pas eu de novice. Par contre on compte deux décès : Marie-Héronime Despefaille, de Bayonne, qui débuta chez les Ursulines, emportée le 5 septembre, à l'âge de vingt-neuf ans ; Marie-Augustine d'Arnault, de Dax, celle-ci avait été favorisée d'une apparition de la Bienheureuse mère de Chantal l'engageant à bien dresser une petite novice de dix-huit ans qui serait supérieure à quarante-deux ans. On tourne en plaisanterie ce rêve que Louise-Augustine de Lanne peut justement certifier être devenu réalité.

Lettre du 24 avril 1724. Le couvent compte trente-deux professes de voile noir, six de voile blanc (1) et quatre tourières.

Les décès ont été plus nombreux : Marie-Euphrosine Frèche, d'Ayherre, tourière (17 décembre 1723) ; elle avait d'abord servi chez les Ursulines qui l'offrirent aux Visitandines comme domestique. Un jour comme elle assistait à la messe du P. Engeran, récollet relégué à Saint-Jean-de-Luz, pour qui elle avait peu de sympathie, elle le vit à la Consécration tremblant, le front entouré d'un rayon de gloire ; aussitôt elle confessa sa faute.

Marie-Bernardine Hody, de Bayonne, avait débuté chez les Bernardines. Elle fut tour à tour sacristine, lingère, conseillère, surveillante et mourut le 27 décembre 1723, veille de l'année séculaire de saint François de Sales.

Françoise Martin d'Arguibel mourut le 27 mars 1724, à soixante-dix

---

(1) Le R. P. Hélyot décrit ainsi le costume dans ses *Ordres monastiques et religieux* : « L'habillement est noir et le plus simple qu'il se peut tant en la matière qu'en la forme. Les robes sont faites en forme de sacs, assez amples néanmoins pour faire des plis, étant ceintes. Les manches longues jusqu'à l'extrémité des doigts. Le voile est d'étamine noire, sans doublure. Bandeau noir sur le front. Au lieu de guimpe, une barbette de toile blanche sans plis avec une croix d'argent sur la poitrine ».

ans, après cinquante-quatre ans de profession ; elle était entrée au couvent à quinze ans. Le « faux accent » dans la récitation de l'office lui était une peine. La reine d'Espagne, à qui elle avait appris à faire les bourses au point noué, lui avait donné le nom de « petite maîtresse ».

Marie-Modeste Dantès, sœur de Joseph Dantès, maire biennal de la ville de Bayonne, morte le 17 septembre 1724, à cinquante trois ans, après trente-cinq années de profession, avait jeté, certain jour, dans les balayures quelques pommes de terre pourries, mais elle avait été aperçue et reçut l'ordre de les manger, ce qu'elle fit sans mot dire. Très aimée de la reine d'Espagne, elle en profita pour lui demander un tableau de sainte Barbe, objet d'affection de la part de cette sœur, et le tableau arriva la veille de sa fête.

Lettre du 23 mai 1725. Le couvent compte trente professes de voile noir, cinq de voile blanc, deux novices pour le chœur, une prétendante pour la cuisine, quatre tourières et vingt-quatre pensionnaires.

Marie-Angélique de Bruix, fille d'un premier échevin, sœur d'un maire biennal de Bayonne, est morte le 9 octobre 1724. Elle avait cinq sœurs et du temps qu'elle était en nourrice, faillit être dévorée par des porcs, mais son père invoqua saint Félix de Cantalice, et elle fut sauvée. Elevée chez les Ursulines, elle vint au monastère à l'époque de la maladie de la mère Dussaut, sa tante, attendant l'âge de profession ; au cours d'une maladie dont elle fut atteinte, son père invoqua à nouveau le saint en qui il avait confiance et elle fut sauvée.

Jeanne-Gabrielle de Haramboure, d'Arbonne, décédée le 8 février 1725, à l'âge de soixante-dix-huit ans, après quarante-sept années de profession, était d'une humble condition. Son père vendait des denrées à une des religieuses qui étaient au couvent lors de la fondation ; il sollicite l'admission de sa fille en qualité de domestique et, comme il n'y avait pas de place vacante, il la mit en service jusqu'à ce qu'il s'en trouvât une.

Anne-Euphrosine de Sorhainde, de la famille du premier échevin de Bayonne, morte le 18 mars 1725, à soixante-treize ans, après cinquante-cinq années de religion. A quinze ans elle avait toutes les qualités d'un monde qu'elle n'aimait pas Sa grand'mère et son tuteur la firent sortir du couvent, mais elle obtint, neuf mois après, de pouvoir y rentrer pour ne plus le quitter.

Lettre du 1er décembre 1727. Marie-Cécile de Laforcade a été élue supérieure un an environ et quelques mois avant. Mgr Druilhet est mort récemment [19 novembre] chez les Récollets de Saint-Jean-de-Luz ; il se retirait en leur monastère en tournée pastorale. On l'a porté processionnellement, de paroisse en paroisse, jusqu'à Bayonne où il a été enterré quatre jours après. Les religieuses voudraient bien enrichir leur sacristie de la croix pastorale de leur bienheureux père saint François de Sales que ce prélat, son possesseur, leur avait promise, mais ses héritiers ne sont pas encore arrivés et on ignore s'il y a un testament. Tout sera tenté pour obtenir ce précieux objet.

Le couvent réunit trente-six professes de voile noir, quatre de voile blanc, une prétendante, quatre tourières et dix-huit pensionnaires. Il a perdu deux religieuses : Marie-Pacifique de Lux, fille d'un laboureur d'Ayherre, le 4 septembre 1727 ; Jeanne-Angélique de Bruix, le 26 septembre, trois ans après sa sœur, à l'âge de vingt-cinq ans, après neuf années de profession. Elle « savait son saint Augustin d'une façon impeccable ».

Lettre du 8 novembre 1728. Trente-six religieuses de voile noir, quatre de voile blanc, une novice pour le chœur, une autre domestique, quatre tourières, deux filles de service, quelques pensionnaires.

Mgr de la Vieuxville a été nommé, en mars, évêque de Bayonne, mais comme il ne pourra arriver de longtemps, il a envoyé M. Quesson (1), curé de Nantes, choisi comme vicaire-général, et témoigne beaucoup d'affection aux religieuses. La reine d'Espagne est malade à Cambo (2).

Deux décès : Marie-Angélique de Larrodé, de Bayonne, morte le 11 mai 1728, à vingt-deux ans et demi. Elle n'avait que mille livres, somme insuffisante pour entrer en religion. La déposée, — et l'on sait que dans l'ordre de la Visitation ce qualificatif s'appliquait à la Supérieure sortie de charge (Trévoux), — sœur Portarrieu reçut avis d'un ecclésiastique qu'elle s'allât présenter à un riche bourgeois de Bayonne. Celui-ci ne promit rien, mais donna à une sœur, de ses alliées, deux mille livres avec interdiction de dévoiler son nom. Marie-Christine de Labains, de Labastide-Clairence, morte le 20 avril 1728, après cinquante années de profession « savait son fondateur par chœur en tous les passages ».

Lettre du 24 août 1730. A l'Ascension, Laurence-Marie de Lane a été nommée supérieure.

Mgr de la Vieuxville est arrivé le 28 juin et la ville épiscopale lui a fait une pompeuse réception. Il a célébré la messe au monastère le jour de la Visitation, qui tombe le 2 juillet, en gratifiant d'une belle chasuble les religieuses qui lui avaient offert une garniture de chaises.

Il y a trente-et-une professes de voile noir, cinq de voile blanc, une novice et une prétendante choriste, quatre tourières et plusieurs pensionnaires.

Mentionnons cinq décès : le 30 mai 1729, à soixante-cinq ans d'âge et trente-cinq de profession, Marie-Constance de Beguy, choriste, de Bayonne ; le 16 novembre, Marie-Aimée de Lahobiague, de Saint-Jean-de-Luz, quatre-vingts ans d'âge et cinquante-six de profession ; le 1er janvier 1730, Marie-Ignace de Laborde, de Bayonne, soixante-douze

---

(1) M. Poydenot op. cit. p. 613 dit qu'il avait été sacré en août 1728 et qu'il avait envoyé ses pouvoirs à M. Constantin, chanoine de la cathédrale, nommé official et vicaire-général. Le nom de Nicolas Quesson n'est cité (p. 614) qu'en 1730 et de façon évasive.

(2) La reine rentre à Bayonne le 17 novembre et je ne vois pas qu'il soit question de maladie dans l'amusante relation de son séjour en cette station agréable, par Martin d'Urbère, curé (C. Duvoisin, *Cambo et ses alentours*, Bayonne, Lamaignère, 1858, in-12, p. 28 et suivantes.

ans d'âge et cinquante-deux de profession, choriste; le 23 avril, Jeanne-Charlotte Le Blanc, trente-cinq ans d'âge, sept de profession; Marie-Elisabeth Digac, morte le 16 décembre 1730, à vingt-cinq ans d'âge et trois de profession, son père « avait la majorité » de Saint-Jean-Pied de-Port.

De 1730 nous arrivons à 1753 et nous ne trouvons guère que décès à constater. Catherine-Monique de Casevielle, de Saint-Jean-de-Luz, morte le 2 février 1753, à soixante-quinze ans d'âge et trente de profession, après avoir été quelque temps chez les Ursulines. Marie-Charlotte de Irigoyen, de Briscous, domestique d'abord, morte dans l'octave de l'Assomption, après cinquante-cinq ans d'âge et vingt-trois de profession.

Marie-Thérèse Péhaut, doyenne, était née à Bayonne. Elle fut élevée chez les Ursulines de Dax « dont les talens sont si propres et reconnus de tout le monde pour élever la jeunesse (1)». Elle désirait entrer chez ces religieuses, mais son père l'en empêcha. Portée d'une vive affection pour Mlle Depesailles, amie de Louise-Angélique de Lane, elle éprouvait de la répugnance pour la Visitation. Le jour de l'octave de saint Augustin elle consentit à accompagner son amie au monastère, mais sous la condition de ne pas voir une religieuse. Une tourière approche d'elle, l'interroge, elle répond sèchement, puis entend une voix qui la presse d'entrer dans cet institut. Cet ordre, a-t-elle déclaré depuis, était impérieux. On la veut retenir, peine inutile, et en vain aussi son frère essaie-t-il de la dissuader. Bientôt son amie venait la rejoindre et en même temps elles revêtaient l'habit. Sa dévotion envers saint Joseph était toute particulière. Bien qu'atteinte de douleurs, elle a pu voir célébrer son cinquantenaire en grande pompe. Une attaque de paralysie l'a emportée en quarante-huit heures, à soixante-dix-sept ans d'âge et cinquante-deux de profession.

Lettre du 27 décembre 1775. A l'Ascension, la mère Laurence-Augustine Dantès, d'une famille toute bayonnaise, a été élue supérieure. Elle était l'amie intime de Jeanne-Augustine Béhic, unique déposée, sœur probablement de Béhic, maire biennal. Guillaume d'Arche, évêque depuis 1745, honore de sa protection ce couvent qui compte trente professes de voile noir, quatre de voile blanc, une postulante pour le chœur, trois tourières et vingt pensionnaires.

Lettre du 20 avril 1762. En 1761, Jeanne-Augustine Béhic remplace son amie comme supérieure. Le couvent possède 20 religieuses de voile noir; cinq de voile blanc; presque toutes infirmes, trois tourières, trente-six pensionnaires.

Il y a eu deux décès : Marie-Gracieuse Débanes, ancienne élève des Ursulines, le 4 mars 1761, à soixante-sept ans d'âge et quarante-cinq de profession, et le même jour Marie-Bernardine Dantès, sœur de

---

(1) Sur les trois couvents d'Ursulines dont nous venons de parler, on peut consulter *Histoire de l'ordre de Sainte-Ursule* depuis sa fondation jusqu'à nos jours. Paris, Nyon, 1787, pet. in-4°, t. II, IVe part. liv. I, ch. IV, p. 330. Du monastère du bourg Saint-Esprit; ch. VIII p. 340, mention de celui de Saint-Jean-de-Luz: p. 341, des monastères de Pau et de Dax.

l'ancienne supérieure, à cinquante-cinq ans d'âge et trente-cinq de profession.

Lettre du 25 avril 1767. Laurence-Augustine Dantès est morte aussi. En six ans le couvent recevait seulement sept novices. L'abbé Genestet, aumônier, malade, a quitté le couvent après avoir rempli ses fonctions durant douze années, remplacé par l'abbé de Mugriet.

Mgr d'Arche a obtenu du pape une bulle pour l'érection de la confrérie du Sacré Cœur de Jésus dans la chapelle du couvent où avaient été autorisées l'exposition et la bénédiction du Saint Sacrement. Il a donné ses soins pendant deux ans à procurer au couvent l'acquisition d'un jardin et d'une maison bâtie à deux pieds de distance du mur de clôture et dont les fenêtres ouvraient sur l'infirmerie, le dortoir, le cloître et le parterre. Il avait même obtenu de la Cour un arrêt autorisant l'acquisition projetée, mais comme on a voulu « faire payer trop cher la bienséance » au monastère, l'affaire a été abandonnée.

Par ordre du Roi, les religieuses ont dû envoyer à la Monnaie de Bayonne l'argenterie de l'église. Il y a été pourvu par le remplacement de six chandeliers de bronze doré que M. Samson cadet, orfèvre de Toulouse, a fabriqués pour 1,500 livres. Un négociant de Toulouse, désireux de garder un généreux anonymat, a envoyé, en deux ou trois caisses, six chandeliers de bois doré du meilleur goût, dix-huit vases, un crucifix et deux attaches avec des glaces portant chacune cinq bougies. Le chœur a été réparé.

L'archevêque de Rennes a rendu visite aux religieuses qui se trouvent au nombre de trente de voile noir, une postulante de chœur, sept tourières et quarante pensionnaires.

Ici s'arrêtent les renseignements incomplets, tronqués sans doute. Peut-être cependant était-il préférable de ne pas les laisser ignorés.

LE DÉPARTEMENT DES DÉCIMES DU DIOCÈSE DE BAYONNE EN 1518

Les décimes étaient des deniers levés ordinairement ou extraordinairement sur le clergé de France pour la guerre contre les ennemis de l'Eglise à l'origine (1), comme part de ce corps dans les charges de l'Etat déguisée sous le nom de *don gratuit* qui apparait en 1661, par la suite. M. Clamageran les explique ainsi : « Les décimes levées sur le clergé ne sont pas sans analogie avec les emprunts forcés. Les décimes, comme les emprunts, sont des ressources extraordinaires qui, par leur fréquence, deviennent presque des revenus réguliers. Comme les emprunts, elles se rattachent à l'ensemble des impôts directs; comme eux, elles grèvent une certaine classe de la société. Depuis trois quarts de siècle, les biens de l'Église avaient été très ménagés. Il n'en fut pas de même sous François Ier; jamais le clergé, malgré ses privilèges, ne fut dans une dépendance plus étroite du

---

(1) Voir *Bib. Nat.*, F¹ F⁴ (Caignières), 20036, diverses bulles sur les décimes.

pouvoir temporel : « Quand le roi a besoin de l'argent du clergé, écrit, en 1535, l'ambassadeur vénitien Marino Guidiniano, il en demande la permission au Saint-Siège. Si on lui oppose quelque difficulté, alors il assemble tous les prélats qui lui sont dévoués et il se fait offrir par eux tout ce qu'il veut, à titre de don gratuit pour la défense du royaume. Les offres commencent par les cardinaux, qui eux-mêmes ne paient rien (*che non pagano*) et il lui est facile d'en tirer de l'argent, puisque les nominations sont dans ses mains ». En 1546, l'ambassadeur Marino Cavalli constate qu'à l'égard des décimes, « aujourd'hui on ne croit plus le consentement du pape nécessaire ». Puis il ajoute : « Tous les prélats reconnaissent le roi plus que le pape et Sa Majesté se sert de leur argent comme du sien. Il envoie au dehors des évêques et des abbés chargés de construire à leurs frais des navires, des maisons et des palais dont il hérite ensuite ; il se loge lui-même ou envoie loger chez eux qui lui plait ; les vieux soldats, pour récompense de leurs services, sont entretenus aux dépens de quelque abbaye ; de telle sorte que chaque chose tourne au bien du roi et au salut des âmes des prélats ».

« Chaque décime valait à peu près 140,000 écus ou 315,000 francs. En réalité, les décimes n'étaient guère que des demi-décimes, parce qu'on estimait les bénéfices moitié de leur valeur réelle. Mais on en demandait souvent deux, trois et jusqu'à sept par an. Leur produit dépassait donc quelquefois deux millions de livres (1) ».

Le rôle des décimes par diocèse se nommait *département*; c'est, dit le *Dictionnaire de Trévoux* : « la distribution, l'assignation qu'on fait des tailles et autres impositions sur les élections et les paroisses. *Vectigalium descriptio.* On dressa en 1516 une taxe de chaque bénéfice en particulier, au-dessous de la dime ou de la dixième partie du revenu, qui fut suivie depuis ».

Le département de 1516 qui servira longtemps, en effet, de dime pour déterminer les bases de la perception fut établi en conséquence de l'octroi par Léon X à François Ier d'une décime, une année durant, à affecter à la guerre contre les Turcs. Vers le milieu du XVIe siècle apparaît le contrat arrêtant la part contributive du clergé dans les charges publiques et portant le nom de Passy (1561), avec un engagement d'un don annuel de 1,600,000 livres pour dix ans. Ce pacte fut renouvelé en 1567 et son résultat demeurera définitivement acquis (2).

---

(1) Clamageran. *Histoire de l'impôt en France.* Paris, Guillaumin, 1868, in-8°, t. II, p. 115.

(2) L. Batcave. *Les décimes ecclésiastiques en Béarn 1615-1690.* (*Bulletin de la Société des Sciences. Lettres et Arts de Pau.* t. XXXI (1903), p. 95. M. Viguier, dans une thèse de doctorat en droit, *Les Contrats et la Consolidation des Décimes à la fin du XVI° siècle.* Paris, imp. Jouve, 1906, in-8°, étudie les décimes depuis 1560, c'est-à-dire depuis l'époque où ils deviennent consolidés, régularisés, habituels pour tout dire. « En 1516, écrit-il, par la conclusion du Concordat, les droits du roi sont accrus. C'est lui qui nommera aux prélatures. Désormais l'obéissance et la fidélité du clergé lui sont acquises. La même année Léon X accordait à François Ier une décime sur le revenu des ecclésiastiques en vue de la guerre contre les Turcs. — En exécution de la bulle qui autorisait la levée de la décime, on dressa une taxe qui devait représenter le dixième du revenu ecclésiastique. D'ailleurs elle était inférieure de la moitié à ce dixième » (p. 43).

C'est assez dire que la décime ne se pouvait lever qu'en terre française. Aussi nous a-t-il paru intéressant de publier le premier département du diocèse de Bayonne qui nous donnera la géographie ecclésiastique des parties cis-pyrénéennes de ce diocèse au commencement du XVIe siècle. Malheureusement les noms sont estropiés, défigurés comme à plaisir, et avec cette conscience rigoureuse que toute administration française apporte à ne pas modifier des erreurs qui se perpétuent, les départements successifs reprennent à leur compte ces erreurs, cause d'embarras pour nous.

Voici en tête l'évêque de Bayonne, les doyen et chapitre de la cathédrale, le major ou curé particulier de la ville, le custode et la longue liste des chapelainies : Baymes, Banits, Archanges des Chérubins, des Maux, Laduch, Lesbay (1), la Fosse, Araus, Gastelumandy, Pinaire de Tosse, Luc, Danesse, l'Asseigne, Bordeu, Gayon, Haguye, l'Hôpital, Pede aucta, Harispe, Versabat, Aubergarü, Gracy de Legure, Bernet, Aguerroc, du Saint, Sarraspe, Saint Jean, Giris, Bedeu, Aremont, Sont, Pascale du Casse, Lartigue, la Castanh, Jean deus Sens, Hauberguin, Vernau de Hei, la Boeris, Buart, Delparnacto, Empiis, Jean de Luson, Morten, Domenge, Sent, Berguons, Debile, Espelegui, Biet, d'Endounhec, Ancosse, Lesogno, Uraty, Lelande, Percade, Leguoarde, Saint Nicolas, Ordueix, Derin, Ordret ; hôpital de Saint Nicolas, cure de Saint-Léon, couvents des Dominicains, Franciscains, Carmes, Augustins, Clarisses, Bernardines.

Voici les abbayes : Lahonce, Urdach.

Voici les hôpitaux de Sadico, de Parabis.

Les cures et paroisses : Ainhoa, Biarritz, Bidart, Bassussarry, Arcangues, Helette et Arbonne, encore écrit Narbonne, Saint-Jean-de-Luz, Urrugne, Ascain, Saint Pé d'Ibarron, Espelette, Cambo, Itxassou, Ustaritz, Urcuray, Mendionde d'Hasparren, Saint-Martin-de-Garro ou Gréciette, Hasparren, Bardos, Jatxou, Saint-Esprit et autres lieux non identifiés.

Suit un certain nombre de chapelainies que je présume avoir été répandues dans la partie du diocèse frappée de la taxe. Mais nous ne rencontrons pas les mentions souvent portées dans les départements landais de scolanies.

Le total des décimes perçues s'élève à 640 livres 3 sols 11 deniers.

Si nous recherchons sur quel territoire fut levée la taxe, nous voyons qu'elle comprend strictement le Labourd, cantons actuels d'Espelette, Saint-Jean-de-Luz, Ustaritz ; Bardos, mais non Guiche ; Hasparren avec Saint-Martin-de-Garro ou Gréciette.

Le soin de recueillir les décimes incomba au représentant d'une ancienne famille basquaise et bayonnaise. Auger de Lahet, écuyer, seigneur de Garbaye, était né vers 1476, fut fabriqueur laïque et mar-

---

(1) Sur certaines de ces fondations on peut consulter la très utile publication de MM. les abbés Dubarat et Daranatz. *Recherches sur la ville et sur l'église de Bayonne* [Dr Veillet]. Bayonne, Lasserre. Pau, Lafond, 1910, in-4° t. I, p. 419.

guilier de la cathédrale (1507-1515), échevin en 1511 ; il vivait encore en 1562 (1).

Du compte de la decime levée au diocèse de Bayonne en l'année mil cinq cens dix hvict rendu par Augier de Lahet, auditeur ad Bullerum clausus undecima die mensis Aprillis millesimo quingentesimo XXXC° ante Pascam, a été extrait la recepte d'icelluy qui ensuit.

Des beneficiers du corps de la dicte ville et cité de Bayonne

Monsieur l'evesque du dict Bayonne pour la decyme de la rente et revenu dudict evesché la somme de cent huict livres pour . . . . — CVIII l.

De Messieurs les Doyen et Chappitre de l'église chatedralle du dict Bayonne la somme de cent vingt-deux livres, cy . . . . — CXXII l.

Du major ou curé particullier de ladicte ville pour la decyme de la dicte maiorie ou cure la somme de soixante sols, cy . . . . — LX s.

Des distributions des chapellanies de la dicte Eglise la somme de trente neuf livres, cy . . . . — XXXIX l.

De Jehan de Laugueur pour l'office de custode en la dicte église la somme de quatorze sols neuf deniers . . . . — XIV s. IX d.

Du revenu de la fabrique de la dicte église la somme de quatorze livres neuf sols tournois, cy . — XIV l. IX s.

De Martin Daguerre la somme de six sols tournois, cy . . . . — VI s.

Du revenu de la chapelanie Baymes laquelle possède Guillaume de Baymes, la somme de vingt-sept sols, cy . . . . — XXVII s.

Du revenu de la chapelanie de Banits, la somme de dix-neuf sols, cy . . . . — XIX s.

Du revenu de la chapelanie des Archanges des Cherubins, la somme de trois sols six deniers, cy. — III s. VI d.

De Pierre Darieu pour le reveneu de la chapelanie des Maux, la somme de vingt-cinq sols six deniers, cy. . . . . — XXV s. VI d.

De Jehan Duraty, pour le revenu de laultre chapelanie des Maux, la somme de dix hvict sols neuf deniers, cy. — XVIII s. IX d.

De André du Fau, pour laultre chapelanie de Maus, la somme de vingt huict sols dix deniers. . — XXVIII s. X d.

De Martin de Bedat, pour la chapelle de la Duche, la somme de dix-neuf sols tournois . . . . . . — XIX s.

De Jehan de Mariat, pour laultre chapelanie, la somme de XXIX s . . . . — XXIX s.

---

(1) Dubarat et Daranatz, *Op. cit.* p. XL et le tableau généalogique joint.

De Jehan de Beyria, pour la chapelanie de Thomas de la Duche, la somme de trente sols neuf deniers, cy.......................... XXX s. IX d.

De Jehan de Fins, pour la chapelanie de Jaeme de Lesbay, la somme de quarante huict sols tournois, cy............................ XLVIII s.

Du revenu des six chapellanies de la Posse, la somme de cent cinq sols neuf deniers, cy........ CV s. IX d.

De Jehan d'Abbais, pour laultre chapelanie de Baymes .... XXV s. X d.

De Ard⁵ de Marrud, pour la chapelanie de la Duche .... XXX s.

De Jehan d'Albais, pour la chapelanie d'Arans, la somme de cinquante six sols tournois, cy..... LVI s.

De Pierre Dastaigne, pour la chapelanie de Gastelumandy, la somme de dix sols tournois, cy. X s.

De Arnault Dalhat, pour la chapelanie de Pinaire de Tosse, la somme de vingt sols tournois, cy .... XX s.

De Guillaume Porceu, pour la chapellanie de Luc, la somme de quatorze sols tournois, cy..... XIV s.

De Jehan de la Lande, pour la chapelainie de Luc, la somme de cinq sols.................... V s.

De Jehan de Gastelemandy, pour l'aultre chapelanie de Gastelemandy .... [X s.]

De Pierre de Beralde, pour la chapelainie Danesse, la somme de treize sols tournois, cy ... XIII s.

De Augier Dalbais, pour l'aultre chapelainie Danesse, la somme de sept sols six deniers, cy... VII s. VI d.

De Pierre de Baralde, pour la chapelainie de l'Asseigne, la somme de vingt sols tournois, cy .. XX s.

De la chapelainie de père Anthonins Losgin-piecagist ou lit — pauvres calamiteux, pour ..... nihil

De Charles du Girant, pour la chapelainie de Bordeu, la somme de treize sols .... XIII s.

De Pierre Didotz, pour la chapelainie de Gayon, la somme de dix-sept sols sept deniers, cy .... XVII s. VII d.

De Jehan de la Bindrete, pour la chapelainie de Haguye, la somme de vingt sols tournois, cy .... XX s.

De Bertrand Delchet, pour la chapelainie de l'Hospitau, la somme de dix-huict sols tournois.. XVIII s.

Du revenu de la chapelainie de Pede Aucta, a néant, parce que ledit de Losla qui la possède est paralytique, pour ce .... néant

De Saubat de Labat, pour la chapelainie de Harispe, la somme de vingt-six sols six deniers tournoys, cy .... XXVI s. VI d.

De David de Lestele, pour la chapelainie de Vessabat, la somme de trente-sept sols trois deniers, cy................................ XXXVII s. III d.

De Jacmot de Montseguè, pour la chapelainie d'Aubergarü, la somme de vingt sols tournois, cy. XX s.

De Pierre de Luc, pour la chapelainie de Gracy de Legure, la somme de vingt-et-un sols, cy..... XXI s.

De Laurent de Carbaste, pour la chapelainie du Bernet, la somme de vingt sols tournois, cy ..... XX s.

De Pierre de Son, pour la chapelainie de Aguerre, la somme de dix sols neuf deniers, cy.......... X s. IX d.

De Martin de Suhaic, pour la chapelainie du Saint, la somme de neuf sols, cy............... IX s.

De Jehan Dalbaits, pour la chapelainie de Sarraspe, la somme de vingt-quatre sols neuf deniers, cy.................................. XXIV s. IX d.

De Jehan Dessargues, pour la chapelainie de Sainct Johan............................... III s. IX d.

De Augérot de Sauyan, pour la chapelle de Giris, trente sols, cy ....…................... XXX s.

De Jehan de Vinhau, pour la chapelainie de Bedeu, la somme de sept sols ung denier, cy .... VII s. I d.

De Pierre de Monho pour la chapelainie de Aremont, la somme de quinze sols tournois, cy.. XV s.

De Pierre d'Aguerre, pour la chapelainie de G — Art. de Sont la somme de vingt-deux sols, cy XXII s.

De Auger de Lehet, pour la chapelainie de Pastcale du Casse la somme de dix-huict sols, cy. XVIII s.

De Martin Derin, pour la chapelainie de Lartigue la somme de seize sols tournois, cy .... XVI s.

De Ardg. (Arnaud Guillaume) de Hourcade, pour la chapelainie de la Castanh, la somme de dix-sept sols, cy............................... XVII s.

De Guillaume Bigot, pour la chapelainie de Jehan Deus Sens la somme de vingt hvit sols six deniers tournois .... XXVIII s. VI d.

De Jehan de Berraute, pour la chapelainie Deus Sens, la somme de sept sols six deniers, cy...... VII s. VI d.

De Martin de Bastareche, pour la chapelainie de Hauberguin, la somme de vingt-trois sols neuf deniers, cy.............................. XXIII s. IX d.

De Pierre de Hiribety, pour la chapelainie de Vernon de Ilei, la somme de seize sols tournois cy .... XVI s.

De Hanato Dalbaits, pour la chapelainie de la Boëris, la somme de sept sols six deniers, cy..... VII s. VI d.

De Ard G^m de Forcade, pour la chapelainie de
Buart de la Sere, la somme de dix sols cy . . . .   X s.

De Bertrand d'Auduestesse, pour la chapelainie
Detparnacto, la somme de douze sols tournois . . .   XII s.

De Jehan de Laguerio, pour la chapelainie de
d'Empiis, la somme de dix-sept sols, six deniers.   XVII s VI d.

De Auger de Sainct-Martin, pour la chapelainie
de Castelu (1) d'Empiis la somme de dix sols
six deniers tournois, cy . . . .   X s. VI d.

De François de Aula, pour la chapelainie de
Jehan de Luson, la somme de douze sols tournois   XII s.

De Jehan de Thenoren, pour la chapelainie de
Remonde de Morten, la somme de quatorze sols
tournois, cy. . . . .   XIV s.

De Laurent de Carbaste, pour la chapelainie de
Domenge, la somme de quinze sols tournois, cy .   XV s.

De Marthinco de Lachans, pour la chapelainie
de G. Arnd de Sent, la somme de onze sols six
deniers tournois, cy . . . .   XI s. VI d.

De Boniface de Harosaguey, pour la chapelainie
de Berguons, la somme de hvict sols tournois, cy   VIII s.

De Bertrand de Lechet, pour la chapelainie de
Debile, la somme de quatre sols tournois, cy . . . .   IV s.

De Estaisine de Sautia, pour la chapelainie
d'Espelegui de Biet, la somme de dix sols, cy. . . .   X s.

De Ard. de Castanhe pour la chapelainie d'Endounhec, la somme de hvict sols tournois, cy . . .   VIII s.

De Gaspar d'Aublan, pour la chapelainie d'An-
cosse, la somme de neuf sols six deniers, cy . . . . .   IX s. VI d.

De Dominique de Gartz, pour la chapelainie de
Esgombe, la somme de douze sols, cy . . . .   XII s.

La chapelainie de Perico d'Ordres, néant, parce
que on ne sait ou est la rente est. . . . au pays, ci .   néant

De Ard. Marrut, pour la chapelainie de Lesogno,
la somme de onze sols trois deniers tournois, cy.   XI s. III d.

Plus quatre chappelainies de Chappitre, ensem-
ble, ont valu la somme de . . . .   CII s.

De Pierre de Segue, pour la chapelainie d'Uraty,
la somme de . . . .   XXXVI s.

De Jehan de Lelande, pour la chapelainie de
Lelande, la somme de trente sept sols, cy . . . .   XXXVII s.

De Martin de Suhars, pour la chapelainie de
Percade, la somme de trente ung sols six deniers.   XXXI s. VI d.

De Jehan d'Albaits (2) pour la chapelainie de
Leguoarde, la somme de trente neuf sols huict
deniers tournois, cy . . . .   XXXIX s. VIII d.

---

(1) Ou Cathelic.
(2) Ou Albartis.

De Bertrand de Lelande, pour la chapelainie de Sainct Nicolas, la somme de dix-sept sols, cy .... XVII s.

De Ad. Dicot Diratz, pour la chapelainie de Saint-Nicolas, la somme de six sols tournois, cy . VI s.

De Martin de Suhare, pour la chapelainie d'Ordoiex, la somme de sept sols six deniers, cy. VII s. VI d.

De Gurathars (1) de Hiriart, pour la chapelainie Derin, la somme de trente-cinq sols, cy .... XXXV s.

De Perico d'Ordret, pour la chapelainie d'Ordret, la somme de quarante sols tournois, cy .... XL s.

De Bertrand de Lehé, pour l'ospital de Sainct-Nicolas, la somme de cinquante sols tournois, cy L s.

De Jehan de Lalande, pour la cure de Saint-Léon la somme de quatre livres dix sols, cy ..... [IV l. X s.

Du couvent Sainct-Dominique, la somme de neuf livres hvict sols, cy .... IX l. VIII s.

Du couvent de Sainct-François, la somme de quatre livres tournoys, cy...................... IV l.

Du couvent des Carmes, la somme de .... XL s.

Du couvent des Augustins, la somme de trente sols tournois, cy .... XXX s.

Du couvent de Saincte-Clere, la somme de..... XL s.

Du couvent de Sainct-Bernard, de ce qu'il a au diocèse la somme de............................. C s.

L'abbaye et chappitre de la Fonse, avec leurs membres d'Urcuyt et Sainct-Jehean de Civicts a vallu pour la decyme de l'année de ce présent compte, la somme de quatorze livres neuf sols sept deniers, cy .... XIV l. IX s. VII d.

Chocole avec la borde, la somme de trente-neuf sols quatre deniers tournoys, cy .... XXXIX s. IV d.

Du revenu de l'abbaye d'Urdache en France, en la paroisse Damohic a valu ceste dicte année la somme de................................ LXVI s. IX d.

De Dominique de la Baudelac, pour l'austel d'Ainhoa, la somme de dix sols tournois, cy..... X s.

De Laurenc de Carbaste, pour la cure de Biarrits, la somme de cent cinq sols tournois, cy .... CV s.

De Michain de la Randerye, pour la cure de Bidart, la somme de sept livres dix-sept sols six deniers tournois, cy ...;.................... VII l. XVII s. VI d.

La fabrique de ladite cure la somme de........ IV l. IV s.

De Dominicque de Sacallaire, pour la cure de Bassussarri, la somme de...................... XL s. l. ?

De Jehan de Farges, pour la cure d'Arcangues, la somme de six livres quinze sols tournois, cy.. VI l. XV s.

____
(1) Ou Guratheirt.

De Estienne de Santis, pour la cure de Helesse et Narbonne, la somme de six livres, cy ....   VI l.

De Micheau de la Renderie, pour la cure de Sainct-Jehan-de-Lus, la somme de ....   VIII l. X s.

De André d'Iturbide, pour la cure d'Urrunhe la somme de quatorze livres huict sols tournois, cy.   XIV l. VIII s.

De Jehan de Cougerie, pour l'hospital de Sadico de ce qu'il a au royaume la somme de douze livres neuf sols tournois, cy ....   XII l. IX s.

De Bernard de Maormich, pour la cure d'Astainh, la somme de quatre livres ung sol tournois, cy.................   IV l. I s.

De Saubat d'Olhagaray, pour la cure de Saint-Pé d'Ibarron ....

De Jean de Saint-Martin, pour l'hôpital de Parabis et Gnosors, la somme de.................   V l.

De Jean de Saint-Martin, pour la cure d'Espelette, la somme de.................   II l. V s.

De Mortissans d'Urbero, pour la cure de Cambo, la somme de ....   IV l. X s.

De Martin de Saint-Martin, pour la cure d'Istatsou, la somme de.................   II l. V s.

Pour la pension de Bertrand de Lahetsu, ladite cure, laquelle est de ....   XXX l.

De Martin d'Argine, pour la cure de Stains, la somme de.................   VII l. X s.

De Jean du Halde pour la cure d'Assulhade (Urcuray?) la somme de ....   IV l. III s.

De Jean de Cehegoren, pour la cure de Margniagne.................   II l. IV s.

De Jean de Lissagnoragne, pour la cure de Mendiando, la somme de ....   II l. V s.

De Pierre de Busey, pour la cure de Saint-Martin-de-Garro, la somme de.................   I l. X s.

De Pierre de la Barriere, pour la cure de Hasperan, la somme de ....   X l.

La cure d'Ignesson la somme de.................   II l. XIV s.

De Charles de Gramont, pour la cure de Bardos, la somme de ....   VIII l. VI s.

De Martin Daudietsse, pour la cure de Bardos, la somme de ....   V l. XII s. VI d.

De Arnaud du Faur, pour la cure de Ecoule, la somme de.................   VII l. II s. VI d.

De Jean de Larre, pour la cure de Jatssu, la somme de ....   I l. X s.

D'André de Ditabuc, pour la cure de Cavet (?) de Saint-Esprit, pour le revenu qui est en ce diocèse, la somme de.................   IX l. XIII s. III d.

De Martin d'Arguie, pour la chapelainie Distu-
bie, la somme de.............................. I l.
  La chapelainie de Mag (de) laine, la somme de. II l. V s.
De Pasto de Sametagne, pour la chapelainie du
Chapitèli, la somme de......................... I l.
De Jean de Luyat, pour la chapelainie de Bar-
baru, la somme de .... I l.
De Guillaume de Thegorien, pour la chapelainie
de Suimelague, la somme de.................... I l.
De Dominique de Phal, pour la chapelainie de
Hiriberi, la somme de .... I l. X s.
De D... d'Attechie, pour la chapelainie de Che-
veru, la somme de............................. XV s.
De Pierre de Chevicque, pour la chapelainie de
Cheiq, la somme de .... I l. X s.
De Pierre de Bergare, pour la chapelainie de
Doingo, la somme de .... I l. X s.
De Martin d'Arguie, pour la chapelainie d'Ar-
guie, du dit Pierre de Bergare, pour la chapelai-
nie de Bastaranche, la somme de .... XV s.
D'Adam Dayre, pour la chapelainie de Belay, la
somme de .... I l. XXI s. III d.
De Jean de Bessimple, pour la chapelainie de
Beloy, la somme de............................ I l. XII s. III d.
De Jean de Chegoren, pour la chapelainie de
Chabiague, la somme de .... I l. IV s.
De Auge de Houssegin, pour la chapelainie de
Houssigny, la somme de........................ XV s.
  De Micheau de Vatssu, la somme de........... XII s. VI d.
De Micheau d'Aregeay, pour la chapelainie de
Sichy, la somme de .... X s.
De Jean d'Agnoreta, pour la chapelainie de
Lafarguenabe, la somme de..................... I l.
De Martissans de Haresburu, pour la chapelai-
nie de Haresburu, la somme de .... I l. XVII s. VI d.
De Micheau de Hiriart, pour la chapelainie de
Harismendy, la somme de...................... XV s.
De Pierre de Ganderatz, pour la chapelainie de
Ganderatz, la somme de....................... I l. X s.
De Bertrand de Léger, pour la chapelainie de
Gosoro, la somme de .... I l. XIV s.
De Laurent de Carbaste, pour la chapelainie de
Lissarague, la somme de....................... XV s.
De Martin de Charistigney, pour la chapelainie
de Ganderatz, la somme de .... I l. IV s.
De Jean Deschart, pour la chapelainie de
Deschart, la somme de .... I l. XIII s. VII d.

La chapelainie de Thelebert de Temussie a son
revenu hors ce diocèse, pourquoi .... néant
De Tristan de Juncal, pour la chapelainie de
Fargues, la somme de .... I l. X s.
De Martin d'Arquie, pour la chapelainie de
Bethargny, la somme de.................... XV s.

TOTAL. (1).... VCXL l. III s. XI d.

3me Communication. — M. Théodore RICAUD, Secrétaire de la « Société
Archéologique de Bordeaux », membre de la « Société des Archives
Historiques de la Gironde ».

COUP D'ŒIL A L'INTÉRIEUR DE QUELQUES ÉGLISES ET COUVENTS DE BORDEAUX AU XVII° SIÈCLE

MESDAMES, MESSIEURS,

Un grand philanthrope du siècle dernier, Jules Simon, venant présider, en novembre 1891, la séance d'inauguration de l'œuvre des
Ambulances urbaines bordelaises, s'écriait dans un élan d'enthousiasme justifié certainement autant par son excessive bonté naturelle
que par le penchant qu'il avait pour la vieille cité d'Ausone :

« Si je venais au milieu de vous tout couvert de papier blanc, il n'y
en aurait pas encore assez pour inscrire le nom de toutes les sociétés
de bienfaisance et de fraternité qui existent à Bordeaux ».

En faisant la juste part des éloges, peut-être excessifs, contenus
dans cette phrase, vous allez, néanmoins, voir, au cours de la petite
promenade rétrospective que nous allons entreprendre ensemble,
combien en cette ville s'est depuis longtemps manifesté d'une façon
tangible l'impérieux besoin qu'a l'être humain de se rapprocher de
son semblable afin de rendre par ce moyen moins pénibles les conditions de son existence.

L'éminent savant qu'est M. Camille Jullian rappelle dans son
Histoire de Bordeaux (pages 312 et 313) que, jusques vers le milieu du
XVe siècle, la bourgeoisie bordelaise s'était montrée assez contraire à
l'établissement des corporations ouvrières. Pour dominer sur le peuple il fallait, dit-il, que le peuple n'eût point de chefs, point de liens,
point de lois.

La jurade prenait contre les associations les mêmes précautions
que l'Etat romain contre les collèges municipaux.

Il est à craindre, disait-on au temps de Trajan, que « sous couleur

---

(1) La partie entre guillemets est tirée d'une copie des Archives Nationales G^3. Je n'ai pu
mettre la main, ni aux Archives, ni à la Bibliothèque Nationale sur le document où j'avais
pris copie de ce texte, il y a fort longtemps, et dont j'avais égaré les derniers feuillets. Il y
a à la Bibliothèque Nationale F^e F^e 15740 une transcription de ce document venue de Saint-
Germain-des-Prés. J'ai utilisé ces deux textes pour opérer certaines rectifications, hélas !
fort insuffisantes des noms propres.

de religion ou de métier, ils ne deviennent des comités politiques et des causes de trouble... » (1)

Le pouvoir agissait, en somme de telle sorte, que leur existence était à peu près impossible.

Il y a bien la confrérie du Saint-Sacrement et de la Vraye Croix établie dans l'église Sainte-Colombe depuis 1307, ainsi que les corporations des orfèvres, des sacquiers et des vingt maîtres barbiers dont les boutiques étaient uniformément ornées de l'inscription suivante : « Barbier, baigneur, étuviste, perruquier ; céans on fait le poil, on tient baings et étuves », signalées dès le quinzième siècle ; mais ce sont là des exceptions.

Louis XI fut le premier roi qui permit à la plèbe bordelaise de s'organiser.

Malheureusement les événements divers qui agitèrent et troublèrent profondément, durant plus d'un siècle, la province de Guyenne, guerres civiles et religieuses, épidémies nombreuses, périodes de famine, ne permirent guère à la classe laborieuse d'user de ce bienfaisant nouvel état de choses. Au XVIIe siècle le temps redevient serein ; de toutes parts les manifestations d'aide mutuelle se font jour sous la forme de sociétés, prenant suivant le cas et le but visé, les noms de confréries, corporations, communautés, compagnies.

Donner un modeste aperçu des confréries, indiquer leur siège, mentionner la date de leur fondation, celle de l'établissement des statuts qui régissaient leurs membres, tel est l'objet de la présente étude dont la presque totalité des matériaux provient des registres ou liasses des Archives départementales de la Gironde (série G).

Avec de la patience, nous avons pu retrouver, non seulement la trace de nombreux foyers de solidarité, mais, ce qui est plus intéressant, beaucoup de statuts et par là même il nous a été possible de nous rendre compte du curieux état d'esprit qui était le leur.

Ces règlements sont bien différents suivant la classe d'hommes auxquels ils s'adressent ; la note religieuse domine naturellement, le culte des morts aussi, mais il est une préoccupation constante qui leur donne leur véritable physionomie généreuse et bien française : «Venir en aide au confrère que l'infortune frappe est un devoir absolu.»

Le dimanche 16 mai 1683, environ les sept heures et demie du matin, l'Illustrissime et Révérendissime messire Louis d'Anglure de Bourlemont, archevêque de Bourdeaux, partit de son palais archiépiscopal accompagné de ses vicaires généraux, les sieurs d'Allaire, Brenot, Hiérosme Lopès, théologal, ce dernier auteur de l'Histoire de l'église métropolitaine de Saint-André de Bordeaux, du sieur Bouchet, son promoteur, de son secrétaire, de ses officiers et domestiques, pour aller visiter l'église Saint-Michel.

Aussi curieux que soient les détails concernant la réception du

____

(1) Jullian. Histoire de Bordeaux, 1895, page 313.

prélat par le clergé et les fidèles, force nous est de passer sur le tout et d'en arriver au seul but poursuivi.

La première chapelle qui s'offrit à la vue de Sa Grandeur fut celle de N.-D. des Anges située du (costé) de l'évangile du grand autel.

La confrérie dédiée à N. D. des Anges y a son siège, lit-on dans le procès-verbal de visite.

C'est une association purement religieuse, ouverte à toutes sortes de personnes.

La chapelle du Calvaire, appartenant à M. de Carbonnieux, qui a droit de sépulture, celles de N.-Dame de Bonne-Nouvelle et de Sainte-Blanche ne sont à cette époque le centre de réunion d'aucune confrérie.

Par contre, dans celle dite du Saint-Esprit, nous trouvons la confrérie des « Coffriers à l'honneur de saint Joseph », avec statuts datant de 1520.

Au commencement du « costé du haut des chapelles qui sont dans la nef de ladite église du costé gauche en entrant » se trouve une chapelle, fort vaste, dédiée à saint Joseph.

Il y a, dit le procès-verbal de visite, « un rétable ancien, garni de belles figures de plastre ou de pierre blanche ».

Les charpentiers de haute futaie, dont les statuts sont du 3 janvier 1616, s'y réunissent.

Les « empaqueurs de poisson salé », à l'honneur de saint Marc, vont dans celle qui est réservée à ce saint ; les « couvreurs » dans celle de Sainte-Suzanne, les « quincailleurs » se réunissent dans celle de Saint-Louis.

Les règlements de ces derniers sont signés du « deffunct cardinal François de Sourdis ».

La confrérie des colporteurs, fondée en 1625, et dont les statuts furent rédigés en 1626, y avait également son siège.

La chapelle de N.-D. de Montuzet « première du costé droit de la nef en entrant » est le centre de réunion de la fameuse confrérie dite des Montuzet, dont on a quelquefois, par erreur, attribué la fondation à Louis XI. Il n'en fut en réalité que le réorganisateur et surtout le protecteur.

Au point de vue religieux, les règlements des confrères n'étaient guère en règle si l'on en juge par les réflexions suivantes suggérées au secrétaire de l'archevêque et inscrites dans son rapport :

« Le syndic y a réputé des statuts faits entre eux, escrits dans un ancien livre et lettre ancienne en gascon ; ils ne sont ny approuvés, ny authorisés par aucun de Nosseigneurs les archevêques. »

Ordre fut donné de les représenter en congrégation (conseil de l'archevêque) pour être approuvés et confirmés.

Les « mesureurs de sel » formant une compagnie de quatorze maîtres, dont les statuts datent de 1497, se réunissent dans la chapelle Saint-Roch, appartenant à M. Dubernet de Montesquieu qui a droit de sépulture.

Une pièce du 28 mai 1662 mentionne que : « Si par malheur un des membres venait à être pris par les Turcs ou les infidèles, les confrères alloueront à sa femme et à ses enfants, durant le temps de sa captivité, une paye sur le pied de treize et demy qui est une vingt-septiesme partie de ce qu'un [membre] de la compagnie peut avoir comme lui revenant sur les travaux qui se feront (art. 2 et 5 des statuts).

Les paveurs, dont les statuts sont du mois de mars 1673, ont également là le siège de leur confrérie.

Pour être reçu maître paveur il fallait, trois mois avant la date de sa réception, faire un chef-d'œuvre à ses frais et dépens, consistant en dix brasses de pavages en telle porte de ville désignée par les examinateurs.

La chapelle Saint-Fort est réservée à la (frérie) des porteurs crocheteurs, de saiges de farines et charretiers.

Fondée en 1540, elle n'eut des statuts qu'en 1580.

Les matelots, dont la confrérie est à l'honneur de sainte Catherine, ont leur centre de réunion dans la chapelle de ce nom.

Ce groupe remonte au 24 mars 1516 et leurs statuts à 1534.

Dans la chapelle Saint-Vincent, appartenant à M. Despaignet, président au Parlement de Guyenne, s'assemblent les charpentiers et plusieurs autres métiers. Nos recherches nous ont permis d'établir que sous la dénomination vague de « plusieurs autres métiers » se cachent la confrérie des (cardeurs de laine), avec statuts du 15 septembre 1604, et celle des « pasquiers » (gardeurs de pâturages), fondée en 1613.

Les pèlerins fréquentent la chapelle Saint-Jacques. Les adhérents de cette association, fondée vers 1409, s'engageaient à aller prier sur le tombeau de (Mgr le baron saint Jacques de Compostelle).

Leurs statuts, élaborés le 2 mai 1520, ne furent approuvés qu'un siècle plus tard par le cardinal François de Sourdis.

L'archevêque d'Anglure de Bourlemont crut utile à son tour de les reviser.

La chapelle Sainte-Apollonie est réservée aux « jaugeurs », celle de Saint-François aux « faiseurs de couvertures », celle de Saint-Jean-Baptiste aux « charpentiers de barriques », avec ordonnances de 1620, approuvées par François de Sourdis.

Enfin, il y a encore la confrérie des « déchargeurs de bled », à l'honneur de saint Jean, celle du Saint-Sacrement remontant à 1530, et celle de Saint-Michel, existant, paraît-il, dès 1397.

Cette dernière association faisait célébrer des obits sous le clocher, dont la partie inférieure était à cette époque un ossuaire.

Tout à proximité nous trouvons le couvent des Cordeliers de la Grande Observance (place des Cordeliers actuelle).

Dans la chapelle une inscription est ainsi conçue :

« Du règne très chrétien Louis treize du nom, roy de France et de Navarre, la frérie des sergents de bande de cette ville de Bourdeaux a été fondée en cette chapelle du Saint-Esprit sous l'invocation du Bienheureux roy saint Louis, authorisée la dite frérie par la permission du seigneur cardinal de Sourdis, archevêque de Bourdeaux et confirmée par arrêt de la cour l'année 1623. »

Dix pages vélin, in-folio, ont été nécessaires pour contenir les articles de ce groupement. Certains sont très précieux au point de vue historique, notamment l'art. 1er ainsi rédigé :

« Le nombre des sergens de bande demeurera à l'avenir fixé à 114, destinés pour le service des 38 compagnies bourgeoises établies dans la ville qui ont 3 sergents par compagnie sauf si messieurs les jurats trouvent à propos, en cas de besoin ou de quelqu'autre nécessité publique ou autrement, d'en augmenter le nombre. »

Ce monastère est encore le lieu de rendez-vous des « maistres piniers, étainiers, potiers » à l'honneur de saint Martin, des serruriers qui reconnaissent pour patrons saint Pierre et saint Paul, des professeurs « ès arts d'écriture et d'arithmétique » sous l'invocation de monsieur saint Mathieu l'Evangéliste, des maistres tourneurs « en bois, ébeine, yvoire et corne ».

Cette dernière confrérie est érigée sous le vocable de saint Michel. La question si délicate, si complexe des salaires était réglée chez les tourneurs d'une façon assez étrange et passablement éloignée du concept actuel en pareille matière.

On ne parle guère aujourd'hui que de minimum de salaire. L'art. 33 des statuts de cette association rend non seulement légal mais établit un maximum de gain impossible à dépasser quels que fussent l'adresse de l'exécutant ou le fini du travail rendu.

Il inhibe et défend à tous les maistres, sous peine de 20 livres d'amende, de donner pour les ouvrages de bois blanc plus que s'ensuit :

« Pour les fauteuils à demy-mode 6 sols, pour les chaises demy-mode 4 sols, pour celles de grand'mode et d'Hollande 6 sols. Un fauteuil commun ne peut être payé plus de 4 sols, une chaise de la même catégorie deux sols, six deniers, celles dite (conture) ou d'enfants 2 sols, les chariots d'enfants sont taxés 6 sols. »

Sortons des Cordeliers et parcourons deux ou trois cents toises. Nous voici chez les Carmes (bieilhs) (Vieux Carmes-Grands Carmes).

Les immeubles portant les numéros 140 à 150 du cours Victor-Hugo actuel occupent l'emplacement de ce monastère.

Les confréries sont encore ici fort nombreuses.

En l'honneur du glorieux évangéliste saint Luc se trouve celle « pour et en faveur des docteurs médecins, jurez et aggrégez dans la ville de Bourdeaux ».

Les statuts des médecins se composent de dix-sept articles, adoptés le 12 juillet 1660 par Henry de Sourdis, archevêque de Bordeaux.

Tout autres, mais fort intéressants aussi, sont ceux des cuisiniers renfermant 24 articles établis ou confirmés en 1660, c'est-à-dire six ans après la fondation de cette confrérie érigée sous le vocable et la protection de saint Laurent.

Se souvenant de la grande charité de leur patron, les confrères étaient tenus de considérer comme une de leurs principales obligations l'amour des pauvres et en particulier ils ne devaient point négliger de venir en aide aux orphelins et veuves des cuisiniers.

Ils devaient également, afin d'imiter autant qu'ils pourront le zèle de saint Laurent pour les intérêts de la religion, prendre garde qu'il n'arrive entre eux aucune tache qui déshonore la confrérie, comme « débauche, impureté, ivrognerie, mauvaise foy, calomnie ».

Sous l'invocation de saint Jean-Baptiste, nous trouvons les sergents royaux qui par suite de difficultés diverses avec le curé de Sainte-Colombe et grâce à l'autorisation accordée par l'archevêque Louis-Jacques d'Audibert de Lussan transportèrent chez les Carmes le siège de leur association dans laquelle pouvaient entrer également les huissiers des différentes juridictions de Bordeaux.

Les règlements recommandaient d'une façon toute particulière une parfaite concorde entre les membres.

Nantis de fonctions modestes et peu lucratives, la contribution personnelle se réduisait à vingt sols comme droit d'entrée et à dix sols comme rétribution annuelle payable le jour de la fête de la société, tandis que celle des médecins atteignait 30 livres sans compter (d'autres droits establis).

L'art. 11 des statuts stipule que le trésorier exercera en même temps les fonctions de secrétaire.

L'art. 13 défend dans la dite confrérie toutes charges et offices autres que ceux de syndic et de trésorier-secrétaire.

Le couvent des Carmes donne encore asile à la confrérie des maitres et compagnons menuisiers à l'honneur de madame sainte Barbe, fondée en 1491, à celle des maitres « chaussetiers » érigée sous le vocable de sainte Catherine.

La cotisation était d'un ardit par semaine.

Huit « personnages » choisis dans la société étaient chargés d'avoir le « regard et visitation sur le dit métier ».

Pour franchir l'étape d'aspirant, il était de stricte obligation, après avoir satisfait à l'examen professionnel **d'usage**, d'offrir un bon dîner à quatre maitres chaussetiers.

Sous l'invocation de N.-D. de Pitié, l'on rencontre les « tessiers », tisserands, qui ne semblent former qu'une association avec celle des « sacquiers » signalée dès le 23 janvier 1451.

Le droit d'entrée était de cinq sols auquel venait s'ajouter une rétribution annuelle de treize sols un liard, pour les hommes et de quinze deniers pour les femmes, payable le jour de Notre-Dame de Septembre, art. 28 des statuts.

A la tête de la confrérie se trouvait un (colonel). L'usage exigeait qu'il offrît le pain bénit le jour de sa nomination. Afin d'éviter les petits inconvénients résultant du fait de l'élection possible de (colonels) peu généreux, l'art. 27 des statuts avait soin de spécifier qu'il devait être acheté par l'heureux titulaire de cette fonction de confiance au moins pour huit livres de ce pain.

Les maitres « boutonniers, bonnetiers et garnisseurs de chapeaux » se réunissent dans la chapelle de N.-D. de Lorette. Leurs statuts contiennent 27 articles.

La confrérie des bourgeois et marchands de Bordeaux, érigée sous le vocable de la sainte Vierge, est établie au grand autel dès 1654; celles des maçons, signalée dès 1474, de l'Assomption de la sainte Vierge, datant du 3 décembre de la même année; des taberniers, à l'invocation de saint Martin, fondée le 17 août 1516; des vinaigriers ont également leur siège dans la chapelle de ces religieux.

Nous voici le 18 mai 1683. L'antique rue Saint-James présente un aspect de fête.

Elle est toute tapissée de (costé et d'autres) et couverte depuis le canton (coin) de la rue Bouquière. Les officiers et soldats du guet sont sous les armes, rangés en (haye) tout le long de la dite rue. Les cloches de l'Hôtel de Ville sonnent à toute volée. Il est huit heures du matin quand l'archevêque Louis d'Anglure de Bourlemont apparaît tout à coup dans un splendide carrosse accompagné d'une nombreuse suite.

A son arrivée devant l'église Saint-Eloy, dont les battants (vantaux) des portes sont couverts de fers de chevaux, chefs-d'œuvre des maréchaux-ferrants, éclate une décharge de mousqueterie.

Le curé Lauvergnac présente la croix à baiser au prélat et la visite canonique commence.

La première chapelle, dédiée à N.-D. de Pitié et à saint Joseph, est le lieu de rendez-vous de la confrérie des (maistres faures) (forgerons) unis aux maréchaux-ferrants qui ont saint Eloi pour patron.

Les compagnons forgerons, braves cœurs, sont d'une générosité à toute épreuve. Ils aiment leurs confrères à tel point que dès qu'il en arrive un nouveau en ville ils s'empressent tous de quitter le travail afin d'aller le « régaller et faire débauche avec lui. »

Comme bien on pense tout n'allait pas toujours pour le mieux dès que les confrères étaient un peu « échauffés », d'autant qu'ils avaient comme habitude presque constante de « s'injurier, de se battre et de porter scandale à un chacun particulièrement à leurs maitres ».

L'art. 2 de leurs statuts rend possible la modification de cet état de choses presque permanent.

Défense est faite aux patrons de les laisser désormais sortir de leurs boutiques, mais sans nul doute semblable règlement ne put que rester presque à l'état de lettre morte.

L'heure de visiter la chapelle de l'Hôtel de Ville étant survenue, l'archevêque sort un instant de l'église Saint-Eloi.

La rue traversée, le voici devant la porte du Conclave où se trouvent réunis pour le recevoir le maire et les six jurats revêtus de leurs superbes costumes de gala, le procureur syndic, le clerc de ville, le capitaine du guet, le concierge, personnalité importante à cette époque. Ancien officier de la ville, il avait la garde des clefs d'icelle. Dans les cérémonies officielles, il marchait au devant de messieurs les jurats, portant la masse d'argent, indice de leur autorité.

Dans la cour de l'Hôtel de Ville sont massés les officiers et soldats du guet, les hérauts d'armes, les huissiers.

En avant le chevaucheur de la ville, dont le chef est orné d'une fort belle toque de velours, étale avec orgueil sa casaque de velours rouge cramoisi toute couverte de fleurs de lys d'or.

Des mélodies se font entendre. Ce sont les fifres, les hautbois, les trompettes de ville qui sonnent haut et clair dans leurs longs instruments d'argent ayant pendus à iceux les étendards où l'on distingue brodées les armoiries de la cité.

M. de Rans, gentilhomme et premier jurat, s'avance pour prononcer la harangue d'usage.

Que de détails curieux sur cette chapelle dont les lambris disparaissaient sous les portraits des jurats qui hélas ! furent anéantis à tout jamais dans l'incendie du 16 avril 1699.

Après avoir été reçu dans la salle des grandes audiences, le prélat est reconduit avec le même cérémonial à l'église Saint-Eloy où la visite liturgique s'achève.

La chapelle Sainte-Luce est le siège des (perpontiers) pourpointiers faiseurs de courtespointes.

Cette confrérie, dit le procès-verbal, est presque éteinte, car il n'y a plus de personnes de ce métier.

Les maîtres tailleurs leur permirent, vu leur détresse, d'entrer dans leur confrérie le 10 mai 1687, c'est-à-dire quatre ans après.

C'était une ancienne société. Ils avaient été autorisés par l'archevêque Jean de Foix, le 10 août 1520.

Le cardinal François de Sourdis avait confirmé leurs statuts le 7 janvier 1603.

Les (scelliers) selliers, les ouvriers en fer-blanc qui devaient, pour être reçus maîtres, faire une lanterne pliante à huit pans, un (boitié) double pour chirurgien, ou un soufflet également double pour orfèvre, et les charretiers se réunissaient dans cette église.

On trouvait encore dans la chapelle de N.-D. des Agonisants une confrérie dite des agonisans, réservée aux personnes qui pouvaient se rendre au chevet des malades en danger de mort et leur apporter ainsi quelques paroles d'encouragement, et celle de Saint-Blaise, le jour duquel on vendait des petits chouanes tressés et coloriés de safran, indice des agapes de confraternité.

La vieille église Sainte-Colombe abrite les maîtres tondeurs de drap.

La chapelle Notre-Dame est le siège de cette confrérie.

Tout à côté, dans la chapelle Saint-Michel, se réunissent les apothicaires et droguistes (alias gressiers).

Faire quatre dispensations était le chef-d'œuvre exigé. Les statuts des apothicaires ne contiennent pas moins de 39 articles.

La chapelle du Saint-Sépulcre est réservée aux confrères du Saint-Sacrement.

Les bouchers, maîtres et compagnons, dont la confrérie est à l'honneur de monsieur Saint-Barthélemy, existe depuis 1609. Ils avaient quitté la chapelle du prieuré Saint-James et étaient venus depuis peu s'installer définitivement à Sainte-Colombe.

Aux Augustins (rue de Candale), nous trouvons la confrérie des (clouetiers), à l'invocation de saint Cloud, fondée en 1665.

Les statuts furent établis en 1695, le 9 août.

Les maîtres tailleurs d'habits, qui ont submergé les malheureux pourpointiers, ont également leur centre de réunion dans cette chapelle.

Les aspirants maîtres avaient au choix pour le chef-d'œuvre imposé, la confection d'une robe à la cardinale avec rochets, un manteau d'audience d'un premier président avec chaperon, une robe à grande « escopete » de maître des requêtes, ou encore un habit de chanoine de Saint-Augustin.

Les clercs praticiens, les (cribleurs de bled) dont la confrérie est érigée sous le vocable de saint Martin et date du 20 novembre 1572, les compagnons boulangers, dont les statuts sont de 1557, se réunissent aussi dans ce sanctuaire, siège de l'association dite des Cinq-Playes de N.-S.

A N.-Dame de Puy Paulin nous rencontrons les maîtres charrons, à Saint-Christophle (Saint-Christoly) les drapiers peigneurs de laine dénommés parfois (sargeurs).

Leurs statuts datent du 27 mai 1669. Ils se réunissaient à l'autel de Saint-Blaise.

Une autre confrérie de peigneurs se trouve à la chapelle Saint-François. Les statuts sont approuvés par Mgr de Béthune. Sous peine de 15 sols d'amende, les maîtres et ouvriers faiseurs de draps d'or, d'argent ou de soye, venaient le jour de l'Assomption (15 août).

Leurs statuts se composent de 27 articles. En 1688 il y avait à Bordeaux 27 maîtres exerçant cette profession.

L'église Saint-Siméon est le lieu de rendez-vous des « fourbisseurs » avec statuts datant de 1623, des (canauliers, faiseurs de biscuits au sucre ou de chandelets, retortillons et pancoussiers). Les statuts sont de 1621.

A Saint-Rémy il y a une frérie royale appelée de Montuzet, semblable à celle de Saint-Michel et une dite de l'Ange Gardien, statuts approuvés en 1644.

Une autre confrérie de charpentiers de barriques, unis aux arrimeurs de navires, a son siège à l'autel Saint-Joseph de cette église.

Les bateliers et pilotes se réunissent dans la chapelle Saint-Fort.

Leur confrérie est à l'honneur de ce saint. En 1700, celle des crocheteurs a son siège dans cette chapelle. Statuts du 19 avril 1641.

Dans l'église Saint-Projet ce sont les vitriers apprêteurs et peintres sur verre.

La chapelle Saint-Luc, alias Saint-Martial, leur est réservée.

Le chef-d'œuvre consistait en une étoile, serpent ou entrelas de verre.

Les épingliers s'assemblent dans la chapelle Sainte-Claire.

A Sainte-Eulalie ce sont les parcheminiers attachés à la chapelle de Saint-Jean-l'Évangéliste.

Accoûtrer quatre peaux de mouton, bien parées, bien polies, pour écrire des deux parts était le chef-d'œuvre imposé.

Les (tanneurs) se réunissent dans la chapelle de l'Assomption, les « gantiers, bourciers, aiguilletiers et baguetiers » à l'autel de Sainte-Elizabeth.

Aux Jacobins (Frères-Prêcheurs), l'on rencontre les confréries des savetiers, existant depuis le 20 mars 1585, celle des (compagnons cordiers) à l'honneur de saint Paul, avec statuts du 7 janvier 1603, et celle du Rosaire.

Les tourneurs de la marine se réunissent dans l'église Saint-Pierre. Les statuts, établis le 16 mars 1625, contenant 33 articles.

Semblable à l'abeille qui court de fleur en fleur, nous avons visité de nombreux foyers de solidarité, mais notre course n'est qu'en partie achevée.

La Majestat Saint André, Saint-Paul, Saint-Vincent-de-Lodors, Sainte-Croix avec son antique confrérie de Saint-Mommolin ou le nouvel élu partageait avec le syndic une poire et un coup à boire en signe de la fraternité contractée, Saint-Seurin où les cordonniers ont le siège de leur confrérie érigée sous le vocable de saints Crespin et Crespinien, les couvents des Feuillants, des Récollets, des Pères de la Merci, des Capucins, des Jésuites, les chapelles des Irlandais, de Nostra-Dona de las Ayras sont restés en dehors de notre champ d'action.

Puisse cette modeste compilation inciter une plume autorisée à se livrer à un travail d'ensemble sur la mutualité bordelaise à travers les siècles, prélude d'une œuvre plus grandiose qui embrasserait plusieurs régions, voire même l'ensemble du pays.

Semblable tâche serait aussi intéressante que moralisatrice et patriotique.

Connaissant mieux le passé, si riche en beaux exemples, les mutualistes pourraient, s'inspirant des leçons qu'il contient, des devoirs qu'il impose, travailler non pas avec plus d'ardeur, car c'est chose impossible, mais avec plus de succès à panser les nombreuses plaies sociales qui s'étalent à chaque pas et précipiter ainsi la venue de cette ère de paix et d'union, si nécessaire à la grandeur et à la prospérité de notre chère et généreuse France qui sera toujours, malgré ses détracteurs, le plus beau fleuron de l'humanité.

4ᵐᵉ *Communication.* — M. SAINT-VANNE, architecte du Gouvernement, Secrétaire de la « Société des Sciences, Lettres et Arts de Bayonne».

ESSAI HISTORIQUE SUR LA VILLE ET LES FORTIFICATIONS DE SAINT-JEAN-PIED-DE-PORT

« Saint-Jean n'est place française que depuis le traité des Pyrénées.
« C'était auparavant la capitale de la Basse-Navarre. Une partie de la

« vieille ville est perchée sur un monticule que la forteresse cou-
« ronne. Des maisons séculaires sont assises sur la terrible pente de
« ces rues antiques qui ne sont que des « raidillons »... »

Ainsi commence la description de Saint-Jean-Pied-de-Port faite par
Paul Perret, dans *Les Pyrénées Françaises*, édition Oudin, Paris, 1882.

Des maisons séculaires, des rues antiques, une terrible pente ! Ces
mots ne sont-ils pas de ceux qui éveillent la curiosité, non seulement
des touristes, mais aussi des archéologues ?

Lorsqu'en vulgaire touriste, je visitai une première fois Saint-Jean,
je fus surpris de la présence de ces vieilles fortifications et, « certaine-
« ment, me dis-je, ces murailles cachent dans leur sein une ville dont
« l'histoire doit être des plus intéressantes ».

Les recherches que je fis, depuis ma première visite à Saint-Jean,
me permettent de vous présenter aujourd'hui un travail peut-être
incomplet (et vous m'en excuserez, car tous les documents ne me
sont encore parvenus), mais qui, je l'espère, intéressera les Congressistes qui traverseront demain l'ancienne capitale de la Basse-
Navarre.

Saint-Jean-Pied-de-Port se dessine au-dessus d'une assez petite
vallée délimitée par un cercle de coteaux au-dessus desquels dominent
au Nord l'Arradoy, à l'Ouest le Jarra et le pic de Béharria, au S.-O.
et au Sud les pics de Beillarte, d'Hostatéguy et d'Orisson.

Les quatre Nives arrosent la vallée : la Nive d'Arnéguy, la Nive de
Béhérobie, la Nive d'Harçuby et le Lauribar.

La partie la plus ancienne de la ville, dénommée « la Ville Haute »,
est enserrée dans une ligne de fortifications. C'est cette partie de la
ville qui fera le principal objet de notre étude. Au dehors de cette
enceinte, la ville nouvelle cherche à s'étendre vers l'Ouest et dans la
direction d'Uhart-Cize.

Peuplée de 1.682 habitants, Saint-Jean est le chef-lieu de canton de
dix-neuf communes. Sa situation géographique en fit une des villes
les plus résistantes des guerres de la Navarre.

Mais si nous devons suivre l'ordre chronologique des choses,
devons-nous chercher d'abord l'origine du nom de Saint-Jean-Pied-
de-Port. S'il est vraisemblable que la deuxième partie du nom lui
vienne de ce que la ville se trouve au pied du port de Roncevaux, d'où
lui viendrait le nom de Saint-Jean ? Il est vrai que ce nom est commun
dans le pays et plusieurs localités, si elles n'ont le vocable de Saint-
Jean, possèdent des quartiers avec cette dénomination.

Une légende que j'ai trouvée dans les archives du bureau du Génie
à Bayonne dit : « La construction du mur d'enceinte de la ville parait
« remonter au commencement du VIIIe siècle. C'est à cette époque
« que les Maures détruisirent la principale ville du pays qui était
« située sur l'emplacement actuel du village de Saint-Jean-le-Vieux,
« et après la ruine de Saint-Jean-le-Vieux, les gens du pays vinrent
« chercher sous les murs de « château » une protection contre les
« Maures.

« Ils fondèrent alors Saint-Jean-Pied-de-Port et durent, pour leur
« sûreté, entourer immédiatement la nouvelle ville d'une muraille
« qui forme le mur d'enceinte de la ville actuelle. »

Cette version, dont l'authenticité serait douteuse, parait, cependant se rattacher aux événements de 778. Ce fut, on le sait, le 15 août
778, que Roland, préfet de la marche de Bretagne, périt dans le défilé
de Roncevaux, pendant la guerre de Charlemagne contre les Maures
d'Espagne.

Ce serait donc à cette époque que furent construites, en hâte, les
fortifications de la Ville Haute. Mais de ces fortifications il n'en reste
nul vestige. Il se peut que la muraille que nous voyons de nos jours
ait été élevée à l'emplacement de celles du VIIIe siècle, mais les murs
actuels furent tout au plus construits au XIIIe siècle Cette enceinte
s'étend depuis la porte Notre-Dame (porte située au-dessous du clocher
de l'église), longe la Nive de Béhérobie, puis retourne vers le Nord en
formant un angle droit près la porte du Marché L'enceinte se poursuit vers l'Est et retourne à angle droit vers la porte Saint-Jacques.
De cette dernière porte, ainsi que du chevet de l'église, la muraille
remonte l'escarpement jusqu'à la citadelle.

Le flanquement de ces fortifications parait assez rudimentaire ;
assuré seulement par quelques échauguettes et quelques machicoulis.
Peut-être, antérieurement, la muraille était-elle couronnée par des
créneaux et des machicoulis? Ce qui aurait permis de battre le pied
des murs. Cette présomption parait établie par la différence de
construction de la partie inférieure de la muraille ; et les créneaux
paraissent avoir été dérasés pour être hâtivement remplacés par un
petit mur de masque percé de meurtrières.

Ainsi que les fortifications de la Ville Haute, l'église et son clocher
paraissent dater du XIIIe siècle, mais malheureusement tous deux ont
subi de nombreuses altérations.

Certains chroniqueurs prétendent que l'église fut reconstruite sous
le règne de Sanche le Fort, roi de Navarre, après la bataille de « Las
Navas » de Tolosa, remportée, en 1212, par les Espagnols coalisés
(Castillans, Aragonais et Navarrais), contre les Maures.

« Edrisi, sous l'an 1154, nous apprend que l'ancienne église était
« très belle et très fréquentée. C'est qu'en effet la ville de Saint-Jean
« (Immum Pyrenoeum) était sur la voie romaine, sur le chemin que
« suivaient les rois, ducs, ambassadeurs, les archevêques, les abbés
« et plusieurs autres personnages de religion... » « Vielle camy per
« loquau anaven reys, ducs, legads, arcevesques, abatz et moltz
« autres homis de religion. » (Dictionn. top. de Raymond). — (Recherches historiques sur le Pays basque, par l'abbé P. Haristoy, 1883,
pag. 92).

Je disais tout à l'heure que l'église et son clocher avaient été altérés.
L'église eut, en effet, son portail saccagé par les vandales de la Révo-
lution, qui transformèrent d'ailleurs la nef en magasin à fourrages.
Il ne reste plus du portail que les quelques colonnettes engagées sup-

portant les voussures disparues. Les arcs du tympan seuls subsistent avec leurs culots et leurs chapiteaux. L'archivolte a été remplacée par un arc surbaissé du plus défectueux effet. L'intérieur de l'église offre peu d'intérêt, elle fut exhaussée en 1869, sans doute à partir de la hauteur des barres d'impostes que l'on aperçoit, presque à mi-hauteur des fenêtres.

La tour du clocher, tour probablement fortifiée durant le moyen âge, puisqu'elle commandait la porte d'Espagne et le pont qui y accède, a subi les coups de la Renaissance, et l'on ne peut reconnaitre dans la façade sur la Nive de Béhérobie que le rez-de-chaussée de la tour et le soubassement de l'église comme appartenant au XIIIᵉ siècle. Si donc je rapproche cette observation de la construction faite par Sanche le Fort, il n'y aurait que ces parties qui subsisteraient de 1212 ou de ce siècle-là.

Au chevet de l'église, je l'ai dit plus haut, la muraille se détache et gravit la colline escarpée de la citadelle. On y remarque une porte ou poterne en ogive, aujourd'hui condamnée, qui desservait un escalier en pierre adossé à la muraille et qui descend de la citadelle.

Un mot sur le pont Notre-Dame, qui remplaça certainement la passerelle ou pont-levis que gouvernait la tour de Notre-Dame.

Tout en face du portail de l'église se trouve la porte du Marché. C'est une porte ogivale, parfaitement liée avec le mur d'enceinte. N'est-ce pas là une preuve de ce que j'avance en disant que l'enceinte de Saint-Jean n'est pas antérieure au XIIIᵉ siècle? La partie supérieure est la continuation du mur de masque qui couronne la muraille d'enceinte et contre lequel existe un chemin de ronde.

La porte de France, située vers le milieu de la Ville Haute, est de même époque. Le nom lui vient probablement de son orientation. Je conclus de cela que les gens qui se rendaient de France en Espagne et vice versa devaient traverser Saint-Jean. On retrouve d'ailleurs cette assertion dans les archives de Pampelune. Une lettre de Péralta, donnant des instructions au châtelain de Saint-Jean-Pied-de-Port, concernant le passage des troupes du comte d'Armagnac, lettre qui ne laisse aucun doute sur l'obligation de traverser la ville pour se rendre de France en Espagne. Les troupes du comte d'Armagnac étaient envoyées en Espagne pour le « servicio de Dios et del rey de Castilla, contra los Moros ». Munies de sauf-conduits, ces troupes étaient reçues par l'alcade et les jurats de la ville et on devait leur assurer la nourriture et le logement « en des lieux fermés, pendant « une nuit, pourvu qu'à l'entrée de la ville ils déposent leurs armes à « l'alcade, aux jurats et bourgeois de la ville qui pour cela seront « commandés, et le lendemain matin, en dehors de la ville, les armes « leur seront remises sans qu'il en manque une ». (Brutails. — Documents des Archives de la Chambre des comptes de Navarre 1196-1384).

Quand on étudie l'histoire des monuments de notre pays et que l'on se rend compte du nombre d'éléments de destruction qui les ont assiégés on n'est pas peu surpris de voir qu'à côté du Temps, à côté des tourmentes révolutionnaires, des guerres, etc., des éléments d'un autre ordre contribuent encore de nos jours à leur vandalisme. Comment se fait-il, à l'heure actuelle, que le Génie militaire, dont le personnel est cependant recruté parmi des gens instruits, dont la plupart s'intéressent à l'archéologie, un personnel qui chaque jour est en contact avec l'histoire des fortifications dont il a la sauvegarde. Comment se fait-il que ce Génie ait accordé (probablement moyennant une faible redevance), l'autorisation de saccager la partie supérieure de la porte de France, où le mur de masque a été dérasé, pour faire place à une hideuse guérite en briques qu'une société hydro-électrique a élevé là, pour y abriter un transformateur.

La rue principale de la Ville Haute est la rue de la Citadelle; elle naît à la porte Notre-Dame pour aboutir à la porte Saint-Jacques. Un plan de 1789, conservé aux archives du Génie à Bayonne, indique la porte Saint-Jacques sur le prolongement de la rue de la Citadelle (ancienne route de Çaro), la porte se trouvait après la rangée des contreforts que l'on aperçoit encore sur le versant N.-E. de la Citadelle. Non loin de là s'élevait une chapelle sous le vocable de Saint-Jacques; une croix en bois semble être placée sur l'emplacement de cette chapelle.

Quoi d'étonnant à ce que la chapelle Saint-Jacques ait donné son nom à la porte de la ville qui y conduisait?

La porte actuelle de Saint-Jacques est de construction postérieure à la fortification. Son arc plein cintre remplaça, probablement sous Vauban, l'arc ogive dont on remarque encore une rangée de claveaux sur la face extérieure de la muraille.

Parler de la rue de la Citadelle, c'est parler de la Ville Haute dans son ensemble. Cette rue qui traverse Saint-Jean n'a que deux rues adjacentes : 1° la rue de l'Eglise, qui aboutit à la porte du Marché; 2° la rue de France, qui aboutit à la porte de France. La pente ardue qui se dresse depuis la rue de l'Eglise, augmente le pittoresque de ses maisons aux diverses formes et bariolées aux multiples couleurs.

Si la muraille qui enserre la ville paraît ancienne, aucune maison ne paraît antérieure au XVIe siècle. D'ailleurs ces maisons, sans style, sans caractère bien défini, portent, la plupart, des inscriptions sur lesquelles je trouve l'année 1584 comme étant l'année la plus éloignée de nous. La majeure partie date du XVIIIe siècle. C'est peut-être un indice de l'époque la plus florissante de Saint-Jean.

Mais qu'était la capitale de la Basse-Navarre avant le traité des Pyrénées? On ne peut attaquer cette question sans la rattacher à l'histoire de la Navarre.

Les principales ressources du trésor royal de Navarre étaient les pechas, les impôts directs, les produits du domaine. Les aljamas (communautés de Juifs), payaient des pechas particulières. En outre de ces impôts, le passage des personnes et le transit des marchandises dans certaines villes, et principalement dans les ports, payaient le droit de péage.

La Navarre se divisait en mérindades. Chaque mérindad était administrée par un juge royal appelé « Merino ». Le Merino était en Navarre ce qu'en France était le bailli, plus tard le sénéchal. Dans l'Ultra-Puertos qui comprenait la partie du royaume sise au Nord des Pyrénées, les attributions du « Merino » étaient dévolues au Châtelain de Saint-Jean-Pied-de-Port (Note de Brutails, page XXI de ses « Documents des Archives de la Chambre des comptes de Navarre »).

Les archives de Navarre mentionnent des monnaies différentes suivant les époques. Ce sont d'abord les *sanchets*, ainsi dénommés des rois Sanche ; en 1343, les sanchets sont assimilés aux tournois. Ils semblent disparaître de la circulation après le milieu du XIVe siècle.

Les *carlins* étaient encore une monnaie navarraise ; il y avait les carlins noirs (prietos) et les carlins blancs ; en 1356, vingt-deux carlins noirs valaient onze *morlans* et environ 12 carlins blancs.

Tout comme les places de guerre d'une certaine importance, Saint-Jean-Pied-de-Port était divisé en deux parties, le Château et la Ville.

La ville était entourée d'une ceinture de fortifications dont les frais d'entretien étaient assurés par les habitants. C'était une mesure obligatoire en vigueur dans toute l'Espagne. « Le célèbre concile de Léon « l'imposait aux habitants de cette ville en 1020, et le for de Cuenca, « qui abolissait tous les impôts, maintenait celui qui était levé pour « l'entretien des murs » (Brutails. Introduction de ses Documents..., page XXXIII. — Lafuente, op. cit., t. IX, pag. 231).

La capitan ou caudillo était le chef militaire de la ville et fort souvent de la contrée. D'ailleurs tous les officiers administratifs concouraient à la défense ; l'alcade et les jurés dans certaines localités, le bayle dans d'autres, les merinos dans toute la Navarre.

L'alcaïd était le maître du château, c'était par conséquent le châtelain. Il avait la charge des armes et des munitions du château ; il avait parfois des fonctions administratives.

Celui de Saint-Jean s'occupait de la Justice et de la perception des impôts. Il avait le titre de « Châtelain de Saint-Jean, garde de la terre d'Outre-Ports ».

Pendant les périodes d'hostilités, si la garnison ne suffisait pas, le châtelain pouvait forcer les nobles, les clercs et les habitants de la localité de veiller au guet et de faire des rondes dans la ville, de jour et de nuit. Cependant, « le châtelain de Saint-Jean-Pied-de-Port, dont « la troupe avait été renforcée de huit soldats, se vit défendre, le « 26 novembre 1365, de tracasser les laboureurs du pays d'Ossès et « autres, qu'il voulait contraindre à envoyer journellement quatre « hommes pour faire le guet à Saint-Jean » (Brutails. Doc. Nav. pag. XXXIV).

Probablement dans le commencement du XIVe siècle, la plus grande partie de la ville disparut dans les flammes. Philippe d'Evreux le confirme dans sa lettre datée d'Olite, le 10 mai 1329 (Archives de Pampelune), et dans laquelle il accorde aux habitants de Saint-Jean le privilège d'être gouvernés et jugés selon le for de la cité de Bayonne.

Si la liste des noms des châtelains qui se succédèrent à Saint-Jean n'a pu être encore établie, on peut voir dans Brutails (page 37 de ses Documents), que celui qui gouvernait, en 1347, s'appelait Ferrand Henriquez. « Le 19 mars 1347, Ferrand Henriquez, châtelain de Saint-« Jean, bailla à ferme pour quatre ans à Sanchez Lizarazu, sergent « d'armes de la reine, les dîmes de Saint-Pierre d'Ayherre et de « Sainte-Eulalie d'Isturitz. »

En 1356, le châtelain se nomme Arnaud de Garra.

En 1366, c'est don Miguel Sanz d'Urssua.

Il a été dit plus haut qu'à l'instar des autres ports, Saint-Jean avait son droit de péage. Les documents des archives de la Chambre des comptes de Navarre, citent les recettes de la trésorerie royale en 1351.

Certains articles sont relatifs à la terre d'Ultra-Puertos. Le péage de Saint-Jean, tenu au nom du roi par Garcias-Arnaud d'Ivarrola, rapporte deux cent trente deux livres quatre sous, trois deniers obole. Parmi les recettes figurent encore huit livres 19 sous deux deniers, confisqués sur des bouchers qui, se rendant à Estella, s'étaient détournés de leur chemin pour éviter de payer les droits.

Saint Jean, durant le XIVe siècle, était très fréquenté par le passage des courriers et des ambassadeurs. Les archives de Navarre indiquent les comptes de dépenses d'un messager, nommé Sanchez Lopez, envoyé à Bordeaux en 1361. Mardi 31 mars, départ de Pampelune; étape à Roncevaux. 1er avril, étape à St-Jehan, 2 avril à Ostabat et Sordes, le 3 avril à Dax et La Harine (Laharie), le 4 avril à Liposthey-Barp, et le 5 avril à Bordeaux. Au retour, Sanchez Lopez suivit le même itinéraire; parti de Bordeaux le 10 mai, il arriva le 14 à Pampelune et le 15 à Olite. Il avait dépensé 96 florins et quatre sous. Il était intéressant de signaler ce voyage dans l'histoire de Saint-Jean-Pied-de-Port, car il fait observer que le chemin le plus court de Pampelune à Bordeaux était encore de ce temps-là l'ancienne voie romaine dont il est fait mention dans l'itinéraire d'Antonin (Dompnier de Sauviac : Chronique du diocèse et de la cité d'Acqs, t. I, p. 27).

Les documents des Archives de la Chambre des comptes de Navarre, de Brutails, fournissent pour cette époque une documentation du plus haut intérêt, et il semble utile d'en publier ici un résumé :

1364. Extrait du compte du revenu de la Châtellenie de Saint-Jean pour l'année 1364. — Conto de Pes de Labis, recibidor por el segnor Rey de la Castelenia de Sant-Johan de la tierra de Cisa.

15 nov. 1365. Ordre au chatelain de Saint-Jean de faire exécuter le testament de Pierrot, bâtard de luxe, mort en France au service de la Navarre.

28 nov. 1365. Ordre du roi au châtelain de Saint-Jean-Pied-de-Port et au garde de Valcarlos de laisser passer en franchise un chevalier lombard, Hurguelin Escorveyen, qui revenait de Saint-Jacques-de-Compostelle (Cartulaire de Charles II, p. 102).

Nous avons vu que l'alcaïd avait un certain pouvoir de juridiction. Une lettre de Charles II, dit Charles le Mauvais, adressée d'Olite, le

10 janvier 1366, invitait messire Michel Sanchis, châtelain de Saint-Jean, de mettre en liberté le seigneur de Suhescun, Peremalt, accusé d'avoir assassiné le seigneur d'Echeverri, de Suhescun.

Le 13 du même mois, Ferrando de Miranda, conseiller du roi, adressait au châtelain de Saint-Jean un mandement relatif à la mise en état de défense de cette ville et, le 28 janvier, Charles le Mauvais donne ordre au même châtelain de ne laisser passer aucun étranger, parce que les Compagnies approchent de la frontière de Navarre. Il s'agissait des fameuses Grandes Compagnies dont Charles V débarrassa la France en les faisant conduire en Espagne par Du Guesclin, sous prétexte de soutenir Henri de Transtamare contre Pierre le Cruel.

D'Olite, le 12 février 1366, ordre est donné au mérino de Saint-Jean de défendre expressément aux sujets de Navarre d'en sortir sans la permission du roi, et dix jours après, le roi Carlos donne l'ordre, par l'intermédiaire de P. Godeile, au châtelain de Saint-Jean de laisser passer les engins qu'Eustache d'Abuchicourt conduit du côté de la Navarre.

Enfin, d'Estella, le 16 avril 1366, le roi de Navarre adressait au châtelain de Saint-Jean une convocation importante (so pena de encorrer nuestra indignacion, dit le cartulaire de Charles II), de tenir à sa disposition toute la cavalerie harnachée et montée qu'il possède.

Depuis cette époque les documents deviennent rares. J'ai cependant sous les yeux un décret du 25 mars 1424, de Charles III, roi de Navarre, confirmant les privilèges accordés à Saint-Jean par Charles le Mauvais. En 1439, le roi Jean II, considérant la décadence de la ville de Saint-Jean par la mortalité de ses habitants, et en honneur du mariage du prince Don Carlos, libéra à perpétuité la ville des droits de péage.

J'ai dit plus haut que Saint-Jean-Pied-de-Port devint définitivement ville française de par le traité des Pyrénées (7 nov. 1659) De 1439 à cette époque-là les renseignements que j'ai pu obtenir sont bien vagues.

A quelle époque le château féodal fut-il transformé en citadelle? Peut-être vers la fin du XVIe siècle, pendant les guerres de religion. D'aucuns prétendent que la citadelle fut exécutée d'après les plans du chevalier Antoine Deville, ingénieur de talent, qui avant Vauban construisit plusieurs forteresses. Il est certain qu'elle existait avant Vauban, puisqu'il la visita en 1685 et qu'il établit un projet dont une copie est conservée aujourd'hui dans les archives du Génie à Bayonne. Ce projet ne fut qu'en partie exécuté; d'après les idées de Vauban on répara le mur d'enceinte de la ville, on rasa le donjon intérieur qui occupait trop de place, et pour compenser la perte de casernement résultant de la démolition du château, on doubla tous les bâtiments; Vauban avait encore à retourner la défense du côté de l'Espagne, puisque jusqu'ici la fortification était orientée vers le Nord, vers le débouché des routes d'Ostabarret, de Mixe, de Gascogne. Ces travaux eussent été onéreux et Vauban se contenta de ratistoler la citadelle; il refit les saillants, les angles de bastions, etc., et ce replâtrage est facilement reconnaissable si l'on examine la différence d'appareil de pierre dans les remparts de la Citadelle. Le projet de Vauban, établi en 1685, fut mis en partie en exécution en 1691, il fut continué en 1699, repris en 1848, mais resté inachevé. En effet, les fortifications du côté Nord, indiquées dans le projet de Vauban, ne furent pas exécutées.

En 1831, on fit l'acquisition de deux maisons de la rue de la Citadelle qui, de 1834 à 1840, furent appropriées pour une infirmerie-hôpital (bat. 28).

En 1843, on acheta une maison servant au jeu de paume, sur la rive gauche de la Nive, dans le faubourg d'Espagne. On y installa une manutention et le service des lits militaires.

Un violent incendie a réduit ce bâtiment à l'état de ruines.

La citadelle est située au sommet de la colline, à l'Est de la ville, sur un terrain complètement dégagé.

La partie supérieure de cette colline constitue un plateau orienté du Nord-Ouest au Sud-Est ; la longueur est d'environ 600 mètres et la largeur ne dépasse pas 150 mètres. L'altitude de la citadelle au-dessus de la vallée est d'environ 80 mètres.

Aujourd'hui la citadelle, dominée par les montagnes environnantes, est peu susceptible d'une longue résistance, et on a reconnu la nécessité de chercher la sécurité par l'occupation de ces hauteurs. C'est ainsi que furent construites la route stratégique de l'Arradoy et les redoutes de Curutchemendy et de Picaçury.

Dans la topographie du terrain, je note que la nappe d'eau qui alimente la citadelle se trouve à une profondeur de 42 mètres 50.

Les armes de saint Jean sont : De gueules à un château d'argent senestré d'un Saint-Jean-Baptiste de carnation vêtu d'or, la main droite étendue vers le château et tenant de la main gauche une croix d'or ornée d'une banderolle d'argent chargée des lettres San-Juan de sable. Quelquefois on ajoute, au-dessous du château, les chaînes de Navarre et, au-dessous de Saint-Jean, un agneau couché (P. Haristoy. — Recherches historiques sur le Pays basque).

Je termine en annonçant à mes collègues du Congrès qu'une demande de classement des fortifications de Saint-Jean a été adressée, l'année dernière, au ministère des Beaux-Arts (probablement par le Touring-Club de France), et que ce classement a été en principe adopté. Il ne s'agit plus aujourd'hui que d'une entente entre l'Administration des M. H., du département de la Guerre, des Domaines, de la Grande Voirie et de la Ville de Saint-Jean Pied-de-Port, pour déterminer les parties qui doivent être classées.

5me *Communication*. — **M**. le Chanoine DARANATZ, secrétaire
de l'Evêché, Bayonne.

DÉCOUVERTES DE MONNAIES ROMAINES AU PAYS BASQUE

En mai 1879, à Barcus, dans l'arrondissement et le canton de Mauléon-Soule, la maîtresse de la maison *Ezpelia* faisait boire ses vaches derrière une grange et, sans y prendre autrement garde, elle grattait la terre avec le bout d'un aiguillon, quand elle aperçut un métal blanc ressemblant à un bouton. Elle le prend, le frotte, l'essuie avec son mouchoir. C'était une pièce de monnaie en argent. Vite, elle appelle son mari, l'invite à bêcher tout autour de l'endroit : la pioche fait sauter un pot de terre contenant 1800 pièces d'argent de diverses dimensions. C'étaient des pièces celtibériennes. Il en vendit un grand nombre à un perruquier de Navarrenx et une autre quantité à un forgeron d'Esquiule qui les employa à..... ferrer des *makhilas* basques ! Près de 200 pièces furent envoyées à M. Waddington, alors ambassadeur en Angleterre. qui déclara qu'elles étaient bien celtibériennes et avaient un âge de 2,200 à 2,400 ans. M. Taillebois, archiviste de la Société de Borda, en examina 1,375. Elles proviennent de la Tarraconaise, la province espagnole qui avoisine les Pyrénées ; elles appartiennent à six villes sur les seize qui aient frappé des deniers d'argent à légendes celtibériennes.

En novembre 1906, un laboureur du *Bois de Hasparren*, fouillant son champ avec une nouvelle charrue Brabant, en vue des semailles du froment, mettait à jour, à trente centimètres du sol, tout près d'une haie, deux pots de terre cuite, qu'il s'empressa du reste de briser, flairant un trésor caché. C'était à *Lamarkaenia*, aux confins de Briscous et de Hasparren. Ces pots de terre contenaient près de 500 pièces de monnaies. Nous avons été assez heureux d'en obtenir communication avant qu'elles n'aient été dispersées et surtout avant qu'elles n'aient subi le sort des médailles de Barcus. La plupart sont en bronze, quelques-unes en argent. Le trésor était isolé, car les recherches faites dans les environs de la cachette n'ont amené aucun résultat ; et quant aux débris des vases, il est impossible d'en poursuivre la reconstitution, car nous n'avons pu nous en procurer que trois petits morceaux. Ils ne présentent du reste aucun cachet d'originalité. C'est de la terre cuite ordinaire. Les pièces du trésor de *Lamarkaenia* vont de l'an 220 à l'an 285. Elles portent l'effigie de 18 empereurs et de 4 impératrices ; elles offrent 139 types différents de monnaies. C'est la première fois que, en Pays basque, on découvre, au moins à notre connaissance, les traits de tant de personnages dans un même endroit. Sur les 500 bronzes du trésor, 333 ont été scrupuleusement décapés et déchiffrés ; une trentaine d'autres portent à l'avers les traits de Gallien ou de Tetricus ; 150 environ ont dû être laissés de côté.

A quelle occasion, par qui fut enfoui cet amas de bronzes ? Le champ est libre à toutes les conjectures et à toutes les hypothèses.

L'hypothèse est un instrument puissant sans doute, mais d'une extrême délicatesse. Il demande à n'être mis en œuvre que par des mains supérieurement, exceptionnellement habiles; dans une main inhabile, ou seulement d'une habileté médiocre, il se brise ou ne donne que des résultats incertains ou insignifiants. De plus, les esprits supérieurs, qui savent tirer un si bon parti de l'hypothèse, n'ont pas l'habitude de jeter leurs conjectures dans le monde de la publicité aussitôt qu'ils en ont eu la première conception; ils les mûrissent par d'opiniâtres réflexions, les examinant sous toutes les faces, les soumettant à des contrôles de tout genre; de sorte que, lorsqu'ils se décident enfin à les produire, elles apparaissent avec un tel cortège de preuves à l'appui, qu'elles n'ont plus du tout l'air de se présenter comme des hypothèses, mais plutôt comme de rigoureuses déductions.

Dès lors tout le monde comprendra que je me contente d'énumérer aussi complètement que possible tous les vestiges romains trouvés dans nos contrées. Ces simples constatations, corroborées par d'autres découvertes, inscriptions, pièces de monnaies, pourquoi pas des parchemins, pourront servir de jalons à quelque futur historien pour une étude générale et complète de notre cher Pays basque.

Il y a une quinzaine d'années, un autre dépôt de monnaies celtibériennes fut découvert à Lecumberry, dans la propriété *Etche-aintzin*, sur une hauteur. On transformait une prairie en champ de labour, lorsqu'un profond labourage mit à jour un pot de terre. Il contenait sept pièces de monnaies, en bronze, toutes identiques.

M. l'abbé Garacotche, curé-doyen de Saint-Jean-Pied-de-Port, a bien voulu nous en communiquer une, très bien conservée, d'un grand relief. C'est un *Ontzan*, portant à l'avers une tête barbue à droite, et au revers un cavalier, au galop à droite, armé d'une épée, et coiffé d'un casque plat avec visière.

M. C. Jullian, parle d'une monnaie d'Antiochus (?) trouvée à Aregorria d'Hendaye, d'autres monnaies trouvées à Sainte-Anne de cette ville, d'autres à Irun. Personne n'a su me donner de renseignements précis sur cette trouvaille à Aragorry. Au vieux fort, des monnaies très anciennes furent trouvées jadis. Mais par qui? Que sont-elles devenues? On l'ignore.

A Saint-Jean-le-Vieux, il y a quelque soixante ans, M. Cottens a découvert et recueilli bon nombre de pièces romaines. En 1883 on en a trouvé encore.

En 1887, un profond labour dans un champ d'*Herlaxia* à Baïgorry avait déjà mis à jour un denier d'or de Vitellius empereur, parfaitement conservé, à fleur de coin, et qui est la propriété de M. Eug. Etcheverry, de Saint-Jean-Pied-de-Port.

Palassou affirme qu'on trouva jadis dans les mines de Baïgorry des médailles anciennes qui avaient été frappées au temps du triumvirat d'Octave, Antoine et Lépide. Ce triumvirat date de l'an 43 avant J.-C.

Tout récemment, un gendarme, bêchant son jardin, a trouvé à Baïgorry une pièce d'argent de Tibère César, fils du divin Auguste, auguste. Tête laurée de Tibère à droite. A l'avers on lit : Pontifex maximus. Femme assise tournée à droite, tenant la haste de la main droite et un rameau de la gauche. C'est sous le règne de Tibère que mourut Jésus-Christ (Luc, III, I).

Il ne faut pas trop s'étonner de la présence de pièces romaines aussi anciennes dans le pays. Pline (79 ans après J.-C.) porte à vingt-et-une les colonies romaines établies en Espagne. C'est donc quarante-deux mille soldats romains, en tout, c'est-à-dire quarante-deux mille paysans sabins, samnites, osques, étrusques, gaulois, cisalpins, instruits comme le sont des soldats, que l'établissement des colonies avait introduits en Espagne. Ces hommes prenaient pour la plupart des femmes dans le pays. Ces Romains ont pu parfaitement franchir les Pyrénées à diverses reprises. Tite-Live affirme (Histor., lib. XLIII, cap. III) que l'an de Rome 581, donc 171 av. J.-C., le Sénat vit arriver d'Espagne les délégués de quatre mille individus, se disant nés de soldats romains et de femmes espagnoles, et qui demandaient une ville pour s'établir.

Lorsque César (44 av. J.-C.), tourna ses armes contre Pompée, que le Sénat favorisait, il envoya au tribun des troupes à Bayonne l'ordre de faire partir sans délai toutes les galères romaines qui étaient dans le port, et alors, dit Lucain : « Le fleuve Adour s'applaudit de n'être plus chargé de barques romaines ». *La Pharsale*, lib. I.

Mais achevons rapidement la nomenclature des trouvailles romaines faites au pays : un grand bronze de Vespasien, à la rue Poissonnerie à Bayonne ; un Vespasien d'or à Saint-Cricq-du-Gave ; un Vespasien de bronze à Sare, un autre à Saint-Vincent, dans les Landes ; un Adrien (116-138), aux Cinq-Cantons à Bayonne ; un Postume à Bergouey, une Euphémie par H. Poydenot ; un Nerva et un Trajan à Moncayolle ; un bronze de Tibère César, à Saint-Pée-sur-Nivelle.

En résumé, des monnaies romaines ont surgi des quatre coins de la région : Irun, Hendaye, Ciboure, Saint-Pée-sur-Nivelle, Sare, Itxassou, Baïgorry, Banca, Saint-Jean-Pied-de-Port, Saint-Jean-le-Vieux, Hasparren, Briscous, Saint-Pierre d'Irube, Bayonne, Bergouey, Ahetze, Barcus, Lecumberry, Sames, Saint-Cricq-du-Gave, Saint-Vincent.

Les causes d'enfouissement ? On cachait la monnaie à l'approche des hordes barbares.

Je dois une mention spéciale aux riches collections de monnaies romaines du Docteur Laborde, de Biarritz, et de M. Cazaux, tapissier, 20, quai Galuperie, Bayonne, qui possède des monnaies phéniciennes, chinoises, arabes, grecques, romaines, du bas-empire grec, et toutes sortes de vieilles monnaies européennes.

En dressant un état chronologique des empereurs et impératrices de Rome dont les pièces se sont trouvées au Pays basque, je trouve 42 empereurs et 4 impératrices, allant de Jules César et Auguste, un demi-siècle av. J.-C. à Justinien, à la fin du VIe siècle, tandis qu'à Toulouse les diverses monnaies découvertes sont presque toutes antérieures au premier siècle de notre ère.

Les deux pièces les plus rares représentent l'une Auguste, portant au revers Jupiter Sérapis. La pièce, en potin d'Egypte, est crénelée comme les pièces appelées *Nummi Serrati*. Ensuite, nous avons une médaille de Julien l'Apostat, frappée à Constantinople, portant au revers un taureau et un coq; deux étoiles au-dessus du taureau. Comme pièce curieuse, je signalerai un Germanicus sur un char de triomphe, debout, levant la main droite et tenant de la gauche un aigle.

Il y aurait ici un long chapitre à ajouter sur les inscriptions romaines trouvées en Pays basque. Le temps presse, passons.

Je terminerai ce travail — trop long, quoique très incomplet, — par la réflexion de l'orateur romain : Quacumque enim ingredimur, in aliquam historiam vestigium ponimus. On ne peut faire un pas au Pays basque sans marcher sur l'histoire romaine.

J'ai seulement fait ici amas de fleurs estrangières, n'ayant fourni du mien que le fil à les lier (Montaigne).

Mon seul désir aura été d'éluder le reproche que Tacite adressait à l'insouciance de ses contemporains pour les gloires domestiques et nationales : Incuriosa suorum ætas !

6me *Communication.* — M. le Chanoine V. DUBARAT, curé-archiprêtre de Saint-Martin, de Pau.

DES DROITS DE LA CATHÉDRALE DE BAYONNE SUR L'ÉGLISE SAINT-MARTIN DE BIARRITZ, D'APRÈS LE « LIVRE D'OR »

Les actes que nous avons en vue se trouvent dans le *Livre d'Or de Bayonne.*

Ce manuscrit, préparé par M. l'abbé Bidache, pour une publication complète et soignée, a été enfin mis au jour en 1907 (1). C'est là que nous prendrons les textes à commenter.

I. *Don de la dîme de Saint-Martin de Biarritz à la Cathédrale*

L'acte du *Livre d'Or* relatif à cette donation n'est pas daté. M. Bidache l'a fixé entre 1150 et 1170, époque où Bayonne avait pour évêque le basque mauléonnais Fortaner, dont l'action fut vraiment bienfaisante dans son diocèse.

Voici ce texte tel que le porte le *Livre d'Or* :

« Galindus de Biarritz et son fils, donnent à l'église de Bayonne toute

---

(1) J. BIDACHE. *Le Livre d'Or de Bayonne.* Textes latins et gascons du Xe au XIVe s. Pau, Ve Léon Ribaut, 1907. Voir dans la Préface les péripéties par où est passé cet ouvrage avant d'avoir vu le jour.

« *la dixme et oblations de Saint-Martin de Biarritz, mesme le patro-*
« *nage* » (1150-1170).

« Ad noticiam volumus perveniat tam presentium quam poste-
rorum, quod Galindus de Beariz, semetipsum cum filio suo G.
obtulit domino F., Baionensi episcopo, et Willelmo de Sancto Martino,
archidiachono, P. quoque de Salbainac et aliis canonicis, et omne
sanctuarium quod habebat in parrochia de Bearriz, jure hereditario
vel alio modo acquisitum, sicut in decimis et oblationibus, et altari
de Sancto Martino, totum, in pace et absque omni nulla reclamatione
Baionensi ecclesie beate Marie quitavit jure possidendum.

« Quorum devotionem predictus episcopus et canonici attendentes
ipsos canonicaverunt.

« Sed predictus filius ejus G. jus suum canonie, annuente capitulo
et rogantibus proximis suis, cognato suo Willelmo A. concessit.

« Hujus donationis sunt fidejussores Aner de Archagos, A. de Nau-
beis. Testes sunt de civitate : R. W. de Ardei, Fremaut de Lebru-
gueire, Pontius dels Puis, P. Sarracenus, Johannes de Sinossa, A. de
Meis, et alii quamplures de forinsecis, Messeriath de Lotz, A. de
Urruzague, Semen de Hotsotz, et parrochiani de Bearriz ».

Observations générales. — Cet acte comporte trois parties : 1º le don
de Galindus ; 2º l'approbation par l'évêque et les chanoines de Bayonne ;
3º les noms des cautions et des témoins.

Ce texte n'est aujourd'hui qu'une copie de l'acte original. Il fut
inséré dans le vénérable cartulaire de Bayonne où le Chapitre inscri-
vait tous ses titres de propriété. Il y aurait à relever quelques erreurs
— peu nombreuses — ou fautes de transcription, imputables au copiste,
par exemple celle de « *altari* (1) de S. Martino », au lieu de « *altare* de
S. M. ».

Auteurs de l'acte. — Ce sont Galindus et G. son fils, de Biarritz.

Quelle était leur profession? Rien ne le dit; mais nous pouvons
présumer qu'ils étaient d'une condition sociale aisée.

Ils étaient, en effet, possesseurs et patrons de l'église Saint-Martin
de Biarritz Ils en avaient les dimes, les oblations et probablement la
dime des autres revenus de l'autel.

Le fait par eux de les donner dans un acte de magnifique libéralité,
sans aucune opposition apparente, prouve leur situation.

Comment ils sont devenus propriétaires et patrons, ils ne le décla-
rent pas absolument, mais ils l'insinuent en quelques mots.

Ils ont acquis ces biens, par voie d'héritage, *jure hereditario;* cela
prouve qu'ils sont de bonne et peut-être de vieille famille terrienne.

Après l'invasion normande et au milieu de la confusion de toutes
choses, sous la protection sans doute des vicomtes de Labourd, et
avec l'approbation des évêques, dans les anciennes et dans les nouvelles agglomérations rurales, des hommes religieux et voulant le

---

(1) Toutefois on pourrait accepter cette forme, en sous-entendant la proposition *in*
« in altari », comme devant *oblationibus.*

bien s'étaient rencontrés pour relever ou bâtir des églises, y appeler un prêtre, créer des ressources auxquelles concourait tout le peuple chrétien. Ces hommes laissèrent à leurs familles tous les droits ainsi acquis, lesquels se transmettaient de génération en génération. On trouve dans le vieux droit féodal et ecclésiastique les divers modes de transmission de ces biens qui se maintinrent généralement, dans notre pays, jusqu'à la Révolution.

Conditions de la donation. — Elle est à première vue insolite et peut se traduire ainsi : Galindus et son fils donnent leurs biens et ils se donnent eux-mêmes à l'Eglise et au Chapitre de Bayonne. Nous trouvons d'autres exemples d'oblation personnelle :

Ainsi, à une date que M. Bidache fixe à 1083, Raymond, Forto, R. Santius et R. Eizo s'offrirent à la cathédrale (1).

Que signifie cette oblation personnelle? Ces donateurs et bienfaiteurs devenaient-ils par le fait chanoines? Certainement non. Les exemples précédents le prouvent. Un bienfaiteur cependant, W..., se déclare expressément chanoine : « Professus sum me canonicum (2) Sancte Marie, in presentia D. Raimundi, Auxiensis, archiepiscopi ». Il y a donc quelque chose de plus dans cette dernière expression.

D'ailleurs, le nombre des chanoines devait être au XIIe siècle à peu près réglé; et c'eût été introduire le désordre que d'accepter un peu tout le monde par le fait de donations.

Probablement, les donateurs acquéraient un simple droit à un canonicat vacant «jus canoniæ», comme dit notre texte, en parlant ici du fils de Galindus, qui renonça à ce droit en faveur d'un de ses parents, Guillaume A..., accepté à sa place par le Chapitre.

En d'autres termes, des bienfaiteurs étaient agrégés au Chapitre, au point de vue temporel ou spirituel; et c'est ainsi qu'il faut traduire cette phrase de notre texte : « Quorum devotionem predictus episcopus et canonici attendentes, *ipsos canonicaverunt* ».

Nous trouvons la preuve de cette explication dans un acte de 1235, où Anerius Duhart se donna à Dieu, à l'église de Bayonne et à celle de Saint-Jean-de-Luz, lui et tous ses biens, à la condition que cette dernière église serait tenue de lui fournir le gîte et le couvert sous peine de déchéance (3).

L'historien bayonnais, Veillet, chanoine de la cathédrale, mort en 1713, nous a laissé un manuscrit où nous lisons son opinion à ce sujet, formulée en ces termes : « Outre ces chanoines (de Bayonne), ainsi réguliers et attachez à vivre ensemble dans une communauté cloîtrée, je trouve qu'il y en avoit anciennement d'un autre genre qui n'excluait pas les laïques, ni même les femmes mariées C'étoient des séculiers, qui demeurant dans le commerce du monde, étoient pourtant bien aises d'entrer en quelque société et comme dans la famille

---

(1) *Livre d'Or*, éd. Bidache, p. 25.
(2) *Ibid*, p. 26.
(3) *Livre d'Or*, édition Bidache, p. 101.

des chanoines, ce qui les faisoit appeler familiers, *familiares*. Ce genre de familiers se divisoit en deux espèces : les uns se contentoient d'entrer en société des biens spirituels, des prières, des sacrifices, des bonnes œuvres qui se faisoient dans l'église et surtout par les chanoines : *Ecclesia vero recepit eos socios et participes omnium bonorum et orationum quæ fient unquam in Ecclesia Baionensi :* mais d'autres, outre cette société de biens spirituels, contractoient de plus, pour recevoir quelque pension viagère, et cela différemment. J'en trouve un qui fut fait chanoine spirituellement et temporellement, c'est-à-dire, qu'outre la participation aux prières, on luy donna de plus le droit de recevoir une portion, une pitance, telle qu'on la donnoit aux chanoines : *Episcopus dedit ei canoniam Baion. Ecclesiæ temporaliter et spiritualiter*. Un mari et une femme receurent apparemment ces mêmes droits en ces autres termes, ce qui fit que les chanoines receurent pour les siècles des siècles ces deux conjoints en leur bénéfice et en leur commémoraison : *Canonici in beneficio suo et in commemoratione eos conjuges receperunt*. Un père et un fils acquirent un pareil droit de portion canoniale que ce fils céda depuis à un de ses parents, en assentiment du Chapitre et à la prière de ces proches. *Ipsos canonicarunt... jus suum canoniæ W. A. concessit*. Un autre mari et sa femme, outre la participation aux biens spirituels, reçeurent sur le champ 15 l. de morlans, firent fonder un anniversaire à perpétuité, comme pour des chanoines, et en cas qu'ils vinssent à tomber en nécessité, ils exigèrent que l'évêque et le Chapitre leur assurassent de quoy vivre dans quelque hospital du diocèse (comme c'étoit alors la coutume, même pour les honnêtes gens), ou bien dans l'église cathédrale. Enfin, il y en avoit qui donnaient tous leurs biens à condition qu'on les nourriroit et habilleroit : *Tenetur mihi providere, quandiu vixero, in victu et vestitu ;* et tous ceux-là étoient comme autant de chanoines laïques aggrégez avec les chanoines réguliers (1) ».

En définitive, ces personnes agrégées aux chanoines étaient, ce qu'on a appelé plus tard, des donats ou des oblats. Or, d'après Benoît XIV, les oblats étaient « des personnes séculières qui, sans vouloir se consacrer à la religion par les vœux ordinaires, s'y donnaient et s'y dévouaient, y prenant un engagement perpétuel par contrat authentique, ou des vœux simples; y vivent soumis aux supérieurs sans prendre l'habit régulier, en en prenant néanmoins un convenable à ce nouvel état, sans retenir aucune partie de leurs biens, pas même un usufruit (2) ».

Donataires des biens de l'église de Biarritz. — Le texte indique : 1° l'évêque Fortaner; 2° l'archidiacre de Labourd; 3° le Chapitre, représenté par P. de Salbainac.

Dans beaucoup d'autres textes, inutiles à rappeler ici, les dons sont

(1) R. Veillet. *Recherches sur l'église et sur la ville de Bayonne.* vii° p. chap. i. art. 9.
(2) *Conférences d'Angers.* Paris, 1775, Vol. sur les Etats, p. 403.

faits simplement à l'église cathédrale Sainte-Marie ou à l'évêque et à ses successeurs — ou à l'évêque et au Chapitre.

Il interviendra plus tard un partage définitif et régulier de tous les biens et dîmes ecclésiastiques entre l'évêque et le Chapitre; une partie en sera attribuée à la fabrique de la cathédrale.

Biens donnés. — Deux expressions sont ici employées pour indiquer la nature du don fait par Galindus et son fils. 1° *Omne sanctuarium.* Le dictionnaire de Ducange traduit le mot de *sanctuarium* par cette périphrase : « Bona ad Ecclesiam pertinentia », les biens appartenant à l'Église. Ici le sens de ce mot se précise par les expressions «Sicut in decimis et oblationibus». Les dîmes et les oblations sont en effet biens d'Église.

2° « Et *altare* de Sancto Martino ». Nous mettons *altare* au lieu de *altari* que porte le texte; mais le sens est bien le même. Il s'agit toujours des offrandes ou autres dons portés sur l'autel de Saint-Martin de Biarritz qui sont donnés désormais à la cathédrale de Bayonne.

D'après le chanoine Denis de Nyert, un des commentateurs du *Livre d'Or*, il y avait aussi le «patronage» ou droit de nomination à la cure. Ce sens se trouve sans doute dans les deux mots de « sanctuarium » et de « altare » qui rappellent essentiellement les droits et les revenus d'Église.

Conditions et témoins de l'acte de donation. — L'acte se termine par les noms de ceux qui doivent garantir le contrat. Il y a d'abord les cautions. On voit ensuite deux sortes de témoins : ceux de la ville même, ceux du dehors, très nombreux et qu'on ne désigne pas, et d'autres enfin, paroissiens de Biarritz. Nous ne trouverions que quelques remarques de linguistique à faire sur ces noms, en particulier sur ceux de Pontius *dels* Puis et *Semen* de Hotsotz; *dels* est mis ici pour *de los* et *Semen* nous a tout l'air d'être une forme de *Semea*, le fils ou héritier de la maison, en pays basque.

II. *Bulle de Célestin III sur les possessions de l'église de Bayonne (1194).*

Une conséquence très curieuse de cette donation, faite à la cathédrale de Bayonne, fut sa reconnaissance et la déclaration solennelle de propriété de l'église de Bayonne par Célestin III, en 1194. Il veut faire connaître les biens appartenant à cette église et s'exprime ainsi : « Quecumque bona eadem ecclesia inpresentiarum rationabiliter possidet ». Et dans l'énumération, le Souverain Pontife cite, en second lieu, l'église de Biarritz : *Ecclesiam de Biarritz.*

Cette bulle, avec la charte d'Arsius, forme une sorte d'inventaire des biens de notre église de Bayonne aux Xe et XIe siècles.

III. *La dîme des baleines du port de Biarritz appartenait au Chapitre de Bayonne.*

Le droit de pêche était, à l'origine, un droit du souverain. Celui-ci pouvait le vendre ou le donner à un de ses sujets. Nous en trouvons la preuve dans un document ajouté au *Livre d'Or* et relatif à la pêche de la baleine, en 1199. A cette époque, la baleine, fréquente sur nos plages, et harponnée principalement sur la côte de Biarritz, appartenait au roi.

Ainsi Jean, roi d'Angleterre, donne cinquante livres angevines à Vidal de Bielle, à prendre sur deux baleines menées au port de Biarritz. Cet acte contient plusieurs particularités sur lesquelles il serait curieux de s'étendre ; mais nous ne le pouvons pas ici.

Or, ce Vidal de Bielle était pêcheur de son état ; il avait une sècherie de poissons dans l'île de « Generei ». Il acheta plus tard au roi le droit de pêche de la baleine ; nous n'en avons pas l'acte, mais nous en avons la preuve dans un texte du *Livre d'Or*. Nous y voyons en effet que Vidal donna la dime des baleines au Chapitre de Bayonne, donation confirmée par son fils, Pierre de Poilhon.

Les baleines, pourchassées dans notre Océan, se lassèrent de ces poursuites et se firent de plus en plus rares.

Mais le droit de dime en faveur du Chapitre de la cathédrale subsistait toujours.

En 1498, on n'avait pas pris de baleines depuis dix ou douze ans. Aussi, le 3 mars de cette année, les procureurs de l'évêque et du Chapitre, le maire-abbé Duhalde et les jurats de Saint-Martin de Biarritz se réunirent à la chapelle de N.-D. de Pietat, « tocan los dessimes de las baleines, balenals et caveras qui eren pres sus le gran mar ».

Il fut convenu que Biarritz donnerait désormais au Chapitre un quintal de ces prises sur vingt, le tout choisi du meilleur de la langue et du gras, sans maigre, et non de la tête, de la queue ni des ailes : « deu meilhor de la lengue et deu gras, no include lo magre... non deu cap, code ni alles (1) ». Cette dime n'allait bientôt plus être qu'un souvenir.

TEXTES

I. *Don de 50 livres sur deux baleines du port de Biarritz (1199).* — « Johannes, Dei gratia rex Anglie... Sciatis nos dedisse et presenti carta nostra confirmasse Vitali de Villa et heredibus suis L. libras redditus andegavenses *in duabus balenis in portu de Biaris* in excambium redditus quem rex Riccardus, frater noster, ei dedit *in siccatione piscium in insula de Generei...* Sexto die septembris regni nostri, anno primo. » (*Adjonctions au Livre d'Or*, p. 281. Extrait du Mss. de Wolfenbuttel.)

II. *Don de la dime des baleines du port de Biarritz, par V. de Bielle et confirmation de ce don par son fils, le 17 février 1261.* — « Sabude cause sie à tots... com en V. de Biela defunct ahos dat e autreiad ça en rer à Diu et ma dona Sancta Maria de Baione e au capito d'aqued medihs log, la dezme de tota la baleia o dou baleiad, *loquoau ed deve haver au port de Biarritz.* Debinco assi apres que io, en Per de Poilhon, fil del avandiit defunct, ab antrei e ab comunau voluntad de ne Gracie,

---

(1) **A***rch.* **B.-P***yr.* G. 85.

ma moilher, e de V. nostre fil, di e autreiei... lota aquere sobrediile
dezme al avandiit capito... Actum a Baione, anno Domini M°CC°LX°
primo kal marcii... »

M. Balasque, dans ses belles *Etudes historiques sur la ville de
Bayonne* et M. le docteur Joseph Laborde, dans ses ouvrages si curieux
sur Biarritz, ont étudié les actes que nous venons de donner.

Le texte de Wolfembuttel inséré si intelligemment par l'abbé
Bidache dans ses *Adjonctions au Livre d'Or*, éclaire très bien les origines de la dîme des baleines que prélevait aux siècles passés la
cathédrale de Bayonne sur Biarritz.

7ᵐᵉ *Communication*. — M. A. Dujarric-Descombes, Vice-Président
de la « Société Historique et Archéologique du Périgord ».

LE BRÉVIAIRE DE L'ÉGLISE DE PÉRIGUEUX
1487

J'ai eu l'avantage de montrer comment l'imprimerie avait été
importée dans ma ville natale très peu d'années avant l'expiration du
XVᵉ siècle (1). Le premier livre, imprimé par Jehan Carant, prototypographe de Périgueux, fut le traité sur la messe du carme Jehan
Heynlin dit de La Pierre, prieur de Sorbonne ; il sortit de la première
presse périgourdine, en l'année 1498, sous l'épiscopat de Gabriel
Dumas. C'est le quatrième centenaire de l'impression de cet opuscule,
par conséquent de l'introduction de l'imprimerie en Périgord, que la
Société Historique et Archéologique du Périgord célébra il y a treize
ans.

L'ouvrage théologique de Jehan de La Pierre est bien le premier
volume authentiquement connu comme ayant été imprimé à Périgueux, mais il ne saurait être le premier livre périgourdin.

Nos pères n'attendirent pas l'installation dans leurs murs d'un
atelier typographique pour témoigner qu'ils savaient apprécier le
bienfait de l'invention de Gutenberg et qu'ils avaient hâte d'en profiter.

L'honneur d'avoir fait imprimer le premier livre exclusivement
destiné au Périgord appartient au Chapitre de la Cathédrale de Périgueux. Le haut clergé diocésain avait tout d'abord compris les services
que l'art nouveau de la typographie pouvait rendre au culte. Aussi
songea-t-il à l'employer de bonne heure pour la multiplication des
livres liturgiques. C'était le meilleur moyen de fournir aux églises des
livres présentant une parfaite uniformité ; n'offrait-il pas, de plus,
toutes les garanties d'orthodoxie, puisque les éditions étaient prépa-
rées, surveillées, revues par l'autorité ecclésiastique et finalement
soumises à son approbation ?

---

(1) *Maistre Jehan Carant, prototypographe de Périgueux*, Paris, Fommarty, 1893, in-8° de
16 pages.

Les premiers imprimeurs paraissent donc avoir été employés par le clergé. Leurs produits n'ont été en majeure partie que des livres de dévotion ou de liturgie, c'est-à-dire des livres destinés à être journellement feuilletés et voués conséquemment à une destruction rapide. Ainsi s'explique leur excessive rareté. Après avoir été d'un usage très répandu en leur temps, ils sont devenus presque introuvables aujourd'hui.

Le temps et l'incurie des hommes ont été funestes aux anciens livres liturgiques du Périgord, sur lesquels on ne possède que des renseignements fort incomplets. Il a fallu un singulier coup du hasard pour retrouver une portion importante du premier bréviaire de Périgueux.

Comme je l'ai rappelé ailleurs (1), avant la merveilleuse découverte de l'imprimerie, qui devait répandre à flots la lumière de l'instruction, tous les livres étaient manuscrits. Ils consistaient en des cahiers écrits à la main, dont le perfectionnement exigeait le concours de plusieurs personnes. Le parcheminier, le copiste, l'artiste, furent les précurseurs de nos typographes. Des chefs-d'œuvre sortirent ainsi de cette triple collaboration. C'est dans les anciens monastères, où l'entretien et l'accroissement de la bibliothèque étaient un point de règle, qu'il faut chercher surtout les livres manuscrits, devenus aussi rares que les incunables.

L'antique *Bréviaire* de l'église de Périgueux était manuscrit. Le texte en avait été mis en ordre par l'évêque Hélie de Bourdeille, mort archevêque de Tours. Il fut adopté tel quel par Antoine Vermerot, vicaire-général de l'évêque Geoffroy de Pompadour et par les chanoines de la cathédrale pour une reproduction typographique. L'impression s'en fit à Venise, où fut envoyée une copie dûment certifiée du manuscrit d'Hélie de Bourdeille.

A cette époque, Venise était le centre le plus considérable d'activité commerciale en Europe. Les belles-lettres et les arts florissaient dans cette ville, qui avait vu se multiplier comme par enchantement, sur ses lagunes, librairies et imprimeries. Déjà, des artistes remarquables comme Jenson, le français créateur des lettres romaines, Ratdolt, l'inventeur des titres et le premier illustrateur, y avaient fait priser très haut les produits de l industrie typographique. Alde vint, dont la renommée bientôt universelle éclipsa celle de tous ses rivaux et qui mérita le titre de premier imprimeur de l'époque. La ville des doges était devenue le plus vaste *emporium* de livres du monde entier. On y a relevé, en trente et un ans, y compris les imprimeries claustrales, plus de deux cents établissements de typographie, exemple unique à enregistrer dans les annales de l'histoire.

Les papes y encourageaient certains imprimeurs, dont les presses répandaient en Europe, en France, en particulier, dans des conditions

---

(1) *Les livres en Périgord avant l'introduction de l'imprimerie*, Périgueux, imprimerie de la Dordogne, 1899, in-8° de 15 pages, avec planche.

très appréciables de bon marché relatif, des livres liturgiques à l'abri de toute censure.

D'innombrables bréviaires sortaient des presses de Venise. La Bibliothèque nationale possède plusieurs des éditions du bréviaire romain qui y furent imprimées de 1485 à 1490. Jean Cœur, archevêque de Bourges, y avait fait imprimer le bréviaire de son église : *Breviarium ecclesiæ Biturcensis, Venetiis, per Petrum de Piasis, 1481*, in-8°. Il est tout naturel de penser que Geoffroy de Pompadour, qui, étant évêque d'Angoulême, avait puisé l'amour des livres chez le comte Jean d'Orléans, un des hommes les plus lettrés de son temps, ait pensé à pourvoir les églises de son nouveau diocèse de livres liturgiques imprimés. J'ai quelque raison de supposer que, pendant la captivité de l'évêque, que le duc d'Orléans avait entraîné dans sa disgràce, le vicaire-général du diocèse et le Chapitre, qui avaient de fréquents rapports avec les envoyés du Saint-Siège au sujet des indulgences accordées aux églises de Périgueux, profitèrent de la présence de ces derniers pour transmettre aux typographes italiens la commande d'un bréviaire.

Il y a une dizaine d'années, M. Cailliac, bibliothécaire de la ville de Périgueux, très heureusement servi parfois par sa manie de fendre au canif les vieilles reliures pour en examiner le contenu, retira de la couverture en parchemin d'un terrier du château des Bories, dans la paroisse .d'Antonne, appartenant à la famille de Saint-Astier, du commencement du XVIe siècle, une cinquantaine de feuillets in-octavo, revêtus de caractères gothiques, avec les rubriques en rouge, non chiffrées, à deux colonnes, ayant fait partie d'un ancien *Bréviaire* du diocèse de Périgueux.

Ce bréviaire n'était autre que la reproduction du bréviaire manuscrit d'Hélie de Bourdeille, imprimé, en 1487, chez Jean-Antoine Biret, un des typographes de Venise. Malheureusement le titre de ce précieux incunable, jusqu'alors inconnu, et dont je m'empressai de signaler la découverte à la Société Historique et Archéologique du Périgord, ne s'est point retrouvé parmi les débris qui faisaient le plein de la couverture du terrier des Bories. Mais la dernière page, par sa souscription finale, n'a laissé aucun doute sur l'origine et la destination de ce rarissime ouvrage, dont les exemplaires circulèrent dans le clergé périgourdin une dizaine d'années avant l'arrivée de notre Jehan Carant.

Voici le texte latin en entier de cette souscription :

Datum et actum in capitulo ecclesie cathedralis Petragoric. die... mensis Januarü anno domini MCCCCLXXXVII.

Personaliter constituti venerabiles et discreti viri domini d. Antonius Vermeroti, canonicus ecclesiarum Petragoric. vicariusque in spiritualibus et temporalibus reverendi in Xro patris dñi dñi Gaufridi, miseratione diviná Petragoric. epi., Guillelmus Margoti, Guillelmus Vigerii, Petrus Colomberii, Joannes Morandi, Bernardus de Abzaco et Aldemarus Serventonis, canonici dicte cathedralis ecclesie Petragoric., omnes insimul

dixerunt et asseruerunt se vidisse et inspexisse copiam breviarii perquon-
dam bone memorie dominum Heliam de Burdelia, tunc Petragoric-
episcopum, papyro scriptum olim ordinati, auditaque relatione discreti
viri dñi Bernardi Pelon, presbyteri predicte ecclesie convicarii et servi-
toris, qui pariter asseruit eumdem brevarium visitasse de puncto ad
punctum, et eum fore de usu sedis presentis palrie Petragoric.

Cette approbation du chapitre cathédral est suivie de l'indication
des lieu et date de l'impression, ainsi que du nom de l'imprimeur :

Impressum Venetiis impensis et cura Joannis Antonii de Biretis,
MCCCCLXXXVII Kal. augusti.

Le tout est terminé par la marque de Biret, qui consiste en une
longue croix sur fond rouge, dont le pied repose sur les initiales
I A B.

C'est ainsi que l'authenticité du texte livré à l'impression fut attes-
tée par Antoine Vermerot, vicaire général de l'évêché, et les chanoines
Guillaume Margot, Guillaume Vigier, Pierre Colombier, Jean Morand,
Bernard d'Abzac et Adhémar Serventon, sur le rapport de leur collègue Bernard Pelon. La reproduction fidèle du bréviaire traditionnel
ne pouvait être assurée avec plus de soin.

Les provinces limitrophes du Périgord ne possédaient point alors
d'imprimerie. Bordeaux, Angoulême et Limoges en étaient privés,
comme Périgueux. Mais il en existait à Toulouse et à Poitiers. Il fallut
le séjour à Périgueux de délégués du Pape pour que l'on songeât à
recourir à une presse italienne pour l'impression du bréviaire diocésain.

J'ai sous les yeux deux quittances de cette année 1485 (7 février et
24 novembre), dans lesquelles figurent les deux chanoines Vermerot
et Pelon, ce dernier qualifié de curé de Sanilhac, comme payant une
portion des redevances, qui aidaient le Saint-Siège à faire face aux
dépenses nécessitées par les travaux de la grande basilique de Saint-
Pierre.

Depuis une dizaine d'années, les chapitres de Saint-Etienne et de
Saint-Front payaient une redevance annuelle « au collecteur de touts
les fruicts, rentes et revenus deubs à la chambre apostolique ès provinces de Bordeaux et d'Auch », pour les indulgences accordées par
Sixte IV, sur la sollicitation d'Hélie de Bourdeille, archevêque de
Tours, précédemment évêque de Périgueux,. à ceux qui visiteraient
leurs églises.

Il n'y aurait donc rien de surprenant dans ce qu'un des représentants d'Innocent VIII ait proposé au chapitre de faire, à l'exemple de
plusieurs églises et abbayes, imprimer le bréviaire en question, à
Venise, dans un des ateliers plus spécialement favorisés par le saint
Père.

Il n'est pas sans intérêt de rappeler aussi que Bertrand de Roffignac,
évêque de Sarlat, avait formé le même dessein que son collègue de
Périgueux pour l'impression du bréviaire du second diocèse de Périgord. Mais, ayant été prévenu par la mort, il en laissa l'exécution à

son successeur Pons de Salignac. Ce prélat, en effet, dressa et fit imprimer, en 1490, le bréviaire du diocèse de Sarlat, publication sur laquelle le chanoine Tarde a laissé quelques détails dans ses *Chroniques*. Armand de Gérard-Latour, autre savant chanoine sarladais, possédait dans sa bibliothèque un exemplaire de cet antique bréviaire de son diocèse. Il n'a pu être retrouvé. Tout porte à croire que ce livre avait été également imprimé à Venise, dont l'immense renommée au point de vue typographique attirait l'attention de tous les diocèses de France.

M. Dujarric-Descombes n'ayant pu assister au Congrès, sa communication est présentée par M. le Secrétaire général.

8ᵐᵉ Communication. — M. André FAURE, membre auxiliaire de la « Société des Archives historiques de la Gironde », Avocat à la Cour d'Appel de Bordeaux.

UN ACCIDENT DU TRAVAIL AU XVIIIᵉ SIÈCLE (21 JUIN 1731)

Le 21 juin 1731 les directeurs de la Chambre de Commerce de Guienne étaient appelés par les sieurs Raphael frères, négociants à Bordeaux, à se prononcer dans une affaire « dont la nouveauté inté-
« ressait infiniment tous les commerçants de la Province » et sur laquelle les exposants attiraient tout spécialement leur attention, « la
« décision rendue devant servir de préjugé ».

Il s'agissait d'un accident du travail.

Un navire avait été chargé pour les Isles, et dans le voyage de retour, un charpentier s'était blessé en faisant la manœuvre du vaisseau. Cet ouvrier, spécifie le mémoire, « a esté traitté durant le
« reste du voyage aux dépans des exposans et ils n'ont point refusé
« de luy payer ses gages par entier jusqu'au retour comme s'il avait
« continuellement rendu le service dans le vaisseau. Mais lui ayant
« offert après l'arrivée en ce port (1) de le faire porter à l'hôpital, il a
« refusé ces offres, a prétendu que les exposans devoient non seule-
« ment le faire traitter à leurs dépans par un chirurgien de la ville,
« mais qu'ils luy devoient des dommages et intérests, soit par la perte
« du tems de sa maladie, soit en cas que la blessure l'eust mis hors
« d'état de continuer le service de son métier.. ».

Les armateurs, bien entendu, n'admirent pas les prétentions du charpentier, et le différend fut porté devant le lieutenant général de l'Amirauté dont les « appointemens non seulement ont ordonné des
« provisions très fortes à cet ouvrier, mais ont préjugé qu'il pourrait
« en fin de cause obtenir des dommages et intérests contre les
« exposans ».

Devant une telle sentence les armateurs de Bordeaux se solidarisè-
rent avec les sieurs Raphael frères, et résolurent de soumettre le cas à Monseigneur de Maurepas, ministre de la Marine. Mais la réponse

---

(1) Bordeaux.

obtenue fut loin de les satisfaire. Le ministre, en effet, se contenta de promettre que « si l'on ne pouvait terminer l'affaire par la voye de « l'accomodement, il s'informerait de l'usage des autres ports du « royaume pour faire rendre sur ce cas une déclaration qui expliquat « les douttes que peuvent laisser à cet égard l'art. XI du titre IV de « l'Ordonnance de la Marine... »

Le charpentier cependant qui, d'après le mémoire, « craint l'événe-« ment de cette déclaration » sollicite vivement l'audience au Parle-« ment « pour y faire juger l'appel des appointemens rendus par « Monsieur le lieutenant général de l'Amirauté ».

Aussi les armateurs portent-ils l'affaire devant les conseillers du Commerce, confiants dans « leur justice et leur zelle ». Il est impos-sible, assurent-ils, que « l'on expose les armateurs non seulement aux « pensemens, mais aux suittes des blessures que pourroient recevoir « les matelots dans la manœuvre du vaisseau : cette surcharge qui « serait toujours considérable en tems de paix serait fatalle en tems « de guerre où les combats que sont obligés d'essuyer les armateurs « grossit (sic) extrêmement le nombre des blessés... » et « vous scavez « Messieurs, concluent-ils, que le désordre du commerce n'a pas « besoin qu'on l'expose à cette nouvelle avarie ».

La demande fut sans doute examinée avec « toute la sollicitude désirable » par les Directeurs de la Chambre de commerce de Guienne, qui, sur l'exposé du mémoire, rendirent la décision suivante :

« Les équipages des navires ne sont pas fondés à prétendre des « armateurs des pensions ou dédommagements après le désarmement « lorsqu'ils arrivent malades ou qu'il leur est survenu quelque acci-« dent pendant le voyage. Ce serait exposer les négociants à des « suittes fascheuses quy les rebuteroient de faire aucune entreprise. « Le cas quy se présente est sans exemple puisqu'ils n'ont jamais été « assujettis qu'aux pensemens et médicamens durant le tems de la « traversée des navires, et au payement des salaires du malade ou « blessé jusques à l'arrivée, qu'on luy paye comme s'il avait rendu le « service ainsi qu'il s'est observé dans tous les tems, et s'observe « encore dans tous les ports de France et ceux des pays étrangers. Il « n'est pas naturel ny d'usage que les équipages puissent former « d'autres prétentions contre les propriétaires des vaisseaux... »

« D'ailleurs, ajoutent-ils, il se perçoit par ordre du Roy un droit « établi depuis plusieurs années de six deniers par livre sur les gages « des matelots et autres gens de mer, pour la subsistance des invalides « de la marine, quy est toujours à la charge de l'armateur et aug-« mante d'autant plus leur sallaire; d'où l'on doit inférer que « Sa Majesté a entendu que les accidents qui arrivent aux matelots et « autres gens de mer, sont à sa charge et non à celle de l'armateur « qui ne peut être en état de les suporter... »

Signé : Ribail, Castaing fils, Foucques, Crozilhac, Menoire,
Touges, Saint-Martin.

La séance de travail étant terminée, M. Habasque, président du Bureau, soumet à l'Assemblée, au nom de M. Vinson, président du Congrès, le vœu suivant : «Qu'il soit créé au collège de France une chaire de langue basque et d'antiquités ibériennes, et que MM. Forsans, sénateur, et Garat, député, veuillent bien faire les démarches nécessaires auprès des pouvoirs publics pour en obtenir la réalisation. »

L'Université de Bordeaux est demandée de préférence par un certain nombre de Congressistes, pour le siège de cette chaire, ce qui, fait remarquer M. Sarrieu, n'empêcherait pas celle de Paris. Des observations sont présentées à ce sujet par MM. Vinson, Planté, Courteault, Cathala. A la majorité, le vœu est adopté.

Puis les vœux suivants élaborés par le Conseil d'administration de l'Union, dans sa séance du dimanche 30 juillet, sont lus par M. Courteault, secrétaire général de l'Union :

1º « Qu'un nouveau projet de loi, destiné à protéger les fouilles préhistoriques et archéologiques en France, soit prochainement soumis au Parlement, qu'il y soit tenu le plus grand compte des observations faites au précédent projet, par l'ensemble des Sociétés savantes de province, et qu'en particulier les droits des musées locaux et régionaux y soient scrupuleusement respectés ;

2º « Que le tarif postal actuel pour les épreuves d'imprimerie soit au plus tôt revisé, et que l'ancien tarif assimilant la copie et les épreuves aux imprimés soit rétabli ;

3º « Que l'enseignement de l'histoire, de l'archéologie et de la géographie locales et régionales soit encouragé par l'Administration universitaire, et organisé dans les écoles primaires, les collèges et les lycées ;

4º « Qu'il soit procédé, dans le plus bref délai, au classement des ruines de l'église de Bordagain, dans la commune de Ciboure. »

Ces vœux, mis aux voix, sont adoptés à l'unanimité.

M. Habasque remercie les Congressistes et en particulier ceux qui, par leurs travaux, ont assuré la réussite du Congrès. Il termine en disant que cette session aura de nouveau resserré les liens de confraternité qui existaient déjà entre les Sociétés de l'Union du Sud-Ouest. Il déclare clos le Congrès de 1911.

Aussitôt après cette séance, les Congressistes sont reçus dans le grand salon de l'Hôtel de Ville, où des rafraîchissements leur sont gracieusement offerts.

M. Garat, député, maire de Bayonne, retenu encore par les suites de son accident, est représenté par son premier adjoint, M. Lacombe, qui transmet tous les regrets de M. le Maire de ne pouvoir saluer lui-même les Congressistes ; il leur exprime toutes les sympathies de la Municipalité et leur dit combien la Ville de Bayonne, qui s'intéresse aux études d'histoire locale, a été heureuse de les recevoir ; elle compte poursuivre l'impression de ses archives, si intéressantes, et faire aussi apposer des plaques commémoratives sur les points rappelant des faits importants ; il énumère, en terminant, les projets d'embellissement de la cité.

M. Vinson lui répond en ces termes :

Discours de M. Vinson

Monsieur le Maire et, permettez-moi de le dire, mon cher ami, car nous nous connaissons depuis près de quarante ans, je vous remercie, au nom de mes collègues du Congrès et je vous exprime à mon tour nos vœux les plus sincères. Mais ce n'est pas sans une certaine émotion que je prends la parole dans ce salon où nous avons fondé, il y a trente-sept ans déjà, la *Société des Sciences et Arts de Bayonne*. Le salon même, non, car l'Hôtel de Ville a été reconstruit après l'incendie de 1890. Mais si les choses ont leurs larmes, les lieux ont leurs souvenirs et les miens me reviennent en foule ici, me rappelant ma belle jeunesse, mes illusions, mes rêves et mes premiers travaux dont je suis très fier, puisqu'ils m'ont valu l'honneur qui m'est fait aujourd'hui. Il me semble voir autour de moi les ombres de tous ceux qui formaient alors la Société et qui ont disparu, M. E. Dulaurens, le distingué et modeste bibliothécaire; MM. l'abbé Menjoulet, Ch. Bernadou, Henri Poidenot, qui se préoccupaient des détails de l'histoire locale; M. le docteur C. Delvaille, si zélé pour les choses de l'enseignement; MM. le marquis de Folin, F. Bérillon, le Dr Blanchet, que passionnaient les observations d'histoire naturelle; M. H. Durant, directeur des Douanes, qu'intéressaient surtout l'art et les artistes; M. Antoine d'Abbadie, qui attirait notre attention sur les contes populaires basques et nous racontait son voyage en Abyssinie; M. W. Webster qui appliquait sa vaste érudition aux choses du pays; M. Arnaud Détroyat, qui, hier encore, se reposait du souci des affaires en étudiant la chronique locale et qui avait découvert au cimetière de Saint-Etienne une épitaphe rappelant les procédés historiques du P. Loriquet; Edouard Ducéré, enfin, l'infatigable travailleur, qui a consacré toute sa vie à sa ville natale et dont je voudrais voir le nom au coin d'une rue ou d'une place.

Bayonne a bien changé depuis et voici que vous nous annoncez des embellissements prochains, discutables peut-être. Ce que je constate avec plaisir, c'est l'accord unanime de la population et la présence dans l'administration municipale de Béarnais, avec leur finesse et leur intelligence native, de Gascons avec leur patience et leur amour du travail, et de Basques avec leur ténacité et leur indépendance un peu rude parfois. Faut-il rappeler que les Bayonnais et les Basques ont été jadis en guerre ouverte, témoin l'épisode dramatique de Pés de Puyane. Le maire actuel, M. Garat, — auquel je vous prie de transmettre nos regrets et nos vœux, — est lui-même un basque et son nom est de bon augure, car il signifie : « en avant », ou plus exactement « en haut, vers le haut » quelque chose comme le *sursum corda* de la prière catholique. Bayonne a toujours prétendu, dans le département, tenir la tête du mouvement politique, industriel et commercial. Ainsi que l'indique sa devise, elle n'a jamais subi la souillure de la conquête étrangère; elle s'est toujours dressée, fière et vigoureuse, comme la citadelle avancée de la civilisation française, comme une source inépuisable de lumière, de force et de vie. Nous souhaitons qu'il en soit longtemps ainsi et que Bayonne continue à donner l'exemple du travail fécond, de l'activité productrice et de cette prospérité matérielle et morale qui est la raison d'être et le but de la Société moderne.

Après ce discours, M. Yturbide, Président de la *Société des Sciences, Lettres et Arts* de Bayonne, adresse, à son tour, ses remerciements à tous ceux qui ont répondu à l'appel du Comité d'organisation. Il s'exprime ainsi :

Discours de M. Yturbide

MESDAMES, MESSIEURS,

Nous voici au terme du Congrès de Biarritz-Bayonne, et avant de vous laisser partir, permettez-moi de vous adresser les adieux et les remerciements du Comité d'organisation.

Vous avez répondu avec empressement à notre appel. Vous êtes venus nombreux nous visiter, malgré la distance, malgré l'ennui du voyage. Recevez, en retour, nos remerciements sincères.

L'heure est maintenant venue de nous séparer. Et si la séparation est chose toujours pénible, elle l'est surtout après trois jours de relations cordiales et de travail en commun. Mais heureusement la Fédération qui nous unit nous donne l'assurance que pour nous, les séparations sont seulement temporaires. Après le Congrès qui finit aujourd'hui il y en aura un autre et nous nous retrouverons ailleurs. Je puis donc en vous disant *adieu !* vous dire aussi ce mot réconfortant *au revoir !*

Jeudi 3 Août

Les deux excursions annoncées au programme : Fontarabie et Roncevaux, réunirent un assez grand nombre de Congressistes désireux de visiter ces deux curieuses localités.

Celle de Roncevaux fut faite en groupe.

Nous croyons être agréable, au moins à quelques Congressistes, en reproduisant ici le compte rendu humoristique de cette promenade, envoyé par M. l'abbé Gaillard, curé de Belin :

L'EXCURSION A RONCEVAUX

Par M. l'Abbé ALBERT GAILLARD, curé-doyen de Belin.

I

— Monsieur, il est cinq heures. — Ah ! très bien ; merci. — Eh ! voisin, cinq heures. — Ça va ; ça va. — Alors un coup d'œil à la fenêtre pour constater qu'il fait beau ; puis, houp ! la figure dans la cuvette, barbotage, toilette, déjeuner sommaire, et en route. Aujourd'hui le Congrès est fini ; les archéologues les plus barbus ont arboré une âme toute neuve, délicieusement poétique. C'est jour de grande excursion à Roncevaux. Et voici que, sur la place de la Mairie, débouchent, pavoisés aux couleurs franco-espagnoles, un autobus avec deux limousines. On va partir ; on part ; on est parti. Les kilomètres se déroulent rapides ; il fait bon ; on est gai ; le paysage abonde en sites agréables : vraiment notre voyage débute à merveille.

II

Bientôt Cambo apparaît. Le programme a prévu qu'on s'arrêterait là pour visiter les curiosités locales : on s'arrête donc. Hélas !

M. Rostand n'y est pas ; il soigne quelque part des contusions récentes ; mais il va mieux, nous assure-t-on, et nous pouvons déguster, sans remords, l'exquis chocolat que nous offrent gracieusement les propriétaires de la maison Fagalde. Ensuite on entre dans l'église, on erre un instant à travers un délicieux cimetière, tout fleuri, moussu et ombragé, où, çà et là, se dressent encore, immuables dans leur forme plusieurs fois millénaire, les pierres funèbres de la vieille Ibérie ; puis on s'en va, car le temps presse. Il y a loin jusqu'à Saint-Jean-Pied-de-Port, et c'est là que le déjeuner nous attend. Des truites qui passèrent, presque sans transition, des eaux de la rivière au creux fumant de la poêle ; des poulets savoureux, comme on n'en trouve qu'au pays basque ; quelques bouteilles de vieil Irouléguy. Vraiment notre voyage continue à merveille.

III

L'autobus est un animal des plus bizarres ; le nôtre n'allait pas tarder à en faire la preuve. A peine au sortir de la ville, il se mit à chauffer, tranquillement. C'est une chose qui peut arriver, n'est-ce pas ? on ne s'en inquiéta guère. D'ailleurs, quelques affusions d'eau froide semblaient bien avoir guéri le mal. Illusion décevante ! deux kilomètres plus loin l'autobus recommençait à chauffer. Dès lors, ce fut d'une simplicité enfantine : il ne cessa pas de chauffer. A Arnéguy, où notre caravane arriva vers midi, tant bien que mal, une réparation s'avérait indispensable. On l'exécuta ; elle dura une bonne heure ; puis, quand on essaya de repartir, l'auto chauffait. A deux heures, il chauffait encore ; à trois heures, il chauffait toujours. A ce moment-là, par exemple, c'est nous qui commencions très sérieusement à fumer. Non, vraiment, notre voyage ne marche plus à merveille.

IV

Par bonheur, les deux limousines s'étaient bien gardées d'imiter l'autobus. Déjà, elles avaient emporté vers le but un certain nombre de nos collègues ; et maintenant, revenues enfin à la frontière, elles nous emportaient à notre tour. Voici Val-Carlos ; voici la cime de la montagne. Victoire ! voici Roncevaux. Sitôt entrés dans le couvent, nous avons la chance de rencontrer le vénérable archevêque de Saragosse, qui vient de présider Matines ; et, grâce à sa bienveillante intervention, les portes les plus fermées nous sont ouvertes toutes grandes. Et nous admirons. A la sacristie, on nous montre la masse d'armes de Roland, la pantoufle de Turpin, des chaînes de captifs maures, le tout merveilleusement authentique, bien entendu. A l'église, on ouvre pour nous l'armoire de fer, où, après avoir vénéré les reliques de la vraie Croix et de la sainte Epine, nous voyons des émaux merveilleux ; ensuite on nous mène devant la Vierge qui pleure. A la bibliothèque, on nous permet de feuilleter un à un les précieux incunables et les manuscrits rares. Au trésor enfin, un des chanoines, assisté du sacristain majeur, tire des armoires les burettes, calices, ciboires, ostensoirs des grandes fêtes, et aussi un très antique manuscrit chinois, et encore le vieil évangéliaire, à la reliure d'argent sculpté, sur lequel les rois de Navarre prêtaient jadis serment de fidélité à leur peuple.

Puis, « sous l'obscure clarté qui tombe des étoiles », c'est le retour à Biarritz. Vraiment notre voyage se termine à merveille.

V

Moralité. — Nul n'est parfait ici-bas. Quand, livré à moi-même, dans le cul-de-sac d'Arnéguy, je m'occupais à tempêter inexorablement, il est certain que j'accomplissais une œuvre bien inutile. Quelques heures plus tard, en effet, je rentrais enchanté de mon voyage, ayant tout vu et très bien vu.

M. Habasque, délégué central de l'Union, adressa au nom de cette section, après le Congrès, une lettre de remerciements à M. Feuillade, Président de *Biarritz-Association*, que nous sommes heureux de reproduire :

MONSIEUR LE PRÉSIDENT ET CHER COLLÈGUE,

Permettez-moi, tandis que nous sommes encore au lendemain du Congrès de Biarritz-Bayonne, de vous adresser ainsi qu'aux membres de *Biarritz-Association*, tous les remerciements de l'Union Historique et Archéologique du Sud-Ouest, pour la cordiale réception que vous nous avez faite.

Les Congressistes n'ont trouvé chez vous que des visages amis et des mains tendues, et, grâce à ce milieu de sympathies, ils ont encore mieux apprécié les merveilles de votre beau pays.

Notre Congrès a permis de constater combien allait se développant, dans notre Sud-Ouest, le goût des études régionales, et le volume qui contiendra les nombreuses lectures faites dans notre IV⁰ réunion fédérale, marquera spécialement dans la collection de nos travaux.

Vous avez montré que Biarritz, centre mondain, était aussi un centre laborieux ; et par votre Bulletin, si régulièrement périodique, par l'installation de votre beau local, par le musée biarrot, si curieux et si malheureusement éphémère, réuni par M. le docteur Laborde, vous avez attesté l'activité et la vitalité de votre Société.

Notre association se félicite d'avoir resserré les liens qui déjà l'unissaient à elle ; et, pour moi, Monsieur le Président, je vous prie d'agréer, ainsi que vos collaborateurs, l'expression reconnaissante de mes sentiments les plus distingués.

M. Feuillade, Président du Comité d'organisation du Congrès et de *Biarritz-Association*, lui répondit :

MONSIEUR LE DÉLÉGUÉ CENTRAL ET CHER COLLÈGUE,

De retour à Biarritz, après quelques jours d'absence, je me suis hâté de réunir les membres présents de la Commission administrative pour leur donner lecture de la lettre de remerciements que vous avez bien voulu nous adresser, à l'issue du Congrès, au nom de l'Union Historique et Archéologique du Sud-Ouest.

C'est avec plaisir que nous avons appris que tous les Congressistes avaient trouvé dans la famille de *Biarritz-Association* cet accueil cordial qui non seulement fait naître les sympathies, mais les cimente ; aussi suis-je chargé de vous dire combien nous sommes heureux d'avoir pu remplir, à la satisfaction générale, la délicate mission que notre Société avait reçue du Comité Central.

Comme vous, *Biarritz-Association* se félicite que ce Congrès ait resserré les liens qui l'unissaient déjà à votre association, et, moi-même, en faisant des vœux pour que ces liens deviennent plus étroits encore.

Je vous prie d'agréer, Monsieur le Délégué Central et cher Collègue, pour mes collaborateurs et pour moi, l'expression de nos sentiments les plus cordialement dévoués.

TABLE DES MATIÈRES

COMMUNICATIONS ET DISCOURS

ERRATA

Page 107, ligne 18, lire *nucleus*, au lieu de nurcleus.